山东省技能型人才培养特色名校建设教材

财经法规与会计职业道德

主 编：李福敏　丁　凯
副主编：滕延秀　周志红　朱美娟　王卫民

·北京·

图书在版编目（CIP）数据

财经法规与会计职业道德 / 李福敏，丁凯主编. —北京：科学技术文献出版社，2015.9（2016.7重印）
ISBN 978-7-5189-0611-6

Ⅰ.①财… Ⅱ.①李… ②丁… Ⅲ.①财政法—中国—会计—资格考试—教材 ②经济法—中国—会计—资格考试—教材 ③会计人员—职业道德—资格考试—教材 Ⅳ.① D922.2 ② F233

中国版本图书馆 CIP 数据核字（2015）第 189448 号

财经法规与会计职业道德

策划编辑：崔灵菲　　责任编辑：崔灵菲　　责任校对：赵　瑗　　责任出版：张志平

出　版　者	科学技术文献出版社
地　　　址	北京市复兴路15号　邮编 100038
编　务　部	（010）58882938，58882087（传真）
发　行　部	（010）58882868，58882874（传真）
邮　购　部	（010）58882873
官　方　网　址	www.stdp.com.cn
发　行　者	科学技术文献出版社发行　全国各地新华书店经销
印　刷　者	虎彩印艺股份有限公司
版　　　次	2015年9月第1版　2016年7月第2次印刷
开　　　本	787×1092　1/16
字　　　数	497千
印　　　张	22.75
书　　　号	ISBN 978-7-5189-0611-6
定　　　价	56.00元

版权所有　违法必究

购买本社图书，凡字迹不清、缺页、倒页、脱页者，本社发行部负责调换

前　言

财政部发布的《会计从业资格管理办法》（财政部令第73号，以下简称新《办法》），于2013年7月1日起施行。依据新《办法》的内容，会计从业资格考试发生了很大的变化：一是会计从业资格考试大纲做了较大修订，即考试范围调整；二是全国范围内会计从业资格考试采用统一题库，即考试标准统一；三是国家税法内容变化较大。为了满足新形势下的教学需要，提高考试通过率，根据新《办法》和考试大纲的要求，编写了适合目前会计从业资格考试需要的"课证融通"教材《财经法规与会计职业道德》，该教材具有以下特点。

一、课证融通及紧扣考试大纲编写

本教材根据最新考试大纲，全书的内容与体系与最新全国考试大纲一致。因考试的知识点覆盖面广，试题难度加大，本书在教学内容的安排上，不仅满足教学需要，更重要的是以会计从业资格考试为核心设计内容，做到了课证融通。本教材根据2014年国家财政部最新调整后的考试大纲编写，全面覆盖考试内容，不留死角。

二、注重学生实践技能的培养

本教材看起来是理论性的知识，但是却具有很强的实践操作性，因此本教材编写时每一知识点添加了典型例题解析的同时，注重培养学生解决实际问题的能力，即实践技能的培养。譬如会计凭证的填制要求、审核、会计工作交接、纳税申报流程等内容，都添加了案例分析。

三、讲练结合效果好

本教材除了用通俗易懂的语言将法条阐述清楚之外，在每一模块后面附有强化练习，使学生学习了相关的法条之后，通过练习题巩固考点内容，提高实践技能水平。

四、体例新，融入了新方法

本教材采用模块化教学，符合当前高职教育课程改革要求，每一模块分若干学习任务；以情境设计引入要掌握的知识点及训练内容，其中为使学生更加深入细致地掌握知识点，添加了"深入思考""知识拓展"，便于学生系统掌握理解考点内容。

本教材由李福敏、丁凯任主编，并负责拟定编写提纲、统稿，史丰凯审阅，最后由李福敏总攒定稿。滕延秀、周志红、朱美娟、王卫民任副主编。具体编写分工：模块一由滕延秀编写,模块二由丁凯编写,模块三由朱美娟、王卫民编写,模块四由李福敏编写,模块五由周志红编写。

  本教材的编写得到潍坊永拓会计师事务所史丰凯的大力支持,在此表示感谢。同时由于编者水平所限,书中难免有不足和不当之处,敬请广大读者和专家批评指正。

编 者
2015 年 7 月

目录 Contents

模块一　会计法律制度 ... 1
　任务一　会计法律制度的构成 ... 1
　　子任务一　会计法律制度的概念 ... 1
　　子任务二　我国会计法律制度的构成内容 ... 2
　任务二　会计工作管理体制 ... 4
　　子任务一　会计工作的行政管理 ... 4
　　子任务二　会计工作的自律管理 ... 6
　　子任务三　单位内部的会计工作管理 ... 8
　任务三　会计核算 ... 12
　　子任务一　会计核算的总体要求 ... 12
　　子任务二　会计凭证 ... 14
　　子任务三　会计账簿 ... 17
　　子任务四　财务报表 ... 20
　　子任务五　会计档案 ... 23
　　子任务六　会计核算的其他规定 ... 28
　任务四　会计监督 ... 30
　　子任务一　单位内部会计监督 ... 31
　　子任务二　会计工作的政府监督 ... 36
　　子任务三　会计工作的社会监督 ... 38
　任务五　会计机构和会计人员 ... 41
　　子任务一　会计工作岗位设置 ... 41
　　子任务二　会计工作交接 ... 43
　　子任务三　会计从业资格 ... 46
　　子任务四　会计专业职务与会计专业技术资格 ... 52
　任务六　法律责任 ... 54
　　子任务一　法律责任的概念 ... 54

子任务二　违反会计法规的法律责任…………………………………57
　　　　子任务三　其他会计违法行为的法律责任……………………………58
　　强化练习………………………………………………………………………63

模块二　支付结算法律制度………………………………………………………70
　　任务一　现金结算………………………………………………………………70
　　　　子任务一　现金及现金管理……………………………………………70
　　　　子任务二　开户单位使用现金的范围…………………………………71
　　　　子任务三　库存现金限额………………………………………………72
　　　　子任务四　现金收支的基本要求………………………………………73
　　　　子任务五　建立健全货币资金的内部控制制度………………………73
　　　　子任务六　法律责任……………………………………………………76
　　任务二　支付结算概述…………………………………………………………77
　　　　子任务一　支付结算的概念和特征……………………………………77
　　　　子任务二　支付结算的基本原则………………………………………79
　　　　子任务三　支付结算的主要法律依据…………………………………80
　　　　子任务四　办理支付结算的具体要求…………………………………81
　　　　子任务五　填写票据和结算凭证的基本要求…………………………82
　　任务三　银行结算账户…………………………………………………………84
　　　　子任务一　银行结算账户的概念………………………………………85
　　　　子任务二　银行结算账户的种类………………………………………85
　　　　子任务三　银行结算账户管理应当遵守的基本原则…………………86
　　　　子任务四　银行结算账户的开立、变更和撤销………………………87
　　　　子任务五　基本存款账户………………………………………………91
　　　　子任务六　一般存款账户………………………………………………93
　　　　子任务七　专用存款账户………………………………………………94
　　　　子任务八　临时存款账户………………………………………………96
　　　　子任务九　个人银行结算账户…………………………………………98
　　　　子任务十　异地银行结算账户…………………………………………100
　　　　子任务十一　银行结算账户的管理……………………………………101
　　　　子任务十二　违反银行结算账户管理制度的罚则……………………103
　　任务四　票据结算方式…………………………………………………………105
　　　　子任务一　票据概述……………………………………………………105
　　　　子任务二　支票…………………………………………………………112
　　　　子任务三　商业汇票……………………………………………………117

　　　　　　　子任务四　银行汇票......129
　　　　　　　子任务五　银行本票......132
　　　任务五　银行卡......133
　　　　　　　子任务一　银行卡的概念和分类......133
　　　　　　　子任务二　银行卡账户与交易......134
　　　任务六　其他结算方式......137
　　　　　　　子任务一　汇兑......137
　　　　　　　子任务二　委托收款......139
　　　　　　　子任务三　托收承付......140
　　　　　　　子任务四　国内信用证......141
　　　强化练习......143

模块三　税收法律制度......153
　　　任务一　税收概述......153
　　　　　　　子任务一　税收的概念和分类......153
　　　　　　　子任务二　税法及构成要素......156
　　　任务二　主要税种......160
　　　　　　　子任务一　增值税......160
　　　　　　　子任务二　消费税......183
　　　　　　　子任务三　企业所得税......191
　　　　　　　子任务四　个人所得税......196
　　　任务三　税收征收管理......204
　　　　　　　子任务一　税务登记......204
　　　　　　　子任务二　发票的开具与管理......209
　　　　　　　子任务三　纳税申报......214
　　　　　　　子任务四　税款征收......215
　　　　　　　子任务五　税务代理......218
　　　　　　　子任务六　税收检查及法律责任......219
　　　　　　　子任务七　税务行政复议......223
　　　强化练习......225

模块四　财政法律制度......233
　　　任务一　预算法律制度......233
　　　　　　　子任务一　预算法律制度的构成......233
　　　　　　　子任务二　国家预算......234

		子任务三	预算管理的职权	240
		子任务四	预算收入与预算支出	244
		子任务五	预算组织程序	247
		子任务六	决算	255
		子任务七	预决算的监督	258
	任务二	政府采购法律制度	260
		子任务一	政府采购法律制度的构成	260
		子任务二	政府采购的概念	261
		子任务三	政府采购的原则	263
		子任务四	政府采购的功能	265
		子任务五	政府采购的执行模式	267
		子任务六	政府采购当事人	268
		子任务七	政府采购方式	274
		子任务八	政府采购的监督检查	276
	任务三	国库集中收付制度	277
		子任务一	国库集中收付制度	278
		子任务二	国库单一账户体系	278
		子任务三	财政收支方式	281
	强化练习	283

模块五　会计职业道德 290

- 任务一　会计职业道德概述 290
  - 子任务一　职业道德的概念、特征与作用 290
  - 子任务二　会计职业道德的概念与特征 292
  - 子任务三　会计职业道德与会计法律制度 294
- 任务二　会计职业道德规范的主要内容 297
  - 子任务一　爱岗敬业 297
  - 子任务二　诚实守信 299
  - 子任务三　廉洁自律 302
  - 子任务四　客观公正 303
  - 子任务五　坚持准则 305
  - 子任务六　提高技能 307
  - 子任务七　参与管理 308
  - 子任务八　强化服务 309

  任务三 会计职业道德教育 310
    子任务一 会计职业道德教育 311
    子任务二 会计职业道德修养 314
  任务四 会计职业道德建设组织与实施 315
    子任务一 财政部门的组织推动 316
    子任务二 会计职业组织的行业自律 318
    子任务三 企事业单位的内部监督 319
    子任务四 社会各界的监督与配合 319
  任务五 会计职业道德的检查与奖惩 320
    子任务一 会计职业道德检查与奖惩的意义 320
    子任务二 会计职业道德检查与奖惩机制 320
  强化练习 321

强化练习参考答案及解析 328
  模块一 会计法律制度 328
  模块二 支付结算法律制度 334
  模块三 税收法律制度 339
  模块四 财政法律制度 344
  模块五 会计职业道德 349

参考文献 354

模块一

会计法律制度

模块学习目标

掌握会计法律制度概念、构成及其制定权限与形式。

掌握会计工作管理体制，包括会计工作的行政管理、自律管理及单位内部会计工作管理要求。

掌握会计核算法律规范。

掌握会计监督的制度安排，包括会计工作的单位内部监督、社会监督和政府监督。

掌握会计机构的设置和对会计人员的要求。

掌握违反会计制度的法律责任。

▶ 任务一 会计法律制度的构成

子任务一 会计法律制度的概念

> 情境1：张萌即将大学毕业，6月份去某市瑞德科技有限公司面试，面试官提问的问题之一：会计法律制度都有哪些？张萌回答有《会计法》。面试官不是很满意，为什么？

会计法律制度是指国家权力机关和行政机关制定的，用以调整会计关系的各种法律、法规、规章和规范性文件的总称。会计关系是指会计机构和会计人员在办理会计事务过程中及国家在管理会计工作过程中发生的各种经济关系。会计法律制度是我国财经法规的重要组成部分，是调整会计关系的法律规范，是会计人员从事会计工作必须严格遵守的行为准则。目前，我国的会计法律制度基本形成了以《会计法》为主体的比较完整的会计法律体系，主要包括会计法律、会计行政法规和国家统一的会计制度（会计部门规章和会计规范性文件）三个层次。

子任务二 我国会计法律制度的构成内容

我国会计法律制度主要包括会计法律、会计行政法规、会计部门规章和地方性会计法规。

（一）会计法律

会计法律是指由全国人民代表大会及其常务委员会经过一定立法程序制定的有关会计工作的法律。我国目前有两部会计法律，分别是《会计法》和《注册会计师法》。

【例1-1】下列各项中，属于会计法律的是（　　）。
A.《中华人民共和国会计法》　　B.《企业会计制度》
C.《会计基础工作规范》　　　　D.《总会计师条例》
【解析】A。我国目前有两部会计法律，即《会计法》和《注册会计师法》。

1.《会计法》

> 情境2：1985年1月21日第六届全国人民代表大会常务委员会第九次会议通过了《会计法》，1993年12月29日第八届全国人民代表大会常务委员会第五次会议修订，1999年10月31日第九届全国人民代表大会常务委员会第十二次会议修订。

《会计法》是我国会计法律制度中层次最高、法律效力最强的法律规范，是制定其他会计法规的依据，也是指导会计工作的最高原则。《会计法》的适用范围遍及全国，包括我国驻外国的领事馆。我国在境外投资设立的企业，向国内报送财务报表也应当按照国内法处理。但是我国香港特别行政区和澳门特别行政区例外。

我国第一部会计法——《会计法》于1985年1月21日由第六届全国人民代表大会常务委员会第九次会议通过，同年5月1日起施行，1993年和1999年全国人大常务委员会两次对《会计法》进行了修订。目前实行的会计法是1999年10月31日修订后于2000年7月1日起施行的，包括：总则、会计核算、公司、企业会计核算的特别规定、会计监督、会计机构和会计人员、法律责任和附则，共七章五十二条。修订后的《会计法》突出了规范会计行为、保证会计信息质量的立法宗旨，特别强调了单位负责人对会计工作和会计资料的真实性、完整性的责任，加大了对违法会计行为的惩治力度。

【例1-2】会计法律制度指的就是全国人大及其常委会制定的《会计法》。（　　）
【解析】×。会计法律制度指的是全国人大及其常委会制定的各种会计规范性文件的总称，《会计法》是包含在里面的。

【例1-3】下列关于《会计法》的表述中，正确的有（　　）。
A.《会计法》是会计工作的最高准则
B.《会计法》是制定其他会计法规的依据
C.《会计法》是会计法律制度中层次最高的法律规范
D.《会计法》是国家宪法

【解析】ABC。《会计法》是会计法律制度中层次最高的法律规范，是制定其他会计法规的依据，是指导会计工作的最高准则，但不是宪法。

2.《注册会计师法》

> 情境3：1993年10月31日第八届全国人民代表大会常务委员会第四次会议通过了《注册会计师法》，自1994年1月1日起施行。

1993年10月31日第八届全国人民代表大会常务委员会第四次会议通过了《注册会计师法》，1994年1月1日开始实施。这是我国中介行业的第一部法律。《注册会计师法》主要对注册会计师行业管理体制、注册会计师考试和注册会计师事务所组织形式和业务范围及法律责任等进行了系统规范。目的是为了发挥注册会计师在社会经济活动中的鉴证、服务作用，加强对注册会计师的管理，维护社会公共利益和投资者的合法权益，促进我国社会主义市场经济的健康发展。

（二）会计行政法规

会计行政法规是指由国务院制定并发布，或者国务院有关部门拟定并经国务院批准发布，调整经济活动中会计关系的法律规范。会计行政法规制定的依据是《会计法》，会计行政法规的权威性和法律效力仅次于会计法律，是一种重要的法律形式。我国目前施行的会计行政法规主要有两部，分别是《总会计师条例》和《企业财务会计报告条例》。

1.《总会计师条例》

国务院于1990年12月31日第72号令颁布，是对《会计法》中有关规定的细化和补充，主要规定了单位总会计师职责、权限、任免、奖惩等。该条例规定了国有大、中型企业及国有资产占控股地位或者主导地位的大、中型企业，必须设置总会计师。

2.《企业财务会计报告条例》

国务院于2000年6月21日以第287号令颁布，自2001年1月1日起施行，主要规定了企业财务会计报告的构成、编制和对外提供的要求、法律责任等，是对《会计法》中有关财务报告规定的细化。

（三）会计部门规章

会计部门规章是指国家主管会计工作的行政部门即财政部及其他相关部门根据法律和国务院的行政法规、决定、命令，在本部门的权限范围内制定的、调整会计工作中某方面内容的国家统一的会计准则制度和规范性文件，包括国家统一的会计核算制度、会计监督制度、会计机构和会计人员管理制度及会计工作管理制度等。

根据《中华人民共和会计法》规定的程序，由财政部制定，并由部门首长签署命令予以公布的制度办法。如以财政部第73号令发布的《会计从业资格管理办法》，自2013年7月1日起施行；《企业会计制度》《会计基础工作规范》及财政部与国家档案局联合发布的《会计档案管理办法》等。

（四）地方性会计法规

地方性会计法规是指由省、自治区、直辖市人民代表大会或常务委员会在同宪法、会计法律、行政法规和国家统一的会计准则制度不相抵触的前提下，根据本地区情况制定发布的关于会计核算、会计监督、会计机构和会计人员及会计工作管理的规范性文件。

【深入思考】

会计人员工作过程中是否应遵守某一部会计法律制度？

【课后思考】

1. 会计法律制度的构成有哪些？
2. 国家统一的会计制度包括哪些内容？

任务二　会计工作管理体制

> 情境4：刘杰也去某市瑞德科技公司面试，在跟刚面试完出来的张萌交流后信心满满的进去面试，在刘杰坐定之后，面试官提出的问题是：会计工作管理体制的内容是什么？一下子把刘杰给问懵了。

会计工作管理体制是指国家划分会计管理工作职责权限关系的制度，包括会计工作管理组织形式、管理权限划分、管理机构设置等内容，规定了中央、地方、部门、单位在各自方面对会计工作的管理范围、职责权限及其相互关系。我国会计工作管理体制在《会计法》和《注册会计师法》中已作了明确规定，形成了会计工作的行政管理、会计工作的自律管理和单位会计工作管理各有侧重、协调发展的会计工作管理体制。

子任务一　会计工作的行政管理

（一）会计工作主管行政管理体制

我国会计工作行政管理体制实行"统一领导、分级管理"的原则。国务院财政部门主管全国的会计工作；县级以上地方各级人民政府财政部门管理本行政区域内的会计工作。《会计法》第七条规定："国务院财政部门主管全国的会计工作。县级以上地方各级人民政府财政部门管理本行政区域的会计工作。"这条规定表明，会计工作的主管部门是财政部门。管理原则是实行"统一领导，分级管理"，即国务院财政部门是全国会计工作的主管部门，统一领导全国会计工作，县级以上地方各级财政部门应根据国务院财政部门的规定，结合本行政区域内的实际情况，做好本部门、本行政区域内的会计管理工作。

【例1-4】会计工作由财政部门主管并明确在管理体制上实行（　　）原则。
A. 统一规划、分级管理　　　　B. 统一领导、分级管理
C. 统一领导、条块管理　　　　D. 统一规划、集中管理
【解析】B。统一由财政部门领导，分中央和地方两级。

（二）会计工作行政管理的内容及职能

会计工作的行政管理的内容主要包括：制定国家统一的会计准则制度；会计市场管理；会计专业人才评价；会计监督检查。

应当指出的是，《会计法》规定财政部门是会计工作的主管部门，但并不排斥国家其他部门依法对会计工作进行管理，如审计机关、证券监督机构等。

财政部门履行的会计行政管理职能主要有：

1. 会计准则制度及相关标准规范

会计准则制度及相关标准规范是会计监管的重要组成部分和重要标准，是保证会计信息质量，维护社会主义市场经济秩序的重要保障。会计准则制度及相关标准规范主要包括：企事业单位会计准则和会计制度，企事业单位内部控制规范和会计信息化标准等。会计准则制度及相关标准规范的制定和组织实施是财政部门管理会计工作的一项最基本的职能。

2. 会计市场管理

会计市场管理是社会主义市场经济条件下财政部门管理会计工作的一项重要职能，会计工作的好坏直接影响到市场秩序，进而关系到国家和社会公共利益。因此，财政部门作为会计行业的主管部门，必须对会计市场进行管理，履行相应的会计市场管理职责。我国财政部门对会计市场管理包括会计市场的准入管理、会计工作的运行管理和会计市场的退出管理。

（1）准入管理。财政部门对"会计从业资格的取得""代理记账机构的设立""注册会计师资格的取得"及"注册会计师事务所的设立"等所设定的条件。

（2）运行管理。财政部门对获准进入会计市场的机构和人员，是否遵守各项法律法规，依据相关准则、制度和规范执行业务的过程及结果所进行的监督和检查。对于获准进入会计市场的机构和人员是否"持续符合"相关的资格和条件，也属于会计市场运行管理的范畴。

（3）退出管理。财政部门对在执业过程中有违反《会计法》《注册会计师法》行为的机构和个人进行处罚，情节严重的，吊销其执业资格，强制其退出会计市场。

此外，对会计出版市场、培训市场、境外"洋资格"的管理等也属于会计市场管理的范畴，财政部门对违反会计法律、行政法规规定，扰乱会计市场秩序的行为，都有权加以管理，严格规范。

【例1-5】利达是一家大型的集团公司，2014年申请设立利达会计师事务所，同年投入到教育产业，成立利达会计教育有限公司进行会计类考试和实务培训。针对上述案例，财政部门可对利达公司进行管理的是（　　）。

A. 利达会计师事务所的申请设立

B. 利达会计师事务所的注销

C. 利达会计师事务所的运营过程

D. 利达会计教育有限公司进行会计类考试和实务培训

【解析】 ABCD。我国财政部门对会计市场的管理主要包括会计市场的准入、运行和退出管理。除此之外，会计市场管理还包括对会计培训市场的管理，其重点主要是对会计培训的师资、场所、教材、内容、要求及培训质量进行监督和检查，确保培训市场规范有序。因此，ABCD 四项属于财政部门管理范围。

3. 会计专业人才评价

会计人才是国家人才战略的重要组成部分，因此，选拔、评价会计专业人才是财政部门的重要职责。对会计专业人才的评价包括会计专业技术资格考试、会计行业领军人才的培养评价、对先进会计专业人员的表彰奖励和会计人员继续教育等内容。目前我国基本形成了阶梯式的会计专业人才评价机制，包括"初级、中级、高级"会计人才评价机制，以及"会计行业领军人才"的培养、评价等。

会计专业技术资格考试是会计人才评价的一种方式，主要用于对初级、中级和高级三种级别的会计专业人才的评价，由财政部门组织实施，人力资源和社会保障部门监督指导。目前，我国对初级、中级会计资格实行全国统一的考试制度，对高级会计师资格实行考试与评审相结合的制度。

4. 会计监督检查

会计监督是会计的基本职能之一，是我国经济监督体系的重要组成部分。为了规范会计行为，保证会计资料的真实、完整，必须加强会计监督检查。财政部门实施的会计监督检查主要包括会计信息质量检查和会计师事务所执业质量检查。

根据《会计法》的规定，财政部组织实施对全国会计信息质量检查，并对违反《会计法》的行为实施行政处罚；县级以上地方各级人民政府财政部门组织实施本行政区域内的会计信息质量检查，并依法对本行政区域内违反《会计法》的行为实施行政处罚。

根据《注册会计师法》的规定，财政部组织实施对全国会计师事务所执业质量检查，并对违反《注册会计师法》的行为实施行政处罚；省、自治区、直辖市人民政府财政部门组织实施本行政区域内的会计事务所执业质量检查，并对本行政区域内违反《注册会计师法》的行为实施行政处罚。

此外，财政部门还应该依法加强对会计行业自律组织的监督、指导。

子任务二　会计工作的自律管理

> 情境5：某天，多年不见的同学张俊喜和孙亮在出差路上相遇，两人交流甚欢，其中孙亮问张俊喜在什么单位工作，张俊喜回答说在一家会计工作的自律组织上班，他说的会计自律组织指的是什么组织？

会计工作的自律管理，即会计行业的自律管理，是会计职业组织对整个会计职业的会计行为进行自我约束、自我控制的过程。会计工作的自律管理是对会计工作的行政管理的一种有益补充，对督促会计人员依法开展会计工作，树立良好的行业风气，促进行业的发展具有重要意义。目前，我国的会计行业自律组织主要有中国注册会计师协会、中国会计学会和中国总会计师协会。

（一）中国注册会计师协会

中国注册会计师协会是依据《注册会计师法》和《社会团体登记条例》的有关规定设立，在财政部党组和理事会领导下开展行业管理和服务的法定组织。中国注册会计师协会成立于 1988 年 11 月 15 日，其最高权力机关为全国会员代表大会，全国会员代表大会选举产生理事会，理事会选举产生会长、副会长、常务理事，理事会设若干专门委员会和专业委员会。常务理事会在理事会闭会期间行使理事会职权。注册会计师协会下设秘书处，为其常设执行机构。

中国注册会计师协会的主要职责是：①审批和管理本会会员，指导地方注册会计师协会办理注册会计师注册；②拟定注册会计师执业准则、规则、监督、检查实施情况；③组织对注册会计师的任职资格、注册会计师和会计师事务所的执业情况进行年度检查；④制定行业自律管理规范，对会员违反相关法律法规和行业管理规范的行为予以惩戒；⑤组织实施注册会计师全国统一考试；⑥组织、推动会员培训和行业人才建设工作；⑦组织业务交流，开展理论研究，提供技术支持；⑧开展注册会计师行业宣传；⑨协调行业内、外部关系，支持会员依法执业，维护会员合法利益；⑩代表中国注册会计师行业开展国家交往活动；⑪指导地方注册会计师协会工作；⑫承担法律、行政法规规定和国家机关委托或授权的其他有关工作。

（二）中国会计学会

中国会计学会创建于 1980 年，是财政部所属由全国会计领域各类专业组织，以及会计理论界、实务界会计工作者自愿结成的学术性、专业性、非营利性社会组织。

【深入思考】

政府财政部门主管本行政区域内的会计工作，会计工作只接受政府财政部门的监督吗？

（三）中国总会计师协会

中国总会计师协会是经财政部审核同意、民政部正式批准，依法注册登记成立的跨地区、跨部门、跨行业、跨所有制的非营利性国家一级社团组织，是总会计师行业的全国自律组织。

子任务三　单位内部的会计工作管理

> 情境6：6月18日，接到税务部门检查结果，告知企业本季度财务数据有问题，要求单位负责人承担责任，单位负责人张光认为财务数据有问题应该有会计主管承担责任，跟他没关系。请问到底跟谁有关系？根据法律法规应如何处理？

财政部门对会计工作的管理是一种社会管理活动，属于外部管理活动。单位作为法人独立进行的会计工作管理属于单位内部的管理活动。单位内部的会计工作管理主要包括：单位负责人的职责；会计机构的设置；会计人员的选拔任用；会计人员回避制度。

（一）单位负责人的职责

公司制企业的董事长（执行董事或经理）、国有企业的厂长（经理）、国家机关最高行政长官为单位法定代表人；合伙企业的合伙人、个人独资企业的"投资人"为单位法定代表人。

1. 单位负责人是单位的会计责任主体

《会计法》第四条规定："单位负责人对本单位的会计工作和会计资料的真实性、完整性负责。"《会计法》第二十八条规定："单位负责人应当保证会计机构、会计人员依法履行职责，不得授意、指使、强令会计人员和会计机构违法办理会计事项。"这些规定明确指出了单位负责人是单位的会计责任主体及在单位会计工作中的权利和责任。单位负责人要根据《会计法》组织、管理好单位的会计工作，保证会计机构、会计人员依法履行职责。会计机构负责人不是单位负责人，没有负责本单位内部会计工作管理的职权。

【例1-6】下列公司人员中，（　　）应当对本公司的会计工作和会计资料的真实性、完整性负责。

A．某有限责任公司的董事长　　　　B．某个人独资企业的投资人
C．某有限责任公司的财务总监　　　D．某合伙企业的合伙人

【解析】AB。单位负责人应当对本单位的会计工作和会计资料的真实性、完整性负责。选项C，财务总监不属于单位负责人。选项D，应该是代表合伙企业的合伙人。

2. 会计人员的选拔任用由所在单位具体负责

《会计法》第三十八条第一款规定："从事会计工作的人员，必须取得会计从业资格证书。"担任单位会计机构负责人的，除取得会计从业资格证书外，还应当具备会计师以上专业技术职务资格或者从事会计工作3年以上的经历。如《总会计师条例》规定："总会计师的任职条件之一是取得会计师资格后，主管一个单位或者单位内部一个重要方面的财务会计工作的时间不少于3年。"

需要指出的是，除总会计师职务之外，会计人员具备了相关资格或符合有关任职条件后，能否从事相关工作，由所在单位自行决定。单位根据法律、法规的规定选拔任用本单位的会计人员，负责对他们的管理，督促他们依法履行职责。

模块一　会计法律制度

【例1-7】《会计法》规定，（　　）应当保证会计机构、会计人员依法履行职责，不得授意、指使、强令会计机构、会计人员违法办理会计事项。

A. 单位负责人　　　　　　　　B. 财务经理
C. 副职领导　　　　　　　　　D. 财务总监

【解析】 A。《会计法》第二十八条规定。

（二）会计机构的设置

各单位应依据会计业务的需要，设置会计机构，或者在有关机构中设置会计人员并指定会计主管人员；不具备设置条件的，应当委托经批准设立从事会计代理记账业务的"中介机构"代理记账。

1. 根据业务需要单独设置会计机构

单独设置会计机构，是对会计机构设置第一层次的要求。《会计法》规定，各单位应当根据会计业务的需要设置会计机构。一般而言，一个单位是否设置会计机构，往往取决于下列因素：

（1）单位规模的大小。一个单位的规模，往往决定了这个单位内部职能部门的设置，也决定了会计机构的设置与否。一般来说，从有效发挥会计职能作用的角度看，大中型企业（包括集团公司、股份有限公司、有限责任公司等）和具有一定规模、实行企业管理化的事业单位，都应单独设置会计机构，以便及时组织本单位各项经济活动和财务收支的核算，实行有效的会计监督。

（2）经济业务和财务收支的繁简。财务收支数额较大、会计业务较多的行政单位和社会团体及其他经济组织，有必要单独设置会计机构，以保证会计工作的效率和会计信息的质量。

（3）经济管理的要求。一个单位在经济管理上的要求越高，对会计信息的要求也相应增加，对会计信息系统的要求也越高，从而决定了该单位设置会计机构的必要。

2. 不单独设置会计机构的单位，在有关机构中设置会计人员并指定会计主管人员

《会计法》规定，不单独设置会计机构的单位，应当在有关机构中设置会计人员并指定会计主管人员。这是会计机构设置的另一种形式，这种形式一般在行政机关、事业单位和中小企业中比较多见。这是对会计机构设置的第二层次的要求。对于不具备单独设置会计机构的单位，如财务收支数额不大、会计业务比较简单的企业、机关、团体、事业单位和个体工商户等，为了适合这些单位的内部客观需要和组织结构特点，应当在有关机构中配备专职会计人员并指定会计主管人员，目的是强化责任制度，防止出现会计工作无人负责的局面。

3. 对不具备设置会计机构、会计人员条件的单位，应当委托经批准设立从事会计代理记账业务的中介机构代理记账

《会计法》规定，对不具备设置会计机构和会计人员条件的单位，应当委托经批准设立从事会计代理记账业务，中介机构代理记账。此项规定的目的，是适应不具备设置会计

机构、配备会计人员的小型经济组织解决记账、算账、报账问题的要求。

【例1-8】《会计法》规定，各单位应依据（　　）设置会计机构，或者在有关机构中设置会计人员并指定会计主管人员。

A. 单位营业收入　　　　　　　　B. 会计人员数量
C. 单位的规模　　　　　　　　　D. 会计业务的需要

【解析】 D。各单位应依据会计业务的需要设置会计机构。

（三）会计人员的选拔任用

> 情境7：企业会计主管王好准备辞职，单位领导找到孙俊，想将从事会计工作2年的他提升为会计主管，孙俊符合会计主管任职资格吗？

1. 会计人员的选拔任用由所在单位具体负责

《会计法》第三十八条第一款规定："从事会计工作的人员，必须取得会计从业资格证书。"担任单位会计机构负责人的，除取得会计从业资格证书外，还应当具备会计师以上专业技术职务资格或者从事会计工作3年以上的经历。如《总会计师条例》规定，总会计师的任职条件之一是取得会计师资格后，主管一个单位或者单位内部一个重要方面的财务会计工作的时间不少于3年。

需要指出的是，除总会计师职务之外，会计人员具备了相关资格或符合有关任职条件后，能否从事相关工作，由所在单位自行决定。单位根据法律、法规的规定选拔任用本单位的会计人员，负责对他们的管理，督促他们依法履行职责。

2. 会计机构负责人的概念

会计机构负责人（会计主管人员）是指在一个单位内具体负责会计工作的中层领导人员。在一个单位内部，不论设置会计机构或者不设会计机构，都需要有一位会计负责人。在设置会计机构的情况下，该负责人为会计机构负责人；在不设会计机构的情况下，会计主管就是会计负责人。会计机构负责人或会计主管人员应当按规定程序任免，这既是法律法规的要求，也是提高管理效率和体现层层负责原则的要求，同时也符合会计工作特有的专业性、政策性的特点。

【知识拓展】

"会计机构负责人"与"会计主管人员"

"会计机构负责人"是指在一个单位内负责会计工作的中层领导人。对于单独设置会计机构的单位，该负责人就是"会计机构负责人"；对于不单独设置会计机构的单位，在有关机构中设置会计人员的单位，那么在该单位内部负责组织管理会计事务、行使会计机构负责人职权的负责人就是"会计主管人员"。

"会计主管人员"是《会计法》的一个特指概念，不同于通常所说的"会计主管""主管会计""主办会计"等。同时，《会计法》没有对如何配备会计机构负责人做出具体规定，因为在现实中，凡是设置会计机构的单位都配备了会计机构负责人。对于没有设置会计机构、只在其他机构中配备一定数量专职或兼职会计人员的单位，《会计法》明确规定应在会计人员中指定会计主管人员，目的是强化责任制度，防止出现会计工作无人负责的局面。

3. 会计机构负责人（会计主管人员）的任职资格

在单位负责人的领导下，会计机构负责人（会计主管人员）担负着具体组织、领导会计人员进行会计核算、实施会计监督的重要职责，其素质和能力直接关系到本单位会计工作水平和质量，因此，对其任职资格必须加以规定。《会计法》第三十八条第二款规定："担任单位会计机构负责人（会计主管人员）的，除取得会计从业资格证书外，还应当具备会计师以上专业技术职务资格或者从事会计工作三年以上经历。"

【例1-9】根据《会计法》的规定，担任单位会计机构负责人的，除取得会计从业资格证书外，还应当具备会计师以上专业技术职务资格或者具有一定年限会计工作经历。该年限是（　　）。

A. 1年以上　　　　　　　　B. 2年以上
C. 3年以上　　　　　　　　D. 4年以上

【解析】C。《会计法》规定，单位会计机构负责人（会计主管人员）的，除取得会计从业资格证书外，应当具备会计师以上专业技术资格职务资格或者从事会计工作3年以上经历。

（四）会计人员回避制度

情境8：因出纳小郑休产假，总经理的女儿是会计专业正好面临毕业实习，于是经理安排其女儿接替出纳的工作，此事是否违背会计人员回避制度？

回避制度是指为了保证执法或者执业的公正性，对可能影响其公正性的执法或者执业的人员实行职务回避和业务回避的一种制度。回避制度已成为我国人事管理的一项重要制度。在会计工作中，由于亲情关系而共同作弊和违法违纪的案件时有发生，因此，在会计人员中有必要实行回避制度。

从会计工作的特殊性出发，《会计基础工作规范》第十六条对会计人员回避问题做出了规定，国家机关、国有企业、事业单位任用会计人员应当实行回避制度。单位领导人的直系亲属不得在本单位担任会计机构负责人、会计主管人员。会计机构负责人，会计主管人员的直系亲属不得在本单位中担任出纳工作。

根据规定，需要回避的直系亲属包括夫妻关系、直系血亲关系（父母子女、祖父母、外祖父母和孙子女、外孙子女）、三代以内旁系血亲（兄弟、姐妹、叔侄等）及近姻亲关系（岳父岳母和女婿、公婆和儿媳等）。

【例1-10】实行回避制度的单位，会计主管人员的直系亲属不得担任本单位的（　　）。

A. 会计机构负责人　　　　　　B. 主办会计

C. 出纳　　　　　　　　　　　　D. 稽核

【解析】C。会计主管人员的直系亲属不能当"出纳"。

【课后思考】

1. 简述我国会计工作管理体制。
2. 单位负责人和会计机构负责人是同一人吗？

任务三　会计核算

各单位必须根据实际发生的经济业务事项进行会计核算，填制会计凭证，登记会计账簿，编制财务会计报告。任何单位不得以虚假的经济业务事项或者资料进行会计核算。会计核算是会计的基本职能之一，是会计工作的重要环节。会计核算是以货币为主要计量单位，运用专门的会计方法，对特定主体一定时期的经济活动进行真实、准确、完整和及时的记录、计算和报告，以反映特定主体的经济活动情况。我国会计法律对会计核算依据、会计资料基本要求、会计凭证、会计账簿、财务会计报告、会计档案及会计年度、记账本位币、会计处理方法等方面做了明确规定。

情境9：年度末瑞德科技公司接受广瑞律师事务所的审计，在审计过程中项目审计人员发现以下问题：瑞德科技公司在本年度虚开增值税专用发票，使利润虚增600 000.00元，使会计信息质量出现失真，极大地损害了会计信息使用者的利益。

子任务一　会计核算的总体要求

（一）会计核算依据

《会计法》第九条规定："各单位必须根据实际发生的经济业务事项进行会计核算，填制会计凭证，登记会计账簿，编制财务会计报告。任何单位不得以虚假的经济业务事项或者资料进行会计核算。"这是对会计核算依据做出的明确的法律规定。

（1）以实际发生的经济业务事项为依据进行会计核算，是会计核算的重要前提，是填制会计凭证、登记会计账簿、编制财务会计报告的基础，是保证会计资料质量的关键。

（2）以虚假的经济业务事项或资料进行会计核算，会使会计信息质量出现失真，极大的损害会计信息使用者的利益，扰乱社会经济秩序，是一种严重的违法行为。

经济业务事项，即会计核算的对象。必须是实际发生的经济业务事项，即指各单位在生产经营或者预算执行过程中发生的包括引起或未引起资金增减变化的经济活动。但并非所有实际发生的经济业务事项都需要进行会计记录和会计核算，如企业签订经济合同或协议时，往往不需要进行会计核算，只有当实际履行合同或协议并引起资金运动时，才需要对履行这一合同或协议中的经济业务事项如实记录和反映，进行会计核算。

（二）对会计资料的基本要求

会计资料，是指在会计核算过程中形成的、记录和反映实际发生的经济业务事项的资料，包括会计凭证、会计账簿、财务会计报告和其他会计资料。

(1) 会计资料必须符合国家统一的会计制度的规定，保证会计资料的真实性和完整性。

《会计法》第十三条第一款规定："会计凭证、会计账簿、财务会计报告和其他会计资料，必须符合国家统一的会计制度的规定。"会计资料的真实性和完整性，是会计资料最基本的质量要求，是会计工作的生命。各单位必须保证所提供的会计资料真实和完整。

会计资料的真实性，即客观性，主要是指会计资料所反映的内容和结果，应当同单位实际发生的经济业务事项的内容及结果相一致。会计资料的完整性，即全面性，主要是指构成会计资料的各项要素都必须齐全，以使会计资料如实、全面地记录和反映经济业务事项的发生情况，便于会计资料使用者全面、准确地了解经济活动。

【例1-11】下列各项中，属于会计资料的是（　　）。

A. 会计账簿　　　　　　　　　B. 会计凭证
C. 会计报表　　　　　　　　　D. 发票

【解析】ABCD。

(2) 任何单位和个人不得伪造、变造会计凭证、会计账簿及其他会计资料，不得提供虚假的财务会计报告。

《会计法》第十三条第三款规定："任何单位和个人不得伪造、变造会计凭证、会计账簿及其他会计资料，不得提供虚假的财务会计报告。"这是针对实际工作中存在的伪造、变造会计资料和提供虚假的会计资料的情况所做出的限制性、禁止性的规定。伪造、变造会计凭证、会计账簿及其他会计资料和提供虚假财务会计报告是严重的会计违法行为，必须承担相应的法律责任。

所谓"伪造会计资料"，包括伪造会计凭证、会计账簿及其他会计资料，是指以虚假的经济业务事项为前提编造不真实的会计凭证、会计账簿及其他会计资料，即无中生有。

所谓"变造会计资料"，包括变造会计凭证、会计账簿及其他会计资料，是指用涂改、挖补等手段来改变会计凭证的真实内容，歪曲事实真相的行为，即篡改事实。

所谓"提供虚假财务会计报告"，是指通过编造虚假的会计凭证、会计账簿及其他会计资料或直接篡改财务会计报告上的数据，使财务会计报告不真实、不完整地反映真实财务状况和经营成果，借以误导、欺骗会计资料使用者的行为，即以假乱真。

《会计法》第十三条第二款规定："使用电子计算机进行会计核算的，其软件及其生成的会计凭证、会计账簿、财务会计报告和其他会计资料，也必须符合国家统一的会计制度的规定。"这是对实行会计电算化的单位有关会计软件及会计资料基本要求的法律规定，是为了保证计算机生成的会计资料真实、完整和安全，以加强对会计电算化工作的规范。

【例1—12】某单位业务人员朱某在一家个体酒店招待业务单位人员,发生招待费800元。事后,他将酒店开出的收据金额改为1 800元,并作为报销凭证进行了报销。朱某的行为属于下列违法行为中的(   )。

A. 伪造会计凭证行为　　　　　　B. 做假账行为
C. 变造会计凭证行为　　　　　　D. 违反招待费报销制度行为

【解析】C。变造会计凭证,是指用涂改、挖补等手段来改变会计凭证的真实内容,歪曲事实真相的行为,即篡改事实。朱某将收据上的金额800元改为1 800元,显然属于变造会计凭证行为。

【深入思考】

实践中会计人员如何按照会计核算要求做账?

【案例分析】

【案例1—1】

某市财政部门进行执法检查时发现当地一家企业以虚假的经济事项编制了会计凭证和会计账簿,并据此出具了财务会计报告。同时发现公司业务人员王丽代表公司购买原材料的一张发票有疑点。事后查明,王丽将购买原材料的增值税专用发票上的金额20万元,用"消字灵"修改为26万元报账;而且此次出差王丽还通过其他途径获得2 000元的招待费的发票用于报账,请分析上述情况中的违法行为。

【分析】根据此案例,我们可以得出:

(1)对于该企业,"以虚假的经济事项编造了会计凭证和会计账簿,并据此编制了财务会计报告",是伪造会计凭证、会计账簿、提供虚假的财务会计报告的违法行为。

(2)对于业务员王丽,"将购买原材料的发票上的金额20万元,用"消字灵"修改为26万元报账"属于变造会计凭证行为;"通过其他途径获得2 000元的招待费的发票用于报账"属于伪造会计凭证行为。

子任务二　会计凭证

情境10:刘杰回答上一问题后,得到面试官的基本肯定,接着面试官给刘杰一张购买原材料的增值税专用发票及材料入库单,并给了刘杰空白的会计凭证让刘杰进行会计处理,刘杰该怎么填制?

会计凭证是指记录经济业务发生或者完成情况的书面证明,是登记账簿的依据。每个企业都必须按一定的程序填制和审核会计凭证,根据审核无误的会计凭证进行账簿登记,如实反映企业的经济业务。《会计法》对会计凭证的种类、取得、审核、更正等内容进行了规定。

（一）原始凭证

1. 原始凭证的填制或取得

原始凭证，又称单据，是指在经济业务事项发生或完成时取得或填制的，用来表明经济业务事项已经发生或完成的情况，以明确经济责任，作为记账原始依据的一种会计凭证。根据《会计基础工作规范》的规定，原始凭证的填制必须具备以下内容：①原始凭证名称；②填制原始凭证的日期；③填制原始凭证的单位名称或者填制人员的姓名；④接受原始凭证的单位；⑤经济业务事项名称；⑥经济业务事项的数量、单价和金额；⑦经办人员的签名或盖章等。

原始凭证是进行会计核算的原始资料和重要依据，要做到每一笔会计事项都有凭据，这是会计核算最基本的规范。因此《会计法》规定，办理需要进行会计核算的经济业务事项，必须填制或取得原始凭证并及时送交会计机构。至于"及时"的具体期限，《会计法》没有做出明确的规定。一般来说，为保证会计工作的正常进行和会计资料的真实、完整，原始凭证送交会计机构的时间最迟不应超过一个会计结算期。

2. 原始凭证的审核

对原始凭证进行审核，是确保会计资料质量的重要措施之一，也是会计机构、会计人员的重要职责。《会计法》对原始凭证的审核做了具体规定，主要包括三个方面：一是会计机构、会计人员对原始凭证审核的标准是合法、真实、准确、完整。"合法"是指符合会计法律法规和会计制度的规定；"真实"是指原始凭证上表述的经济内容是经济业务事项的本来面貌，没有掩盖歪曲和编造虚构经济业务事项；"准确"是指原始凭证准确的记录了经济业务事项的真实情况，有关数据、单价和金额计算准确无误；"完整"是指原始凭证应具备的各项内容都齐全，手续完整。二是会计机构、会计人员审核原始凭证的具体程序、要求，应当符合国家统一的会计制度规定，会计机构、会计人员应当据此执行。三是会计机构，会计人员对不真实、不合法的原始凭证，有权不予受理，并向单位负责人报告；对记载不准确、不完整的原始凭证予以退回，并要求经办人按照国家统一的会计制度的规定进行更正，补充。

对原始凭证的审核，具体要求有：

（1）从外单位取得的原始凭证，必须盖有填制单位的公章；从个人取得的原始凭证，必须有填制人员的签名或者盖章。自制原始凭证必须有经办单位领导人或者其指定人员签名或者盖章。对外开出的原始凭证，必须加盖本单位公章。

（2）凡是填有大写和小写金额的原始凭证，大写与小写金额必须相符。购买实物的原始凭证，必须有验收证明。支付款项的原始凭证，必须有收款单位和收款人的收款证明。

（3）一式几联的原始凭证，应当注明各联的用途，只能以一联作为报销凭证。一式几联的发票和收据，必须用双面复写纸（发票和收据本身具备复写纸功能的除外）套写，并连续编号。作废时应当加盖"作废"戳记，连同存根一起保存，不得撕毁。

（4）发生销货退回的，除填制退货发票外，还必须有退货验收证明；退款时，必须取得对方的收款收据或者汇款银行的凭证，不得以退货发票代替收据。

(5) 职工公出借款凭据，必须附在记账依据之后。收回借款时，应当另开收据或者退还原借据副本，不得退还原借款收据。

(6) 经上级有关部门批准的经济业务，应当将批准文件作为原始凭证附件；如果批准文件需要单独归档的，应当在凭证上注明批准机关名称、日期和文件字号。

【例1—13】 对记载不准确、不完整的原始凭证，会计人员应当（　　）。
A. 拒绝接受，并报告领导，要求查明原因
B. 应予撤销，并报告领导，要求查明原因
C. 拒绝接受，并不能让经办人员进行更正、补充
D. 予以退回，并要求经办人员按规定进行更正、补充

【解析】 D。《会计法》对原始凭证的审核做了具体规定：对记载不准确、不完整的原始凭证予以退回，并要求经办人按照国家统一的会计制度的规定进行更正、补充。

3. 原始凭证错误的更正

原始凭证记载的各项内容均不得涂改，随意涂改的原始凭证即为无效凭证，不能作为填制记账凭证或登记会计账簿的依据。原始凭证开具单位应当依法开具准确无误的原始凭证，对于填制有误的原始凭证负有更正和重新开具的义务，不得拒绝。原始凭证有错误的，应当由出具单位重开或者更正，更正处应当加盖出具单位印章。原始凭证金额有错误的，应当由出具单位重开，不得在原始凭证上更正。以上规范是为了明确相关人员的经济责任，防止利用原始凭证舞弊。

（二）记账凭证

记账凭证，亦称传票，是指对经济业务事项按其性质加以分类、确定会计分录，并据以登记会计账簿的一种会计凭证。记账凭证在会计资料的形成过程中，具有便于记账、减少差错，保证记账质量的作用，是原始凭证所记载的内容向会计账簿传递的重要中间环节。

1. 记账凭证的填制

记账凭证具有分类归纳原始凭证和满足登记会计账簿需要的作用，为此《会计法》第十四条第五款规定："记账凭证应当根据经过审核的原始凭证及有关材料编制。"此规定强调了两个方面：一是记账凭证必须以原始凭证及有关资料为编制依据；二是作为记账凭证编制依据的原始凭证和有关资料必须经过审核无误，以保证记账凭证质量。

根据《会计基础工作规范》的规定，记账凭证应当具备以下内容：①填制记账凭证的日期；②记账凭证的名称和编号；③经济业务事项摘要；④应记会计科目、方向和金额；⑤记账符号；⑥记账凭证所附原始凭证的张数；⑦记账凭证的填制人员、稽核人员、记账人员和会计机构负责人（会计主管人员）的签名或盖章。

记账凭证的填制过程中，还应注意以下几点：

(1) 填制记账凭证时，应当对记账凭证进行连续编号。一笔经济业务需要填制两张以上记账凭证的，可以采用分数编号法编号。

(2) 记账凭证可以根据每一张原始凭证填制，或者根据若干张同类原始凭证汇总填制，

也可以根据原始凭证汇总表填制。但不得将不同内容和类别的原始凭证汇总填制在一张记账凭证上。

（3）除结账和更正错误的记账凭证可以不附原始凭证外，其他记账凭证必须附有原始凭证并注明所附原始凭证的张数。如果一张原始凭证涉及几张记账凭证，可以把原始凭证附在一张主要的记账凭证后面，并在其他记账凭证上注明附有该原始凭证的记账凭证的编号或者附原始凭证复印件。

（4）一张原始凭证所列支出需要几个单位共同负担的，应当将其他单位负担的部分，开给对方原始凭证分割单，进行结算。

（5）如果在填制记账凭证时发生错误，应当重新填制。如果是已经登记入账的记账凭证，则按照规定的更正方法进行更正。

（6）记账凭证填制完经济业务事项后，如有空行，应当自金额栏最后一笔金额数字下的空行处至合计数上的空行处画线注销。

（7）填制记账凭证，字迹必须清晰、工整，并符合规定的要求。

2. 记账凭证的审核

记账凭证审核的内容主要包括：编制依据是否真实，填写项目是否齐全，科目是否正确，金额计算是否正确，书写是否清楚等。

实行电算化的单位，对于机制记账凭证也要认真审核，做到会计科目使用正确，数字准确无误。打印出来的机制记账凭证要加盖制单人员、审核人员、记账人员及会计机构负责人、会计主管人员印章或者签字。

【案例分析】

【案例1-2】2015年2月15日，华瑞公司会计人员小张在办理报销工作中，收到2张乙公司开具的增值税专用发票均有更改迹象，其中一张发票更改了数量与用途，另一张发票更改了金额，但更改处都有乙公司的单位公章。小张全部予以报销。会计人员小张应不应该给予报销？

【分析】会计人员小张的做法不正确。因为：根据《会计基础工作规范》的规定，原始凭证记载内容有错误的，应当由开具单位重开或更正，所以第一张发票可以报销，但是如果原始凭证金额错误的不能更改，必须由原始凭证开具单位重新开具，所以第二张发票不能报销。

子任务三　会计账簿

情境11：广瑞律师事务所在审计过程中又发现一个问题：瑞德科技公司的原材料明细账出现跳页情况，在经过咨询后得知装订人员在装订时把一页给漏了，造成会计资料不完整；另外，瑞德科技公司没有设置备查类账簿，使一些会计资料不详细。

会计账簿是指由一定格式的账页组成的,以经过审核的会计凭证为依据,全面、系统、连续地记录各项经济业务的簿籍。《会计法》对会计账簿的种类、登记规则等内容进行了详细的规定。

(一)概念

会计账簿是由一定格式、相互联系的账页组成的,用来序时的记录和反映经济业务事项的簿籍。会计账簿是会计资料的主要载体之一,也是会计资料的重要组成部分。会计账簿的主要作用,是对会计凭证提供的大量分散数据或资料进行分类归集整理,以全面、连续、系统的记录和反应经济责任的情况,是编制财务会计报告,检查、分析和控制单位经济活动的重要依据。会计账簿在会计核算中具有重要意义,是连接会计凭证和财务会计报告的中间环节。

(二)种类

会计账簿按照用途可以分为总账、明细账、日记账和其他辅助账簿。

(1)总账又称总分类账,是根据会计科目设置,用于分类登记单位的全部经济业务事项,提供资产、负债、所有者权益、费用、成本、收入和利润等总括核算的资料的账簿。总账一般使用订本账。

(2)明细账,又称明细分类账,是根据总账科目所属的明细科目设置的,用于分类登记某一类经济业务事项,提供有关明细核算资料的账簿。明细分类账是会计资料形成的基本环节,它可以为了解会计资料的形成提供具体情况和有关线索。明细账一般使用活页账。

(3)日记账,又称序时账,是指按照经济业务事项发生时间的先后顺序,逐笔地进行登记的账簿,包括现金日记账和银行存款日记账。日记账是各单位加强现金和银行存款管理的重要账簿。现金日记账和银行存款日记账必须采用订本式账簿,不得采用活页式或卡片式账簿,并逐日结出余额。

(4)其他辅助账簿,又称备查账簿,是指对无法在上述账簿中登记的经济业务事项进行补充记录的账簿,为备忘备查而设置,主要包括各种租借设备及物资的辅助登记、应收、应付款项的备查簿或担保、抵押备查簿等。

(三)会计账簿登记的基本要求

依法设置会计账簿是单位进行会计核算的最基本要求。所有实行独立核算的国家机关、社会团体、公司、企业、事业单位和其他组织都必须依法设置、登记会计账簿,保证其真实、完整。根据《会计法》和国家统一的会计制度的规定,会计账簿的登记应满足以下要求:

(1)单位必须依据经过审核无误的会计凭证登记会计账簿。依据会计凭证登记会计账簿是基本的会计记账准则;依据经过审核无误的会计凭证登记会计账簿,是保证会计账簿记录质量的重要环节。

(2) 登记会计账簿必须按照记账规则进行。《会计基础工作规范》中规定的记账规则包括：会计账簿应当按照连续编号的页码顺序登记；会计账簿记录发生错误或隔页，缺号，跳行的，应当按照会计制度规定的方法更正，并由会计人员和会计机构负责人（会计主管人员）在更正处盖章，以明确责任等。

(3) 实行会计电算化的单位，其会计账簿的登记、更正，也应当符合国家统一的会计制度的规定。

(4) 会计账簿的设置和登记，应当符合有关法律、行政法规和国家统一的会计制度的规定。

(5) 禁止账外设账。各单位发生的各项经济业务事项应当在依法设置的会计账簿上统一登记、核算，不得私设账外账。这是《会计法》对账外设账的问题做出的禁止性强制规定。账外设账主要表现为，在法定会计账簿之外另设置一套或多套账簿，用于登记应纳入法定会计账簿之内统一核算的其他经济业务事项，以达到种种非法目的。必须指明的是，这里所说的"账外设账"不同于有些单位为了强化内部管理的管理会计账簿。对于设置的用于加强内部管理的管理会计账簿，法律予以保护。而私设用于非法目的的账外账，是滋生"小金库"、不正之风的温床，是产生虚假会计资料的根源，是一种严重的违法行为，是法律禁止并予以打击的对象。

【深入思考】

会计人员实施账外设账的后果是什么？

（四）会计账簿账目核对的要求

账目核对，又称对账，是指在结账前，将账簿记录与货币资金、往来结算、财产物资等进行相互核对，是保证会计账簿记录质量的重要程序。对账工作每年至少进行一次。账目核对要做到账实相符、账证相符、账账相符和账表相符。

(1) 账实相符。账实相符是会计账簿记录与实物、款项实有数核对相符的简称。保证账实相符，是会计核算的基本要求。账实核对的目的是为了保证会计账簿记录与实物及款项的实有数相符；保证会计账簿记录与会计凭证的有关内容相符；保证会计账簿记录与会计报表的有关内容相符；保证会计账簿之间相对应的记录相符。

(2) 账证相符。账证相符是会计账簿记录与会计凭证有关内容核对相符的简称。保证账证相符，也是会计核算的基本要求。

(3) 账账相符。账账相符是会计账簿之间对应记录核对相符的简称。保证账账相符，也是会计核算的基本要求。

(4) 账表相符。账表相符是会计账簿记录与会计报表有关内容核对相符的简称。保证账表相符，同样也是会计核算的基本要求。

子任务四 财务报表

> 情境12：广瑞律师事务所的审计经理在基本完成业务审计后与瑞德科技公司的会计负责人沟通时，会计负责人张主任说："我们公司不是很大，财务情况说明书就不编了吧；还有我不是单位负责人我就不在财务报告上签名盖章了。"会计负责人张主任的要求合理吗？

财务报表是对企业财务状况、经营成果和现金流量的结构性表述。财务报表至少应当包括下列组成部分：(1) 资产负债表；(2) 利润表；(3) 现金流量表；(4) 所有者权益（或股东权益，下同）变动表；(5) 附注。财务报表上述组成部分具有同等的重要程度。

（一）财务会计报表的构成

《企业财务会计报告条例》规定的财务报表组成，包括会计报表、会计报表附注和财务情况说明书，其中会计报表包括资产负债表、利润表、现金流量表、所有者权益变动表及附注。

《企业会计准则——基本准则》规定的财务报表组成包括会计报表及其附注和其他应当在财务报表中披露的相关信息和资料，其中会计报表至少应当包括资产负债表、利润表、现金流量表等报表。考虑到小企业规模较小，外部信息需求相对较低，因此，小企业编制的会计报表可以不包括现金流量表。

根据《企业财务会计报告条例》的规定，财务报表分为年度、半年度、季度和月度财务报表。年度、半年度财务报表应当包括会计报表、会计报表附注和财务情况说明书。季度、月度财务报表通常仅指会计报表，会计报表至少应当包括资产负债表和利润表。国家统一的会计制度规定季度、月度财务报表需要编制会计报表附注的，从其规定。

1. 会计报表

会计报表是根据会计账簿记录和有关资料，按照规定的报表格式，总括地反映一定期间的经济活动和财务收支情况及其结果的一种报告文件，是财务报表的主要组成部分。企业对外提供的会计报表一般包括资产负债表、利润表、现金流量表、所有者权益变动表四个报表。

(1) 资产负债表，即反映企业在某一特定日期财务状况的会计报表；

(2) 利润表，即反映企业在一定会计期间经营成果的会计报表；

(3) 现金流量表，即反映企业在一定会计期间现金和现金等价物流入和流出情况的会计报表；

(4) 所有者权益变动表，即反映一定会计期间所有者权益各个构成部分在当期的增减变动情况的会计报表。

2. 会计报表附注

会计报表附注是为便于会计报表使用者理解会计报表的内容而对会计报表的编制基

础、编制依据、编制原则和方法及主要项目等所做的解释。《企业财务会计报告条例》规定的会计报表附注至少应当包括下列内容：

（1）不符合基本会计假设的说明。

（2）重要会计政策和会计估计及其变更情况、变更原因及其对财务状况和经营成果的影响。

（3）或有事项和资产负债表日后事项的说明。

（4）关联方关系及其交易的说明。

（5）重要资产转让及其出售情况。

（6）企业合并、分立。

（7）重大投资、融资活动。

（8）会计报表中重要项目的明细资料。

（9）有助于理解和分析会计报表需要说明的其他事项。

新的《企业会计准则——基本准则》所规定的附注，是指对在会计报表中列示项目所做的进一步说明，以及对未能在这些报表中列示项目的说明等。

3.财务情况说明书

财务情况说明书是对企业一定会计期间内生产经营、资金周转和利润实现及分配等情况进行分析总结的书面文字报告。财务情况说明书至少应当对下列情况做出说明：

（1）企业生产经营的基本情况。

（2）利润实现和分配情况。

（3）资金增减和周转情况。

（4）对企业财务状况、经营成果和现金流量有重大影响的其他事项。

【例1-14】下列各项中，属于财务报表组成部分的有（　　）。

A.资产负债表　　　　　　　　B.现金流量表
C.附注　　　　　　　　　　　D.审计报告

【解析】ABC。企业财务报表包括四表一注，而凭证、账簿、计划、审计报告都不属于财务报表的组成部分。

（二）财务报表的编制

1.财务报表的编制目标

财务报表的编制目标，是向财务报表使用者提供与企业财务状况、经营成果和现金流量等有关的会计信息，反映企业管理层受托责任履行情况，有助于财务报表使用者做出经济决策。财务报表使用者包括投资者、债权人、政府及其有关部门和社会公众等。

2.财务报表的编制依据

财务报表应当根据经过审核的会计账簿记录和有关资料编制，并符合《会计法》和国家统一的会计制度关于财务报表的编制要求、提供对象和提供期限的规定；其他法律、行政法规另有规定的，从其规定。

3.财务报表的编制要求

（1）企业应当于年度终了编报年度财务报表。国家统一的会计制度规定企业应当编报半年度、季度和月度财务报表的，从其规定。

（2）企业编制财务报表，应当根据真实的交易事项、事项及完整、准确的会计账簿记录等资料，并按照国家统一的会计制度规定的编制基础、编制依据、编制原则和方法进行编制。

（3）企业应当依照规定，对会计报表中的各项会计要素进行合理的确认和计量，不得随意改变会计要素的确认和计量标准。

（4）企业在编制年度财务报表前，还应当按照规定全面清查资产、核实债务。

（5）企业编制年度和半年度财务报表时，对经查实后的资产、负债有变动的，应当按照资产、负债的确认和计量标准进行确认和计量，并按照国家统一的会计制度的规定进行相应的会计处理。

（6）企业应当按照国家统一的会计制度规定的会计报表格式和内容，根据登记完整、核对无误的会计账簿记录和其他有关资料编制会计报表，做到内容完整、数字真实、计算准确、不得漏报或者任意取舍。

（7）会计报表之间、会计报表各项目之间，凡有对应关系的数字，应当相互一致，会计报表中本期与上期的有关数字应当相互衔接。

（三）财务报表的对外提供

（1）对外提供的财务报表所反映的会计信息应当真实、完整。任何组织或者个人不得授意、指使、强令企业编制和对外提供虚假的或者隐瞒重要事实的财务报表。

（2）财务报表的对外提供期限应当符合法律、行政法规和国家统一的会计制度的规定。具体为：月度财务报表应当于月份终了后6天内对外提供；季度财务报表应当于季度终了后15天内对外提供；半年度财务报表应当于半年度终了后60天内对外提供；年度财务报表应当于年度终了后4个月内对外提供。

（3）国有企业、国有控股的或者占主导地位的企业，应当至少每年一次向本企业的职工代表大会公布财务报表，并重点说明有关事项。

（4）企业依照《企业财务会计报告条例》的规定向有关各方提供的财务报表，其编制基础、编制依据、编制原则和方法应当一致，不得提供编制基础、编制依据、编制原则和方法不同的财务报表。

（5）财务报表须经注册会计师审计的，企业应当将注册会计师及其会计师事务所出具的审计报告随同财务报表一并对外提供。

（6）如果发现对外报送的财务报表有错误，应当及时办理更正手续。错误较多的，应当重新编报。

此外，《企业财务会计报告条例》规定，接受企业财务报表的组织或个人，在企业财务报表未正式对外披露前，应当对其内容保密。

【深入思考】

企业粉饰财务报表带来的后果是什么?

(四)财务报表的保管

财务报表属于企业重要的会计档案,必须按照有关规定妥善保管。企业和其他组织的月度和季度财务报表的保管期限为3年,年度财务报表(决算)的保管期限为永久。

(五)财务报表的签章程序

财务报表应当由单位负责人和主管会计工作的负责人、会计机构负责人(会计主管人员)签名并盖章;设置总会计师的单位,还须由总会计师签名并盖章。

(六)财务报表责任主体

单位负责人应当保证财务报表真实、完整,因此,单位负责人是财务报表的责任主体。

【例1-15】《中华人民共和国会计法》规定(　　)为单位会计行为的责任主体。

A. 会计人员　　　　　　　　　　B. 单位负责人
C. 会计主管　　　　　　　　　　D. 财务主管

【解析】 B。单位负责人是责任主体。

子任务五　会计档案

情境13:刘杰经过面试之后被某市瑞德科技公司录用,刘杰特别喜欢这份工作,在工作岗位上认认真真地完成自己的工作,但是有一天主管拿着一本去年第四季度的财务报告给刘杰,让他自行销毁,刘杰犹豫了。

会计档案是记录和反映经济业务事项的重要史料证据。会计档案是指会计凭证、会计账簿和财务报告等会计核算专业材料,是记录和反映单位经济业务的重要史料和证据。具体包括:

(1) 会计凭证类,包括原始凭证、记账凭证、汇总凭证、其他会计凭证;
(2) 会计账簿类,包括总账、明细账、日记账、固定资产卡片、辅助账簿、其他会计账簿;
(3) 财务报表类,包括月度、季度、年度会计报表及相关文字分析材料等;
(4) 其他类,包括"银行存款余额调节表"、"银行对账单"、应当保存的会计核算专业资料、会计档案移交清册、会计档案保管清册、会计档案销毁清册。

但是,各单位的"财务预算、计划、制度等文件材料"属于文书档案,不属于会计档案。

【例1-16】 下列各项中,不属于会计档案的有(　　)。

A. 购货发票　　　　　　　　　　B. 应收账款明细账
C. 年度工作计划　　　　　　　　D. 工商营业执照

【解析】 CD。根据《会计档案管理办法》的规定,会计档案包括会计凭证类、会计账簿类、财务报告类及其他类。购货发票属于原始凭证，应收账款明细账属于会计账簿，资产负债表属于会计报表，而银行存款余额调节表属于其他类会计档案，工商营业执照属于营业执照，年度工作计划属于文书档案，二者均不属于会计档案。

（一）会计档案的作用

会计档案的作用有以下四个方面：
(1) 记录和反映经济业务的重要史料和证据；
(2) 有助于总结经济工作经验；
(3) 有助于指导经济管理和事业管理；
(4) 有助于查证违法违纪问题，防止贪污舞弊。

（二）会计档案的指导、监督、检查部门

各级人民政府财政部门和档案行政管理部门共同负责会计档案工作的指导、监督和检查。

（三）会计档案的归档和移交

各单位必须加强对会计档案的管理，建立会计档案的立卷、归档、保管、查阅和销毁等管理制度，保证会计档案妥善保管、有序存放、方便查阅、严防毁损、散失和泄密。

(1) 各单位每年形成的会计档案，应当由会计机构按照归档要求，负责整理立卷归档。采用电子计算机进行会计核算的单位，应当保存打印出的纸质会计档案。

(2) 各单位每年形成的会计档案，应由单位会计部门按照归档要求负责整理立卷，装订成册，编制会计档案保管清册。

(3) 当年形成的会计档案，在会计年度终了后，可暂由会计机构保管1年，期满之后，应当由会计机构编制移交清册，移交本单位档案机构统一保管；未设计档案机构的，应当在会计机构内部指定专人保管。出纳人员不得兼管会计档案。

(4) 会计机构在向本单位档案部门移交会计档案时要编制移交清册，详细登记所移交档案的名称、卷号、册数、起止年度、应保管期限、已保管期限等内容，便于分清责任，加强会计档案管理。

(5) 档案部门接受保管的会计档案，原则上应当保持原卷册的封装。个别需要拆封重新整理的，档案机构应当会同会计机构和经办人员共同拆封整理，以分清责任。

(6) 各单位保存的会计档案原则上不得借出。如有特殊需要，经本单位负责人批准后，可以提供查阅或者复制，并办理登记手续。查阅或者复制会计档案人员，严禁在会计档案上涂画、拆封和抽换。

【例1—17】某企业业务单位因工作需要，要求借阅本企业的会计档案，经单位领导同意后借出半天，并办理了登记手续。（　　）

【解析】×。根据《会计档案管理办法》的规定，各单位保存的会计档案不得借出，如有特殊需要，经本单位负责人批准后，可以提供查阅或者复制，并办理登记手续。所以，该企业领导同意将会计档案借出的做法是错误的。

（四）会计档案保管的期限

根据《会计档案管理办法》的规定，会计档案保管期限分为永久和定期两类。永久，即是指会计档案须永久保存。企业和其他组织的年度财务报告（决算）（包括文字分析）、会计档案保管清册和会计档案销毁清册等应永久保存。定期，是指会计档案的保存应达到法定的时间。定期保管期限分为3年、5年、10年、15年和25年五类，保管期限从会计年度终了后第一天算起。

《会计档案管理办法》分别就企业和其他组织，以及财政总预算、行政单位、事业单位和税收会计档案保管期限做出了明确规定，具体见表1-1和表1-2。

表1-1　企业和其他组织会计档案保管期限表

保管年限	会计档案
永久	年度财务报告、会计档案保管清册、会计档案销毁清册
25年	现金日记账、银行存款日记账
5年	银行存款余额调节表、银行对账单、固定资产卡片在固定资产报废清理后保管5年
3年	月度、季度财务会计报告
15年	其他

表1-2　财政总预算、行政单位、事业单位和税收会计档案保管期限表

序号	档案名称	保管期限			备注
		财政总预算	行政单位事业单位	税收会计	
一	会计凭证类				
1	国家金库编送的各种报表及缴库退库凭证	10年		10年	
2	各收入机关编送的报表	10年			
3	行政单位和事业单位的各种会计凭证		15年		包括：原始凭证、记账凭证和传票汇总表
4	各种完税凭证和缴、退库凭证			15年	缴款书存根联在销号后保管2年

续表

序号	档案名称	保管期限			备注
		财政总预算	行政单位事业单位	税收会计	
5	财政总预算拨款凭证及其他会计凭证	15年			包括：拨款凭证和其他会计凭证
6	农牧业税结算凭证			15年	
二	会计账簿类				
7	日记账		15年	15年	
8	总账	15年	15年	15年	
9	税收日记账（总账）和税收票证分类出纳账			25年	
10	明细分类、分户账或登记簿	15年	15年	15年	
11	现金出纳账、银行存款账		25年	25年	
12	行政单位和事业单位固定资产明细账				行政单位和事业单位固定资产报废清理后保管5年
三	财务报告类				
13	财务总决算	永久			
14	行政单位和事业单位决算	10年	永久		
15	税收年报（决算）	10年		永久	
16	国家金库年报（决算）	10年			
17	基本建设拨、贷款年报(决算)	10年			
18	财政总预算会计旬报	3年			所属单位报送的保管2年
19	财政总预算会计月、季度报表	5年			所属单位报送的保管2年
20	行政单位和事业单位会计月、季度报表		5年		所属单位报送的保管2年
21	税收会计报表（包括凭证报表）			10年	电报保管1年，所属税务机关报送的保管3年

模块一 会计法律制度

续表

序号	档案名称	保管期限			备注
		财政总预算	行政单位事业单位	税收会计	
四	其他类				
22	会计档案移交清册	15年	15年	15年	
23	会计档案保管清册	永久	永久	永久	
24	会计档案销毁清册	永久	永久	永久	

【例1—18】根据《会计档案管理办法》的规定，当年形成的会计档案在年度终了后，可暂由会计部门保管（　　）。

A. 1年　　　　　　　　　　B. 3年

C. 5年　　　　　　　　　　D. 10年

【解析】A。当年形成的会计档案可暂由会计部门保管1年，从年度终了后第一天开始算起。

（五）会计档案的销毁

会计档案的销毁是会计档案管理的重要内容，必须严格规范，有序进行。

根据《会计档案管理办法》的规定，保管期满的会计档案，除特殊规定外，可以按照程序予以销毁。销毁的基本程序和要求如下。

1. 编制会计档案销毁清册

由本单位档案机构会同会计机构根据保管期已满的会计档案和单位对这些档案的利用要求，提出销毁意见，编制会计档案销毁清册，列明销毁会计档案的名称、卷号、册数、起止年度和档案编号、应保管期限、已保管期限、销毁时间等内容，报单位负责人审批。单位负责人对所要销毁的会计档案进行复核后在会计档案销毁清册上签署意见。

2. 专人负责监销

销毁会计档案时，应当派专人负责监销，监销人员根据不同情况由相应的单位派出。对于一般企业、事业单位和组织，应当由单位档案机构和会计机构双方共同派员监销；对于国家机关应当由同级财政部门、审计部门派员参加监销；对于财政部门应当由同级审计部门派员参加监销。监销人员在销毁会计档案前，应当按照会计档案销毁清册所列内容对所要销毁的会计档案进行清点核对；销毁后，应当在会计档案销毁清册上签名并盖章，并及时将监销情况向本单位负责人报告。

3. 不得销毁的会计档案

对于保管期满但未结清的债权原始凭证及涉及其他未了事项（如超过会计档案保管期

限但尚未报废的固定资产购买凭证等）的原始凭证，不得销毁，应当单独抽出立卷，保管到未了事项完结时为止。单独抽出立卷的会计档案，应当在会计档案销毁清册和会计档案保管清册中列明。此外，正在项目建设期间的建设单位，其保管期满的会计档案不得销毁，必须妥善保管，等到项目办理竣工决算后按规定的交接手续移交给项目的接受单位进行妥善保管。

【深入思考】

会计档案为什么要设置保管期限？

子任务六　会计核算的其他规定

情境14：某年末的一天，单位领导召开财务人员会议，会上单位领导提出想降低年度所得税额，因此要求提高坏账准备计提比例，财务科长就这一问题提出了反对意见，单位领导的要求是否合法？

我国会计法律制度还对会计制度、记账本位币、会计处理方法和会计记录文字等作了明确规定。

（一）会计年度

会计年度，是指以年度为单位进行会计核算的时间区间，是反映单位财务状况、核算经营成果的时间界限。会计上将连续不断的经营过程人为地划分若干相等的时段，分段进行结算，分段编制财务报表，分段反映单位的财务状况、经营成果及现金流量。这种分段进行会计核算的时间区分，在会计上称为会计期间。《企业财务会计报告条例》规定，会计期间分为年度、半年度、季度和月度。以1年为一个会计期间称为会计年度。小于年度的会计期间（如半年度、季度和月度），称为会计中期。

根据《会计法》第十一条的规定："会计年度自公历1月1日起至12月31日止。"这一规定表明，我国是以公历年度为会计年度，即以每年公历的1月1日起至12月31日止为一个会计年度。

我国的会计年度采用公历制，是为了与我国的财政、计划、统计、税收等年度保持一致，从而便于国家宏观经济管理。各单位按年度提供的会计资料是国家实施宏观调控的重要依据。

【知识拓展】

《会计法》关于会计年度的规定，不仅适用于内资企业，也适用于外商投资企业。外商投资企业境外母公司的会计年度与我国的会计年度不一致时，外商投资企业必须按照《会计法》的规定采用公历会计年度，而不能采用其境外母公司的会计年度。

（二）记账本位币

记账本位币，是指登记会计账簿和编制财务报表时用以计量的货币，也就是单位主要会计核算业务所使用的货币。根据《会计法》第十二条的规定："会计核算以人民币为记账本位币。业务收支以人民币以外的货币为主的单位，可以选定其中一种货币作为记账本位币，但是编报的财务报表应当折算为人民币。"这是对我国记账本位币的法律规定。

我国境内的会计核算，应该以人民币为记账本位币。人民币是我国的法定货币，以人民币作为记账本位币具有广泛的适应性，便于会计信息口径的一致。同时，这样规定，也是国家主权的重要体现。

随着经济日益全球化，我国对外国的投资和对外贸易也日渐增多，这就涉及两种或两种以上货币的业务往来。为了便于这些单位对外开展业务，简化会计核算手续，方便我国境内财务报表使用者的阅读和使用，也便于税务、工商等部门通过财务报表计算应缴税款和进行工商年检，《会计法》规定可以选定其中一种货币作为记账本位币。但是，在选择人民币以外的货币作为记账本位币时，必须遵循"业务收支以人民币以外的货币为主"的原则，而且记账本位币一旦确定，不得随意变动。但是，在编报的财务报表时应当折算为人民币。

（三）会计处理方法

会计处理方法是指会计核算中所采用的具体方法，通常包括：收入确认方法、企业所得税的会计处理方法、存货计价方法、坏账损失的核算方法、固定资产折旧方法、编制合并会计报表的方法、外币折算的会计处理方法等。采用不同的会计处理方法，都会影响会计资料的一致性和可比性，进而影响会计资料的使用。因此，《会计法》和国家统一的会计制度规定，各单位采用的会计处理方法，前后各期应当一致，不得随意变更；确有必要变更的，应当按照国家统一的会计制度的规定变更，并将变更的原因、情况及影响在财务报表中说明。

（四）正确使用会计记录文字

会计记录所使用的文字，是正确进行会计核算和表述各种会计资料的重要媒介。会计资料作为一种商业语言和信息资源，必须规范统一，而对会计资料起辅助说明作用的会计记录文字也必须通用，为广大资料使用者所熟悉。

在我国，中文是法定的官方语言文字。根据《会计法》第二十二条的规定："会计记录的文字应当使用中文。在民族自制地方，会计记录可以同时使用当地通用的一种民族文字。在中华人民共和国境内的外商投资企业、外国企业和其他外国组织的会计记录可以同时使用一种外国文字。"

这一规定表明，我国境内所有国家机关、社会团体、公司、企业、事业单位和其他组织的会计记录文字都应当使用中文；为了方便使用不同文字的人阅读会计资料，我国民族自治地方和境内的外国企业或组织可以在使用中文的前提下，选用其他的一种文字——当地通用的民族文字或外国文字，作为会计记录文字。也就是说，使用中文是强制性的，使用其他文字是备选的，不能理解为可以使用中文，也可以使用其他通用文字。

【案例分析】

【案例1-3】 某市财政局在对一家外商投资企业检查时了解到：该公司的股东为德国人，其母公司在德国，其主要购销业务面向欧洲市场。该企业选择德文作为会计记录文字，欧元为记账本位币，编制财务报表时以欧元反映。鉴于该公司的做法，该市财政局对该公司做出整改要求，该公司负责人要求主管部门说明理由。

【分析】 某市财政局对该公司做出整改要求，并向该公司负责人说明理由：

（1）鉴于该公司的业务情况，会计记录文字应当使用中文、德文两种文字。根据《会计法》规定，我国境内所有国家机关、社会团体、公司、企业、事业单位和其他组织的会计记录文字都应当使用中文。在我国境内的外商投资企业、外国企业和其他外国组织的会计记录除中文外，可以同时使用一种外国文字（使用中文是强制性的，使用其他文字是备选的）。

（2）鉴于该公司的业务面向欧洲市场，记账本位币可以使用欧元，但编制财务报表应当折算成人民币。《会计法》第十二条明确规定，会计核算以人民币为记账本位币。业务收支以人民币以外的货币为主的单位，可以选定其中一种货币作为记账本位币，但是编报的财务报表应当折算为人民币。

【课后思考】

1. 会计核算的依据是什么？其对会计资料的基本要求是什么？
2. 根据《会计法》的规定，会计机构、会计人员应如何对原始凭证进行审核？原始凭证错误的应如何更正？
3. 会计账簿登记的依据和登记规则是什么？
4. 编制财务报表的依据是什么？财务报表应当由哪些人签名并盖章？
5. 会计档案的移交、保管期限和销毁程序怎样？
6. 我国会计法律制度对会计年度、记账本位币、会计处理方法的规定怎样？

任务四　会计监督

会计监督是会计的又一项基本职能，是我国经济监督体系的重要组成部分，也是会计资料质量控制的重要环节。会计监督有狭义和广义之分，狭义的会计监督是指单位内部会计监督，它是指会计人员对特定主体经济活动的真实性、合法性、合理性所进行的审查。广义的会计监督还包括对单位内部会计监督的再监督，即外部监督，主要有政府监督和社会监督。

目前，我国《会计法》就以法律的形式确立了与社会主义市场经济相适应的"三位一体"的会计监督体系，"三位"是指会计监督体系的三个层次：单位内部的会计监督、财政部门为主体的政府监督和以注册会计师为主体的社会监督；"一体"是指各层次监督之间的相互关系、相互协调形成一个有机整体。内部监督的本质是内部控制，是内部管理的重要组成部分；社会监督是对内部监督的再监督，其特征是监督行为的独立性和有偿性；政府监督是对内部控制和社会监督的再监督，其特征是强制性和无偿性。

因此，《会计法》所确立的会计监督体系，是三种监督相互补充、相互制约和不可替代的关系，是一种有效的会计监督体系。

【例1-19】下列各项中，属于会计监督体系组成部分的有（　　）。
A. 社会舆论监督
B. 单位内部会计监督
C. 以注册会计师为主体的会计工作社会监督
D. 以政府财政部门为主体的会计工作政府监督

【解析】BCD。我国实行的是单位内部监督、社会监督和政府监督"三位一体"的会计监督体系。

子任务一　单位内部会计监督

> 情境15：2015年6月30日，企业进行财产物资的清查，在清查过程中发现原材料明细账中余额为34 600.00元，而现实库存金额为34 400.00元，经核查差额200.00元是因为仓库管理员王章收发错误造成的。这项活动属于什么活动？

（一）单位内部会计监督

单位内部会计监督，是指为了保护单位资产的安全、完整，保证其经营活动符合国家法律、法规和内部有关管理制度的规定，提高经营管理水平和效率，而在单位内部采取的一系列相互制约、相互监督的制度和方法。单位内部会计监督制度是内部控制制度的重要组成部分。建立健全单位内部监督会计监督制度，是贯彻执行会计法律、法规、规章制度，保证会计工作有序进行，完善会计监督体系的重要措施。

1. 单位内部会计监督主体和对象

（1）监督主体。《会计法》规定："各单位的会计机构、会计人员对本单位实行会计监督。"这一规定明确了单位内部会计监督的主体是各单位的会计机构和会计人员。虽然内部监督的主体是各单位的会计机构、会计人员，但内部监督不仅仅是会计机构、会计人员的事情，单位负责人也应当积极支持，保证会计机构、会计人员行使好会计监督职权。根据《会计法》的规定，单位负责人负责单位内部会计监督制度的组织实施，对本单位内部会计监督制度的建立及有效实施承担最终责任。

（2）监督对象。根据《会计法》和其他有关会计法规的规定，会计机构和会计人员进行内部会计监督的对象是本单位的经济活动。

【例1—20】根据《会计法》的规定，单位内部会计监督的对象是会计机构、会计人员。（　　）

【解析】×。单位内部监督的对象是单位的经济活动，而会计机构、会计人员是单位内部监督的主体。

2. 单位内部会计监督制度的基本要求

各单位内部会计监督的内容十分广泛，涉及人、财、物等诸多方面，《会计法》规定，各单位应当建立健全本单位内部会计监督制度和内部控制制度。单位内部会计监督制度应当符合下列要求：

(1) 明确经济业务事项或会计事项相关人员的职责权限，相互分离、相互制约。

《会计法》规定，记账人员与经济业务事项和会计事项的审批人员、经办人员、财物保管人员的职责权限应当明确，并相互分离、相互制约。这是机构控制和职务控制的基本要求。具体要求如下：

第一，经济业务事项、会计事项的审批人员、经办人员、财物保管人员、记账人员的职责权限应当明确，做到职权明确，程序规范，责任清楚，避免因职责不清而相互扯皮、推诿，甚至越权行事，造成管理失控。

第二，记账人员与经济业务事项和会计事项的审批人员、经办人员、财物保管人员要实行职务分离。职务分离是内部控制的重要手段之一，可以有效防止因权限集中、职务重叠而造成的贪污、舞弊和决策失误。

第三，记账人员与经济业务事项和会计事项的审批人员、经办人员、财物保管人员应当相互制约。相关人员之间相互制约与职务分离既有联系也有区别。制约分离是相互制约的前提条件，但实行职务分离并不表明就能够相互制约，如果没有赋予各职务岗位的人员相应的职权，就无法进行相互制约。因此，在明确记账人员与经济业务事项和会计事项的审批人员、经办人员、财物保管人员的职责权限时，不仅要考虑职务分离的要求，还要考虑上述职务岗位的人员之间能够相互制约，将失误、舞弊等问题控制到最低限度。

(2) 明确对外投资、资产处置、资金调度和其他重大经济业务事项的决策和执行的相互监督、相互制约的程序。

《会计法》规定，重大对外投资、资产处置、资金调度和其他重要经济业务事项的决策和执行的相互监督、相互制约的程序应当明确。这是对业务处理程序控制的基本要求，是对盲目对外投资，擅自处置资产，随意调度资金所做的限制性规定，具有很强的针对性。重大对外投资、资产处置、资金调度等经济业务事项，既是各单位重大的经济活动，也是非常重要的财务管理问题，如果决策和执行的程序不明确，缺乏有效的监督和控制，不仅影响国家、单位和社会公众的利益，并影响会计秩序和会计信息质量。

《会计法》对重要经济业务事项决策和执行程序的要求突出了两点：一是决策和执行的程序应当明确，做到制度化、规范化；二是决策和执行程序中应当体现决策人员与执行人员之间能够相互监督、相互制约，既要防止权限过于集中，也要防止政出多门，各行其是。

(3) 明确财产清查的范围、期限和组织程序。

财产清查制度是根据账簿记录，对各项财产物资和库存现金进行定期或不定期的实地盘点，对银行存款和债权债务进行核对，保证财产物资、货币资金及债权、债务实存数额和账面数额相符的一种专门方法。财产清查制度历来是《会计法》强调的重要制度之一。各单位不仅要建立财产清查制度，而且要明确规定财产清查的范围、期限、组织程序，这是财产安全控制和会计信息控制的基本要求。

财产清查既可定期进行，也可不定期进行，清查时，根据单位实际情况，既可全面进行，也可部分进行。财产清查，既是加强财产物资管理的一项重要制度，也是会计核算工作的一项重要制度。通过财产清查，改善经营管理，保护财产的安全与完整；通过财产清查，可以确定各项财产的实存数，以便查明实存数与账面数是否相符，并查明不符的原因和责任，制定改进措施，做到账实相符，保证会计资料的真实、完整。如在编报年度财务报表之前，必须进行财产清查，对账实不符的问题根据有关规定进行会计处理，以保证会计数据真实、完整。

(4) 明确对会计资料定期进行内部审计的办法和程序（内部审计控制的基本要求）。

内部审计是指由被审计单位内部机构或人员，对其内部控制的有效性、财务信息的真实性和完整性及经营活动的效率和效果等开展的一种评价活动。内部审计是和政府审计、注册会计师审计并列的三种审计类型之一。内部审计既是内部控制的一个组成部分，又是内部控制的一种特殊形式。

内部审计的内容十分广泛，一般包括内部财务审计和内部经营管理审计。内部财务审计是对会计工作和会计资料实行控制和再监督。《会计法》明确规定，对会计资料定期进行内部审计的办法和程序应当明确。即在单位内部应当有除会计机构、会计人员以外的专门机构或专门人员对会计资料进行再监督，设置内部审计机构或内部审计人员的单位，该项工作应由内部审计机构或内部审计人员进行；没有设置内部审计机构或内部审计人员的单位，可以由其他负责监督的机构、人员进行，如公司制企业的监事会。对会计资料进行内部审计应当制度化、程序化。

【例1-21】某企业为加强内部管理，提高工作效率，决定由总账会计小张兼任财物保管工作。（　　）

【解析】×。本题考核单位内部会计监督。这一决定违反了"不相容职务相互分离"的规定。根据规定，"不相容职务"，是指不能同时由一人兼任的职务。财产保管和记账属于不相容职务岗位，因此不能由一人监管。

3. 会计机构和会计人员在单位内部会计监督中的职责

会计机构和会计人员是单位内部会计监督的主体。《会计法》第二十八至三十一条明确规定了会计机构和会计人员在单位内部会计监督中的职责，其内容包括：

(1) 依法开展会计核算和监督，对违反《会计法》和国家统一的会计制度规定的会计事项，有权拒绝办理或者按照职权予以纠正。

《会计法》指出，会计人员对违反本法和国家统一的会计制度规定的会计事项有权拒绝办理或者按照职权予以纠正。例如，会计机构和会计人员对认为是违反国家统一的财政、财务、会计制度规定的财政收支，应当制止和纠正，制止和纠正无效的，应当向单位领导人提出书面意见请求处理。

同时，单位内外相关方面都有责任保证会计机构、会计人员依法行使职权，不能阻碍，更不能违法干预。为此，《会计法》规定，任何单位或者个人不得对依法履行职责、抵制违反本法规定行为的会计人员打击报复。单位负责人应当保证会计机构、会计人员依法履行职责，不得授意、指使、强令会计机构、会计人员违法办理会计事项。单位负责人对依法履行职责的会计人员实行打击报复，构成犯罪的，依法追究刑事责任，尚不构成犯罪的，依法给予处分。

（2）对单位内部的会计资料和财产物资实施监督。

为保证会计资料的真实、完整，会计机构和会计人员必须加强对单位内部的会计资料和财产物资实施监督。各单位应当定期将会计账簿记录与实物、款项及有关资料相互核对，保证会计账簿记录与实物及款项的实有数额相符、会计账簿记录与会计凭证的有关内容相符、会计账簿之间相对应的记录相符、会计账簿记录与会计报表的有关内容相符。对账实不符的，应及时做出处理。《会计法》规定，会计机构、会计人员发现会计账簿记录与实物、款项及有关资料不符的，按照国家统一的会计制度的规定有权自行处理的，应当及时处理；无权处理的，应当立即向单位负责人报告，请求查明原因，做出处理。

【例1-22】会计机构和会计人员发现会计账簿记录与实物、款项及有关资料不相符的，应当立即向本单位负责人报告，请求查明原因，做出处理。（　　）

【解析】×。发现会计账簿记录与实物、款项及有关资料不相符的，按照国家统一的会计制度的规定有权自行处理的，应当及时处理；无权处理的，应当立即向单位负责人报告，请求查明原因，做出处理。

4.单位负责人在会计监督方面的义务

单位负责人在会计监督方面的义务主要有两点：一是应当保证会计机构、会计人员依法履行职责；二是不得授意、指使、强令会计机构、会计人员违法办理会计事项。

单位负责人保证会计机构、会计人员依法履行职责，应当注意两方面的问题：一方面要支持会计机构、会计人员的工作。会计人员因严格执行国家会计制度而发生工作上的矛盾，这时，需要单位负责人坚决支持会计人员依法履行职责，如果有人非法干涉会计机构、会计人员行使职权，单位负责人应当制止。另一方面，单位负责人自己也不得非法干涉会计机构、会计人员行使职权。

（二）单位内部控制

1.单位内部控制的概念与目标

对企业而言，内部控制是指董事会、监事会、经理层和全体员工实施的、旨在实现控制目标的过程。对行政事业单位而言，内部控制是指单位为实现控制目标，通过制定制度、实施措施和执行程序，对经济活动的风险进行防范和管控。

企业内部的控制目标主要包括：合理保证企业经营合法合规、资产安全、财务报告及相关信息真实完整，提高经营效率和效果，促进企业实现发展战略。

行政事业单位的内部控制目标主要包括：合理保证单位经济活动合法合规、资产安全和使用有效、财务报告及相关信息真实完整，有效防范舞弊和预防腐败，提高公共服务的效率和效果。

2.单位内部控制的原则

企业、行政事业单位建立与实施内部控制，均应遵循全面性原则、重要性原则、制衡性原则和适应性原则。此外，企业还应遵循成本效益原则。

3.内部控制的责任人

对企业而言，董事会负责内部控制的建立健全和有效实施。监事会对董事会建立与实施内部控制进行监督。经理层负责组织领导企业内部控制的日常运行。企业应当成立专门机构或者指定适当的机构具体负责组织协调内部控制的建立实施及日常工作。

对行政事业单位而言，单位负责人对本单位内部控制的建立健全和有效实施负责。单位应当建立适合本单位实际情况的内部控制体系，并组织实施。

4.内部控制的内容

企业建立与实施有效的内部控制，应当包括：内部环境；风险评估；控制活动；信息与沟通；内部监督。

行政事业单位建立与实施内部控制的具体工作包括：梳理单位各类经济活动的业务流程，明确业务环节，系统分析经济活动风险，确定风险点，选择风险应对策略，在此基础上根据国家有关规定建立健全单位各项内部管理制度并督促相关工作人员认真执行。

5.内部控制的控制方法

对企业而言，控制措施一般包括：不相容职务分离控制、授权审批控制、会计系统控制、财产保护控制、预算控制、运营分析控制和绩效考评控制等。

行政事业单位内部控制的控制方法一般包括：不相容岗位相互分离、内部授权审批控制、归口管理、预算控制、财产保护控制、会计控制、单据控制、信息内部公开等。

【例1-23】下列关于内部控制的说法中正确的有（　　）。

A.对企业而言，内部控制是指由企业董事会、监事会、经理层和全体员工实施的、旨在实现控制目标的过程

B.对企业而言内部控制包括五大目标

C.对企业和事业单位而言，内部控制均需遵循成本效益原则

D.对企业和事业单位而言，内部控制的方法均包括不相容职务或岗位的分离控制

【解析】ABD。企业需遵循成本效益原则，事业单位不需遵循成本效益原则。

（三）内部审计

1.内部审计的概念与内容

内部审计是指单位内部的一种独立客观的监督和评价活动，它通过单位内部独立的审

财经法规与会计职业道德

计机构和审计人员审查和评价本部门、本单位财务收支和其他经营活动及内部控制的适当性、合法性和有效性来促进单位目标的实现。

内部审计的内容是一个不断发展变化的范畴,主要包括财务审计、经营审计、经济责任审计、管理审计和风险管理等。

2. 内部审计的特点与作用

内部审计的审计机构和审计人员都设在本单位内部,审计的内容更侧重于经营过程是否有效、各项制度是否得到遵守与执行。审计结果的客观性和公正性较低,并且以建议性意见为主。

内部审计在单位内部会计监督制度中的重要作用有:预防保护作用;服务促进作用;评价鉴证作用。

子任务二 会计工作的政府监督

> 情境16:8月18日,接到财政部门发来的通知,要求企业将去年的财务报表调到财政部门进行检查。财政部门的检查属于什么监督,监督内容有哪些?

(一)政府监督的定义、主体和对象

会计工作的政府监督主要是指财政部门代表国家对单位和单位中相关人员的会计行为实施的监督检查,以及对发现的违法会计行为实施的行政处罚。会计工作的政府监督是一种外部监督。县级以上人民政府财政部门为各单位会计工作的监督检查部门,对各单位会计工作行使监督权,对违法会计行为实施行政处罚。

财政部门是会计工作政府监督的实施主体。除财政部门外,审计、税务、人民银行、银行监管、证券监管、保险监管等部门依照有关法律、行政法规规定的职责和权限,可以对有关单位的会计资料实施监督检查。

【例1-24】会计工作的政府监督中,下列无权代表国家对各单位的财务会计工作实行监督的机关是(   )。

A. 财政部门 B. 工商部门
C. 税务部门 D. 审计部门

【解析】B。有权代表国家对各单位的会计工作监督的机关是财政部门,审计、税务、人行、证券会、保监会依照法律赋予的职权可对有关单位会计工作检查监督。

【例1-25】下列部门中,有权对各单位会计工作行使监督权,并依法对违法会计行为实施行政处罚的是(   )。

A. 各级财政部门 B. 县级以上财政部门
C. 县级以上审计部门 D. 县级以上税务部门

【解析】B。根据《会计法》的规定,县级以上地方各级人民政府财政部门是会计工作的政府监督主体,对本行政区域内各单位的会计工作行使监督权,并依法对违法会计行为实施行政处罚。审计、税务、人民银行、证券监管、保险监管等部门虽然有权对有关单位实施监督检查，但仅限于"会计资料"。

（二）财政部门会计监督的主要内容

财政部门实施会计监督检查主要包括以下内容：

（1）对单位依法设置会计账簿的监督检查。具体包括：①应当设置会计账簿的是否按规定设置；②是否存在违反《会计法》和国家统一的会计制度的规定私设会计账簿的行为；③是否存在伪造、变造会计账簿的行为；④设置会计账簿是否存在其他违反法律、行政法规和国家统一会计制度行为。

（2）对各单位会计资料的真实性、完整性的监督检查。具体包括：①应当办理会计手续，进行会计核算的经济业务事项是否如实在会计凭证、会计账簿、财务报表和其他会计资料上反映；②填制的会计凭证、登记的会计账簿、编制的财务报表与实际发生的经济业务事项是否相符；③财务报表是符合法律、行政法规和国家统一的会计制度的要求；④其他会计资料是否真实、完整等。

（3）对各单位会计核算是否符合《会计法》和国家统一会计制度的规定情况的监督检查。具体包括：①采用会计年度、使用记账本位币和会计记录文字是否符合法律、行政法规和国家统一的会计制度的规定；②填制或者取得原始凭证、编制记账凭证、登记会计账簿是否符合法律、行政法规和国家统一的会计制度的规定；③财务报表的编制程序、报送对象和报送期限是否符合法律、行政法规和国家统一的会计制度的规定；④会计处理方法的采用和变更是否符合法律、行政法规和国家统一的会计制度的规定；⑤使用的会计软件及其生成的会计资料是否符合法律、行政法规和国家统一的会计制度的规定；⑥是否按照法律、行政法规和国家统一的会计制度的规定，建立并实施内部会计控制制度；⑦会计档案的保管是否符合法定要求等。

（4）对各单位会计人员从业资格和任职资格的监督检查。具体包括：①从事会计工作的人员，是否取得会计从业资格证书；②单位会计机构负责人（会计主管人员）是否具备法律、行政法规和国家统一的会计制度的规定的任职资格等。

（5）对会计师事务所出具的审计报告的程序和内容的监督检查。根据《注册会计师法》的规定，国务院财政部门和省、自治区、直辖市人民政府财政部门，依法对注册会计师会计师、事务所和注册会计师协会进行监督、指导。根据《会计法》的规定，财政部门有权对会计师事务所出具审计报告的程序和内容进行监督。

财政部门实施会计监督可以采取的具体形式包括：①对单位遵守《会计法》、会计行政法规和国家统一的会计制度的情况进行全面检查；②对单位会计基础工作、从事会计工作的人员持有会计从业资格证书、会计人员从业情况进行专项检查或者抽查；③对有检举线索或者在财政管理工作中发现有违法嫌疑的单位进行重点检查；④对注册会计师审计的财务报表进行定期抽查；⑤对会计师事务所出具的审计报告进行抽查；⑥依法实施其他形式的会计监督检查。

子任务三　会计工作的社会监督

> 情境17：12月18日，利达会计师事务所的工作人员进驻公司，对本年度的财务数据进行审计。会计师事务所对公司的审计属于什么监督？与内部审计的关系是什么？

（一）会计工作的社会监督的概念

会计工作的社会监督主要是指注册会计师及其所在的会计师事务所接受委托，依法对委托单位的经济活动进行审计、鉴证的一种监督制度。此外，单位和个人检举违反《会计法》和国家统一的会计制度规定的行为，也属于会计工作社会监督的范畴。

社会监督以其特有的中介性和公正性得到法律的认可，具有很强的权威性、公正性。根据《会计法》和《注册会计师法》的规定，须经注册会计师进行审计的单位，应当向受委托的会计师事务所如实提供会计凭证、会计账簿、财务报表和其他会计资料及有关情况。任何单位或者个人不得以任何方式，要求或者示意注册会计师及其所在的会计师事务所出具不实或者不当的审计报告。财政部门有权对会计师事务所出具审计报告的程序和内容进行监督。

根据《会计法》的规定，任何单位和个人对违反《会计法》和国家统一的会计制度规定的行为，有权检举。收到检举的部门有权处理的，应当依法按照职责分工及时处理；无权处理的，应当及时移送有权处理的部门处理。为了保护检举人的合法权益，不得将检举人姓名和检举材料转给被检举单位和被检举人个人。

【例1—26】下列说法中属于会计工作的社会监督的范畴的有（　　）。
A. 注册会计师及其所在的会计师事务所依法实施的监督
B. 审计、税务和人民银行依法实施的监督
C. 县级以上财政部门依法实施的监督
D. 单位和个人对会计违法行为的检举

【解析】AD。会计工作的社会监督，主要是指由注册会计师及其所在的会计师事务所依法对委托单位的经济活动进行审计、鉴证的一种监督制度。除此之外，单位和个人检举会计违法行为，也属于会计工作的社会监督范畴。而县级以上财政部门及审计、税务和人民银行依法实施的监督则属于会计工作的政府监督。

（二）注册会计师审计与内部审计的关系

注册会计师审计与内部审计既有联系又有区别。二者的主要联系如下：
（1）内部审计与注册会计师审计，两者都是现代审计体系的组成部分；
（2）两者在审计内容、审计方法等方面存在诸多一致之处；
（3）两者都注重内部控制的健全性和有效性，注册会计师审计中可能会涉及对内部审计成果的利用等。

二者的主要区别如下：

（1）审计目标不同。内部审计主要是对内部控制的有效性、财务信息的真实性和完整性及经营活动的效率和效果所展开的一种评价活动；注册会计师审计主要对被审计单位财务报表的真实性（合法性）和公允性进行审计。

（2）审计独立性不同。内部审计为组织内部服务，接受总经理和董事会的领导，独立性较弱。注册会计师审计为需要可靠信息的第三方提供服务，不受被审计单位管理层的领导和制约，独立性较强。

（3）接受审计的自愿程度不同。内部审计是代表总经理或董事会实施的组织内部监督，是内部控制的重要组成部分，单位内部的组织必须接受内部审计人员的监督；注册会计师审计是以独立第三方对被审计单位进行的审计，委托人可自由选择会计师。

（4）审计的职责和作用不同。内部审计的结果只对本部门、本单位负责，只作为本部门、本单位加强和改进经营管理的参考，不对外公开；注册会计师审计需要对投资者、债权人及其他权益相关者负责，对外出具的审计报告具有鉴证作用。

（5）审计方式不同。内部审计由本单位组织审计，内部审计人员遵循的是内部审计准则，具有较大灵活性；注册会计师审计是受被审计单位委托审计，注册会计师遵循的是《注册会计师法》、执业准则和规则。

（6）审计的时间不同。内部审计通常对单位内部组织采用定期或不定期审计，时间安排比较灵活，而注册会计师审计通常是定期审计，每年对被审计单位的财务会计报表审计一次。

注册会计师审计与内部审计尽管存在很大的差别，但是注册会计师审计作为一种外部审计，在工作中要利用内部审计的工作成果。任何一种外部审计在对一个单位进行审计时，都要对其内部审计的情况进行了解并考虑是否利用其工作成果。

（三）注册会计师及其所在的会计师事务所业务范围

注册会计师执行业务，应当加入会计师事务所。其接受委托从事审计和会计咨询、会计服务业务。根据《注册会计师法》第十四条的规定，注册会计师及其所在的会计师事务所的业务范围主要包括以下几方面：

（1）依据《注册会计师法》承办的审计业务。
①审查企业会计报表，出具审计报告。
②验证企业资本，出具验资报告。
③办理企业合并、分立、清算事宜中的审计业务，出具有关的报告。
④法律、行政法规规定的其他审计业务。

【知识拓展】

审计报告是指注册会计师根据中国注册会计师审计准则的规定，在实施审计工作的基础上，对被审计单位财务报表发表审计意见的书面文件。审计报告分为标准审计报告和非标准审计报告。当注册会计师出具的无保留意见的审计报告不附加说明段、强调事项段或任何修饰用语时,称为标准审计报告;反之,则称为非标准审计报告,包括带强调事项段的无保留意见的审计报告、保留意见的审计报告、否定意见的审计报告和无法表示意见的审计报告。注册会计师依法执行审计业务所出具的报告具有证明效力。

(2)会计咨询、会计服务业务。
①设计会计制度,担任会计顾问,提供会计、管理咨询。
②代理纳税申报,提供税务咨询。
③代理申请工商登记,拟订合同、章程和其他业务文件。
④办理投资评估、资产评估和项目可行性研究中的有关业务。
⑤培训会计、审计和财务管理人员。
⑥其他会计咨询、会计服务业务。

需要注意的是,注册会计师进行审计,仅对其出具的审计报告负责。注册会计师审计不能替代或减轻单位负责人对会计资料真实性、完整性承担责任。

为保证注册会计师依法独立执行审计业务,《会计法》第三十一条第一款规定:"有关法律、行政法规规定,须经注册会计师进行审计的单位,应当向受委托的会计师事务所如实提供会计凭证、会计账簿、财务报表和其他资料以及有关情况。"这是保证注册会计师审计工作得以顺利开展的重要基础。

注册会计师开展审计业务,有既定的规则、程序,出具的审计报告有法律效力,由注册会计师及其会计师事务所承担的法律责任,注册会计师承担的职责,要求其必须按照法定规则和职业判断做出客观公正的审计结论,不受外界的干扰和左右,外界也不应违法干预注册会计师的审计业务。因此,《会计法》规定:"任何单位或者个人不得以任何方式要求或者示意注册会计师及其所在的会计师事务所出具不实或者不当的审计报告。"

【例1-27】《会计法》规定对会计师事务所和注册会计师进行自我教育和自我管理的单位是( )。

A. 财政部会计司 B. 审计署指导司
C. 中国注册会计师协会 D. 中国会计学会

【解析】C。对会计师事务所和注册会计师进行自我教育和自我管理属于行业自律行为,应由中国注册会计师协会负责。

【知识拓展】

会计责任与审计责任的区别

被审计单位接受注册会计师审计,应当区分会计责任和审计责任。会计责任,是指被审计单位对建立健全和有效执行本单位的内部控制制度,保证本单位提交的会计资料的真实性、合法性和完整性,保护本单位资产的安全与完整等负有的责任。审计责任要求注册会计师依法独立实施审计程序、获取充分适当的审计证据,依法出具审计报告,清楚的表达对审计单位财务报表整体的意见,并对出具审计报告负责。

注册会计师的审计责任不能替代、减轻或免除单位负责人的会计责任。一个单位会计信息严重失真,存在重大错误,舞弊或违法行为,单位负责人首先要承担会计责任。

【深入思考】

三位一体的会计监督哪一方面的监督最重要?

【课后思考】

1. 单位内部会计监督制度的基本要求有哪些?
2. 财政部门会计监督检查的主要内容有哪些?
3. 简述注册会计师审计与内部审计的联系和区别。
4. 会计师事务所的业务范围有哪些?

任务五　会计机构和会计人员

子任务一　会计工作岗位设置

(一)会计工作岗位的概念

会计工作岗位是指单位会计机构内部根据业务分工而设置的从事会计工作、办理会计事项的具体职位。

(二)主要会计工作岗位

企业可以设立总会计师(或行使总会计师职权)岗位;会计机构负责人(会计主管人员)岗位;出纳岗位;稽核岗位;资本、基金核算岗位;收入、支出、债权债务核算岗位;职工薪酬、成本费用核算、财务成果核算岗位;财产物资的收发、增减核算岗位;总账岗位;对外财务会计报告编制岗位;会计电算化岗位;会计机构内的会计档案管理岗位。

(三)会计工作岗位设置的要求

会计工作岗位设置要求包括:按需设岗;符合内部牵制的要求;建立岗位责任制;建立轮岗制度。

1. 根据本单位会计业务需要设置会计工作岗位

一个单位究竟设置多少会计工作岗位,需要配备多少会计人员,应当与其业务活动规模特点和管理要求相适应,配备数量适当的会计人员,是提高会计工作效率和质量的重要保证。各单位的业务活动规模、特点和管理要求不同,其会计工作的组织方法、会计人员的数量和会计工作岗位的职责分工也不同。

通常业务活动规模大、业务过程复杂、经济业务量大的管理严格的单位,会计机构也会相应较大,会计人员相应较多,会计机构内部的岗位职责、分工也相应较细;相反,业务活动规模小、业务过程简单、经济业务量少和管理要求不高的单位,会计机构就会相应较小,会计人员相应较少,会计机构内部的岗位职责分工也相应较粗。

会计工作岗位可以一人一岗、一人多岗或一岗多人。通常在小型企业中,"一岗一人""一人多岗"现象较多;而在大中型企业中,"一岗多人"的现象较多、较普遍。

2.符合内部牵制制度的要求

内部牵制制度,是指凡是涉及款项和财务收付、结算及登记的任何一项工作,必须由两人或两人以上分工办理,以起到相互制约作用的一种工作制度。会计机构内部牵制制度,在国际上也称为会计职责分离,实际上是我国传统的"钱、账分管"制度。它是内部控制制度的重要组成部分,各单位应当建立内部牵制制度。

在设置会计工作岗位时,必须遵循"不相容职务相分离原则"。《会计基础工作规范》第十二条规定:"会计工作岗位,可以一人一岗、一人多岗,或者一岗多人。但出纳人员不得兼任稽核、会计档案保管和收入、支出、费用、债权、债务账目的登记工作。"这是会计机构内部牵制制度最基本的要求,也是从我国会计工作实践中总结出来的经验和教训。因为出纳人员是各单位专门从事货币资金收付的会计人员。根据复式记账的原则,每发生一笔货币资金收付业务,都要登记收入、费用或者债权、债务等有关账簿。如果这些账簿登记工作都由出纳人员一人承担,就会造成既管钱又记账,无人监管、无人控制,给贪污舞弊行为以可乘之机。同理,如果稽核、会计档案保管工作由出纳人员担任,很难防止利用抽换单据、涂改记录等手段进行舞弊。当然,出纳人员不是完全不能记账,只要所记的账不是收入、费用、债权、债务等直接与单位资金收支增减往来有关的账目,可以承担一部分记账工作,如果有些单位出纳人员业务不多,兼记固定资产明细账是可以的。

在一个单位中,会计人员的舞弊行为主要牵涉到对现金的贪污、挪用,会计机构内部牵制制度的目的,主要是保证货币资产的安全。单位内部牵制制度的基本目标,包括规范会计行为,保证会计资料真实、完整;及时发现、纠正和防止错弊,保护资产的安全与完整;确保法律法规规章制度的贯彻执行。因此,在设置单位会计工作岗位及岗位职责时必须在一些会计确认、计量、报告等关键性环节,设置必要的具有预防性功能和自查自纠性功能的内部控制方法、措施和程序。

【例1-28】下列各项中,属于出纳人员不得从事的工作是(   )。

A.现金收付   B.库存现金日记账的登记
C.银行存款日记账的登记 D.收入、费用明细账的登记

【解析】D。出纳员有7项工作不能做。

3.各单位应当建立会计人员岗位责任制度

会计工作岗位责任制是指明确各项会计工作的职责范围、具体内容和要求,并落实到

每个会计工作岗位或会计人员的一种会计工作责任制度。设计会计岗位责任制是为了分清每一位会计人员的职责和要求,做到事事有人管,人人有专责,从而提高会计工作效率,保证会计信息质量。

会计人员岗位责任制度的主要内容包括:会计人员的工作岗位设置;各会计工作岗位的职责和标准;各会计工作岗位的人员和具体分工;会计工作岗位轮换办法;对各会计工作岗位的考核办法。

4. 会计人员的工作岗位应当有计划地进行轮岗

会计人员轮岗,不仅是会计工作本身的需要,也是加强会计人员队伍建设的需要。《会计基础工作规范》第十三条规定:"会计人员的工作岗位应当有计划地进行轮换。"定期和不定期的轮换会计人员的工作岗位,有利于会计人员全面熟悉会计核算与监督业务,不断提高会计业务技能和业务素质。同时,也有利于增强会计人员之间的团结合作意识,进一步完善单位内部会计控制制度。

子任务二 会计工作交接

(一)交接的范围

会计人员工作调动、离职或因病暂时不能工作,应与接管人员办理交接手续。

《会计法》第四十一条规定:"会计人员调动工作或者离职,必须与接管人员办清交接手续。一般会计人员办理交接手续,由会计机构负责人(会计主管人员)监交,会计机构负责人(会计主导人员)办理交接手续,由单位负责人监交必要时主管单位可以派人会同监交。"

同时,《会计基础工作规范》第二十五条还规定:"会计人员工作调动或者因故离职,必须将本人所经管的会计工作全部移交给接替人员。没有办清交接手续的,不得调动或者离职。"

会计人员临时离职或者因其他原因暂时不能工作的,都需要办理交接手续。对此,《会计基础工作规范》作了明确规定:

(1)会计工作人员临时离职或者因病不能工作且需要接替或者代理的,会计机构负责人(会计主管人员)或者单位负责人必须指定有关人员接替或者代理,并办理会计工作交接手续。

(2)临时离职或者因病不能工作的会计人员恢复工作的,应当与接替或者代理人员办理交接手续。

(3)移交人员因病或者其他特殊原因不能亲自办理移交手续的,经单位负责人批准,可由移交人员委托他人代办移交,但委托人应当对移交的会计凭证、会计账簿、财务报表和其他有关资料的真实性、完整性承担法律责任。

（二）交接程序

1. 交接前的准备工作

会计人员办理移交手续前，必须及时做好以下工作：

（1）已经受理的经济业务尚未填制会计凭证的，应当及时填制完毕。

（2）尚未登记的账目应当登记完毕，并在最后一笔余额后加盖经办人员印章。

（3）应该移交的各项资料，对未了事项和遗留问题写出书面说明材料。

（4）编制移交清册，列明应当移交的会计凭证、会计账簿、会计财务报告、印章、现金、有价证券、支票簿、发票、文件、其他会计资料和物品等内容。实行会计电算化的单位，从事该项工作的移交人员，还应当在移交清册中列明会计软件及密码、会计软件数据磁带等内容。

（5）会计机构负责人（会计主管人员）移交时，应将财务会计工作、重大财务收支问题和会计人员的情况等向接替人员介绍清楚。

2. 按照移交清册逐项移交

移交人员在离职前，必须将经管的工作在规定的期限内全部向接替人员移交清楚。移交人员在办理移交时，要按照移交清册逐项移交，接替人员要按移交清册逐项核对点收。具体如下：

（1）现金要根据会计账簿有关记录进行当面点交，不得短缺，接管人员发现不一致或者"白条顶库"的现象时，移交人员必须在规定期限内查清处理。

（2）有价证券的数量要与会计账簿记录一致，有价证券面额与发行价不一致时，按照会计账簿余额交接。

（3）会计凭证、会计账簿、财务报表和其他会计资料必须完整无缺。如有短缺，必须查清原因，并在移交清册中注明，由移交人员负责。

（4）银行存款账户余额要与银行对账单核对，如不一致，有未达账项，应当编制银行存款余额调节表并调节相符；各种财产物资和债权债务的明细账户余额要与总账有关账户余额核对相符；对重要实物要实地盘点，对余额较大的往来账户要与往来单位、个人核对。

（5）移交人员经管的公章、收据、空白支票、发票、科目印章及其他实物等，必须交接清楚。

（6）实现会计电算化的单位，移交双方应在电子计算机上对有关电子数据进行实际操作，确认有关数字正确无误后方可交接。

此外，会计机构负责人（会计主管人员）移交时，还必须将全部财务会计工作、重大财务收支和会计人员的情况等向接替人员详细介绍。对需要移交的遗留问题，应当写出书面材料。

3. 专人负责监交

为了明确责任，会计人员办理工作交流，必须有专人负责监交。通过监交，保证双方都按照国家有关规定认真办理交接手续,防止流于形式;保证会计工作不因人员变动而受影响;保证交接双方处在平等的法律地位上享有权利和承担义务。对监交的具体要求如下:

(1) 一般会计人员办理交接手续,由会计机构负责人(会计主管人员)监交。

(2) 会计机构负责人(会计主管人员)办理交接手续,由单位负责人监交,必要时主管单位可以派人会同监交。所谓"必要时主管单位可以派人会同监交",是指有些交接需要主管部门监交或主管部门认为需要参与监交的。通常有三种情况:第一,所属单位负责人不能监交,需要由主管单位派人监交。如因单位撤并而办理交接手续等。第二,所属单位负责人不能尽快监交的,需要由主管部门派人督促监交。如主管部门责成所属单位撤换不合格的会计机构负责人(会计主管人员),所属单位负责人以种种借口拖延不办交接手续,此时,主管部门就应派人督促会同监交。第三,所属单位负责人不宜单独监交的,需要主管部门派人会同监交。如所属单位负责人与办理交接手续的会计机构负责人(会计主管人员)有矛盾,交接时需要主管部门派人会同监交,以防单位负责人借机刁难。此外,主管单位认为交接中存在某种问题需要派人监交时,也可派人会同监交。

4. 交接后的有关事宜

(1) 会计工作交接完毕后,交接双方和监交人员要在移交清册上签名或者盖章,并应在移交清册上注册:单位名称、交接日期、交接双方和监交人员的职务、姓名,移交清册页数及需要说明的问题和意见等。

(2) 接替人员应当继续使用移交的会计账簿,不得自行另立新账,以保持会计记录的前后衔接、内容完整。

(3) 移交清册一般应当填制一式三份,交接双方各执一份,存档一份。

【例1-29】会计主管人员办理交接手续时,负责监交的是(　　　)。

A. 会计机构负责人　　　　　　　　B. 单位负责人

C. 主管单位派人　　　　　　　　　D. 会计机构负责人和单位负责人

【解析】B。会计主管人员行使会计机构负责人职权,交接时由单位负责人监交。

(三) 交接人员的责任

根据《会计基础工作规范》第三十五条规定,移交人对自己经办且已经移交的会计凭证、会计账簿、财务报表和其他会计资料的合法性、真实性承担法律责任。移交人员所移交的会计资料是在其经办会计工作期间内所发生的,应当对这些会计资料的合法性、真实性负责。即便接替人员在交接时因疏忽、没有发现所接会计资料在合法性、真实性方面存在的问题,如事后发现,仍应由原移交人员负责,原移交人员不应以会计资料已经移交而推脱责任,接替人员不对移交过来材料的合法性、真实性负法律上的责任。

【课后思考】

1. 简述会计机构内部牵制制度的内容。

2. 会计人员办理交接手续由什么人负责监交?移交人员移交后,还应承担什么责任?

子任务三　会计从业资格

> 情境18：苏立伟在参加工作前就考取了会计从业资格证，到现在工作2年了从来没有进行会计继续教育。苏立伟这样做可以吗？

会计从业资格是指进入会计职业、从事会计工作的一种法定资质，是进入会计职业的"门槛"。会计从业资格证书是具备会计从业资格的证明文件，根据《会计法》第三十八条的规定，"从事会计工作的人员，必须取得会计从业资格证书"。会计从业资格证书一经取得，全国范围内有效，不得涂改、出借。

（一）会计从业资格证书的适用范围

1.适用单位

根据《会计从业资格管理办法》第三条和第三十五条的规定，在国家机关、社会团体、企业、事业单位和其他组织从事会计工作的人员（包括香港特别行政区、澳门特别行政区、台湾地区居民及外籍居民在中国大陆境内从事会计工作的人员），应当取得会计从业资格证，持有会计从业资格证书。

2.适用岗位

(1)出纳；(2)稽核；(3)资本、基金核算；(4)收入、支出债权债务的核算；(5)职工薪酬、成本费用、财务成果的核算；(6)财产物资的收发、增减核算；(7)总账；(8)财务会计报表编制；(9)会计机构内会计档案管理；(10)其他会计工作。特别注意：收银员、收费员、档案管理部门的工作人员等属于非会计岗位，不属于会计工作。

《会计从业资格管理办法》还明确规定，各单位不得任用（聘用）不具备会计从业资格的人员从事会计工作。不具备会计从业资格的人员，不得参加会计专业技术资格考试或评审，不得参加会计专业职务的聘任，不得申请取得会计人员荣誉证书。

（二）会计从业资格的取得

1.会计从业资格的考试制度与考试科目

会计从业资格实行无纸化考试，考试科目为：财经法规与会计职业道德、会计基础、会计电算化（或者珠算）。会计从业资格考试科目应当一次性通过。

2.会计从业资格报名条件

申请参加会计从业资格考试的人员，应当符合下列基本条件：①遵守会计和其他财经法律、法规；②具备良好的道德品质；③具备会计专业基本知识和技能。

特别注意的是，《会计从业资格管理办法》第八条第二款、第三款和第三十款的规定：

(1)因有《会计法》第四十二条、第四十三条、第四十四条所列违法情形，被依法吊销会计从业资格证书的人员，自吊销之日起5年以内不得参加会计从业资格考试，不得重新取得会计从业资格证书。这些违法情形如下：

①不依法设置会计账簿。
②私设会计账簿。
③未按照规定填制、取得原始凭证或者填制、取得的原始凭证不符合规定。
④以未经审核的会计凭证为依据登记会计账簿或者登记会计账簿不符合规定。
⑤随意变更会计处理方法。
⑥向不同的会计资料使用者提供的财务报表编制依据不一致。
⑦未按照规定使用会计记录文字或者记账本位币。
⑧未按照规定保管会计资料,致使会计资料毁损、灭失。
⑨未按照规定建立并实施单位内部会计监督制度或者拒绝依法实施的监督或者不如实提供有关会计资料及有关情况。
⑩任用会计人员不符合本法规定。
⑪伪造、变造会计凭证、会计账簿、编制虚假财务报表。
⑫藏匿或者故意销毁依法应当保存的会计凭证、会计账簿、财务报表。

（2）因有提供虚假财务报表,做假账,藏匿或者故意销毁会计凭证、会计账簿、财务报表,贪污、挪用公款,职务侵占等与会计职务有关的违法行为,被依法追究刑事责任的人员,不得参加会计从业资格考试,不得取得或者重新取得会计从业资格证书。

3. 取得会计从业资格证书

（1）根据《会计从业资格管理办法》第十一条的规定,会计从业资格各考试科目应当一次性通过。会计从业资格考试全科一次性考试合格的申请人,可以向会计从业资格管理机构申请取得会计从业资格证书。

会计从业管理机构应当在考试结束后及时公布考试结果,通知考试通过的人员在考试结果公布之日起6个月内,到指定的会计从业资格管理机构领取会计从业资格证书。

通过会计从业考试的人员,应当持本人身份证件原件,在规定的期限内,到指定的地点领取会计从业资格证书,也可以委托代理人领取会计从业资格证书。代理人领取会计从业资格证书时,应当持本人和委托人的有效身份证件原件。

（2）根据《会计从业管理办法》第三十六条规定,自本办法2013年7月1日施行之日前已被聘任为高级会计师或者从事会计工作满20年,且年满50周岁、目前尚在从事会计工作的,经本人申请并提供累计满20年有本人签字的会计凭证、会计账簿、财务报表等会计档案,或提供省级财政部门、新疆生产建设兵团财务局和中央主管单位认可的其他证明材料,会计管理机构在核实无误后,才能发给会计从业证书。取得注册会计师证书、目前尚在从事会计工作的人员,经本人申请并提供单位证明等相关资料,会计从业资格管理机构通过财政会计行业管理网的注册会计师查询功能进行核实无误后,发给会计从业资格证书。

会计从业资格证书样式和编号规则由财政部统一规定,省级财政部门负责本地区会计从业资格证书的印制。

财经法规与会计职业道德

【例1-30】 下列各项中属于不得取得会计从业资格证书行为的有（   ）。

A. 因贪污挪用公款，构成犯罪而受到刑事处罚的人

B. 因参与做假账、提供虚假财务报表而构成犯罪被依法追究刑事责任的人员

C. 参加会计从业资格考试舞弊的人员

D. 因持证人违法违纪特别严重而被吊销会计从业资格人员

【解析】 AB。因有提供虚假财务报表，做假账，藏匿或者故意销毁会计凭证会计账簿财务报表，贪污挪用公款，职务侵占等与会计职务有关的违法行为，被依法追究刑事责任的人员不得参加会计从业考试，不得取得或者重新取得会计从业资格证书。参加会计从业资格考试舞弊的，2年内不得参加会计从业资格考试，由会计从业资格管理机构取消其考试成绩，已取得会计从业资格的，由会计从业资格管理机构撤销其会计从业资格。

（三）会计从业管理证的管理

1. 会计从业资格的管理机构

县级以上地方人民政府财政部门负责本行政区域内的会计从业资格管理。中共中央直属机关事务管理局、国家机关事务管理局、中国人民解放军总后勤部、中国人民武装警察部队后勤部等中央主管单位和新疆生产建设兵团财务局等按各自权限负责本部门（本系统）的会计从业资格的管理。

2. 持证人员继续教育制度

新《会计从业资格管理办法》规定：

（1）持证人员应当接受继续教育，提高业务素质和会计职业道德水平。

（2）持证人员参加继续教育采取学分制管理制度。会计从业资格管理机构应当加强对持证人员继续教育工作的监督、指导。

（3）单位应当鼓励和支持持证人员参加继续教育，保证学习时间，提供必要的学习条件。

（4）会计从业资格管理机构应当对开展会计人员继续教育的培训机构进行监督和指导，规范培训市场，确保培训质量。

3. 会计从业资格的信息管理

会计从业资格实行信息化管理。新《会计从业资格管理办法》第十九条规定，会计从业资格管理机构应当建立持证人员从业档案信息系统，及时记载、更新持证人员下列信息：

（1）持证人员的相关基础信息；

（2）持证人员从事会计工作情况；

（3）持证人员的变更、调转登记情况；

（4）持证人员换发会计从业资格证书情况；

（5）持证人员接受继续教育情况；

（6）持证人员受到表彰奖励情况；

(7) 持证人员因违反会计法律、法规、规章和会计职业道德被处罚情况。

4. 监督检查

新《会计从业资格管理办法》第二十七条规定，会计从业资格管理机构应当对下列情况实施监督检查：

(1) 从事会计工作的人员持有会计从业资格证书情况；
(2) 持证人员换发、调转、变更登记会计从业资格证书情况；
(3) 持证人员从事会计工作和执行国家统一的会计制度情况；
(4) 持证人员遵守会计职业道德情况；
(5) 持证人员接受继续教育情况。

会计从业资格管理机构在实施监督检查时，持证人员应当如实提供有关情况和材料，有关单位应当予以配合。

5. 持证人员继续教育制度

"持证人员"应当接受继续教育，提高业务素质和会计职业道德水平。新《会计从业资格管理办法》第十七条规定，会计从业资格管理机构应当加强对持证人员继续教育工作的监督、指导。持证人员参加继续教育采取"学分制"管理制度。

6. 变更登记

持证人员的姓名、有效身份证件及号码、照片、学历或学位、会计专业技术职务资格、开始从事会计工作时间等基础信息，以及第十九条第（五）和第（六）项内容发生变化的，应当持相关有效证明和会计从业资格证书，到所属会计从业资格管理机构办理从业档案信息变更。会计从业资格管理机构应当在核实相关信息后，为持证人员办理从业档案信息变更。

持证人员的其他相关信息发生变化的，应当登陆所属会计从业资格管理机构指定网站进行信息变更，也可以到所属会计从业资格管理机构办理。

7. 调转登记：持证人员所属会计从业资格管理机构发生变化的，应当及时办理调转登记手续，具体情况如下：

①持证人员所属会计从业资格管理机构在各省级财政部门、新疆生产建设兵团财务局、中央主管单位各自管辖范围内发生变化的，应当持会计从业资格证书，工作证明（或户籍证明、居住证明）到调入地所属会计从业资格管理机构办理调转登记。

②持证人员所属会计从业资格管理机构在各省级财政部门、新疆生产建设兵团财务局、中央主管单位管辖范围之间发生变化的，应当及时填写调转登记表，持会计从业资格证书，到原会计从业资格管理机构办理调转手续。持证人员应当自办理调出手续之日起3个月内，持会计从业资格证书、调转登记表和再调入地的工作证明（或户籍证明、居住证明），到调入地会计从业管理机构办理调入手续。

8. 会计从业资格证书换发与补发

(1) 会计从业资格证书实行6年定期换证制度。持证人员应当在会计从业资格证书到期前6个月内，填写定期换证登记表，持有效身份证件原件和会计从业资格证书，到所属会计从业资格管理机构办理换证手续。

（2）持证人员应当妥善保管会计从业资格证书。如有遗失，持证人员应当在履行公告程序后，填写补发申请表，持有关证明资料，向所属会计从业资格管理机构申请补发会计从业资格证书。会计从业资格管理机构核实无误后，应当自受理之日起20个工作日内予以补发。

会计从业资格证如有毁损，持证人员应当填写补发申请表，持毁损证书原件，向所属会计从业资格管理机构申请补发会计从业资格证书。会计从业资格管理机构核实无误后，应当自受理之日起20个工作日内予以补发。

9. 会计从业资格撤销与注销

（1）新《会计从业资格管理办法》第二十四条规定，有下列情形之一的，会计从业资格管理机构可以撤销持证人员的会计从业资格：

①会计从业资格管理机构工作人员滥用职权、玩忽职守，做出给予持证人员会计从业资格决定的；

②超越法定职权或者违反法定程序，做出给予持证人员会计从业资格决定的；

③对不具备会计从业资格的人员，做出给予会计从业资格决定的。

持证人员以欺骗、贿赂、舞弊等不正当手段取得会计从业资格的，会计从业资格管理机构应当撤销其会计从业资格。

（2）新《会计从业资格管理办法》第二十四条规定，持证人员具有下列情形之一的，会计从业资格管理机构应当注销其会计从业资格：

①死亡或丧失行为能力的；

②会计从业资格被依法吊销的。

（四）会计人员继续教育

持证人员应当接受继续教育。持证人员参加继续教育采取学分制管理制度。

1. 会计人员继续教育的管理部门

会计人员继续教育实行统一规划、分级管理的原则。

（1）国务院财政部门负责全国会计人员继续教育的管理。具体包括：

①制定全国会计人员继续教育规划、制度、大纲；

②组织开发、评估、推荐全国会计人员继续教育重点教材；

③组织全国高级会计人员培训和会计人员继续教育师资培训；

④指导、督促各地区和有关部门会计人员继续教育工作的开展。

（2）各省、自治区、直辖市、计划单列市财政厅（局）负责本地区的会计人员继续教育的组织管理工作。具体包括：

①依据全国会计人员继续教育制度，制定本地区的会计人员继续教育实施办法并组织实施；

②确定本地区各级财政部门对会计人员继续教育的具体职责和管理权限；

③组织推荐适合本地区的会计人员继续教育教材，或者选用财政部统一组织开发、推

荐的全国会计人员继续教育重点教材；

④组织本地区各类会计人才培训和会计人员继续教育师资培训；

⑤指导、监督本地区会计人员继续教育工作，规范会计培训市场。

（3）中共中央直属机关事务管理局、国务院机关事务管理局、中国人民武装警察部队后勤部、中国人民解放军总后勤部比照会计从业资格管理体制，分别负责中央在京单位、铁路系统、中国人民武装警察部队系统、中国人民解放军系统会计人员继续教育的组织实施工作。

2. 会计人员继续教育的对象和特点

会计人员享有参加继续教育的权利和接受继续教育的义务。会计人员继续教育的对象是取得并持有会计从业资格证书的人员。会计人员继续教育分为高级、中级和初级三个级别：

（1）高级会计人员继续教育对象为取得或者受聘高级会计专业技术资格（职称），及具备相当水平的会计人员；

（2）中级会计人员继续教育对象为取得或者受聘中级会计专业技术资格（职称），及具备相当水平的会计人员；

（3）初级会计员继续教育对象为取得或者受聘初级会计专业技术资格（职称）的会计人员，以及取得会计从业资格证书但未取得或者受聘初级会计专业技术资格（职称）的会计人员。

会计人员继续教育具有如下特点：

（1）针对性。即针对不同的教育对象确定不同的教育内容，采取不同的教育方式，解决实际问题。

（2）适应性。即联系实际工作需要，学以致用。

（3）灵活性。即继续教育培训内容、方法、形式等方面具有灵活性。

3. 会计人员继续教育的内容

会计人员继续教育的内容主要包括会计理论、政策法规、业务知识、技能训练和职业道德等。

（1）会计理论继续教育，重点加强会计基础理论和应用理论的培训，提高会计人员用理论指导实践的能力。

（2）政策法规继续教育，重点加强会计法规制度及其他相关法规制度的培训，提高会计人员依法理财的能力。

（3）业务知识培训和技能训练，重点加强履行岗位职责必备的专业知识和经营管理、内部控制、信息化等方面的培训，提高会计人员的实际工作能力和业务技能。

（4）职业道德继续教育，重点加强会计职业道德的培训，提高会计人员职业道德水平。

4. 会计人员继续教育的管理制度与形式

（1）会计人员继续教育的管理制度：会计人员应当接受继续教育，参加继续教育采取学分制管理制度。会计从业资格管理机构应当加强对持证人员继续教育工作的监督指导，同时应当对开展会计人员继续教育的培训机构进行监督和指导，规范培训市场，确保培训质量。单位应当鼓励和支持持证人员参加继续教育，保证学习时间，提供必要的学习条件。

（2）会计人员继续教育的形式：以接受培训为主。会计人员可自愿选择参加教育主管部门认可的接受培训的形式，具体如下：

①参加在继续教育主管部门备案并予以公布的会计人员继续教育机构组织的会计培训。

②参加继续教育主管部门组织的会计人员继续教育师资培训和会计培训。

③参加会计人员所在单位组织的会计类脱产培训。

④参加会计、审计、统计、经济专业技术资格考试，以及注册会计师、注册资产评估师、注册税务师考试。

⑤继续教育主管部门认可的其他形式。

在职自学是会计人员继续教育的重要补充，应当鼓励会计人员参加在职自学。在职自学的形式包括：

①参加普通院校或成人院校会计、审计、财务管理、理财学、会计电算化、注册会计师专门化、会计硕士专业学位等国家承认的相关专业学历教育。

②独立完成通过地（市）级以上（含地、市级）财政部门或会计学术团队认可的会计类研究课题或在省级以上（含省级）经济类报刊上发表会计类论文。

③系统地接受与会计业务相关的远程教育和网上培训。

④其他在职自学形式。

【例1-31】参加继续教育主管部门认可的接受培训是会计人员继续教育的唯一形式。（　　）

【解析】×。根据《会计人员继续教育规定》，参加继续教育主管部门认可的接受培训是会计人员继续教育的主要形式，在职自学是会计人员继续教育的重要补充。

子任务四　会计专业职务与会计专业技术资格

> 情境19：刘杰工作后参加了助理会计师的考试，成绩公布后刘杰只通过了初级会计实务科目的考试，刘杰是否获得了会计专业技术初级资格证书？

会计工作的专业性要求会计人员具备一定的专业知识和专业技能。会计专业职务和会计专业技术资格，都是我国用于考核和评价会计人员的专业知识和业务技能的制度，目的是通过考核合理评价会计人员的技术等级，促进会计人员加强业务学习，提高会计技能。

（一）会计专业职务

会计专业职务是区分会计人员业务技能的技术等级。会计专业职务分为高级会计师、会计师、助理会计师和会计员。高级会计师为高级职务；会计师为中级职务；助理会计师和会计员为初级职务。会计专业职务，由各单位根据会计工作需要，在规定的限额和批准的编制内设置。

目前，我国部分省份实行正高级会计师职务评审试点工作，该职务也属于高级职务。不同级别会计专业职务的任职条件及其基本职责都不一样，国家对此都有相应的规定，如会计员的基本职责是负责具体审核和办理财务收支、编制记账凭证、登记会计账簿、编制财务报表和办理其他会计事项；助理会计师的基本职责是负责草拟单位内部一般性的财务会计制度、规定、办法，分析检查某一方面或某些项目的财务收支和预算的执行情况。

【深入思考】

考取了一定的会计专业技术资格证书之后，就可以不用参加会计继续教育了？

【例1-32】 我国会计专业职务分为（   ）。

A. 总会计师 B. 高级会计师
C. 会计师 D. 助理会计师和会计员

【解析】 BCD。总会计师不属于会计专业职务，也不是会计机构的负责人或会计主管人员，而是一种行政职务，直接对单位行政领导人负责。

（二）会计专业技术资格

会计专业技术资格，是指担任会计专业职务的任职资格，它与会计从业资格、会计专业职务是不同的概念。

【知识拓展】

会计从业资格是会计人员从事会计工作的上岗证，是对会计人员最基本的要求。会计专业职务是一种技术职称。会计专业技术资格是担任会计专业职务的任职资格。持有会计从业资格证书并实际从事会计工作的人员才可以参加会计专业技术资格考试，取得会计专业技术资格后通过单位聘任或任命才能担任会计专业职务。

1. 会计专业技术资格

会计专业技术资格分为初级资格、中级资格和高级资格三个级别，分别对应助理会计师、会计师和高级会计师。初级、中级会计专业技术资格实行全国统一的考试制度，高级资格实行考试与评审相结合的制度。

2. 会计专业技术资格的考试科目

（1）会计专业技术初级资格考试科目为《初级会计实务》《经济法基础》两个科目。参加初级资格考试的人员，必须在一个考试年度内通过全部科目的考试，方可获得会计专业技术初级资格证书。

（2）会计专业技术中级资格考试科目为《中级会计实务》《财务管理》《经济法》三个科目。参加会计专业技师中级资格考试人员，在连续的两个考试年度内，全部科目考试均合格者，可获得会计专业技术中级资格证书。通过全国统一考试，取得会计专业技术资格的会计人员，表明其已具备担任相应级别会计专业技术职务的任职资格。

（3）凡申请参加高级会计师资格评审的人员，须经考试合格后，方可参加评审。考试科目为《高级会计实务》，考试方式采取开卷笔答方式进行，主要考核应试者运用会计、财务、税收等相关的理论知识、政治法规，对所提供的有关背景资料进行分析、判断和处理业务的综合能力。参加考试并达到国家合格标准的人员，由全国会计专业技术资格考试办公室核发高级会计师资格考试成绩合格证，该证在全国范围内3年有效。

3.会计专业技术资格证书的管理

通过会计专业技术资格考试合格者，由省级人社部门颁发由人社部、财政部统一印制的会计专业技术资格证书，该证书在全国范围内有效。

对于伪造学历、会计从业资格证书和资历证明，或者在考试期间有违纪行为的，由会计专业技术资格管理机构吊销其会计专业技术资格，由发证机关收回会计专业技术资格证书，2年内不得再参加会计专业技术资格考试。

4.会计专业职务的评聘

（1）通过全国统一考试，取得初级或中级会计专业技术资格的会计人员，表明其已具备担任相应级别会计专业技术职务的任职资格。用人单位可根据工作需要和德才兼备的原则，从获得会计专业技术资格的会计人员中择优聘任。

①取得中级会计资格，并符合国家有关规定的会计人员，可聘任会计师职务。

②取得初级会计资格的人员，如果具备大专毕业，且担任会计员职务满2年，或中专毕业担任会计员职务满4年，或不具备规定学历的，担任会计员职务满5年并符合国家有关规定的，可聘任助理会计师职务。不符合以上条件的人员，可聘任会计员职务。

（2）申请参加高级会计师资格评审的人员，考试合格并符合规定条件的可在考试合格成绩有效期内，向所在省、自治区、直辖市或中央单位会计专业、高级职务评审委员会申请进行评审，通过后即表示其已具备担任高级会计师资格，经单位聘任和任命后担任高级会计师。

任务六　法律责任

> 情境20：公司经理的女儿在本单位实习后表现很好，经理想把自己的女儿安排到本公司财务处工作。请问经理这么做合规吗？

子任务一　法律责任的概念

法律责任，是指行为人因实施违反法律、法规规定的行为而应承担的法律后果，即对违法者的制裁。它是一种通过对违法行为惩罚来实施法律规则的要求。规定法律责任的目的在于保障法律的遵守与执行，强制当事人的行为与法律所要求的标准统一起来，符合已经确定的秩序。法律责任是法律制度的一个重要组成部分，是保障法律得以遵守与执行的关键所在。法律责任通常可分为民事责任、行政责任、刑事责任、违宪责任和国家赔偿责任五种。针对会计违法行为，《会计法》规定了两种法律责任：一是行政责任；二是刑事责任。

（一）行政责任

行政责任，是指行政法律关系主体在国家行政管理活动中因违反了行政法律规范，不履行行政上的义务而应承担的法律责任。《会计法》规定的行政责任形式有两种，即行政处罚和行政处分。

1. 行政处罚

行政处罚，是指特定的行政主体（国家行政机关）基于其行政管理职权，对构成行政违法行为行政管理相对人（公民、法人和其他组织）所实施的行政上的制裁措施。《行政处罚法》对行政处罚的种类和实施做出了如下规定：

（1）行政处罚的种类包括：罚款，没收违法所得、没收非法财物，责令停产、停业，暂扣或吊销许可证，暂扣或吊销营业执照，行政拘留，法律、行政法规规定的其他行政处罚。

（2）原则上，行政处罚由违法行为发生地县级以上地方人民政府具有行政处罚权的行政机关管辖，但法律、行政法规另有规定的除外。

（3）对当事人的同一违法行为，不得给予两次以上的罚款的行政处罚。

（4）行政机关在做出处罚决定之前，应当告知当事人做出处罚决定的事实、理由、依据及当事人依法享有的有关权利；当事人有权进行陈述和申辩。

（5）行政处罚决定做出后，当事人应当在行政处罚决定的期限内，予以履行。

2. 行政处分

行政处分是国家工作人员违反行政法律规范所应承担的一种行政法律责任，是行政机关对国家工作人员故意或者过失侵犯行政相对人的合法权益所实施的法律制裁。行政处分的形式有：警告、记过、记大过、降级、降职、撤职和开除。

3. 行政处分与行政处罚的关系

行政处分与行政处罚同属行政责任的组成部分，是一个问题的两个方面，都是违反法律、法规的直接后果。二者既有联系也有区别。主要区别：

（1）制裁的原因：行政处分制裁的行为是国家工作人员与其职务有关的违法、渎职或失职行为。行政处罚制裁的行为是处于行政管理相对人地位的公民、法人和其他组织不服从管理的违法行为。

（2）制裁对象不同：行政处分的对象限于具有公务员身份的人，或限于国家工作人员，只有在特殊情况下，即检察机关处分检查对象时，国家行政机关才有可能成为处分对象。行政处罚的对象是行政管理相对人，既可以是公民，也可以是法人或其他组织。

（3）制裁权的来源不同：行政处分的制裁权是各级行政机关的固有权利，无须单个法律的特别授权。行政处罚权来源于外部行政管理权，根据行政法治原则，行政管理权并不当然包括行政处罚权。所以，取得行政处罚权必须有法律、法规的特别授权。

（4）制裁的单位和形式不同：行政处分的范围一般只限于与国家工作人员法律地位有关的荣誉、资格与职务等。行政处罚的范围涉及荣誉、资格、财产、人身。

（5）行为的属性及效力不同：在我国，行政处分属于内部行政行为，而行政处罚则属于外部行政行为。行政处分决定不受司法审查，而且有些行政处分在法定情况下可以由原处分机关撤销或减轻。行政处罚则受司法审查，法院在审理行政案件过程中，可以根据受处罚人的申请停止处罚决定的执行。行政处分一般由做出行政处分的机关自己执行，而行政处罚的执行机关不一定都有强制执行权，在没有强制执行权的情况下，做出处罚决定的机关只能申请人民法院强制执行。

（二）刑事责任

刑事责任，是指行为人因触犯《刑法》所必须承受的，由司法机关代表国家所确定的否定性法律后果，包括刑法处理方法和非刑罚处理方法。

刑事责任包括两类问题，一是犯罪；二是刑罚。

1. 关于犯罪

我国《刑法》第十三条规定，一切危害国家主权、领土完整和安全，分裂国家、颠覆人民民主专政的政权和推翻社会主义制度，破坏社会秩序和经济秩序，侵犯国有财产或者劳动群众集体所有的财产，侵犯公民私人所有的财产，侵犯公民的人身权利、民主权利和其他权利，以及其他危害社会的行为，依照法律应当受刑罚处罚的，都是犯罪。但是情节显著轻微、危害不大的，不认为是犯罪。

2. 关于刑罚

根据《刑法》的规定，刑罚分为主刑和附加刑。

（1）主刑，是对犯罪分子适用的主要刑罚方法，只能独立适用，不能附加适用。主刑的种类包括：管制、拘役、有期徒刑、无期徒刑、死刑。

（2）附加刑，是既可独立适用又可以附加适用的刑罚方法，即对同一罪犯罪行为既可以在主刑之后判处一个或两个以上的附加刑，也可以独立判处一个或两个以上的附加刑。附加刑是补充主刑适用的刑罚方法。附加刑的种类包括：罚金、剥夺政治权利、没收财产。对于犯罪的外国人，也可以独立或附加适用驱逐出境。

3. 刑事责任与行政责任的主要区别

（1）追究的违法行为不同：追究刑事责任的是犯罪行为；追究行政责任的是一般违法行为。

（2）追究责任的机关不同：追究刑事责任职能由司法机关依照《刑法》的规定决定；追究行政责任由国家特定的行政机关依照有关法律的规定决定。

（3）承担法律责任的后果不同：追究刑事责任是最严厉的制裁，可以判处死刑；追究行政责任，承担的法律后果相对刑事责任要轻很多。

注意：①罚金与罚款的区别：罚金是由人民法院强制被判了刑的人在一定的期限内交

纳一定数量的金钱，是一种刑罚，前提必须是被判处罚金的人构成了犯罪。罚款和罚金不同，它虽然也是剥夺一定的金钱，但它不是一种刑罚，而是行政责任，适用的对象一般不是犯罪分子，而是没有达到犯罪程度的违法人员。

②没收财产和没收违法所得的区别：没收财产是将犯罪分子个人所有财产的一部分或者全部强制无偿地收归国有的刑罚方法。没收财产也是一种财产刑，但它不同于罚金，是适用于罪行严重的犯罪分子的刑罚方法。没收财产是刑事责任。没收违法所得，是指行政机关或司法机关依法将违法行为人取得的违法所得财物，运用国家法律法规赋予的强制措施，对其违法所得财物的所有权予以强制性剥夺的处罚方式。没收违法所得（非法财物）是行政责任。

子任务二 违反会计法规的法律责任

> 情境21：8月12日，企业单位经理拿去年的火车票286元找出纳王丽报销，王丽没进行审核就直接给报销了，这种做法合规吗？

（一）不依法设置会计账簿等会计违法行为

根据《会计法》第四十二条的规定，违反会计法律的行为主要包括：

（1）不依法设置会计账簿的行为。是指违反《会计法》和国家统一的会计制度的规定，应当设置会计账簿的单位不得设置会计账簿或者未按规定的种类、形式及要求设置会计账簿的行为。

（2）私设会计账簿的行为。是指不在依法设置会计账簿上对经济业务事项进行统一会计核算，而另外私自设置会计账簿进行会计核算的行为，即俗称的"两本账""账外账"。

（3）未按照规定填制、取得原始凭证或者填制取得的原始凭证不符合规定的行为。

（4）以未经审核的会计凭证为依据登记会计账簿或者登记会计账簿不符合规定的行为。

（5）随意变更会计处理方法的行为。会计处理方法的变更会直接影响会计资料的质量和可比性，按照《会计法》和国家统一的会计制度规定，不得随意变更会计处理方法。

（6）向不同的会计资料使用者提供的财务报表编制依据不一致的行为。财务报表应当根据登记完整、核对无误的会计账簿记录和其他相关会计资料编制，使用的计量方法、确认原则、统计标准应当一致，做到数字真实、计算准确、内容完整、说明清楚。不得向不同的会计资料使用者提供编制依据不一致的财务报表。

（7）未按照规定使用会计记录文字或者记账本位币的行为。

（8）未按照规定保管会计资料，致使会计资料毁损、灭失行为的。

（9）未按照规定建立并实施单位内部会计监督制度或者拒绝依法实施的监督或者不如实提供有关会计资料及有关情况的行为。

（10）任用会计人员不符合《会计法》规定的行为。

（二）违反以上行为应承担的法律责任

根据《会计法》第四十二条的规定，有上述行为之一的，依法追究行政责任。

1. 责令限期改正

所谓责令限期改正，是指要求违法行为人在一定期限内停止违法行为并将其违法行为恢复到合法状态。违法单位或个人应当按照县级以上人民政府财政部门的责令限期改正决定的要求，停止违法行为，纠正错误。比如私设账簿的单位，应当取消私设的账簿，并根据实际发生的经济业务将在私设的会计账簿上登记的事项转移到依法设置的会计账簿上，统一进行登记、核算。

2. 罚款

在县级以上人民政府财政部门根据上述所列行为的性质、情节及危害程度，在责令限期改正的同时，可以对单位并处3 000元以上5万元以下的罚款；对其直接负责的主管人员和其他直接责任人员，可以处2 000元以上2万元以下的罚款。

3. 通报批评

对于尚不构成犯罪的违法会计行为，由县级以上人民政府财政部门予以通报批评。

4. 给予行政处分

对于上述所列行为直接负责的主管人员或其他直接责任人员中的国家工作人员，视情节轻重，还应当由其所在单位或者其上级单位或者行政监察部门依法给予警告、记过、记大过、降级、降职、撤职、留用察看和开除等行政处分。

注意："直接负责的主管人员"与"其他直接责任人员"的区别：

第一，所谓"直接负责的主管人员"，是指在单位实施违法行为过程中起领导、组织、决策作用的单位负责人。既可以是单位的一把手，也可以是单位的其他负责人。关键要看谁在实施违法行为过程中起了领导、组织、决策作用。

第二，所谓"其他直接责任人员"，是指在单位实施违法行为的过程中直接参与实施违法行为人员。一般包括会计人员、会计机构负责人和其他参与实施违法行为的工作人员。

5. 吊销会计从业资格证书

会计人员有上述行为之一，情节严重的，由县级以上人民政府财政部门吊销其会计从业资格证书。

上述行为后果严重，依法追究刑事责任。我国《刑法》并没有对上述所列行为单独明确规定为犯罪，但是，行为人为偷逃税款、骗取出口退税、贪污、挪用公款等目的，从事了上述行为，造成了严重后果，按照《刑法》的有关规定，构成犯罪的，依法追究刑事责任。

子任务三 其他会计违法行为的法律责任

> 情境22：8月30日单位领导找到刘杰，让他虚开一张400万的增值税专用发票给乐海有限公司，刘杰碍于领导面子最终还是开了这张发票，但是事后刘杰就后悔了。

（一）伪造、变造会计凭证、会计账簿，编制虚假财务报表的法律责任

伪造会计凭证的行为是指以虚假的经济业务事项，或者资金往来为前提，编造不真实的会计凭证的行为。

变造会计凭证的行为是指用涂改、挖补等手段来改变会计凭证的真实内容歪曲事实真相的行为。

伪造会计账簿的行为是指违反《会计法》和国家统一的会计制度的规定，根据伪造或者变造的虚假会计凭证填制会计账簿，或者不按要求登记账簿，或者对外对内采用不同确认标准、计量方法等手段编造虚假的会计账簿的行为。

变造会计账簿行为是指涂改、挖补或者其他手段改变会计账簿的真实内容的行为。

提供虚假财务报表的行为是指违反《会计法》和国家统一的会计制度的规定，根据虚假的会计账簿记录编制财务报表，或者凭空捏造虚假的财务报表及对财务报表擅自进行没有依据的修改的行为。

1. 行政责任

伪造、变造会计凭证、会计账簿，编制虚假财务报表，情节较轻，社会危害不大，根据《刑法》的有关规定尚不构成犯罪的，应当按照《会计法》的规定追究行政责任。由县级以上人民政府财政部门予以通报，可以对单位并处 5 000 元以上 10 万元以下的罚款；对其直接负责的主管人员和其他直接责任人员，可以处 3 000 元以上 5 万元以下的罚款；属于国家工作人员的，还应由其所在单位或者有关单位依法给予撤职直至开除的行政处分；会计人员，由县级以上人民政府财政部门吊销会计从业资格证书。

2. 刑事责任

对于伪造、变造会计凭证、会计账簿，编制虚假财务报表的行为，我国《刑法》明确为犯罪的，主要有以下几种情况：

（1）根据《刑法》的规定，纳税人采取欺骗、隐瞒手段进行虚假纳税申报或者不申报，逃避缴纳税款数额较大并且占应纳税额 10% 以上的，处以 3 年以下有期徒刑或者拘役，并处罚金。

扣缴义务人采取前述手段，不缴或者少缴已扣、已收税款，数额占应缴税额的 10% 以上并且数额在 1 万元以上的，依照前述规定处罚。对多次犯有上述行为，未经处理的，按照累计数额计算。

（2）根据《刑法》的规定，公司向股东和社会公众提供虚假的或者隐瞒重要事实的财务报表，严重损害股东或者其他人利益的，对其直接负责的主管人员和其他直接责任人员，处 3 年以下有期徒刑或者拘役，并处或者单处 2 万元以上 20 万元以下罚金。

（3）根据《刑法》的规定，承担资产评估、验资、验证、会计、审计、法律服务等职责的中介组织的人员故意提供虚假证明文件（包括虚假的财务报表），情节严重的，处 5 年以下有期徒刑或者拘役，并处罚金。上述人员，索取他人财物或者非法收受他人财物，犯本罪的，处 5 年以上 10 年以下有期徒刑或者拘役，并处罚金。

此外，如果行为人为虚报注册资本、虚假出资、抽逃出资、贪污、挪用公款、侵占企业财产、私分国有资产、私分罚没财物，实施伪造、变造会计凭证、会计账簿或者编制虚假财务报表的行为，应当按照《刑法》的有关规定分别定罪、处罚。

（二）隐匿或者故意销毁依法应当保存的会计凭证、会计账簿、财务报表的法律责任

这里所称的"隐匿"，是指故意转移、隐藏应当保存的会计凭证、会计账簿、财务报表的行为；"故意销毁"，是指故意将依法应当保存的会计凭证、会计账簿、财务报表予以毁灭的行为。

1. 行政责任

根据《会计法》第四十四条的规定，隐匿或者故意销毁依法应当保存的会计凭证、会计账簿、财务报表，情节较轻，社会危害不大，根据《刑法》的有关规定尚不构成犯罪的，应当根据《会计法》的规定追究行政责任。追究行政责任的具体形式及标准与伪造、变造会计凭证、会计账簿，编制虚假财务报表的法律责任相同，这里不再赘述。

2. 刑事责任

根据《刑法》的规定，隐匿或者故意销毁依法应当保存的会计凭证、会计账簿、财务报表，情节严重的，处5年以下有期徒刑或者拘役，并处或者单处2万元以上20万元以下罚金。

单位犯前款罪的，对单位判处罚金，并对其直接负责的主管人员和其他直接责任人员，依照前款的规定处罚。

依据2001年《最高人民检察院、公安部关于经济犯罪案件追诉标准的规定》，隐匿或者故意销毁依法应当保存的会计凭证、会计账簿、财务报表，涉嫌下列情形之一的，应予追诉：

（1）隐匿、销毁的会计资料涉及金额在50万元以上的。

（2）为逃避依法查处隐匿、销毁或者拒不交出会计资料的。

根据《刑法》规定，纳税人采取欺骗、隐瞒手段进行虚假纳税申报或者不申报，逃避缴纳税款数额较大并且占应纳税额10%以上的，处3年以下有期徒刑或者拘役，并处罚金，数额巨大并且占应纳税额30%以上的，处3年以上7年以下有期徒刑，并处罚金。

扣缴义务人采取前款所列手段，不缴或者少缴已扣、已收税款，数额较大的，依照前款的规定处罚。

对多次实施前两款行为，未经处理的按照累计数额计算。

有第一款行为，经税务机关依法下达追缴通知后，补缴应纳税款，缴纳滞纳金，已受行政处罚的，不予追究刑事责任，但是5年内因逃避缴纳税款受过刑事处罚或者被税务机关给予二次以上行政处罚的除外。

（三）授意、指使、强令会计机构、会计人员及其他人员伪造、变造会计凭证、会计账簿，编制虚假财务报表或者隐匿、故意销毁依法应当保存的会计凭证、会计账簿、财会报告的法律责任

所谓"授意"，是指暗示他人按自己意思行事。所谓"指使"，是指通过明示方式，指示他人按其意思行事。所谓"强令"，是指明知其命令是违反法律的，而强迫他人执行其命令的行为。

1. 行政责任

授意、指使、强令会计机构、会计人员及其他人员伪造、变造会计凭证、会计账簿，编制虚假财务报告或者隐匿、故意销毁依法应当保存的会计凭证、会计账簿、财务报表，情节较轻，社会危害不大，根据《刑法》有关规定，尚不构成犯罪的，应当按照《会计法》第四十五条的规定予以处罚：

（1）罚款。县级以上人民政府财政部门可以视违法行为的情节轻重，对违法行为人处以5 000元以上5万元以下的罚款。

（2）行政处分。对授意、指使、强令会计机构、会计人员及其他人员伪造、变造会计凭证、会计账簿，编制虚假财务报表或者隐匿、故意销毁依法应当保存的会计凭证、会计账簿、财务报表的国家工作人员，还应当由其所在单位，或者其上级单位，或者行政监察部门给予降级、撤职或者开除的行政处分。

2. 刑事责任

根据我国《刑法》的有关规定，授意、指使、强令会计机构、会计人员及其他人员伪造、变造会计凭证、会计账簿，编制虚假财务报表或者隐匿、故意销毁依法应当保存会计凭证、会计账簿、财务报表的，应当作为伪造、变造会计凭证、会计账簿，编制虚假财务报表或者隐匿、故意销毁依法应当保存会计凭证、会计账簿、财务报表的共同犯罪，定罪处罚。

（四）单位负责人对依法履行职责、抵制违反《会计法》规定行为的会计人员实行打击报复的法律责任，以及对受打击报复的会计人员的补救措施

《会计法》第四十六条规定："单位负责人对依法履行职责、抵制违反本法规定行为的会计人员以降级、撤职、调离工作岗位、解聘或者开除等方式实行打击报复构成犯罪的，依法追究刑事责任；尚不构成犯罪的，由其所在单位或者有关单位依法给予行政处分。对受打击报复的会计人员应当恢复其名誉和原有职务、级别。"

1. 行政责任

单位负责人对依法履行职责抵制违反《会计法》规定行为的会计人员实行打击报复，情节轻微，危害性不大，按照《刑法》的有关规定，不构成犯罪的应当依照《会计法》第四十六条及有关法律、法规的规定，由其所在单位或者有关单位依法给予行政处分。对有上述违法行为的单位负责人，可以由其所在单位或者有关单位视情节轻重，给予相应的行政处分。这里所说的有关单位，是指其上级单位和行政监察部门。

2. 刑事责任

根据《刑法》的规定，公司、企业、事业单位、机关、团体的领导人对依法履行职责、抵制违反《会计法》规定行为的会计人员实行打击报复，情节恶劣的，构成打击报复会计人员罪。根据《刑法》规定，对犯打击报复会计人员罪的，处3年以下有期徒刑或者拘役。

构成本罪须具备以下几个要件：

(1) 本罪的主体是公司、企业、事业单位、机关、团体的领导人。根据《会计法》第五十条的规定，单位负责人是指单位法定代表人或者法律、行政法律规定代表单位行使职权的主要负责人。这表明，单位负责人属于《刑法》规定的领导人的范围，可以成为本罪的主体。

(2) 本罪的犯罪对象是依法履行职责、抵制违反《会计法》规定行为的会计人员。这里说的"会计人员"，是指在公司、企业、事业单位和其他组织所设置的会计机构及其他机构中，或者在国家机关、社会团体中从事会计工作的人员，包括会计机构负责人。设置总会计师的单位，总会计师也属于会计人员。

(3) 本罪在客观方面表现为对依法履行职责、抵制违反《会计法》和规定行为的会计人员实行打击报复情节恶劣的行为。

【知识拓展】

这里所说的打击报复主要是指对依法履行职责、抵制违反《会计法》规定行为的会计人员，通过调动其工作、撤换其职务、对其进行处罚及其他方式进行打击报复的行为。

这里所说的"情节恶劣"主要是指多次或者多人进行打击报复，或者打击报复手段恶劣，或者因打击报复而造成严重后果，或者打击报复影响恶劣等。

3. 对受打击报复的会计人员的补救措施

对会计人员进行打击报复的除对会计单位负责人依法进行处罚外，还应当按照《会计法》第四十六条的规定，采取必要的补救措施，主要包括：

(1) 恢复其名誉。受打击报复的会计人员的名誉受到损害的，其所在单位或者其上级单位及有关部门，应当要求打击报复者向受打击报复的会计人员赔礼道歉，并澄清事实，消除影响，恢复名誉。

(2) 恢复原有的职务、级别。会计人员受到打击报复，被调离工作岗位、解聘或者开除的，应当在征得会计人员同意的前提下，恢复其工作；被撤职的，应当恢复其原有职务；被降级的，应当恢复其原有级别。

【例1—33】以下关于构成打击报复会计人员罪的特点表述不正确的是（　　）。

A. 打击报复会计人员罪的主体是单位领导人

B. 打击报复会计人员罪的主体是单位领导人及有权报复会计人员的其他人

C. 打击报复会计人员罪的犯罪对象是依法履行职责、抵制违反《会计法》规定行为的会计人员

D. 打击报复会计人员罪在客观上表现为对依法履行职责、抵制违反《会计法》规定行为的会计人员实行报复情节恶劣的行为

【解析】 B。根据《刑法》规定，打击报复会计人员罪的主体是公司、企业、事业单位、机关、团体的领导人。有权报复会计人员的其他人不属于《刑法》规定的领导人范畴，不能成为本罪的主体。

【课后思考】

1. 不依法设置会计账簿等会计违法行为包括哪些？应承担哪些法律责任？
2. 伪造、变造会计凭证、会计账簿，编制虚假财务报表应承担哪些法律责任？
3. 单位负责人对依法履行职责、抵制违反《会计法》规定行为的会计人员实行打击报复应承担哪些法律责任？对受打击报复的会计人员应采取哪些补救措施？

▶ 强化练习

一、单项选择题

1. 出纳人员可以兼任以下（　　）工作。
   A. 稽核　　　　　　　　　　B. 银行日记账的登记
   C. 会计档案的保管　　　　　D. 收入、支出、费用账目的登记

2. 会计机构、会计人员发现会计账簿记录与实物、款项及有关资料不相符的，按照规定有权自行处理的应当及时处理，无权处理的应当（　　）。
   A. 予以退回
   B. 要求更正
   C. 拒绝办理
   D. 立即向单位负责人报告，请求查明原因，做出处理

3. 担任单位会计机构负责人（会计主管人员）的，除取得会计从业资格证书外，还应当具备会计师以上专业技术职务资格或从事会计工作（　　）年以上经历。
   A. 5　　　　B. 3　　　　C. 8　　　　D. 10

4. （　　）的记账凭证可以不附原始凭证。
   A. 结账和更正错账　　　　　B. 采购业务
   C. 销售业务　　　　　　　　D. 收款业务

5. 根据《会计法》的规定，单位内部的会计工作管理，应由（　　）负责。
   A. 总会计师　　　　　　　　B. 单位会计机构负责人
   C. 单位分管会计工作领导　　D. 单位负责人

6. 《会计法》规定，（　　）应当保证会计机构、会计人员依法履行职责，不得授意、指使、强令会计机构、会计人员违法办理会计事项。
   A. 单位负责人　　　　　　　　B. 会计机构负责人
   C. 分管单位会计工作的副职领导　D. 监事长

7. 下列各项中，属于会计法律的是（　　）。
   A.《会计法》　　　　　　　　　　B.《总会计师条例》
   C.《会计基础工作规范》　　　　　D.《企业会计制度》

8. 《会计从业资格管理办法》属于（　　）。
   A. 会计法律　　　　　　　　　　B. 会计行政法规
   C. 会计部门规章　　　　　　　　D. 地方性会计法规

9. 各单位保存的会计档案不得借出，如有特殊需要经（　　）批准，可以提供查阅或者复制。
   A. 会计机构负责人　　　　　　　B. 总会计师
   C. 档案部门负责人　　　　　　　D. 单位负责人

10. 下列各项中，对报送的财务报告的合法性、真实性负首要法律责任的是（　　）。
    A. 总会计师　　　　　　　　　　B. 会计主管人员
    C. 单位负责人　　　　　　　　　D. 会计机构负责人

11. 根据《会计法》的规定，凡是法律、行政法规规定的财务报表应当经（　　）审计的单位，在提供报告时，应将审计报告随同会计报告一并提供。
    A. 会计师　　　　　　　　　　　B. 注册会计师
    C. 注册税务师　　　　　　　　　D. 注册审计师

12. 根据《会计档案管理办法》的规定，企业年度财务报告的保管期限是（　　）。
    A. 5年　　　　　　　　　　　　B. 10年
    C. 永久　　　　　　　　　　　　D. 15年

13. 根据《会计档案管理办法》的规定，当年形成的会计档案在年度终了后，可暂由会计部门保管（　　）。
    A. 1年　　　　　　　　　　　　B. 3年
    C. 5年　　　　　　　　　　　　D. 10年

14. 根据《会计档案管理办法》的规定，企业的原始凭证和总账这类会计档案的保管期限是（　　）。
    A. 5年　　　　　　　　　　　　B. 10年
    C. 15年　　　　　　　　　　　　D. 20年

15. 单位未设立档案机构的，应当在会计机构内部指定专人保管会计档案，但不能指定（　　）兼管会计档案。
    A. 主办会计　　　　　　　　　　B. 总账会计
    C. 材料会计　　　　　　　　　　D. 出纳会计

16. 下列各项中，不属于会计档案的是（　　）。
    A. 会计移交清册　　　　　　　　B. 会计档案保管清册
    C. 会计档案销毁清册　　　　　　D. 年度财务计划

17. 会计档案保管期限分为永久和定期两类。定期保管的会计档案,其最长期限是( )。

A. 5 年 B. 10 年
C. 15 年 D. 25 年

18. 下列各项中,有权对各单位会计工作行使监督权,并依法对违法会计行为实施行政处罚的为( )。

A. 县级以上财政部门 B. 县级以上税务部门
C. 县级以上审计部门 D. 县级以上人民银行

19. 下列人员中不得取得或重新取得会计从业资格证书的是( )。

A. 因出具虚假财务会计报告被吊销会计从业资格证书
B. 因做假账被吊销会计从业资格证书
C. 因贪污、挪用公款被追究刑事责任
D. 因打架斗殴被追究刑事责任

20. 根据《会计法》的规定,对随意变更会计处理方法的单位,县级以上人民政府财政部门责令限期改正,并可以处( )。

A. 2 000 元以上 20 000 元以下的罚款
B. 3 000 元以上 50 000 元以下的罚款
C. 4 000 元以上 50 000 元以下的罚款
D. 5 000 元以上 50 000 元以下的罚款

21. 《会计法》规定,各单位应依据( )设置会计机构,或者在有关机构中设置会计人员并指定会计主管人员。

A. 单位营业收入 B. 会计人员数量
C. 会计业务的需要 D. 单位的规模

22. 在我国,从事会计工作的人员,必须具有( )。

A. 会计专业技术资格 B. 会计专业职务
C. 会计从业资格证书 D. 中专以上专业学历

23. 根据《会计从业资格管理办法》规定,持证人员从事会计工作,应当自从事会计工作之日起( )内,向会计从业资格管理部门办理注册登记。

A. 15 B. 30
C. 60 D. 90

24. 下列说法中,正确的是( )。

A. 对受打击报复的会计人员,应当恢复其待遇和原有岗位
B. 对受打击报复的会计人员,应当恢复其名誉和原有职务、级别
C. 对受打击报复的会计人员,应当恢复其职称和原有职务、级别
D. 对受打击报复的会计人员,应当恢复其名誉和原有岗位

25. 按照《会计从业资格管理办法》规定，持有会计从业资格证书的人员应当接受继续教育，每年参加继续教育不得少于（　　）小时。
   A. 20　　　　　　　　　　　　　　B. 24
   C. 16　　　　　　　　　　　　　　D. 12

26. 根据《会计法》的规定，主管全国会计工作的部门是（　　）。
   A. 全国人大常务委员会　　　　　　B. 中国会计学会
   C. 国务院财政部门　　　　　　　　D. 中国注册会计师协会

27. 会计移交清册，一般应填制（　　）。
   A. 一份　　　　　　　　　　　　　B. 一式四份
   C. 一式三份　　　　　　　　　　　D. 一式两份

28. 在下列账目中，出纳人员可以登记的是（　　）。
   A. 费用明细账　　　　　　　　　　B. 收入明细账
   C. 固定资产明细账　　　　　　　　D. 债权债务明细账

29. 下列各项中，属于初级会计专业职务的有（　　）。
   A. 助理会计师　　　　　　　　　　B. 会计师
   C. 注册会计师　　　　　　　　　　D. 会计从业资格

30. 实行回避制度的单位，会计主管人员的直系亲属不得担任本单位的（　　）。
   A. 会计机构负责人　　　　　　　　B. 会计主管人员
   C. 出纳　　　　　　　　　　　　　D. 稽核

二、多项选择题

1. 我国的会计法律制度包括（　　）。
   A. 会计法律　　　　　　　　　　　B. 会计行政法规
   C. 地方性会计法规　　　　　　　　D. 会计规章和规范性文件

2. 下列各项中，属于会计行政法规的有（　　）。
   A. 总会计师条例　　　　　　　　　B. 会计从业资格管理办法
   C. 会计基础工作规范　　　　　　　D. 企业财务会计报告条例

3. 会计部门规章包括国家统一的会计核算制度、（　　）等。
   A. 会计监督制度　　　　　　　　　B. 会计机构和会计人员管理制度
   C. 法律责任　　　　　　　　　　　D. 会计工作管理制度

4. 单位负责人在内部会计监督中的职责，下列表述正确的是（　　）。
   A. 单位负责人必须事事参与，严格把关
   B. 单位负责人对本单位会计资料的真实性、完整性负责
   C. 不能授意、指使、强令会计人员办理违法事项
   D. 应依法做好会计核算工作

5. 某地方财政部门进行执法检查时发现一家单位以虚假的经济事项编造了会计凭证

和会计账簿，并据此编制了财务会计报告。对此，财政部门对该单位的违法行为应认定为（　　）。

  A. 伪造会计凭证行为   B. 变造会计凭证和会计账簿行为

  C. 伪造会计账簿行为   D. 提供虚假的财务会计报告行为

6. 下列关于会计账簿的说法中错误的有（　　）。

  A. 会计账簿登记必须以会计凭证为依据

  B. 各单位应当依法设置的会计账簿包括总账、明细账和日记账

  C. 账目核对包括账证核对、账账核对、账实核对、账表核对

  D. 各单位应当定期将会计账簿与实物、款项实有数相互核对，以保证账实相符

7. 下列各项中，属于会计资料的是（　　）。

  A. 会计账簿   B. 会计凭证

  C. 会计报表   D. 经济合同

8. 下列各项中，属于财务报表组成部分的有（　　）。

  A. 资产负债表   B. 现金流量表

  C. 附注   D. 审计报告

9. 下列各项中，属于会计档案的有（　　）。

  A. 购货发票   B. 应收账款明细账

  C. 资产负债表   D. 银行存款余额调节表

10. 根据《会计法》规定，任何单位和个人（　　）。

  A. 不得伪造会计凭证、账簿 B. 不得变造会计凭证、账簿

  C. 不得伪造、变造其他会计资料 D. 不得提供虚假的财务会计报告

11. 下列各项中，不属于会计档案的为（　　）。

  A. 会计档案移交清册 B. 银行对账单

  C. 工商营业执照   D. 年度工作计划

12. 会计档案一般分为（　　）。

  A. 会计凭证类   B. 会计账簿类

  C. 财务报表类   D. 其他会计资料类

13. 我国目前会计工作的自律管理组织主要包括（　　）。

  A. 中国总会计师协会 B. 中国注册会计师协会

  C. 全国总工会   D. 中国会计学会

14. 内部审计在单位内部会计监督制度中的重要作用有（　　）。

  A. 预防保护作用   B. 服务促进作用

  C. 评价鉴证作用   D. 评价监督作用

15. 内部控制原则包括（　　）。

  A. 全面性原则   B. 成本效益原则

  C. 适应性原则   D. 重要性原则

16. 下列关于内部审计的说法中错误的有（　　）。
    A. 内部审计的内容就是指内部财务审计
    B. 审计的内容更侧重于经营过程是否有效、各项制度是否得到遵守与执行
    C. 内部审计人员不具有独立性，因此审计结果的客观性和公正性较低
    D. 内部审计具有评价鉴证作用

17. 下列各项中，必须取得会计从业资格，持有会计从业资格证书方能从事的工作岗位是（　　）。
    A. 出纳　　　　　　　　　　　B. 稽核
    C. 会计　　　　　　　　　　　D. 柜员

18. 下列各项中，任用会计人员应当实行回避制度的有（　　）。
    A. 国家机关　　　　　　　　　B. 国有企业
    C. 事业单位　　　　　　　　　D. 集体企业

19. 会计档案一般分为（　　）。
    A. 会计凭证类　　　　　　　　B. 会计账簿类
    C. 财务会计报告类　　　　　　D. 其他会计资料类

20. 会计岗位的设置可以是（　　）。
    A. 一人一岗　　　　　　　　　B. 一人多岗
    C. 一岗多人　　　　　　　　　D. 以上说法均正确

三、判断题

1. 所有记账凭证必须附有原始凭证并注明所附原始凭证的张数。　　　　　（　　）
2. 以虚假的经济业务为前提，编制虚假的会计凭证，属于变造会计凭证的行为。
   　　　　　　　　　　　　　　　　　　　　　　　　　　　　　　　　（　　）
3. 会计工作的社会监督主要是指由注册会计师及其所在的会计师事务所依法对受托单位的经济活动进行审计、鉴证的一种监督制度。　　　　　　　　　　（　　）
4. 县级以上财政部门组织实施本行政区域内的会计信息质量检查。　　　（　　）
5. 会计档案的保管期限分为永久和定期两类，保管期限从会计年度终了后第一天算起。
   　　　　　　　　　　　　　　　　　　　　　　　　　　　　　　　　（　　）
6. 资产负债表、利润表、现金流量表都属于会计报表。　　　　　　　　（　　）
7. 各单位必须设置会计机构。　　　　　　　　　　　　　　　　　　　（　　）
8. 老赵为某国有单位的财务经理，他将其女儿安排在本部门担任存货会计，他的这一行为违背了会计人员回避制度。　　　　　　　　　　　　　　　　　（　　）
9. 向不同会计资料使用者提供企业财务报告，其财务会计报告的编制依据、编制原则可以不一致。　　　　　　　　　　　　　　　　　　　　　　　　　（　　）
10. 一般会计人员办理交接手续，由主管单位派人会同监交。　　　　　（　　）

四、案例分析题

振光有限责任公司是一家中外合资经营企业，2015年度发生了以下事项：

（1）公司收到一张应由公司与乙公司共同负担费用支出的原始凭证，公司会计人员张某以该原始凭证及应承担的费用进行账务处理，并保存该原始凭证；同时应乙公司的要求将该原始凭证复制件提供给乙公司用于账务处理。

（2）3月5日，公司会计科一名档案管理人员生病临时交接工作，胡某委托单位出纳员李某临时保管会计档案。

（3）6月30日，公司有一批保管期满的会计档案，按规定需要进行销毁。公司档案管理部门编制了会计档案销毁清册，档案管理部门的负责人在会计档案销毁清册上签了字，并于当天销毁。

根据材料，选择下列符合题意的选项。

1. 根据事项（1），一张原始凭证所列支出需由两个以上单位共同负担时，下列做法正确的是（　　）。
   A. 由保存该原始凭证的单位开具原始凭证分割单给其他应负担单位
   B. 在记账时加以注明即可
   C. 由双方共同加以说明即可
   D. 由保存该原始凭证的单位出具复印件给其他应分割单位

2. 根据事项（2），下列表述正确的有（　　）。
   A. 会计科档案管理人员，是会计工作岗位
   B. 会计科档案管理人员，不是会计工作岗位
   C. 出纳员可以临时保管会计档案
   D. 出纳员不能临时保管会计档案

3. 出纳员不得兼管（　　）账目的登记工作。
   A. 稽核　　　　　　　　　　B. 收入
   C. 费用　　　　　　　　　　D. 会计档案保管

4. 一般的会计工作人员交接，由（　　）负责监交。
   A. 单位负责人　　　　　　　B. 总会计师
   C. 会计机构负责人　　　　　D. 会计主管人员

5. 根据事项（3），下列关于会计档案销毁的表述中，正确的有（　　）。
   A. 公司档案部门销毁会计档案的做法不符合规定
   B. 会计档案保管期满需要销毁的，要由本单位档案部门提出意见
   C. 应编制会计档案销毁清单，并经单位负责人在会计档案销毁清册上签字
   D. 销毁时要由单位档案部门和会计部门共同派人监销

模块二

支付结算法律制度

> **模块学习目标**
>
> 掌握现金结算的基本要求。
>
> 掌握支付结算的概念和特征，填写票据和结算凭证的基本要求。
>
> 掌握基本存款账户、一般存款账户、专用存款账户、临时存款账户、个人银行结算账户、异地银行结算账户的使用范围和开户要求。
>
> 掌握票据的概念和种类，掌握支票的出票、使用范围、付款和办理要求，掌握商业汇票的出票、背书和承兑。

▶ 任务一 现金结算

情境1：某市瑞德科技公司出纳小李在与财务科宋科长谈及企业坐支现金问题时，认为：根据《现金管理暂行条例》的规定，企业一律不得坐支现金。宋科长认为小李的说法不全面。

子任务一 现金及现金管理

现金是指通常存在于企业、单位财会部门，由出纳人员经管的货币。现金是流动性最强的资产，使用时不受特定用途的限制，具有普遍的可接受性，现金从理论上讲有广义与狭义之分。狭义现金是指企业所拥有的硬币、纸币，即由企业出纳员保管作为零星业务开支之用的库存现款。广义现金则应包括库存现款和视同现金的各种银行存款、流通证券等。我国所采用的是狭义的现金概念。

国务院发布的《现金管理暂行条例》对现金管理作了明确的规定，凡在银行和其他金融机构（简称开户银行）开立账户的机关、团体、部队、企业、事业单位和其他单位（简称开户单位），必须依照该条例的规定收支和使用现金，接受开户银行的监督。现金管理应当遵守以下管理原则：

（1）凡在银行和其他金融机构（简称开户银行）开立账户的开户单位必须依照规定收支和使用现金，接受开户银行的监督。

（2）国家鼓励开户单位和个人在经济活动中采取转账方式进行结算，减少使用现金。

（3）开户单位之间的经济往来，除按规定的范围可以使用现金外，应当通过开户银行进行转账结算。

（4）中国人民银行各级机构严格履行金融主管机关职责，负责对开户银行执行现金管理情况进行监督和稽核。

（5）开户银行负责现金管理的具体实施，对开户单位收支、使用现金进行监督管理。

子任务二　开户单位使用现金的范围

为了控制现金的流量，《现金管理暂行条例》对单位现金的使用范围做了如下规定。

（一）一般规定

开户单位可以在下列范围内使用现金：

（1）职工工资、津贴。
（2）个人劳务报酬（包括稿费和讲课费及其他专门工作报酬等）。
（3）根据国家规定颁发给个人的科学技术、文化技术、体育等各种奖金。
（4）各种劳保、福利费用及国家规定的对个人的其他支出。
（5）向"个人"收购农副产品和其他物资的价款。
（6）出差人员必须随身携带的差旅费。
（7）结算起点（1 000元）以下的零星支出。
（8）中国人民银行确定需要支付现金的其他支出。

可见单位使用现金支付款项的对象是"个人"，上述结算起点定位1 000元。结算起点的调整，由中国人民银行确定，报国务院备案。

（二）特殊规定

（1）对于上述（5）、（6）项，现金支付不受结算起点的限制。

（2）开户单位支付给个人的款项，超过使用现金限额的部分，应当以支票或者银行本票支付。

（3）确须全额支付现金的，经开户银行审核后，予以支付现金。

（4）机关、团体、部队、全民所有制和集体所有制企业事业单位购置国家规定的专项控制商品，必须采取转账结算方式，不得使用现金。

另外，开户单位在销售活动中，不得对现金结算给予比转账结算优惠的待遇；不得拒收支票、银行汇票和银行本票。各单位之间的经济往来，如支付结算限额以下的货币结算，可使用现金，而限额以上的货币结算，一律通过银行转账。

【例2-1】下列各项中属于不可使用现金的是（　　）。

A. 职工工资　　　　　　　　　　B. 个人劳动报酬

C. 支付给施工单位的大额劳动报酬　D. 出差人员随身携带的差旅费

【解析】C。开户单位可以在下列范围内使用现金：职工工资、津贴。个人劳务报酬（包括稿费和讲课费及其他专门工作报酬等）。根据国家规定颁发给个人的科学技术、文化技术、体育等各种奖金。各种劳保、福利费用及国家规定的对个人的其他支出。向"个人"收购农副产品和其他物资的价款。出差人员必须随身携带的差旅费。结算起点（1000元）以下的零星支出。中国人民银行确定需要支付现金的其他支出。

子任务三　库存现金限额

库存现金限额，是指为了保证开户单位日常零星开支的需要，允许单位留存现金的最高数额。根据《现金管理暂行条例实施细则》的规定，库存现金限额由开户银行根据开户单位实际需要和距离银行远近等情况予以核定，具体要求如下：

（1）库存现金限额一般按照单位3～5天的日常零星开支所需要的现金数额确定。这里的"日常零星开支"是除去定期的大额现金支出（如发放工资等）和不定期的大额现金支出（如新闻出版单位的稿费支出等）以外的零星的费用支出。

（2）边远地区或交通不发达地区的开户单位的库存现金限额，可以适当放宽，按多于5天但最多不得超过15天的日常零星开支的需要确定。

（3）凡在银行开户的独立核算单位，都要按规定核定库存现金限额；对没有在银行单独开立账户的附属单位也要实行现金管理，必须保留的现金，也要核定限额，其限额包括在开户单位的库存限额之内。

（4）商业和服务业的零售部门需要保留找零备用金，也要根据营业额核定定额，但不包括在开户单位的库存现金的限额之内。

（5）一个单位在几家银行开户的，只能在一家银行开设现金结算账户支取现金，并由该家开户银行负责核定开户单位的库存现金限额并进行现金管理监督。

【例2-2】某快餐店每天的零星现金支付额为8 000元，根据银行规定，该快餐店库存现金的最高限额应为（　　）元。

A. 6 000　　　　　　　　　　　B. 12 000

C. 3 000　　　　　　　　　　　D. 40 000

【解析】D。库存现金限额由开户银行根据开户单位3～5天的日常零星开支所需要的现金核定。该单位库存现金的最高限额应为8 000×5=40 000（元）。

库存现金限额由开户单位提出计划，报开户银行审批，经核定的库存现金限额，开户单位必须严格遵守，超过部分应于当日终了前存入银行。各开户单位的库存现金限额，由于生产或业务变化，需要增加或减少时，应向开户银行提出申请，经批准后再行调整。

子任务四　现金收支的基本要求

开户单位应当按照《现金管理暂行条例》的规定，加强现金收支管理。具体而言，开户单位在办理有关现金收支业务时，应遵守以下规定：

（1）开户单位现金收入应于当日送存开户银行，当日送存确有困难的，由开户银行确定送存时间。

（2）开户单位支付现金，可以从本单位库存现金限额中支付或者从开户银行提取，不得从本单位的现金收入中直接支付（即不得"坐支"现金）。因特殊情况需要坐支现金的单位，应当事先报经开户银行审查批准，由开户银行核定坐支范围和限额。坐支单位必须在现金账上如实反映坐支金额，并按月向开户银行报送坐支金额和使用情况。

（3）根据规定，开户单位从开户银行提取现金时，应当如实写明用途，由本单位财会部门负责人签字盖章，并经开户银行审查批准后予以支付。

（4）因采购地点不确定、交通不便、抢险救灾及其他特殊情况，办理转账结算不够方便，必须使用现金的开户单位，应向开户银行提出书面申请，由本单位财会部门负责人签字盖章，开户银行审查批准后，予以支付现金。

（5）开户单位必须建立健全现金账目，逐笔记载现金支付；现金账目的管理要做到日清月结，做到账款相符。遵循"八不准"，即不准用不符合国家统一的会计准则制度的凭证顶替库存现金（即"白条抵库"）；不准单位之间相互借用现金；不准谎报用途套用现金；不准用银行账户代其他单位和个人存入或支取现金；不准将单位收入的现金以个人名义存入储蓄；不准保留账外公款（即不得"公款私存"，不得私设"小金库"）；禁止发行变相货币，不准以任何票券代替人民币在市场上流通；不得未经批准坐支现金，或者未按开户银行核定的坐支范围和限额坐支现金。银行对于违反上述规定的单位，将按照违规金额的一定比例予以处罚。

【深入思考】

每天出纳员手中有大量现金收入，只要符合现金结算要求的业务就可以使用现金结算吗？

子任务五　建立健全货币资金的内部控制制度

（一）内部控制制度

为了促进单位内部会计控制建设，加强对单位货币资金的内部控制和管理，保证单位货币资金的安全完整，2001年6月22日，财政部颁发了《内部会计控制规范——货币资金（试行）》。其中，《内部会计控制规范——货币资金（试行）》第四条、第五条规定，国务院有关部门可以根据国家有关法律法规和本规范，制定本部门或本系统的货币资金内部控制规定。各单位应当根据国家有关法律和本规范，结合部门或系统的货币资金内部控制规定，建立适合本单位业务特点和管理要求的货币资金内部控制制度，并组织实施。

单位负责人对本单位货币资金内部控制的建立健全和有效实施及货币资金的安全完整负责。

（二）良好的现金内部控制的标准

各单位应该按照规范的要求，建立良好的现金内部控制，以保证现金收支记录及时、准确、完整；全部现金支出均按经批准的用途进行；现金得以安全保管。一般而言，一个良好的现金内部控制应达到以下几点：

(1) 现金收支与记账的岗位分离。

(2) 现金收支要有合理、合法的凭据。

(3) 全部收入及时准确入账，并且支出要有核准手续。

(4) 控制现金坐支，当日收入现金应及时送存银行。

(5) 按月盘点现金，以做到账实相符。

(6) 加强对现金收支业务的内部审计。

（三）加强货币资金业务岗位分工、授权管理

各单位的性质、所处行业、规模及内部控制健全程度等不同，而使得其与现金相关的内部控制内容有所不同，但岗位分工及授权批准是应当共同遵循的。

1. 加强货币资金业务岗位分工管理

(1) 单位应当建立货币资金业务的岗位责任制，明确相关部门和岗位的职责权限，确保办理货币资金业务的不相容岗位相互分离、制约和监督，确保货币资金的安全。

(2) 出纳人员不得兼任稽核、会计档案保管和收入、支出、费用、债权债务账目的登记工作。

(3) 单位不得由一人办理货币资金业务的全过程。单位办理货币资金业务，应当配备合格的人员，并根据单位具体情况进行岗位轮换。

办理货币资金业务的人员应当具备良好的职业道德，忠于职守，廉洁奉公，遵纪守法，客观公正，不断提高会计业务素质和职业道德水平。

2. 严格货币资金的授权管理

(1) 单位应当对货币资金业务建立严格的授权批准制度，明确审批人对货币资金业务的授权批准方式、权限、程序、责任和相关控制措施，规定经办人办理货币资金业务的职责范围和工作要求。

(2) 审批人应当根据货币资金授权批准制度的规定，在授权范围内进行审批，不得超越审批权限。

(3) 经办人应当在职责范围内，按照审批人的批准意见办理货币资金业务。对于审批人超越授权范围审批的货币资金业务，经办人员有权拒绝办理，并及时向审批人的上级授权部门报告。

（四）按照规定程序办理货币资金业务

（1）支付申请。单位有关部门或个人用款时，应当提前向审批人提交货币资金支付申请，注明款项的用途、金额、预算、支付方式等内容，并附有有效经济合同或相关证明。

（2）支付审批。审批人根据其职责、权限和相应程序对支付申请进行审批。对不符合规定的货币资金支付申请，审批人应当拒绝批准。

（3）支付复核。复核人应当对批准后的货币资金支付申请进行复核，复核货币资金支付申请的批准范围、权限、程序是否正确，手续及相关单证是否齐备，金额计算是否准确，支付方式、支付单是否妥当等。复核无误后，交由出纳人员办理支付手续。

（4）办理支付。出纳人员应当根据复核无误的支付申请，按规定办理货币资金支付手续，及时登记现金和银行存款日记账。

单位对于重要货币资金支付业务，应当实行集体决策和审批，并建立责任追究制度，防范贪污、侵占、挪用货币资金等行为。

严禁未经授权的机构或人员办理货币资金业务或直接接触货币资金。企业应当定期和不定期进行现金盘点，确保现金账面金额与实际库存相符。发现不符，及时查明原因，作出处理。

【案例2-1】 某出口贸易公司的相关管理制度规定，经理有权审批10万元以下支出，副经理有权审批5万元以下支出。2013年1月，经理因公出国时，销售部接到一批紧急订单，急需生产。生产部急需生产原材料，于是采购部负责人小李向副经理周某申请采购一批价值8万元的原材料，副经理遂予批准，并直接要求财务部出纳员刘某加急办理支付，但刘某予以拒绝。根据上述情况，请分析本案例中的涉事人员做法。

【分析】 出纳员刘某做法是正确的。其他人员的下列做法是错误的：①副经理周某越权审批行为违法；②该项支付并没有复核人员复核，而是由审批人员直接要求出纳员办理支付，不符合货币资金支付业务的办理程序；③对于审批人超越授权范围审批货币资金业务经办人员有权拒绝办理，并及时向审批人的上级授权部门报告。

（五）票据及有关印章的管理

（1）单位应当加强与货币资金相关票据的管理，明确各种票据的购买、保管、领用、背书转让、注销等环节的职责权限和程序，并专设登记簿进行记录，防止空白票据的遗失和被盗用。

（2）单位应当加强银行预留印鉴的管理。财务专用章应由专人保管，个人名章必须由本人或其授权人员保管。严禁一人保管支付款项所需的全部印章。

（3）按规定需要有关负责人签字或盖章的经济业务，必须严格履行签字或盖章手续。

（六）监督检查

单位应当建立对货币资金业务的监督检查制度，明确监督检查机构或人员的职责权限，定期和不定期地进行检查。货币资金监督检查的内容主要包括：

（1）货币资金业务相关岗位及人员的设置情况。重点检查是否存在货币资金业务不相容职务混岗的现象。

（2）货币资金授权批准制度的执行情况。重点检查货币资金支出的授权批准手续是否健全，是否存在越权审批行为。

（3）支付款项印章的保管情况。重点检查是否存在办理付款业务所需的全部印章交由一人保管的现象。

（4）票据的保管情况。重点检查票据的购买、领用、保管手续是否健全，票据保管是否存在漏洞。

对监督检查过程中发现的货币资金内部控制中的薄弱环节，应及时采取措施，加以纠正和完善。

子任务六　法律责任

> 情境2：瑞德科技公司在销售活动中，为了尽快回笼资金，相关财务人员提出对现金结算给予比转账结算优惠的待遇的方案。宋科长问小李该方案是否可行。

对于开户单位超出规定范围和限额使用现金的，或者开户单位超出核定的库存现金限额留存现金的，开户银行应当依照中国人民银行的规定，责令其停止违法活动，并可根据情节轻重处以罚款。

开户单位有下列情形之一的，开户银行应当依照中国人民银行的规定，予以警告或者罚款，情节严重的，可在一定期限内停止对该单位的贷款或者停止对该单位的现金支付：

（1）对现金结算给予比转账结算优惠待遇的；
（2）拒收支票、银行汇票和银行本票的；
（3）用不符合国家统一会计制度规定的凭证顶替库存现金的；
（4）用转账凭证套换现金的；
（5）编造用途套取现金的；
（6）互相借用现金的；
（7）利用账户替其他单位和个人套取现金的；
（8）将单位的现金收入按个人储蓄方式存入银行的；
（9）保留账外公款的；
（10）未经批准坐支或者未按开户银行核定的坐支范围和限额坐支现金的。

开户单位对开户银行做出的处罚决定不服的，必须首先按照处罚决定执行，然后可在10日内向开户银行的同级人民银行申请复议。同级人民银行应当在收到复议申请之日起30日内做出复议决定。开户单位对复议决定不服的，可以在收到复议决定之日起30日内向人民法院起诉。

【案例2-2】某超市某日现金日记账记载如下：①仓库售出货物包装物，价款应为

2 500元,只收现金2 400元;②预支采购员小周差旅费1 200元;③支付临时工劳务报酬800元;④从批发大市场购进下季度劳保用品,价款1 200元。该超市属于小型零售企业,据了解,其日常使用现金每日8 000元左右。而该企业当日库存现金50 000元。根据上述情况,请分析:

(1)该企业当日的现金收付是否符合现金管理的基本规定?

(2)该企业当日的库存现金是否符合限额要求?

【分析】

(1)该企业售出包装物取得现金2 400元,从商城购进商品所用价款1 200元,均超过了现金使用范围和结算起点的规定,应通过转账结算。同时,该企业对现金结算给予比转账结算优惠的待遇,违反了现金管理的有关规定,应承担相应的法律责任。

预支采购员小周差旅费1 200元,尽管超过了现金结算起点1 000元的一般规定,但符合现金结算起点的特殊规定,即"单位向个人收购农副产品和其他物资的价款及出差人员必须随身携带的差旅费等,现金支付不受结算起点的限制"。

(2)该企业当日的库存限额超过了现金管理条例对单位库存限额的规定。银行对实行现金管理的单位核定的库存现金限额一般以各单位维持3~5天的零星现金支付为准,那么该企业最高的库存现金限额为40 000元(8 000元×5天)。因此,该企业当日库存现金50 000元,超过了现金管理条例对单位库存限额规定的正常水平。

【课后思考】

1. 开户单位使用现金的范围是什么?
2. 现金使用的限额是多少?
3. 现金收支的基本要求是什么?
4. 如何建立健全货币资金内部控制制度?

任务二 支付结算概述

> 情境3:瑞德科技公司新来的出纳小李在与财务科宋科长谈及支付结算问题时认为,支付结算是指单位、个人在社会经济活动中使用现金进行货币给付的行为。宋科长认为小李的说法不全面。

子任务一 支付结算的概念和特征

随着社会经济金融活动的快速发展,单位、个人的经济往来日益频繁。对资金及时到账提出了更高要求,支付结算已经成为社会经济金融活动的重要组成部分。

（一）支付结算的概念

支付结算是指单位、个人在社会经济活动中使用票据、汇兑、托收承付、委托收款和银行卡等结算方式进行货币给付及资金清算的行为。支付结算的种类，包括票据结算和非票据结算两类。票据结算包括汇票、本票和支票三种结算方式；非票据结算包括汇兑、托收承付、委托收款和信用卡等结算方式。

在支付结算过程中，银行（含城市信用合作社、农村信用合作社）及单位和个人（含个体工商户）是办理支付结算的主体。其中，银行仅仅是结算活动和资金清算的中介机构，在支付结算过程中处于受托人地位，其在办理结算时必须遵循委托人的意愿，办理支付结算业务。非银行金融机构未经批准不得作为中介机构参与办理支付结算业务。

【例2-3】下列各项中，可以作为办理支付结算和资金清算业务的中介机构的有（　　）。

A. 银行　　　　　　　　　　　　B. 农村信用合作社
C. 城市信用合作社　　　　　　　D. 保险公司

【解析】ABC。支付结算和资金清算中介机构包括银行、城市信用合作社、农村信用合作社。非银行金融机构未经批准不得作为中介机构参与办理支付结算业务。

（二）支付结算的特征

支付结算作为一种法律行为，具有以下法律特征。

1. 支付结算必须通过中国人民银行批准的金融机构进行

（1）支付结算包括票据、银行卡和汇兑、托收承付、委托收款、电子支付等结算行为，而这些结算行为必须通过中国人民银行批准的金融机构才能进行。

（2）《支付结算办法》第六条规定："银行是支付结算和资金清算的中介机构。未经中国人民银行批准的非银行金融机构和其他单位不得作为中介机构经营支付结算业务。但法律、行政法规另有规定的除外。"这表明，支付结算与一般的货币给付及资金清算行为不同。

2. 支付结算是一种要式行为

（1）所谓要式行为，是指法律规定必须按照一定形式进行的行为。如果该行为不符合法定的形式要件，即为无效。

（2）《支付结算办法》第九条规定："票据和结算凭证是办理支付结算的工具。单位、个人和银行办理支付结算，必须使用按照中国人民银行统一规定印制的票据凭证和统一规定的结算凭证。未使用按中国人民银行统一印制的票据，票据无效；未使用中国人民银行统一规定格式的结算凭证，银行不予受理。"

3. 支付结算的发生取决于委托人的意志

（1）银行在支付结算中是充当中介机构的角色。

（2）银行在支付结算过程中处于受托人地位，其在办理结算时，必须遵循委托人的意愿，按照委托人的委托，保证所收款项支付给委托人确定的收款人。因此，银行只要以善意且符合规定的正常操作程序审查，对伪造、变造的票据和结算凭证上的签章及需要交验的个人有效身份证件，未发现异常而支付金额的，对出票人或付款人不再承担受委托付款的责任，对持票人或收款人不再承担付款的责任。

（3）当事人对在银行的存款有自己的支配权。

（4）银行对单位、个人在银行开立存款账户的存款，除国家法律、行政法规另有规定外，不得为任何单位或者个人查询；除国家法律另有规定外，银行不代任何单位或个人冻结、扣款，不得停止单位、个人存款的正常支付。

4. 支付结算实行统一管理和分级管理相结合的管理体制

所谓"统一管理"是根据《支付结算办法》第二十条的规定，中国人民银行总行负责制定统一的支付结算制度，组织、协调、管理、监督全国的支付结算工作，调解、处理银行之间的支付结算纠纷。

所谓"分级管理"是中国人民银行省、自治区、直辖市分行根据统一的支付结算制度制定实施细则，报总行备案；根据需要可以制定单项支付结算办法，报中国人民银行总行批准后执行。中国人民银行分、支行负责组织、协调、管理、监督本辖区的支付结算工作，调解、处理本辖区银行之间的支付结算纠纷。

政策性银行、商业银行总行可以根据统一的支付结算制度，结合本行情况，制定具体管理实施办法，报经中国人民银行总行批准后执行，并负责组织、管理、协调本行内的支付结算工作，调解、处理本行内分支机构之间的支付结算纠纷。

5. 支付结算必须依法进行

《支付结算办法》第五条规定："银行、城市信用合作社、农村信用合作社（以下简称银行）及单位和个人（含个体工商户），办理支付结算必须遵守国家的法律、行政法规和本办法的各项规定，不得损害社会公共利益。"因此，支付结算的当事人必须严格依法进行支付结算活动。

子任务二 支付结算的基本原则

支付结算的基本原则，是指单位、个人和银行在进行支付结算活动时所必须遵循的行为准则。根据社会经济发展的需要，在总结我国改革开放以来结算工作经验的基础上，中国人民银行颁布的《银行结算办法》确立了"恪守信用，履约付款；谁的钱进谁的账，由谁支配；银行不垫款"三项基本原则。

（一）恪守信用，履约付款

现代社会是信用社会，支付结算是建立在信用的基础上的货币给付行为。没有信用，就没有支付结算，就没办法进行支付结算。一旦交易双方达成协议，那么交易的一方就应当根据事先的约定行事，及时提供货物或劳务，而另一方则应按约定时间、方式支付款项。

这一原则是《民法通则》"诚实信用"原则在支付结算中的具体表现。根据该原则，结算当事人必须依照共同约定的民事法律关系内容享受权利和承担义务，严格遵守信用，依约履行付款义务，特别是应按照约定的付款金额和付款日期进行支付。结算双方办理款项收付完全建立在自愿自觉、相互信任的基础上，这一原则对履行付款义务的当事人具有约束力，是维护合同秩序、保障当事人经济利益的重要保证。

（二）谁的钱进谁的账，由谁支配

"谁的钱进谁的账，由谁支配"这一原则主要在于维护存款人对存款资金的所有权或控制权，保证其对资金的自主支配权。银行作为资金结算的中介机构，在办理结算时，必须遵循存款人的委托，按照其意志，保证将所收款项支付给其指定的收款人；对存款人的资金，除国家法律另有规定外，必须由其自主支配，其他任何单位、个人及银行本身都不得对其资金进行干预和侵犯，不得随意冻结票据款，剥夺客户对票据款的支配权。这一原则既保护了存款人的合法权益，又加强了银行办理结算的责任。

（三）银行不垫款

由于银行是结算活动和资金清算活动的中介机构，在办理支付结算过程中，其责任在于办理资金在结算当事人之间的转移手续，不为结算当事人中的任何一方垫付资金。即银行是办理支付结算业务的中介机构，而非支付结算当事人。

这一原则主要在于划清银行资金和存款人资金的界限，有利于保护银行资金的所有权或经营权，也有利于促使单位和个人以自己所有或经营管理的财产直接对自己的债务承担责任，从而保证银行资金的安全。

上述三个原则既可单独发挥作用，也是一个有机的整体，分别从不同角度强调了付款人、收款人和银行在结算过程中的权利和义务，从而切实保障了结算活动正常、有序、规范地进行。

子任务三 支付结算的主要法律依据

> 情境4：瑞德科技公司新来的出纳小李在与财务科宋科长谈及支付结算问题时认为，支付结算所依据的法律依据只有《票据法》和《支付结算办法》。宋科长认为小李的说法不全面。

如前所述，支付结算包括票据、银行卡、汇兑、托收承付、委托收款等结算方式。因此，凡是与支付结算的各种结算方式有关的法律、行政法律及部门规章和地方性规定都是支付结算的法律依据。此外，中国人民银行颁布的有关支付结算的政策性文件亦是当事人进行支付结算活动必须遵守的规定。

目前，适用支付结算的法律、行政法规及部门规章和政策性规定主要包括：《票据法》、

《票据管理实施办法》（该办法于 1997 年 6 月 23 日经国务院批准，同年 8 月 21 日由中国人民银行发布并于同年 10 月 1 日起施行）、《支付结算办法》（该办法于 1997 年 9 月 19 日由中国人民银行发布，于同年 12 月 1 日起施行）、《中国人民银行银行卡业务管理办法》[该办法于 1999 年 3 月 1 日起施行，1996 年中国人民银行颁布的《信用卡业务管理暂行办法》（银发〔1996〕27 号）同时废止]、《人民币银行结算账户管理办法》（该办法于 2003 年 9 月 1 日起施行，1994 年 10 月 9 日中国人民银行发布的《银行账户管理办法》同时废止）、《异地托收承付结算办法》（该办法于 1994 年 10 月 9 日修订，1995 年 1 月 1 日起施行）等。

子任务四　办理支付结算的具体要求

根据《支付结算办法》的规定，办理支付结算时应符合下列基本要求。

（一）单位、个人和银行应当按照《人民币银行结算账户管理办法》的规定开立、使用账户

办理支付结算，单位、个人应当按照规定在银行开立、使用账户，因为转账结算是在收付双方的存款账户上划拨资金，没有账户，就无法办理支付结算。同时，要求在银行开立存款账户的单位、个人办理支付结算时，账户内需要有足够的资金以保证支付。

银行依法为单位、个人在银行开立的存款账户中的存款保密，维护其资金的自主支配权。除国家法律、行政法规另有规定外，银行不得为任何单位或者个人查询财产情况，不得为任何单位或者个人冻结、扣划款项，不得停止单位、个人存款的正常支付。

（二）单位、个人和银行办理支付结算，必须使用按中国人民银行统一规定印制的票据和结算凭证

《支付结算办法》第九条规定："票据和结算凭证是办理支付结算的工具。单位、个人和银行办理支付结算，必须使用按照中国人民银行统一规定印制的票据凭证和统一规定的结算凭证。未使用按中国人民银行统一印制的票据，票据无效；未使用中国人民银行统一规定格式的结算凭证，银行不予受理。"

（三）填写票据和结算凭证应当规范，做到要素齐全、数字正确、字迹清晰、不错不漏、不潦草，防止涂改

（1）票据和结算凭证的金额、出票或签发日期、收款人名称不得更改，更改的票据无效；更改的结算凭证，银行不予受理。对票据和结算凭证的其他记载事项，原记载人可以更改，更改时应由原记载人在更改处签章证明。

（2）票据和结算凭证的金额须以中文大写和阿拉伯数字同时记载，两者必须一致，两者不一致的，票据无效；两者不一致的结算凭证，银行不予受理。少数民族地区和外国驻华使领馆根据实际需要，金额大写可以使用少数民族文字或者外国文字记载。

在填写票据和结算凭证时,单位和银行的名称应当记载全称或者规范性简称。规范性简称应当具有排他性,与全称在实质上具有同一性,例如"中国银行业监督管理委员会"的规范化名称为"银监会"。

(四)票据和结算凭证上的签章和其他记载事项应当真实,不得伪造、变造

票据和结算凭证上的签章为签名、盖章或者签名加盖章;单位、银行在票据上的签章和单位在结算凭证上的签章,为该单位、银行的盖章加其法定代表人或其授权代理人的签名或盖章;个人在票据和结算凭证上的签章,应为该个人本人的签名或签章。

【例2-4】票据金额的中文大写和数字不一致时,下列表述中,正确的是( )。
A. 以中文大写金额为准 B. 以中文大写和阿拉伯数字中较小的为准
C. 票据无效 D. 以阿拉伯数字为准

【解析】C。票据和结算凭证金额应以中文大写和阿拉伯数字同时记载,两者必须一致,两者不一致的票据无效。

子任务五 填写票据和结算凭证的基本要求

> 情境5:2015年3月5号,瑞德科技公司购进材料一批,货款金额共计8 208.03元,以支票结算。实习生小孙在填写支票时将日期写为"2015年3月5日",金额大写为"人民币捌仟贰佰零捌元叁分整"。会计主管马上纠正了他的错误。正确的书写方式应是怎样的?

银行、单位和个人填写的各种票据和结算凭证是办理支付结算和现金收付的重要依据,直接关系到支付结算的准确、及时和安全。票据和结算凭证是银行、单位和个人凭以记载账务的会计凭证,是记载经济业务和明确经济责任的一种书面证明。因此,填写票据和结算凭证,必须做到标准化、规范化,做到要素齐全、数字准确、字迹清晰、不错漏、不潦草,防止涂改。根据《正确填写票据和结算凭证的基本规定》的规定,具体应符合以下要求。

(一)中文大写金额数字

(1)应当用正楷或者行书填写,如壹、贰、叁、肆、伍、陆、柒、捌、玖、拾、佰、仟、万、亿、元、角、分、零、整(正)等字样,不得用一、二(两)、三、四、五、六、七、八、九、十、廿、毛、另(或0)填写,不得自造简化字,如式。

(2)如果金额数字书写中使用繁体字也应受理,如贰、陆、億、萬、圓等。

(二)"整(正)"的添加规则

(1)中文大写金额数字到"元"为止的,在"元"之后应写"整"(或"正")字。例如"人民币42.00元",应写为"人民币肆拾贰元整(正)"。如果只写"人民币肆拾贰元",

"元"后面则有可能被涂改,如改成"人民币肆拾贰元捌角"等。

(2) 中文大写金额数字到"角"为止的,在"角"之后可以不写"整"(或"正")字。例如"人民币42.30元",应写为"人民币肆拾贰元叁角整(正)",也可以写成"人民币肆拾贰元叁角"。

(3) 中文大写金额数字有"分"的。"分"后面不写"整"(或"正")字。例如"人民币42.35元",应写为"人民币肆拾贰元叁角伍分",不能写成"人民币肆拾贰元叁角伍分整(正)"。

(三)"人民币"字样和"¥"符号的添加

(1) 中文大写金额数字前应标明"人民币"字样,大写金额数字应紧接"人民币"字样填写,不得留有空白。大写金额数字前未印"人民币"字样的,应加填"人民币"三字。在票据和结算凭证大写金额栏内不得预印固定的"万""仟""佰""拾""元""角""分"字样。

(2) 阿拉伯小写金额数字前面,均应填写人民币符号"¥"。阿拉伯小写金额数字要认真填写,不得连写以致分辨不清。

(四)"零"的书写规则

阿拉伯数字小写金额数字中有"0"时,中文大写应按照汉语语言规律、金额数字构成和防止涂改的要求进行书写。具体要求如下:

(1) 阿拉伯金额数字中间有"0"时,中文大写金额要写"零"字。例如¥4 609.80元,应写成"人民币肆仟陆佰零玖元捌角(整)"。

(2) 阿拉伯金额数字中间连续有几个"0",中文大写金额中间可以只写一个"零"字。例如¥3 009.50元,应写成"人民币叁仟零玖元伍角(整)"。

(3) 阿拉伯金额数字万位和元位是"0",或者数字中间连续有几个"0"时,万位、元位也是"0",但仟位、角位不是"0"时,中文大写金额中间可以只写一个"零"字,也可以不写"零"字。例如¥2 680.85元,应写成"人民币贰仟陆佰捌拾元零捌角伍分",或者写成"人民币贰仟陆佰捌拾元捌角伍分";¥106 000.38元,应写成"人民币壹拾万陆仟元零叁角捌分",或者写成"人民币壹拾万零陆仟元叁角捌分"。

(4) 阿拉伯金额数字角位是"0",而分位不是"0"时,中文大写金额"元"后面应写"零"字。例如¥1 209.08元,应写成"人民币壹仟贰佰零玖元零捌分";¥358.05元,应写成"人民币叁佰伍拾捌元零伍分"。

(五)出票日期的填写规则

(1) 票据的出票日期必须使用中文大写。为了防止变造票据的出票日期,在填写月、日,月为壹、贰、壹拾的,日为壹至玖和壹拾、贰拾、叁拾的,应在其前面加"零";日为拾壹至拾玖的,应在其前面加"壹"。例如1月20日,应写成零壹月零贰拾日(如果"壹"前不加零，可以被改为"壹拾壹月"；如果"贰拾"前不加零，可以被改为"贰拾壹""贰拾贰"等）；5月7日应写成伍月零柒日；2月12日，应写成零贰月壹拾贰日。

（2）票据出票日期使用小写填写的，银行不予受理；大写日期未按要求规范填写的，银行可予受理，但由此造成损失的，由出票人自行承担。

【例2-5】使用中文大写填写票据出票日期时，应在其前面加"零"的月份有（　　）。
A. 壹月　　　　　　　　　　B. 贰月
C. 叁月　　　　　　　　　　D. 壹拾月
【解析】ABD。壹月、贰月、壹拾月大写日期应在其前面加"零"。

（六）票据和结算凭证的更改

票据和结算凭证的金额、出票或签发日期、收款人名称不得更改，更改的票据无效；更改的结算凭证，银行不予受理。

> 情境6：2015年3月17日，瑞德科技公司向D公司销售一批商品，货款共计6 500元。出纳小李因此收到D公司采购员送来的支票，小李审查时发现支票的出票日为2015年3月19日，于是询问D公司采购员为何签发日不是3月17日，D公司采购员接过支票就将支票上的"玖"字划掉，改为了"柒"字。请分析D公司采购员的行为是否可行。

【课后思考】
1. 支付结算的概念和特征是什么？
2. 支付结算的原则是什么？
3. 支付结算的主要支付工具有哪些？
4. 填写票据和结算凭证的基本要求是什么？

任务三　银行结算账户

我国规范银行结算账户的法规制度最重要的是：中国人民银行于2003年4月10日发布的《人民币银行结算账户管理办法》（以下简称《账户管理办法》）及2005年1月19日发布的《人民币银行结算账户管理办法实施细则》（以下简称《账户管理办法实施细则》），对人民币银行结算账户的开立、使用和管理做出了具体规定。

此外，我国还制定了相关法规制度对外币账户进行规范，如《外汇管理条例》《结汇、售汇及付汇管理办法规定》《关于完善资本项目外汇管理有关问题的通知》和《个人外汇管理办法》。

子任务一 银行结算账户的概念

人民币银行结算账户（以下简称"银行结算账户"）是指存款人在银行开立的办理资金收付结算等的人民币活期存款账户。它是存款人办理存、贷款和资金收付活动的基础。这里的"银行"是指在我国境内经中国人民银行批准设立的可经营人民币支付结算业务的银行业金融机构，如政策性银行、商业银行（含外资独资银行、中外合资银行、外国银行分行）、城市商业银行、城市信用社、农村信用合作社。中国人民银行是银行结算账户的监督管理部门。"存款人"是指在中国境内开立银行结算账户的机关、团体、部队、企业、事业单位、其他组织（以下统称单位）、个体工商户和自然人。

从银行结算账户的定义可以看出，它具有以下特点：

（1）办理人民币业务。银行结算账户与外币存款账户的区别之一在于，外币存款账户办理的是外币业务，其开立和使用应遵守国家外汇管理局的有关规定，而银行结算账户办理的是人民币业务，其开立和使用应遵守中国人民银行的有关规定。

（2）办理资金收付结算业务。银行结算账户与储蓄账户不同，储蓄账户的基本功能是存取本金和支取利息，储蓄账户不具有办理资金收付结算的功能，其中开立和使用应遵守《储蓄管理条例》的规定。

（3）是活期存款账户。银行结算账户与单位定期存款账户不同，单位定期存款账户不具有结算功能，该类账户的开立和使用应遵守《人民币单位存款管理办法》的规定。

【例 2—6】下列关于银行结算账户的特点的表述中，不准确的为（　　）。

A. 办理人民币业务　　　　　　　　B. 办理资金首付结算业务
C. 是定期存款账户　　　　　　　　D. 是活期存款账户

【解析】C。银行结算账户的特点：人民币、结算账户、活期。

子任务二 银行结算账户的种类

情境7：瑞德科技公司在工商银行开立有基本存款账户，因业务需要在其他银行开立临时存款账户。财务科宋科长询问实习生小孙是否需要到中国人民银行当地分支行进行核准。

银行结算账户的类别不同，其开立、使用和管理也不尽相同。银行结算账户可根据不同的标准作如下不同的分类。

（一）银行结算账户按存款人不同，分为单位银行结算账户和个人银行结算账户

1. 单位银行结算账户

单位银行结算账户是指存款人以单位名称开立的银行结算账户。这里的"单位"包括：机关、团体、部队、企业等事业单位和其他组织等。根据《账户管理办法》的有关规定，个体工商户凭营业执照以字号或经营者姓名开立的银行结算账户纳入单位银行结算账户管理。

2. 个人银行结算账户

个人银行结算账户是指存款人凭个人身份证件以自然人名称开立的银行结算账户。这里的"个人"包括：中国公民（含香港、澳门、台湾居民）和外国公民。个人因投资、消费使用各种支付工具，包括借记卡、信用卡在银行开立的银行结算账户，纳入个人银行结算账户管理。根据《账户管理办法》的有关规定，邮政储蓄机构办理银行卡业务开立的账户纳入个人银行结算账户管理。

（二）单位银行结算账户按用途不同，分为基本存款账户、一般存款账户、专用存款账户、临时存款账户和QFII专用存款账户

根据《账户管理办法》及其实施细则的规定，存款人开立基本存款账户、临时存款账户（因注册验资和增资验资开立的除外），预算单位开立专用存款账户和QFII专用存款账户（合格境外机构投资者在境内从事证券投资开立的人民币特殊账户和人民币结算资金账户）实行核准制（上述银行结算账户可统称为核准类银行结算账户），经中国人民银行核准后颁布开户许可证。开户许可证是中国人民银行依法准予申请人在银行开立核准类银行结算账户的行政许可证件，是核准类银行结算账户合法性的有效证明。其他账户一般无须人民银行核准，只需在人民银行办理备案。

（三）银行结算账户还可以根据开户地的不同分为本地银行结算账户和异地银行结算账户

根据《账户管理办法》的规定，银行结算账户还可以根据开户地的不同分为本地银行结算账户和异地银行结算账户。本地银行结算账户是指存款人在注册地或住所地开立的银行结算账户；异地银行结算账户是指存款人根据规定的条件在异地（跨省、市、县）开立的银行结算账户。根据《账户管理办法实施细则》的有关解释，这里所指的"注册地"是指存款人的营业执照等开户证明文件上记载的住所地。

【例2-7】存款人开立银行结算账户不需要核准制的是（　　）。
A. 基本存款账户　　　　　　　　B. 临时存款账户
C. 预算单位开立专用存款账户　　D. 因注册验资需要开立临时存款账户

【解析】D。存款人开立基本存款账户、临时存款账户（因注册验资和增资验资除外），预算单位开立专用存款账户和QFⅡ专用存款账户实行核准制。

子任务三　银行结算账户管理应当遵守的基本原则

根据《账户管理办法》的有关规定，银行结算账户管理应当遵守以下基本原则。

（一）一个基本账户原则

一个基本账户原则是指单位银行结算账户的存款人只能在银行开立一个基本存款账

户，不得多头开立基本银行账户。中国人民银行对基本存款账户开立实施许可制度，即存款人开立基本存款账户首先应向中国人民银行当地分支行机构申请"开户许可证"，之后才可向商业银行申请开立账户。

（二）自主选择银行开立银行结算账户原则

自主选择银行开立银行结算账户原则是指存款人可以根据需要自主选择银行开立银行结算账户，除国家法律、行政法规和国务院规定外，任何单位和个人不得强令存款人到指定银行开立银行结算账户。这一原则保护了存款人作为经济主体应有的自主选择权，也有效防范了银行间的不正当竞争和行业腐败行为。

（三）守法合规原则

守法合规原则是指银行结算账户的开立和使用应当遵守法律、行政法规，不得利用银行结算账户进行偷逃税款、逃避债务、套取现金及其他违法犯罪活动。

（四）存款信息保密原则

银行必须依法为存款人的银行结算信息保密。根据《账户管理办法》的规定，对单位银行结算账户的存款和有关资料，除国家法律、行政法规另有规定外，银行有权拒绝任何单位或个人查询。对个人银行结算账户的存款和有关资料，除国家法律另有规定外，银行有权拒绝任何单位或个人查询。

【深入思考】

任何组织和个人都可以到某一银行开立人民币结算账户吗？

子任务四　银行结算账户的开立、变更和撤销

情境8：瑞德科技公司与其他公司共同出资成立一家新公司，预在银行或者其他金融机构开立基本存款账户和其他存款账户。财务科宋科长要求出纳小李办理此项业务。请问办理此项业务应注意的问题是什么？

（一）银行结算账户的开立

1. 开户地点

存款人开立银行结算账户应当以实名开立，并对其出具的开户申请资料实质内容的真实性负责，但法律、行政法规另有规定的除外。存款人应在注册地或住所地开立银行结算账户，根据有关法律法规的规定，符合规定情形（详细内容见"异地银行结算账户"）之一的存款人，可以在异地（跨省、市、县）开立银行结算账户的除外。开立银行结算账户应遵循存款人自主原则，即存款人可以自主选择银行开立账户，除国家法律、行政法规和国务院规定外，任何单位和个人不得强令存款人到指定银行开立银行结算账户。

存款人申请开立单位银行结算账户时，可由法定代表人或单位负责人直接办理，也可授权他人办理。由法定代表人或单位负责人直接办理的，除出具相应的证明文件外，还应出具法定代表人或单位负责人的身份证件；授权他人办理的，除出具相应的证明文件外，还应出具其法定代表人或单位负责人的授权书及其身份证件及被授权人的身份证件。

2. 开户程序

根据《账户管理办法》第二章的规定，银行结算账户的类别不同，其开立条件也不尽相同，本节将在后面对不同类别的银行结算账户的开立加以介绍。此处，只对开立银行结算账户的一般程序和应当注意的问题予以介绍。

（1）申请。存款人填交开户申请书。存款人申请开立银行结算账户时，应填制开户申请书。开户申请书按照中国人民银行的规定记载有关事项。

（2）审查。开户银行审查开户申请资料。存款人应以实名开立银行结算账户，并对其出具的开户申请资料实质内容的真实性负责，法律、行政法规另有规定的除外。银行应对存款人的开户申请书填写的事项和证明文件的真实性、完整性、合规性进行认真审查。

（3）审核、核准。开户申请书填写的事项齐全，符合开立基本存款账户、临时存款账户和预算单位专用存款账户条件的，银行应将存款人的开户申请书、相关的证明文件和银行审核意见等开户资料报送中国人民银行当地分支行，中国人民银行应于2个工作日内对银行报送的基本存款账户、临时存款账户和预算单位专用存款账户的开户资料的合规性予以审核，符合开户条件的，予以核准，经其核准后办理开户手续；不符合开户条件的，应在开户申请书上签署意见，连同有关证明文件一并退回报送银行，由报送银行转送开户申请人。

（4）备案。符合开立一般存款账户、其他专用存款账户和个人银行结算账户条件的，银行应办理开户手续，并于开户之日起5个工作日内向中国人民银行当地分支行备案。

（5）签订协议。银行为存款人开立银行结算账户，应与存款人签订银行结算账户管理协议，明确双方的权利与义务。除中国人民银行另有规定的以外，应建立存款人预留签章卡片，并将签章式样和有关证明文件的原件或复印件留存归档。

3. 开立银行结算账户应注意的问题

根据《账户管理办法实施细则》的有关规定，存款人在开立银行结算账户过程中，应注意以下问题：

（1）存款人的预留签章。存款人为单位的，其预留签章为该单位的公章或财务专用章加其法定代表人（单位负责人）或其授权的代理人的签名或者盖章。存款人为个人的，其预留签章为该个人的签名或者盖章。

（2）账户名称、存款人名称与预留银行签章中的公章或财务专用章的名称的一致。存款人在申请开立单位银行结算账户时，其申请开立的银行结算账户的账户名称、出具的开户证明文件上记载的存款人名称及预留银行签章中公章或财务专用章的名称应保持一致，但下列情形可以不一致：

①因注册验资开立的临时存款账户，其账户名称为工商行政管理部门核发的"企业名称预先核准通知书"或政府有关部门批文中注明的名称，其预留银行签章中公章或财务专

用章的名称应是存款人与银行在银行结算账户管理协议中约定的出资人名称；

②预留银行签章中公章或财务专用章的名称依法可使用简称的，账户名称应与其保持一致；

③没有字号的个体工商户开立的银行结算账户，其预留签章中公章或财务专用章应是个体户字样加营业执照上载明的经营者的签字或盖章。

（3）注册验资资金或增资资金的退还。存款人因注册验资或增资验资开立临时存款账户后，需要在临时存款账户有效期届满前退还资金的，应出具工商行政管理部门的证明；无法出具证明的，应于账户有效期届满后办理销户退款手续。

（4）银行结算账户的信息查询。存款人开立基本存款账户后，中国人民银行当地分支行应当为存款人打印初始密码，由开户银行转交存款人。存款人可以向中国人民银行当地分支行或者基本存款账户开户行，在提交基本存款账户开户许可证后，使用密码查询其已经开立的所有银行结算账户的相关信息。

4. 开立银行结算账户的使用

（1）存款人开立单位银行结算账户，自正式开立之日起 3 个工作日后，方可办理付款业务。但注册验资的临时存款账户转为基本存款账户和因借款转存开立的一般存款账户除外。"正式开立之日"具体是指对于核准类银行结算账户，"正式开立之日"为中国人民银行当地分支行的核准日期；对于非核准类单位银行结算账户，"正式开立之日"为银行为存款人办理开户手续的日期。

（2）存款人在同一营业机构撤销银行结算账户后重新开立银行结算账户时，重新开立的银行结算账户可自开立之日起办理付款业务。

（二）银行结算账户的变更

银行结算账户变更是指根据《账户管理办法》及其实施细则的有关规定，存款人银行结算账户的信息资料，如存款人名称、单位法定代表人或主要负责人、住址及其他开户资料发生了变化或者改变，存款人应及时到开户银行办理变更手续。变更事项及具体变更情况如下：

（1）存款人更改名称，但不改变开户银行及账号的，应于 5 个工作日内向开户银行提出银行结算账户的变更申请，并出具有关部门的证明文件。

（2）单位的法定代表人或主要负责人、住址以及其他开户资料发生变更的，应于 5 个工作日内书面通知开户银行并提供有关证明。

（3）银行接到存款人的变更通知后，应及时办理变更手续，并于 2 个工作日内向中国人民银行报告。符合变更条件的，中国人民银行当地分支行核准其变更申请，收回原开户许可证，颁发新的开户许可证。不符合变更条件的，中国人民银行当地分支行不核准其变更申请。

（三）银行结算账户的撤销

银行结算账户的撤销，是指存款人因开户资格或其他原因终止银行结算账户使用的行为。

1. 银行结算账户撤销的事由

根据《账户管理办法》的规定,有下列情形之一的,存款人应向开户银行提出撤销银行结算账户的申请:

(1) 被撤并、解散、宣告破产或关闭的。

(2) 注销、被吊销营业执照的。

(3) 因迁址需要变更开户银行的。

(4) 其他原因需要撤销银行结算账户的。

2. 银行结算账户撤销的手续

(1) 存款人主体资格终止后,银行结算账户撤销的程序。存款人发生被撤并、解散、宣告破产或关闭,或被注销、被吊销营业执照等主体资格终止的,应于5个工作日内向开户银行提出撤销银行结算账户的申请。存款人基本存款账户的开户银行应自撤销银行结算账户之日起2个工作日内将撤销该基本存款账户的情况书面通知该存款人其他银行结算账户的开户银行;存款人其他银行结算账户的开户银行,应自收到通知之日起2个工作日内通知存款人撤销有关银行结算账户;存款人应自收到通知之日起3个工作日内办理其他银行结算账户的撤销。

根据《账户管理办法实施细则》的有关规定,存款人主体资格终止后撤销银行结算账户的,应先撤销一般存款账户、专用存款账户、临时存款账户,将账户资金转入基本存款账户后,方可办理基本存款账户的撤销。

银行得知存款人有开户资格终止情况的,存款人超过规定期限未主动办理撤销银行结算账户手续的,银行有权停止其银行结算账户的对外支付。

(2) 存款人因迁址或者其他原因撤销银行结算账户的程序。银行在收到存款人撤销银行结算账户的申请后,对于符合销户条件的,应在2个工作日内办理撤销手续。存款人撤销基本存款账户后,需要重新开立基本存款账户的,应在撤销其原基本存款账户后10日内申请重新开立基本存款账户。存款人在申请重新开立基本存款账户时,除应根据开立基本存款账户的规定出具相关证明文件外,还应出具"已开立银行结算账户清单"。

3. 办理银行结算账户撤销手续时应注意的问题

(1) 未获得工商行政管理部门核准的单位,在验资期满后,应向银行申请撤销注册验资临时存款账户,其账户资金应退还给原汇款人账户。注册资金以现金方式存入,出资人需提取现金的,应出具缴存现金时的现金缴款单原件及其有效身份证。

(2) 存款人尚未清偿开户银行债务的,不得申请撤销银行结算账户。

(3) 存款人撤销银行结算账户时,必须与开户银行核对银行结算账户的存款余额,交回各种重要的空白票据及结算凭证和开户许可证,银行核对无误后方可办理销户手续。存款人未按照规定交回各种重要空白票据及结算凭证的,应出具证明,造成损失的,由其自行承担。

(4) 银行撤销单位银行结算账户时,应在其基本存款账户开户许可证上注明销户日期并签章,同时于撤销银行结算账户之日起2个工作日内,向中国人民银行报告。

(5)存款人应撤销而未办理销户手续的单位银行结算账户或银行对1年未发生收付活动且未欠开户银行债务的单位银行结算账户,应通知单位自发出通知之日起30日内办理销户手续,逾期视同自愿销户,未划转款项列入久悬未取专户管理。

【例2-8】企业发生下列情况应该向开户银行申请撤销银行结算账户(　　　)。
A. 企业宣告破产　　　　　　　　B. 企业被吊销营业执照
C. 企业迁址　　　　　　　　　　D. 投资者发生变更

【解析】ABC。根据《账户管理办法》的规定,有下列情形之一的,存款人应向开户银行提出撤销银行结算账户的申请:被撤并、解散、宣告破产或关闭的;注销、被吊销营业执照的;因迁址需要变更开户银行的;其他原因需要撤销银行结算账户的。

子任务五　基本存款账户

> 情境9:瑞德科技公司在工商银行开立有基本存款账户。某天,财务科宋科长询问实习生小孙:"我们单位员工的工资、奖金的支取,是否只能通过基本存款账户办理?"小孙应如何回答此问题?

基本存款账户,是指存款人因办理日常转账结算和现金收付需要开立的银行结算账户。

(一)使用范围

基本存款账户是存款人的主办账户。一个单位只能选择一家银行的一个营业机构开立基本存款账户,开立基本存款账户是开立其他银行结算账户的前提。其使用范围包括:存款人日常经营活动的资金收付及其工资、奖金和现金的支取。存款人通过基本存款账户提取和使用现金不得违反《现金管理暂行条例》的规定。

(二)存款人资格

根据《账户管理办法》第十一条的规定,下列存款人可以申请开立基本存款账户:①企业法人;②非法人企业;③机关、事业单位;④团级(含)以上军队、武警部队及分散执勤的支(分)队;⑤社会团体;⑥民办非企业组织;⑦异地常设机构;⑧外国驻华机构;⑨个体工商户;⑩居民委员会、村民委员会、社区委员会;⑪单位设立的独立核算的附属机构,包括食堂、招待所、幼儿园;⑫其他组织,即按照现行法律法规规定可以成立的组织,如业主委员会、村民小组等。

由此可见,《账户管理办法》对开立基本存款账户的存款人资格的规定比较宽泛,凡是具有民事权利能力和民事行为能力,并依法独立享有民事权利和承担民事义务的法人和其他组织,均可以开立基本存款账户。同时,有些单位虽然不是法人组织,但具有独立核算资格,有自主办理资金结算的需要,包括非法人企业(如具有营业执照的企业集团下属的分公司)、外国驻华机构、个体工商户、单位设立的独立核算的附属机构(单位附属独立核算的食堂、招待所、幼儿园)等,也可以开立基本存款账户。

(三)开户要求

1. 开立基本存款账户应出具的证明文件

根据《账户管理办法》第十七条的规定,存款人申请开立基本存款账户,应向银行出具下列证明文件:

(1)企业法人,应出具企业法人营业执照正本。

(2)非法人企业,应出具企业营业执照正本。

(3)机关和实行预算管理的事业单位,应出具政府人事部门或编制委员会的批文或登记证书和财政部门同意其开户的证明;非预算管理的事业单位,应出具政府人事部门或编制委员会的批文或登记证书。

(4)军队、武警团级(含)以上单位及分散执勤的支(分)队,应出具军队军级以上单位财务部门、武警总队财务部门的开户证明。

(5)社会团体,应出具社会团体登记证书,宗教组织还应出具宗教事务管理部门的批文或证明。

(6)民办非企业组织,应出具民办非企业登记证书。

(7)异地常设机构,应出具其驻地政府主管部门的批文。

(8)外国驻华机构,应出具国家有关主管部门的批文或证明;外资企业驻华代表处、办事处应出具国家登记机关颁发的登记证。

(9)个体工商户,应出具个体工商户营业执照正本。

(10)居民委员会、村民委员会、社区委员会,应出具其主管部门的批文或证明。

(11)独立核算的附属机构,应出具其主管部门的基本存款账户开户登记证和批文。

(12)其他组织,应出具政府主管部门的批文或证明。

2. 为了加强纳税人的税源控制和银行账户的管理,《税收征收管理法》及其细则规定,如果上述存款人为从事生产、经营活动纳税人的,在向银行、其他金融机构开立基本存款账户和其他存款账户时,还应出具税务部门颁发的税务登记证(即国税登记证或地税登记证),并将全部账号向税务机关报告。银行和其他金融机构应当在从事生产经营的纳税人的账户中登录税务登记证件号码,并在税务登记证件中登录从事生产经营的纳税人的账户账号。

如果存款人为从事生产、经营活动的纳税人,根据国家有关规定无法取得税务登记证的,在申请开立基本存款账户时可不出具税务登记证。

(四)开立基本存款账户的程序

1. 申请

根据《账户管理办法》的有关规定,存款人申请开立基本存款账户时,应填制开户申请书,提供规定的证明文件。开户申请书按照中国人民银行的规定记载有关事项。

2. 审核

银行应对存款人的开户申请书填写的事项和证明文件的真实性、完整性、合规性进行认真审核。开户申请书填写的事项齐全,符合开立基本存款账户条件的,银行应将存款人的开户申请书、相关的证明文件和银行审核意见等开户资料报送中国人民银行当地分支行。

3. 核准

中国人民银行当地分支行应于 2 个工作日内对银行报送的基本存款账户的开户资料的合规性及唯一性进行审核,符合开户条件的,予以核准,经其核准后办理开户手续;不符合开户条件的,应在开户申请上签署意见,连同有关证明文件一并退回报送银行。

【例 2-9】存款人日常经营活动的资金收付及现金支取,应通过(　　)办理。

A. 基本存款账户　　　　　　　　B. 一般存款账户
C. 专用存款账户　　　　　　　　D. 临时存款账户

【解析】A。基本存款账户的使用范围:存款人日常经营活动的资金收付,以及存款人的工资、奖金、现金的支取。

子任务六　一般存款账户

> 情境 10:瑞德科技公司在工商银行开立有基本存款账户,因业务需要在建设银行开立有一般存款账户。2014 年 3 月 5 日,该公司签发了一张金额为 30 万元的现金支票,实习生小孙想到建设银行提示付款,财务科宋科长制止了他的行为。试分析一下原因。

一般存款账户是指存款人因借款或其他结算需要,在基本存款账户开户银行以外的银行营业机构开立的银行结算账户。

(一)使用范围

一般存款账户用于办理存款人借款转存、借款归还和其他结算的资金收付。该账户可以办理现金缴存,但不得办理现金支取。

(二)存款人资格

开立基本存款账户的存款人都可以开立一般存款账户。开立基本存款账户的存款人因借款或其他结算需要,都可以申请开立一般存款账户,且没有数量限制。但需要明确的是,一般存款账户不能在基本存款账户的开户银行(指同一家营业机构)开立。

(三)开户要求

存款人申请开立一般存款账户,应向开户银行出具下列证明文件:
(1) 开立基本存款账户规定的证明文件;
(2) 基本存款账户开户登记证;

(3) 存款人因向银行借款需要,应出具借款合同;或存款人因其他结算需要,应出具有关证明。

(四) 开立一般存款账户的程序

1. 申请

根据《账户管理办法》的有关规定,存款人申请开立一般存款账申请书,提供规定的证明文件。

2. 审核

银行应对存款人的开户申请书填写的事项和证明文件的真实性、完整性、合规性进行认真审查。符合开立一般存款账户条件的,银行应办理开户手续,同时应在其基本存款账户开户许可证上登记账户名称、账号、账户性质、开户银行、开户日期,并签章。

3. 备案

银行于开户之日起5个工作日内向中国人民银行当地分支行备案;自开户之日起3个工作日内书面通知基本存款账户开户银行。由此可见,开立一般存款账户,实行备案制,无须中国人民银行核准。

子任务七　专用存款账户

专用存款账户,是指存款人按照法律、行政法规和规章,对其特定用途资金进行专项管理和使用而开立的银行结算账户。

(一) 使用范围

根据《账户管理办法》第十三条的规定,对下列"特定用途"资金的管理与使用,存款人可以申请开立专用存款账户:①基本建设资金;②更新改造资金;③财政预算外资金;④粮、棉、油收购资金;⑤证券交易结算资金;⑥期货交易保证金;⑦信托基金;⑧住房基金;⑨社会保障基金;⑩金融机构存放同业资金;⑪收入汇缴资金和业务支出资金(指基本存款账户存款人附属的非独立核算单位或派出机构发生的收入和支出的资金。因收入汇缴资金和业务支出资金开立专用存款账户,应使用隶属单位的名称);⑫党、团、工会设在单位的组织机构经费;⑬单位银行卡备用金;⑭政策性房地产开发资金;⑮其他需要专项管理和使用的资金等。

开立专用存款账户的目的是保证特定用途的资金专款专用,并有利于监督管理。《账户管理办法》强调,只有法律、行政法规和规章规定要专户存储和使用的资金,才纳入专用存款账户管理。专用存款账户支取现金应按照具体规定办理,针对不同的专用资金,《账户管理办法》作了具体规定:

(1) 单位银行卡账户的资金必须由其基本存款账户转账存入。该账户不得办理现金收付业务。

（2）财政预算外资金、证券交易结算资金、期货交易保证金和信托基金专用存款账户，不得支取现金。

（3）基本建设资金、更新改造资金、政策性房地产开发资金、金融机构存放同业资金账户需要支取现金的，应在开设时报中国人民银行当地分支行批准。中国人民银行当地分支行应根据国家现金管理的规定审查批准。

（4）粮、棉、油收购资金，社会保障基金，住房基金和党、团、工会经费等专用存款账户支取现金应按照国家现金管理的规定办理。

（5）收入汇缴账户除向其基本存款账户或预算外资金财政专用存款户划缴款项外，只收不付，不得支取现金。业务支出账户除从其基本存款账户拨入款项外，只付不收，其现金支取必须按照国家现金管理的规定办理。

银行应按照上述的各项规定和国家对粮、棉、油收购资金使用管理规定加强监督，对不符合规定的资金收付和现金支取，不得办理。但对其他专用资金的使用不负监督责任。

（二）开户要求

存款人申请开立专用存款账户，应向银行出具其开立基本存款账户规定的证明文件、基本存款账户开户登记证和下列证明文件：

（1）基本建设资金、更新改造资金、政策性房地产开发资金、住房基金、社会保障基金，应出具主管部门批文。

（2）财政预算外资金，应出具财政部门的证明。

（3）粮、棉、油收购资金，应出具主管部门批文。

（4）单位银行卡备用金，应按照中国人民银行批准的银行卡章程的规定出具有关证明和资料。

（5）证券交易结算资金，应出具证券公司或证券管理部门的证明。

（6）期货交易保证金，应出具期货公司或期货管理部门的证明。

（7）金融机构存放同业资金，应出具其证明。

（8）收入汇缴资金和业务支出资金，应出具基本存款账户存款人有关的证明。

（9）党、团、工会设在单位的组织机构经费，应出具该单位或有关部门的批文或证明。

（10）其他按规定需要专项管理和使用的资金，应出具有关法规、规章或政府部门的有关文件。

存款人凭上述规定的同一证明文件，只能开立一个专用存款账户。

此外，根据《账户管理办法》的规定，合格境外机构投资者在境内从事证券投资开立的人民币特殊账户和人民币结算资金账户纳入专用存款账户管理。其开立人民币特殊账户时应出具国家外汇管理部门的批复文件，开立人民币结算资金账户时应出具证券管理部门的证券投资业务许可证。

（三）开立专用存款账户的程序

1. 申请

根据《账户管理办法》的规定，存款人申请开立专用存款账户时，应填制开户申请书，提供规定的证明文件。

2. 审查

银行应对存款人的开户申请书填写的事项和证明文件的真实性、完整性、合规性进行认真审查。

3. 核准或备案

如果申请开立预算单位专用存款账户，银行应将存款人的开户申请书、相关的证明文件和银行审核意见等开户资料报送中国人民银行当地分支行。中国人民银行当地分支行应对银行报送的开户资料的合规性进行审核，符合开户条件的，予以核准（该核准程序与基本存款账户的核准程序相同），颁发专用存款账户开户许可证，办理开户手续；如果申请开立除预算单位专用存款账户之外的其他专用存款账户，银行应办理开户手续，并于开户之日起 5 个工作日内向中国人民银行当地分支行备案。

银行在办理专用存款账户开户手续时，同时应在其基本存款账户开户登记证上登记账户名称、账号、账户性质、开户银行、开户日期，并签章，自开立专用存款账户之日起 3 个工作日内书面通知基本存款账户开户银行。

【例 2-10】 存款人有下列资金可以申请开立专用存款账户的是（　　）。

A. 财政预算外资金　　　　　　　　B. 住房基金

C. 基本建设资金　　　　　　　　　D. 社会保障基金

【解析】 ABCD。ABCD 均可以开设专用存款账户。

子任务八　临时存款账户

临时存款账户，是指存款人因临时需要并在规定期限内使用而开立的银行结算账户。

（一）使用范围

临时存款账户用于办理临时机构及存款人临时经营活动发生的资金收付。根据《账户管理办法》及其细则的规定，有下列情况的，存款人可以申请开立临时存款账户：①设立临时机构，如设立工程指挥部、摄制组、筹备领导小组等；②异地临时经营活动，如建筑施工及安装单位等在异地的临时经营活动；③注册资金；④境外（含港澳台地区）机构在境内从事经营活动等。

（二）开户要求

根据《账户管理办法实施细则》的有关规定，存款人为临时机构的，只能在其驻地开立一个临时存款账户，不得开立其他银行结算账户；存款人在异地从事临时活动的，只能在其临时活动地开立一个临时存款账户；建筑施工及安装企业在异地同时承建多个项目的，可根据建筑施工及安装合同开立不超过项目合同个数的临时存款账户。

根据《账户管理办法》及其细则的有关规定，存款人申请开立临时存款账户，应向银行出具下列证明文件：

（1）临时机构，应出具其驻在地主管部门同意设立临时机构的批文。

（2）异地建筑施工及安装单位，应出具其营业执照正本或其隶属单位的营业执照正本，以及施工及安装地建设主管部门核发的许可证或建筑施工及安装合同。

（3）异地从事临时经营活动的单位，应出具其营业执照正本及临时经营地工商行政管理部门的批文。

（4）境外（含港澳台地区）机构在境内从事经营活动的，应出具政府有关部门批准其从事该项活动的证明文件。

（5）注册验资资金，应出具工商行政管理部门核发的企业名称预先核准通知书或有关部门的批文。

（6）增资验资资金，应出具股东会或董事会决议等证明文件。

存款人申请开立上述第（2）、第（3）、第（6）项的临时存款账户，还应出具其基本存款账户开户登记证。

（三）开立临时存款账户的程序

1. 申请

根据《账户管理办法》的有关规定，存款人申请开立临时存款账户时，应填制开户申请书，提供规定的证明文件。

2. 审核

银行应对存款人开户申请书填写的事项和证明文件的真实性、完整性、合规性进行认真审查。

3. 核准

申请开立除因注册验资和增资验资之外的临时存款账户，符合条件的，银行应将存款人的开户申请书、相关的证明文件和银行审核意见等开户资料报送中国人民银行当地分支行，经对申报资料进行合规性审查，并核准后办理开户手续。该核准程序与基本存款账户的核准程序相同。

银行在办理临时存款账户开户手续时，同时应在其基本存款账户开户登记证上登记账户名称、账号、账户性质、开户银行、开户日期，并签章。但临时机构和注册验资需要开立的临时存款账户除外。银行自开立临时存款账户之日起3个工作日内应书面通知基本存款账户开户银行。

（四）临时存款账户使用中应注意的问题

（1）临时存款账户应根据有关开户证明文件确定的期限或存款人的需要确定其有效期

限。由于临时存款账户与基本存款账户在功能上具有一定的相似之处，为体现临时机构和临时经营活动所独有的临时性特点，与基本存款账户加以区别，《账户管理办法》规定，对临时存款账户实行有效期管理。临时存款账户的有效期最长不得超过 2 年。存款人在账户的使用中需要延长期限的，应在有效期限届满前向开户银行提出申请，并由开户银行报中国人民银行当地分支行核准后办理展期，并由该分支行收回原临时存款账户开户许可证，颁发新的临时存款账户许可证。中国人民银行当地分支行不核准展期申请的，存款人应当及时办理该临时存款账户的撤销手续。

（2）临时存款账户支取现金，应按照国家现金管理的规定办理。

（3）注册验资的临时存款账户在验资期间只收不付，注册验资资金的汇缴人应与出资人的名称一致。

增资验资临时存款账户的使用和撤销比照注册验资开立的临时存款账户管理。

【深入思考】

前述四种银行存款账户必须同时都开立吗？

子任务九　个人银行结算账户

个人银行结算账户，是指自然人因投资、消费、结算等而开立的可办理支付结算业务的存款账户。例如缴纳水电费，归还银行房贷、车贷，信用卡透支消费，证券投资等均应通过个人银行结算账户进行。

（一）使用范围

个人银行结算账户用于办理个人转账收付和现金存取。储蓄账户仅限于办理现金存取业务，不得办理转账结算。

根据《账户管理办法》的规定，下列款项可以转入个人银行结算账户：①工资、奖金收入；②稿费、演出费等劳务收入；③债券、期货、信托等投资的本金和收益；④个人债权或产权转让收益；⑤个人贷款转存；⑥证券交易结算资金和期货交易保证金；⑦继承、赠予款项；⑧保险理赔、保费退还等款项；⑨纳税退还；⑩农、副、矿产品销售收入；⑪其他合法款项。

（二）开户要求

1. 可以申请开立个人银行结算账户的情况

自然人可根据需要申请开立个人银行结算账户，也可以在已开立的储蓄账户中选择并向开户银行申请确认为个人银行结算账户。

有下列情况的，可以申请开立个人银行结算账户：

（1）使用支票、信用卡、电子支付等信用支付工具的。

（2）办理汇兑、定期借记（如代付水、电、话费）、定期贷记（代发工资）、借记卡等结算业务的。自然人可根据需要申请开立个人银行结算账户，也可以在已开立的储蓄账户中选择并向开户银行申请确认为个人银行结算账户。

2. 开立个人银行结算账户应出具的证明文件

不同身份的存款人申请开立个人银行结算账户，应向银行出具下列证明文件：

（1）中国内地居民，应出具居民身份证（或临时身份证）或户口簿或护照；居住在境内或境外的中国籍华侨，可出具中国护照。

（2）中国人民解放军军人，应出具军人身份证件；军队离退休干部及在解放军军事院校的现役军人，可出具离休干部荣誉证、军官退休证、文职干部退休证或军事院校学员证。

（3）中国人民武装警察，应出具武警身份证件；武装警察离退休干部及在解放军军事院校学习的现役军人，可出具离休干部荣誉证、军官退休证、文职干部退休证或军事院校学员证。

（4）中国香港、澳门特别行政区居民，应出具港澳居民往来内地通行证；中国台湾居民，应出具台湾居民来往内地通行证或者其他有效旅行证件。

（5）外国公民，应出具护照。外国边民在我国边境地区和银行开立个人银行账户，可出具所在国制发的《边民出入境通行证》；获得在中国永久居留资格的外国人，可出具外国人永久居留证。

（6）法律、法规和国家有关文件规定的其他有效证件。

此外，银行为个人开立银行结算账户时，根据需要还可要求申请人出具户口簿、驾驶执照、护照等有效证件。

（三）开立个人银行结算账户的程序

1. 申请

根据《账户管理办法》的有关规定，存款人申请开立个人存款账户时，应填制开户申请书，提供规定的证明文件。

2. 审核

银行应对存款人的开户申请书填写的事项和证明文件的真实性、完整性、合规性进行认真审查。

3. 备案

符合开立条件的，银行应办理开户手续，并于开户之日起 5 个工作日内向中国人民银行当地分支行备案。

（四）个人银行结算账户使用中应注意的问题

（1）单位从其银行结算账户支付给个人银行结算账户的款项，每笔超过 5 万元的（不含 5 万元），应向其开户银行提供下列付款依据：①代发工资协议和收款人清单；②奖励证明；③新闻出版、演出主办等单位与收款人签订的劳务合同或支付给个人款项的证明；④证券公司、期货公司、信托投资公司、奖券发行或承销部门支付或退还给自然人款项的证明；⑤债权或产权转让协议；⑥借款合同；⑦保险公司的证明；⑧税收征管部门的证明；

⑨农、副、矿产品购销合同；⑩其他合法款项的证明。如果该款项金额未达到5万元的，则无须提供该类付款依据。

（2）从单位银行结算账户支付给个人银行结算账户的款项应纳税的，税收代扣单位付款时应向其开户银行提供完税证明。

（3）个人持出票人为单位的支票向开户银行委托收款，将款项转入其个人银行结算账户的或个人持申请人为单位的银行汇票和银行本票向开户银行提示付款，将款项转入其个人银行结算账户的，个人应当提供前述有关收款依据。

（4）个人持出票人（或申请人）为单位，且一手或多手背书人为单位的支票、银行汇票或银行本票，向开户行提示付款并将款项转入其个人银行结算账户的，应当提供前述①至⑩项所述的有关最后一手背书人为单位且被背书人为个人的收款依据。

（5）单位银行结算账户支付给个人银行结算账户款项的，单位银行结算账户的开户银行应认真审查付款依据或收款依据原件的真实性、合法性并留存复印件，按会计档案保管。未提供相关依据或相关依据不符合规定的，银行应拒绝办理。

（6）储蓄账户仅限于办理现金存取业务，不得办理转账结算。

子任务十　异地银行结算账户

异地银行结算账户，是指存款人符合法定条件，根据需要在异地开立相应的银行结算账户，包括异地单位银行结算账户和异地个人银行结算账户。

（一）使用范围

为了顺应市场经济发展需要，《账户管理办法》突破了账户只能属地开立、属地管理原则，规定单位或个人只要符合相关条件，均可根据需要在异地开立相应的银行结算账户。

（二）开户要求

1. 开立异地银行结算账户的条件

存款人有下列情形之一的，可以在异地开立有关银行结算账户：

（1）营业执照注册地与经营地不在同一行政区域（跨省、市、县），需要开立基本存款账户的；

（2）办理异地借款和其他结算需要开立一般存款账户的；

（3）存款人因附属的非独立核算单位或派出机构发生的收入汇缴或业务支出需要开立专用存款账户的；

（4）异地临时经营活动需要开立临时存款账户的；

（5）自然人根据需要在异地开立个人银行结算账户的。

2. 开立异地银行结算账户所需的证明文件

存款人需要在异地开立单位银行结算账户，根据开立存款账户的种类不同，除出具基本存款账户、一般存款账户、专用存款账户和临时存款账户的有关证明文件外，还应出具下列相应的证明文件：

（1）营业执照注册地与经营地不在同一行政区域（跨省、市、县）的存款人，在异地开立基本存款账户的，应出具注册地中国人民银行分支行的未开立基本存款账户的证明。但是，中国人民银行分支行开具该证明时，只适用下述三种情行：第一，注册地已运行账户管理系统，但经营地尚未运行账户管理系统；第二，经营地已运行账户管理系统，但注册地尚未运行账户管理系统；第三，注册地和经营地均未运行账户管理系统。

（2）异地借款的存款人，在异地开立一般存款账户的，应出具在异地取得贷款的借款合同。

（3）因经营需要在异地办理收入汇缴和业务支出的存款人，在异地开立专用存款账户的，应出具隶属单位的证明。

其中，属上述第（2）、第（3）种情况的，还应出具其基本存款账户开户许可证。

存款人需要在异地开立个人银行结算账户，应出具的证明文件与前述开立个人存款账户要求的证明文件相同。

（三）开立异地银行结算账户的程序

开立异地银行结算账户的，根据其不同账户的种类，开立程序与前述相关账户开立的程序相同。

子任务十一　银行结算账户的管理

加强银行结算账户的管理是维护正常结算秩序的基础，是加强信贷、结算监督和现金管理的重要措施之一。根据《账户管理办法》及其细则的规定，银行结算账户的管理包括以下内容。

（一）中国人民银行的管理

中国人民银行是银行结算账户的监督管理部门，负责对银行结算账户的开立、使用、变更和撤销进行检查监督。其对银行结算账户管理的具体内容如下：

（1）负责监督、检查银行结算账户的开立、使用、变更和撤销，并实施监控和管理。中国人民银行当地分支行通过账户管理系统与支付系统、同城票据交换系统等系统的连接，实现相关银行结算账户信息的比对，依法监测和查处未经中国人民银行核准或未向中国人民银行备案的银行结算账户。

（2）负责基本存款账户、临时存款账户和预算单位专用存款账户开户许可证的管理。中国人民银行应将开户许可证作为重要空白凭证进行管理，建立健全开户许可证的印制、保管、领用、颁发、收缴和销毁制度。任何单位及个人不得伪造、变造及私自印制开户登记证。

(3) 对存款人、银行违反银行结算账户管理规定的行为,中国人民银行依法予以处罚(具体内容见"违反银行结算账户管理制度的罚则")。

【例2—11】 下列各项中属于我国银行监督管理部门的是（　　）。

A. 中国银监会　　　　　　　　B. 中国银行

C. 中国人民银行　　　　　　　D. 国有资产管理委员会

【解析】 C。中国人民银行是我国银行监督管理部门。

（二）开户银行的管理

开户银行负责对开户单位的管理,内容如下:

(1) 负责所属营业机构银行结算账户开立和使用的管理,监督和检查其执行《账户管理办法》的情况,纠正违规开立和使用银行结算账户的行为。

(2) 应明确专人负责银行结算账户的开立、使用和撤销的审查和管理,负责对存款人开户申请资料的审查,并按照《账户管理办法》的规定及时报送存款人开销户信息资料,建立健全开销户登记制度,建立银行结算账户管理档案,按会计档案进行管理。银行结算账户管理档案的保管期限为银行结算账户撤销后10年。

(3) 应对已开立的单位银行结算账户实行年检制度,检查开立的银行结算账户的合规性,核实开户资料的真实性;对不符合《账户管理办法》规定开立的单位银行结算账户,应予以撤销。对经核实的各类银行结算账户的资料变动情况,应及时报告中国人民银行当地分支行。

(4) 应对存款人使用银行结算账户的情况进行监督,对存款人的可疑支付应按照中国人民银行规定的程序及时报告。

（三）存款人的管理

1. 存款人应加强其对预留银行签章的管理

(1) 单位遗失预留公章或财务专用章的,应向开户银行出具书面申请、开户登记证、营业执照等相关证明文件。

(2) 单位存款人申请更换预留公章或财务专用章,应向开户银行出具书面申请、原预留公章或财务专用章等相关证明材料。单位存款人申请更换预留公章或财务专用章但无法提供原预留公章或财务专用章的,应向开户银行出具原印鉴卡片、开户许可证、营业执照正本、司法部门的证明等相关证明文件。

(3) 单位存款人申请变更预留公章或财务专用章或者更换预留个人签章,可由法定代表人或单位负责人直接办理,也可授权他人办理。由法定代表人或单位负责人直接办理的,除出具相应的证明文件外,还应出具法定代表人或单位负责人的身份证件;授权他人办理的,除出具相应的证明文件外,还应出具法定代表人或单位负责人的身份证件及其出具的授权书,以及被授权人的身份证件。

(4) 个人遗失或更换预留个人印章或更换签字人时,应向开户银行出具经签名确认的书面申请,以及原预留印章或签字人的个人身份证件。银行应留存相应的复印件,并凭以办理预留银行签章的变更。

2. 存款人应妥善保管其密码

存款人在收到开户银行转交的初始密码之后,应到中国人民银行当地分支行或基本存款账户开户银行办理密码变更手续。

存款人遗失密码的,应持其开户时需要出具的证明文件和基本存款账户开户许可证到中国人民银行当地分支行申请重置密码。

3. 存款人应加强对开户登记证的管理

开户登记证遗失或毁损时,存款人应填写"补(换)发开户许可证申请书",并加盖单位公章,比照《账户管理办法》及其实施细则有关开立银行结算账户的规定,通过开户银行向中国人民银行当地分支行提出补(换)发开户许可证的申请。申请换发开户许可证的,存款人应缴回原开户许可证。

子任务十二 违反银行结算账户管理制度的罚则

(一)存款人违反账户管理制度的处罚

1. 开立、撤销银行结算账户的违法行为

存款人在开立、撤销银行结算账户的过程中,有下列行为之一的,对非经营性的存款人,给予警告并处以 1 000 元的罚款;对经营性的存款人,给予警告并处以 1 万元以上 3 万元以下的罚款;构成犯罪的,移交司法机关依法追究刑事责任:

(1)违反规定开立银行结算账户。

(2)伪造、变造证明文件欺骗银行开立银行结算账户。

(3)违反规定不及时撤销银行结算账户。

2. 使用银行结算账户的违法行为

存款人使用银行结算账户有下列行为之一的,对非经营性的存款人,给予警告并处以 1 000 元罚款;对经营性的存款人,给予警告并处以 5 000 元以上 3 万元以下的罚款:

(1)违反规定将单位款项转入个人银行结算账户。

(2)违反规定支取现金。

(3)利用开立银行结算账户逃废银行债务。

(4)出租、出借银行结算账户。

(5)从基本存款账户之外的银行结算账户转账存入、将销货收入存入或现金存入单位信用卡账户。

3. 变更银行结算账户的违法行为

法定代表人或主要负责人、存款人地址及其他开户资料的变更事项未在规定期限内通知银行,给予警告并处以 1 000 元的罚款。

4. 开户许可证方面的违法行为

存款人违反规定,伪造、变造、私自印制开户许可证的,属非经营性的处以1 000元罚款;属经营性的处以1万元以上3万元以下的罚款;构成犯罪的,移交司法机关依法追究刑事责任。

(二)银行及其有关人员违反账户管理制度的处罚

1. 银行在银行结算账户的开立中的违法行为

银行在银行结算账户的开立中有下列行为之一的,给予警告,并处以5万元以上30万元以下的罚款;对该银行直接负责的高级管理人员、其他直接负责的主管人员、直接责任人员按规定给予纪律处分;情节严重的,中国人民银行有权停止对其开立基本存款账户的核准,责令该银行停业整顿或者吊销经营金融业务许可证;构成犯罪的,移交司法机关依法追究刑事责任:

(1) 违反规定为存款人多头开立银行结算账户。

(2) 明知或应知是单位资金,而允许以自然人名称开立账户存储。

2. 银行在银行结算账户的使用中的违法行为

银行在银行结算账户的使用中,有下列行为之一的,给予警告,并处以5 000元以上3万元以下的罚款;对该银行直接负责的高级管理人员、其他直接负责的主管人员、直接责任人员按规定给予纪律处分;情节严重的,中国人民银行有权停止对其开立基本存款账户的核准;构成犯罪的,移交司法机关依法追究刑事责任:

(1) 提供虚假开户申请资料欺骗中国人民银行许可开立基本存款账户、临时存款账户、预算单位专用存款账户。

(2) 开立或撤销单位银行结算账户,未按规定在其基本存款账户许可证上予以登记、签章或通知相关开户银行。

(3) 违反规定办理个人银行结算账户转账结算。

(4) 为储蓄账户办理转账结算。

(5) 违反规定为存款人支付现金或办理现金存入。

(6) 超过期限或未向中国人民银行报送账户开立、变更、撤销等资料。

【课后思考】

1. 银行结算账户的概念和种类是什么?
2. 银行结算账户管理应当遵守的原则是什么?
3. 简述基本存款账户、一般存款账户、专用存款账户、临时存款账户、个人银行结算账户、异地银行结算账户的使用范围和开户要求。

任务四　票据结算方式

票据是银行结算的工具，票据结算是支付结算的重要内容。随着我国市场经济的发展，票据在经济活动中发挥着支付、汇兑、结算和融资等多种功能，它在很大程度上促进和推动商品经济的繁荣与发展，对建立正常的市场经济秩序起着不可替代的作用。

子任务一　票据概述

> 情境11：某天，瑞德科技公司财务科宋科长在和实习生小孙谈起票据问题时，询问："发票是否属于票据，适用不适用票据法？"小孙应如何回答此问题。

（一）票据的概念

关于票据，在概念上有广义和狭义之分。广义上的票据包括有价证券和凭证，如股票、国库券、企业债券、发票、提单等；狭义上的票据则是指《票据法》上规定的票据。

根据《票据法》的规定，票据是指由出票人依法签发的，约定自己或委托付款人在见票时或在指定的日期向收款人或持票人无条件支付一定金额并可转让的有价证券。

狭义上的票据也就是通常意义上所指的票据，包括汇票、本票和支票三种。

【例2-12】下列属于票据的有（　　）。
A. 银行汇票　　　　　　　　B. 商业汇票
C. 支票　　　　　　　　　　D. 债券
【解析】ABC。ABC属于票据。

（二）票据的种类

（1）按照范围分类，票据有广义和狭义之分。广义的票据是指各种商业活动中与权利结合在一起的有价证券和凭证，如提单、运货单、股票、国库券、债券、汇票、本票和支票等。狭义的票据仅指货币证券。在我国，《票据法》规定的票据仅包括汇票、本票和支票三种。其中，汇票可分为银行汇票和商业汇票两种，本票即银行本票。因此，在我国，票据包括支票、银行汇票、商业汇票、银行本票。

（2）按照付款时间分类，票据可分为即期票据和远期票据。即期票据是指付款人见票后必须立即付款给持票人的票据，如支票，见票即付的汇票、本票。远期票据是付款人见票后在一定期限或特定日期付款的票据。

（3）按照出票人与付款人是否为同一人，可将票据分为自付票据和委付票据。自付票据是指票据的出票人即付款人，如本票。委付票据是指出票人委托其他付款人支付票据金额的票据，如商业汇票（不包括见票即付汇票）、支票等。

（三）票据的特征与功能

1. 票据的特征

票据作为一种有价证券，具有有价证券的一般特征，但它又是区别于其他有价证券的一类独立的有价证券。与其他有价证券比，票据主要具有以下法律特征：

（1）票据是设权证券。票据权利的发生必须首先做成票据。票据的签发，不是为了证明已经存在的权利，而是为了创设一种权利。

（2）票据是要式证券。票据的制作、记载事项必须具备法定形式，才能产生票据效力。票据法对票据上应记载的事项有明确的规定，出票人必须依法签发相关票据，如果欠缺必须记载事项，票据即归于无效。

（3）票据是文义证券。票据的一切权利与义务，必须严格依照票据上记载的文义而定，不得以票据以外的任何事由变更其效力。

（4）票据是金钱证券。票据是以支付一定金额货币为目的的有价证券。凡以金钱以外的物品为给付标的的，都不是票据法上所称的票据。

（5）票据是无因证券。票据权利人只要持有票据，就享有票据权利，持票人只要向票据债务人提示票据就可行使票据权利，而不必证明票据取得的原因是否无效或有瑕疵。票据关系一般不受原因关系的影响。

（6）票据是流通证券。票据的权利可以背书或交付的方式自由流通转让，而不必通知债务人。在通常情况下，善意的且支付对价的持票人享有的票据权利，不承受其前手在票据上的权利瑕疵。

（7）票据是返还证券。票据债权人受领了票据金额后，必须将票据交还债务人，使票据关系消灭。

2. 票据的功能

票据具有以下功能：

（1）支付功能。即票据可以充当支付工具，代替现金使用。对于当事人而言，用票据支付可以消除现金携带的不便，克服点钞的麻烦，节省计算现金的时间。

（2）汇兑功能。即一国货币所具有的购买外国货币的能力。

（3）信用功能。即票据当事人可以凭借自己的信誉，将未来才能获得的金钱作为现在的金钱来使用。

（4）结算功能。即债务抵消能力。简单的结算是互有债务的双方当事人各签发一张本票，待两张本票都到到期日相互抵销债务。若有差额，由一方以现金支付。

（5）融资功能。即融通资金或调度资金。票据的融资功能是通过票据的贴现、转贴现和再贴现实现的。

（四）票据当事人

票据的当事人是指票据法律关系中享有票据权利、承担票据义务的当事人，也称票据法律关系主体。票据当事人可分为基本当事人和非基本当事人。

1. 基本当事人

票据基本当事人,是指在票据做成和交付时就业已存在的当事人,是构成票据法律关系的必要主体,包括出票人、付款人和收款人。在汇票及支票中有出票人、付款人与收款人。

(1) 出票人,是指依法定方式签发票据并将票据交付给收款人的人。

(2) 收款人,是指票据正面记载的到期后有权收取票据所载金额的人,又称票据权利人。

(3) 付款人,是指由出票人委托付款或自行承担付款责任的人。付款人付款后,票据上的一切债务责任解除。

2. 非基本当事人

票据非基本当事人,是指票据做成并交付后,通过一定的票据行为加入票据关系而享有一定权利、义务的当事人,包括承兑人、背书人、被背书人、保证人等。票据上的非基本当事人在各种票据行为中都有自己特定的名称,所以同一当事人可以有两个名称,即双重身份,如汇票中的付款人在承兑汇票后称为承兑人,第一次背书中的被背书人就是第二次背书中的背书人。

(1) 承兑人,是指接受汇票出票人的付款委托,同意承担支付票款义务的人,它是汇票的主债务人。

(2) 背书人,是指在转让票据时,在票据背面或粘单上签字或盖章,并将票据交付给受让人的票据收款或持有人(称为前手)。

(3) 被背书人,是指被记名票据或接受票据转让的人。背书后,被背书人成为票据新的持有人(称为后手),享有票据的所有权利。

(4) 保证人,是指为票据债务提供担保的人,由票据债务人以外的第三人担当。保证人在被保证人不能履行票据付款责任时,以自己的金钱履行票据付款义务,然后取得持票人的权利,享有向票据债务人追索的权利。即保证人在被保证人不能履行票据付款责任时,以自己的金钱履行票据付款义务,然后取得持票人的权利,向票据债务人追索。

并非所有的票据当事人一定同时出现在某一张票据上,除基本当事人外,非基本当事人是否存在,完全取决于相应票据行为是否发生。不同票据上可能出现的票据当事人也有所不同。

(五)票据权利与责任

票据权利与责任是指票据法律关系主体所享有的权利和应承担的责任,是票据法律关系的重要内容。

1. 票据权利

(1) 票据权利的概念。票据权利是指票据持票人向票据债务人请求支付票据金额的权利,包括付款请求权和票据追索权。

①付款请求权,是指持票人向汇票的承兑人、本票的出票人、支票的付款人出示票据要求付款的权利,是第一顺序权利,是主要票据权利。行使付款请求权的持票人可以是票据记载收款人或最后的被背书人;担负付款请求权付款义务的主要是主债务人。

②票据追索权,是指票据当事人行使付款请求权遭到拒绝或有其他法定原因存在时,向其前手请求偿还票据金额及其他法定费用的权利,是第二顺序权利,又称偿还请求权利。行使追索权的当事人除票据记载收款人和最后被背书人外,还可能是代为清偿票据债务的保证人、背书人。

(2) 票据权利的时效。票据权利的时效是指票据权利在时效期间内不行使,即引起票据权利丧失。《票据法》规定,票据权利在下列期限内不行使而消灭:

①持票人对票据的出票人和承兑人的权利,自票据到期日起2年;见票即付的汇票、本票,自出票日起2年;

②持票人对支票出票人的权利,自出票日起6个月;

③持票人对前手的追索权,自被拒绝承兑或者被拒绝付款之日起6个月;

④持票人对前手的再追索权,自清偿或者被提起诉讼之日起3个月。

持票人因超过票据权利时效或者因票据记载事项欠缺而丧失票据权利的,仍享有民事权利,可以请求出票人或者承兑人返还其与未支付的票据金额相当的利益。

(3) 票据权利的行使。票据权利的行使,是指持票人请求票据的付款人支付票据金额的行为。不同的票据种类,其权利的行使有不同的程序,可包括票据的承兑、提示付款、行使追索权等程序。

①提示承兑是指持票人向付款人出示汇票,并要求付款人承诺付款的行为(要求做出到时付款的承诺)。定日付款或出票后定期付款的汇票持票人要行使票据权利时,首先要在汇票到期日前向付款人提示承兑;见票后定期付款的汇票,持票人应当自出票日起1个月内向付款人提示承兑,这是远期汇票持票人行使票据权利的一个必经程序,如果省略此程序就不能请求付款。

②提示付款是指持票人在法定期限内向付款人请求付款的行为(要求该付款了)。其中包括:支票自出票日起10日内向付款人提示付款;本票自出票日起2个月内向付款人提示付款;银行汇票,自出票日起1个月内向付款人提示付款;定日付款、出票后定期付款或者见票后定期付款的商业汇票,自到期日起10天内向承兑人提示付款。

③行使追索权。票据到期被拒绝付款的,持票人可以对背书人、出票人及票据的其他债务人行使追索权;在票据到期日前,如汇票被拒绝承兑或被拒绝付款的,承兑人或者付款人死亡、逃匿的,承兑人或者付款人有被依法宣告破产的及因违法被责令终止业务活动的,持票人也可行使追索权。

④票据权利行使的时间和地点。由于票据具有流通性,法律对票据责任的兑现场所和时间有所规定,以便持票人行使票据权利。票据权利的行使场所一般是银行营业点,其时间就是银行营业的时间,即票据时效的最后期限是以银行的营业结束时间为限,而不能以当日的24时为限。票据当事人无营业场所的,应当在其住所进行。

(4) 票据权利的保全。票据权利的保全是指持票人为了防止票据权利丧失而采取的措施。例如,《票据法》规定,按照规定期限提示票据、要求承兑人或付款人提供拒绝承兑或拒绝付款的证明以保全追索权等。

(5) 票据权利的抗辩。抗辩是指票据债务人根据《票据法》的规定，对票据债权人拒绝履行义务的行为。票据债务人可以在下列情况下对持票人行使抗辩权：与票据债务人有直接债权债务关系并且不履行约定义务的；以欺诈、偷盗或者胁迫等非法手段取得票据，或者明知有前列情形，出于恶意取得票据的；明知票据债务人与出票人或者与持票人的前手之间存在抗辩事由而取得票据的；因重大过失取得票据的；其他依法不得享有票据权利的。

2. 票据责任

票据责任是指票据债务人向持票人支付票据金额的责任。它是基于债务人特定的票据行为（如出票、背书、承兑等）而应承担的义务，不具有制裁性质，主要包括付款义务和偿还义务。实务中，票据债务人承担票据义务一般有四种情况：

(1) 汇票承兑人因承兑而应承担付款义务；

(2) 本票出票人因出票而承担自己付款的义务；

(3) 支票付款人在与出票人有资金关系时承担付款义务；

(4) 汇票、本票、支票的背书人，汇票、支票的出票人、保证人，在票据不获承兑或不获付款时的付款清偿义务。

（六）票据行为

1. 票据行为的概念

我国《票据法》规定，票据行为是指票据当事人以发生票据债务为目的的、以在票据上签名或盖章为权利义务成立要件的法律行为，包括出票、背书、承兑和保证四种。

(1) 出票，是指出票人签发票据并将其交付给收款人的行为。出票包括两个行为：一是出票人依照《票据法》的规定做成票据，即在原始票据上记载法定事项并签章；二是交付票据，即将做成的票据交付给他人占有。这两者缺一不可。

(2) 背书，是指收款人或持票人为将票据权利转让给他人或者将一定的票据权利授予他人行使而在票据背面或者粘单上记载有关事项并签章的行为。背书按照目的的不同分为转让背书和非转让背书。转让背书是以持票人将票据权利转让给他人为目的；非转让背书是将一定的票据权利授予他人行使，包括委托收款背书和质押背书。无论何种目的，都应当记载背书事项并交付票据。

①委托收款背书是委托他人代替自己行使票据权利、收取票据金额的背书，被背书人有权代背书人行使被委托的票据权利。但是，被背书人不得再以背书转让票据权利。

②质押背书是以设定质权，提供债务担保为目的而进行的背书。被背书人依法实现其债权时，可以行使票据权利。在质押背书中，背书人为出质人，被背书人为质权人。

以背书转让的汇票，背书应当连续。背书连续是指在票据转让中，转让汇票的背书人与受让汇票的被背书人在汇票上的签章依次前后衔接，即第一次背书的背书人为票据的收款人；第二次背书的背书人为第一次背书的被背书人；以此类推。

(3) 承兑，是指汇票付款人承诺在汇票到期日支付汇票金额并盖章的行为。

(4)保证,是指票据债务人以外的人,为担保特定债务人履行票据债务而在票据上记载有关事项并签章的行为。保证人对合法取得票据的持票人所享有的票据权利承担保证责任。被保证的票据,保证人应当与被保证人对持票人承担连带责任。保证人为两人以上的,保证人之间承担连带责任,票据到期后得不到付款的,持票人有权向保证人请求付款,保证人应当足额付款。保证人清偿票据债务后,可以行使持票人对被保证人及其前手的追索权。

2. 票据行为成立的条件

票据行为是指能够产生票据权利与义务关系的法律行为。其成立必须符合以下几个条件:

(1)行为人必须具有从事票据行为的能力。票据行为人包括法人和自然人。一般来说,法人的票据能力在法律上并无严格的限制,法人可以依法从事各种票据行为。但自然人就不同了,自然人可以享有票据权利和承担票据义务,却不一定能通过自己的行为取得该票据权利和承担相应的票据义务。《票据法》第六条规定:"无民事行为能力人或者限制民事行为能力人在票据上签章的,其签章无效。"可见,在票据上签章的自然人必须是具有完全民事行为能力人,否则,该签章不具有任何效力,签章人不因此而成为票据上的债务人。其他票据当事人也不得据此签章向无民事行为能力人或者限制民事行为能力人主张票据权利。

(2)行为人的意思表示必须真实或无缺陷。票据行为人进行票据行为时,其意思表示必须真实,不存在法律上的障碍或欠缺。如果票据的形式虽然是符合法定条件的,但以偷盗、欺诈或者胁迫等手段取得票据的,或者明知有前列情形而出于恶意取得票据的,持票人也不得享有票据权利,应认定该类行为无效。

(3)票据行为的内容必须符合法律、法规的规定。票据行为内容的合法,主要是指票据行为本身的记载事项、程序的合法,至于形成该票据关系的基础关系所涉及的行为是否合法,则与此无关。

(4)票据行为必须符合法定形式。票据是要式证券,票据行为是一项要式法律行为,其形式必须符合法定形式,否则将影响该行为的效力。

(七)票据签章

票据签章,是指票据有关当事人在票据上签名、盖章或签名加盖章的行为。票据签章是票据行为生效的重要条件,也是票据行为表现形式中必须记载的事项。如果票据缺少当事人的签章,将导致票据无效或该项票据行为无效。

票据上的签章因票据行为的性质不同,签章当事人也不相同。①票据签发时,由出票人签章;②票据转让时,由背书人签章;③票据承兑时,由承兑人签章;④票据保证时,由保证人签章;⑤持票人行使票据权利时,由持票人签章。

一般来讲,出票人在票据上的签章不符合法律规定的,票据无效;背书人在票据上的签章不符合法律规定的,其签章无效,但不影响其前手符合规定签章的效力;承兑人、保证人在票据上的签章不符合法律规定的，其签章无效，但不影响其他符合规定签章的效力。

（八）票据记载事项

票据记载事项，是指依法在票据上记载票据相关内容的行为。票据记载事项一般分为绝对记载事项、相对记载事项和任意记载事项等。

（1）绝对记载事项，是指《票据法》明文规定必须记载的，如不记载，票据即为无效的事项。如表明票据种类的事项，必须记明"汇票""本票""支票"，否则票据无效。

（2）相对记载事项，是指《票据法》规定应该记载而未记载，适用法律的有关规定而不使票据失效的事项。如汇票上未记载付款日期的，为见票即付等属于相对记载事项。

（3）任意记载事项，是指《票据法》不强制当事人必须记载而允许当事人自行选择，不记载时不影响票据效力，记载时则产生票据效力的事项。如出票人在汇票记载"不得转让"字样的，汇票不得转让。其中的"不得转让"事项即为任意记载事项。

（4）不产生效力的事项，如签发票据的原因和用途。

（九）票据丧失的补救

票据丧失，是指票据因灭失、遗失、被盗等原因而使票据权利人脱离其对票据的占有。票据一旦丧失，票据的债权人不通过一定的方法就不能阻止债务人向拾获者履行义务，从而造成正当票据权利人经济上的损失。因此，需要进行票据丧失的补救。票据丧失后，可以采取挂失止付、公示催告、普通诉讼三种形式进行补救。

（1）挂失止付，是指失票人将丧失票据的情况通知付款人或代理付款人，由接受通知的付款人或代理付款人审查后暂停支付的一种方式。只有确定付款人或代理付款人的票据丧失时，才可以进行挂失止付，具体包括：已承兑的商业汇票、填明"现金"字样和代理付款人的银行汇票与银行本票、支票四种。挂失止付并不是票据丧失后采取的必经措施，而只是一种暂时的预防措施，最终要通过申请公示催告或提起普通诉讼。

（2）公示催告，是指在票据丧失后由失票人向人民法院提出申请，请求人民法院以公告方式通知不确定的利害关系人限期申报权利，逾期未申报者，则权利失效，而由法院通过除权判决宣告所丧失的票据无效的一种制度或程序。根据《票据法》的规定，失票人应当在通知挂失止付后的3日内，也可以在票据丧失后，依法向人民法院申请公示催告，或者向人民法院提起诉讼。申请公示催告的主体必须是可以背书转让的票据的最后持票人，失票人不知道票据的下落，利害关系人也不明确。人民法院决定受理申请后，应当同时向付款人及代理付款人发出止付通知书，并于立案之日起3日内发出公告，公示催告的期限不少于60日，涉外票据可根据情况适当延长，但最长不超过90日。

（3）普通诉讼，是指丧失票据的人为原告，以承兑人或出票人为被告，请求法院判决其向失票人付款的诉讼活动。如果与票据上的权利有利害关系的人是明确的，无须公示催告，可按一般的票据纠纷向法院提起诉讼。

【例2-13】在我国，票据包括股票和各种支票、银行汇票、银行本票及商业汇票等。（　　）

【解析】 ×。在我国,票据包括汇票、本票和支票。

子任务二 支票

> 情境12:某天,瑞德科技公司财务科宋科长在和实习生小孙谈起支票时,询问实习生小孙:"签发支票能否不填出票金额和收款人名称,直接交付收款人?"小孙应如何回答此问题。

(一)支票的概念和种类

1. 支票的概念

支票,是指出票人签发的、委托办理支票存款业务的银行或者其他金融机构在见票时无条件支付确定的金额给收款人或者持票人的票据。支票是一种委付证券,与汇票相同,与本票不同。

(1) 支票的基本当事人。支票的基本当事人为出票人、付款人和收款人。支票的出票人,即存款人,是在经中国人民银行批准办理支票业务的银行机构开立可以使用的支票的存款账户的单位和个人;付款人,即出票人的开户银行;收款人,即票面上填明的收款人,也可以是经背书转让的被背书人。出票人可以在支票上记载自己为收款人。

(2) 支票的特点。支票是票据的一种,具有与汇票、本票相同的要式性、无因性、文义性等基本特征。支票与汇票和本票相比,有两个显著特点:

①以银行或者其他金融机构为付款人。但支票的付款人仅限于经中国人民银行当地分支行批准办理支票业务的银行机构。

②见票即付。

2. 支票的种类

按照支付票款方式不同,支票分为现金支票、转账支票和普通支票。

(1) 现金支票。支票上印有"现金"字样的为现金支票,现金支票只能用于支取现金。

(2) 转账支票。支票上印有"转账"字样的为转账支票,转账支票只能用于转账,不得支取现金(图2-1)。

(3) 普通支票。支票上未印有"现金"或"转账"字样的为普通支票,普通支票可以用于支取现金,也可以用于转账。在普通支票左上角划两条平行线的,为划线支票,划线支票只能用于转账,不得支取现金。

3. 支票的使用范围

单位和个人在同一票据交换区域内各种款项的结算,均可以使用支票,而且在同一票据交换区域内可以进行背书转让。2007年7月8日,中国人民银行宣布,支票可以实现全国范围内互通使用。

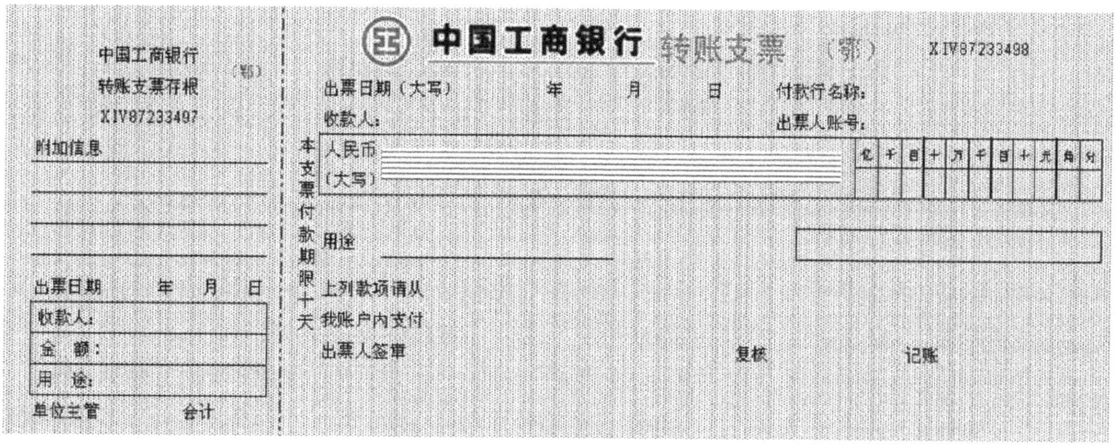

图 2-1 转账支票票样

根据规定，现金支票、转账支票和普通支票均为不定额支票，没有金额限制，是目前结算交易量最大的结算工具，由出票人根据经济活动的需要确定出票金额，但出票人只能在账户可用余额签发支票，不能透支；现金支票不能背书转让。同时，支票作为委托银行或者其他金融机构支付票款的票据，发挥的是支付工具的作用，因而支票只能是即期的，支票记载的出票日必须是实际出票日，并且为见票即付，不允许签发远期支票；不允许以其他任何形式记载付款日期，如果支票上记载了付款的日期，视为无记载。支票的提示付款期限为自出票日起 10 日，银行在见票的当天将票款支付给收款人。

（二）支票的出票

支票的出票，是指出票人委托银行无条件向持票人支付一定金额的票据行为。简而言之，签发支票并将其交付给收款人的票据行为即为支票出票。出票包括两个行为：一是做成票据，即在原始票据上记载法定事项并签章；二是交付票据，即将做成的票据交付给他人占有。两者缺一不可，才算完成出票行为。

1. 支票出票人

支票的出票人必须是在经中国人民银行当地分支行批准办理支票业务的银行机构开立，可以使用支票的存款账户的单位和个人，其签发支票必须具备一定的条件，具体如下：

（1）开立支票存款账户，申请人必须使用其本名，并提交证明其身份的合法证件。

（2）开立支票存款账户和领用支票，应当有可靠的资信，并存入一定的资金。

（3）开立支票存款账户，申请人应当预留其本名的签名式样和印鉴或使用支付密码。此规定主要在于保证支付支票票款的安全，保护支票权利义务各方当事人的合法权益。

支票的付款人为支票上记载的出票人开户银行，支票的付款地为付款人所在地。

2. 支票的记载事项

（1）支票的绝对记载事项。签发支票必须记载下列事项：①表明"支票"的字样；②无条件支付的委托；③确定的金额；④付款人名称；⑤出票日期；⑥出票人签章。欠缺记载上列事项之一的，支票无效。

(2) 支票的相对记载事项。支票相对记载的事项包括两项内容：①付款地。未记载付款地的，以付款人营业场所为付款地；②出票地。未记载出票地的，以出票人的营业场所、住所或者经常居住地为出票地。

此外，支票上可以记载非法定记载事项，但此事项并不发生支票上的效力。

3. 出票的效力

出票人做成的票据并交付之后，对出票人产生相应的法律效力。出票人必须按照签发的支票金额承担保证向该持票人付款的责任。这一"责任"包括两项：

(1) 出票人必须在付款人处存有足够可处分的资金，以保证支票票款的支付；

(2) 当付款人对支票拒绝付款或者超过支票付款提示期限的，出票人应向持票人担负付款责任。

(三) 支票的付款

支票的付款是指付款人根据持票人的请求向其支付支票金额的行为。

出票人必须按照签发的支票金额承担保证向该持票人付款的责任。支票属于见票即付的票据，因而没有到期日，支票的出票日实质上就是到期日。我国《票据法》第九十条规定："支票限于见票即付，不得另行记载付款日期。另行记载付款日期的，该记载无效。"因此，出票人在付款人处的存款足以支付支票金额时，付款人应当在见票当日足额付款。

1. 提示付款期限

支票为见票即付的票据，但是为了防止持票人久不提示支票，给出票人在管理上造成不便，以防止空头支票的出现，《票据法》规定了持票人的提示期间。根据《票据法》第九十一条第一款的规定："支票的持票人应当自出票日起10日内提示付款；异地使用的支票，其提示付款的期限由中国人民银行另行规定。"

超过提示付款期限的，付款人可以不予付款；付款人不予付款的，出票人仍应当对持票人承担票据责任。由于支票不同于汇票、本票，没有主债务人，出票人处于相当于主债务人的地位，所以必须加重出票人的责任。持票人超过提示付款期限的，并不丧失对出票人的追索权，出票人仍应当对持票人承担支付票款的责任。

2. 付款责任

持票人在提示期间内向付款人提示票据，付款人在对支票进行审查之后，如未发现有不符规定之处，即应向持票人付款。《票据法》第八十九条第二款规定："出票人在付款人处的存款足以支付支票金额时，付款人应当在当日足额付款。"

3. 付款责任的解除

《票据法》第九十二条规定："付款人依法支付支票金额的，对出票人不再承担受委托付款的责任，对持票人不再承担付款的责任。但是，付款人以恶意或者有重大过失付款的除外。"这是有关付款人付款责任解除的规定。

（四）支票的办理要求

存款人领购支票，必须填写"票据和结算凭证领用单"并签章，签章应与预留银行的签章相符。存款账户结清时，必须将全部剩余空白支票交回银行注销。

1. 支票的签发

根据《支付结算办法》的规定，签发和使用支票必须遵循以下规定：

（1）要严格做到"九不准"。即：

①不准更改签发日期。

②不准更改收款人名称。

③不准更改大小写金额。

④不准签发空头支票。

⑤不准签发远期支票。

⑥不准签发空白支票。

⑦不准签发有缺陷的支票。其表现形式主要有：一是出票人不得签发与其预留银行签章不符的支票；使用支付密码的，出票人不得签发支付密码错误的支票，或是支票上的印章盖得不全；二是戳记用印油而不用印泥的支票或印章模糊不清的支票；三是污损支票，即票面破碎、污损、无法辨认或字迹不清的支票；四是账号、户名不符或户名简写的支票；五是更改处未盖预留印鉴的支票；六是付款单位已清户的支票；七是未填用途或所填用途不当的支票；八是不按规定使用墨汁或碳素墨水书写的支票；九是购买未经批准的专控商品的支票；十是非本行的支票。

⑧不准签发用途弄虚作假的支票。签发用途不真实的支票，系套取银行信用行为，银行一经发现按违反结算制度给予经济处罚。

⑨不准将盖好印鉴的支票存放于他人处让其代为签发，以防形成空头支票或经济诈骗。

⑩罚则：出票人"签发空头支票""签发与预留银行签章不符的支票""使用支付密码地区支付密码错误的支票"，银行应予"退票"，并按票面金额处以5%但不低于1 000元的罚款；持票人有权要求出票人赔偿支票金额"2%"的赔偿金；对"屡次签发"的，银行应停止其签发支票。

（2）要做到要素齐全、内容真实、数字正确、字迹清晰。

①支票要按顺序编号连续签发，不得跳号。

②日期中的年份要写完整，不得简写。

③收款人必须写全称，不得写简称，防止户名不符，形成退票。

④签发人开户银行名称用刻好的银行小条章加盖清楚，不要手写。

⑤签发人对本单位账号要写正确，最好也用小条章。

⑥注意日期、收款人、大小写金额的准确填写，防止签成无效支票。

⑦其他更改的地方也要加盖预留印鉴。

⑧金额大写文字要正确，小写数码要规范。

⑨印章要齐全，符合预留印鉴，使用印泥。

⑩由于现行支票上没有付款单位名称栏目，必须使用预留在银行的印鉴，所以印章一定要清楚。

⑪要由专人签发。支票应由财务部门分派专人保管、签发，不要多人插手，以便分清责任。

2. 持票人提示付款的要求

(1) 持票人可以委托开户银行收款或直接向付款人提示付款。用于支取现金的支票仅限于收款人向付款人提示付款。

(2) 持票人委托开户银行收款的支票，银行应通过票据交换系统收妥后入账。持票人委托开户银行收款时，应作委托收款背书，在支票背面背书人签章栏签章，记载"委托收款"字样、背书日期，在被背书人栏记载开户银行名称，并将支票和填制的进账单送交开户银行。

(3) 持票人持用于转账的支票向付款人提示付款时，应在支票背面背书人签章栏签章，并将支票和填制的进账单交送出票人开户银行。

收款人持用于支取现金的支票向付款人提示付款时，应在支票背面"收款人签章"处签章，持票人为个人的，还需交验本人身份证件，并在支票背面注明证件名称、号码及发证机关。支票的流转如图2-2所示。

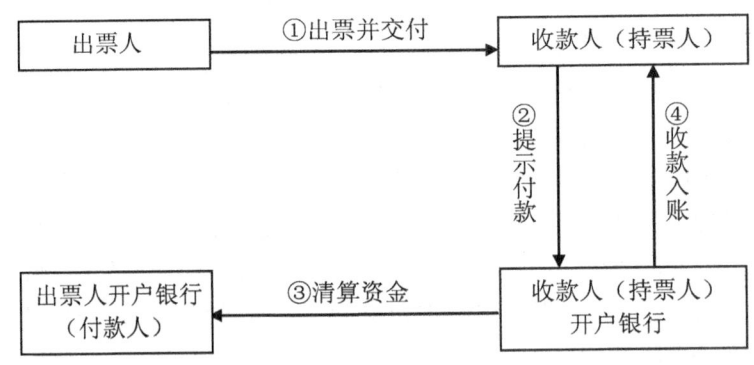

图2-2 支票流转

【例2-14】出票人可以签发（　　）。

A. 空头支票

B. 印章与预留银行钱账不符的支票

C. 使用支付密码地区、支付密码错误的支票

D. 未记载收款人名称的支票

【解析】D。支票金额、收款人名称、可以有出票人授权补齐。所以出票人可以签发未记载收款人名称的支票。

子任务三 商业汇票

情境13：某天，瑞德科技公司财务科宋科长在和实习生小孙谈起商业汇票时，询问小孙："支票和商业汇票有何区分，使用商业汇票的优点是什么？"小孙应如何回答此问题。

（一）汇票的概念和种类

汇票是出票人签发的、委托付款人在见票时或者指定日期无条件支付确定的金额给收款人或者持票人的票据。

汇票通常可以按以下标准进行分类：

（1）根据出票人的不同，汇票可以分为银行汇票和商业汇票。银行汇票，是指银行签发的，由其在见票时按照实际结算金额无条件支付给收款人或持票人的票据（图2-3）。商业汇票，是由银行之外的企事业单位、机关、团体等签发的，委托付款人在指定日期无条件支付确定的金额给收款人或持票人的汇票。

（2）根据付款期限的不同，汇票可分为即期汇票和远期汇票。银行汇票是即期汇票，商业汇票是远期汇票，但未记载付款日期的商业汇票也视同即期汇票。

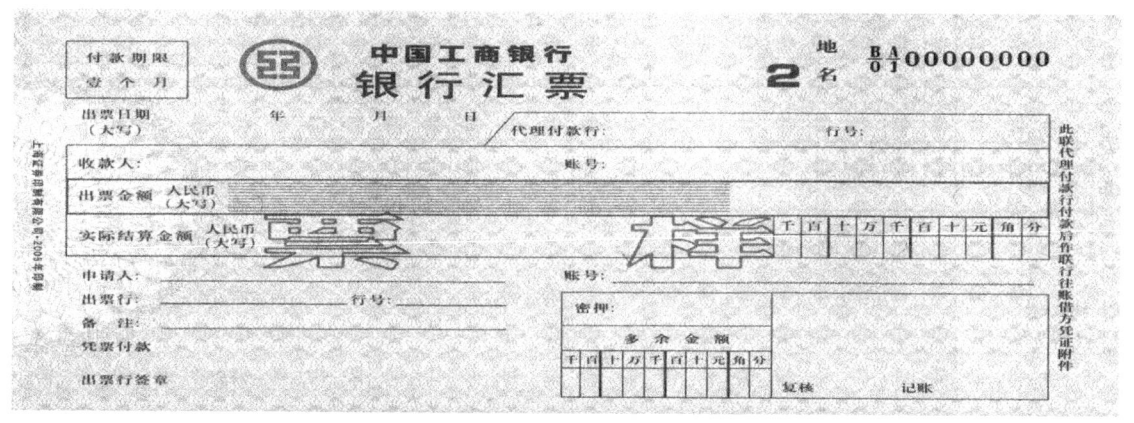

图2-3 银行汇票票样

（二）商业汇票的概念和种类

商业汇票是指出票人签发的，委托付款人在指定日期无条件支付确定的金额给收款人或者持票人的票据。

商业汇票按承兑人的不同，可以分为商业承兑汇票和银行承兑汇票。

1.商业承兑汇票

商业承兑汇票，是指由收款人签发，付款人承兑，或者由付款人签发并承兑的汇票。

商业承兑汇票由银行以外的付款人承兑（图2-4）。商业汇票的收款人、付款人或承兑申请人一般指供货单位和购货单位。

在商业承兑汇票中，汇票上的当事人是：①出票人是交易中的收款人，即卖方。②承兑人，出票人如是卖方，承兑人为买方；出票人如是买方，本人为承兑人。③付款人，是买方的开户银行。④收款人，是交易中的收款人，即卖方。

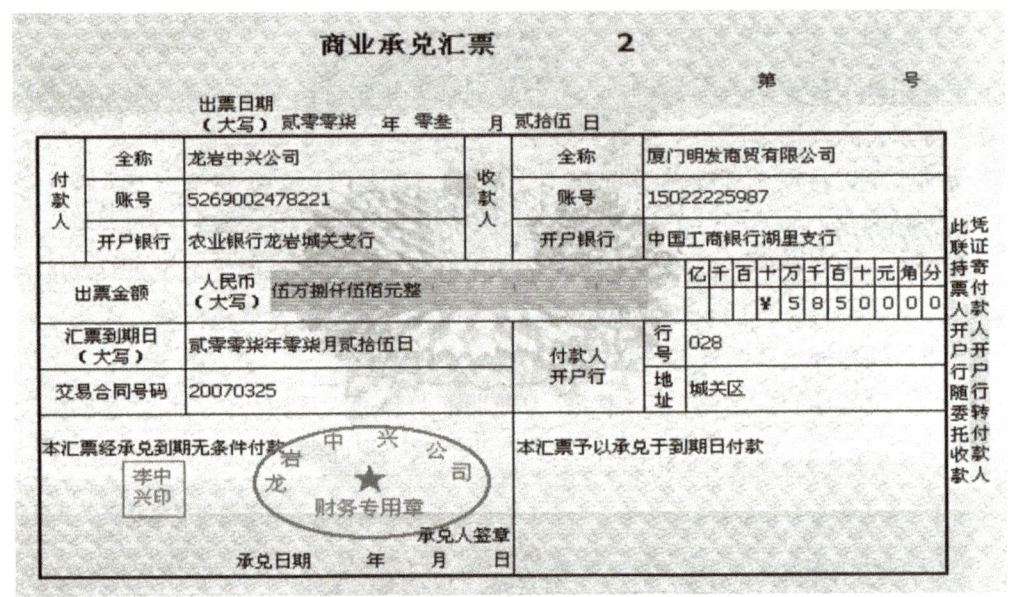

图2-4 商业承兑汇票票样

2. 银行承兑汇票

银行承兑汇票，是指由收款人或承兑申请人签发，并由承兑申请人向开户银行提出申请，经银行审查同意承兑的汇票（图2-5）。银行承兑汇票的出票人必须具备以下条件：①与承兑银行具有真实的委托付款关系。②能提供具有法律效力的购销合同及其增值税发票。③资信状况良好。④有足够的支付能力。⑤能提供相应的担保，或按要求存入一定比例的保证金。

在银行承兑汇票中，汇票上的当事人是：①出票人是承兑申请人。②付款人是承兑银行，即承兑申请人的开户银行。③收款人是与出票人签订购销合同的收款人，即卖方。

（三）商业汇票的出票

商业汇票的出票，又称汇票的签发或发行，是指出票人签发商业汇票并将其交付给收款人的票据行为。商业汇票的出票包括两个行为：一是做成票据，即在原始票据上记载法定事项并签章；二是交付票据，即将做成的票据交付给他人占有。这两者缺一不可，才算出票行为完成。

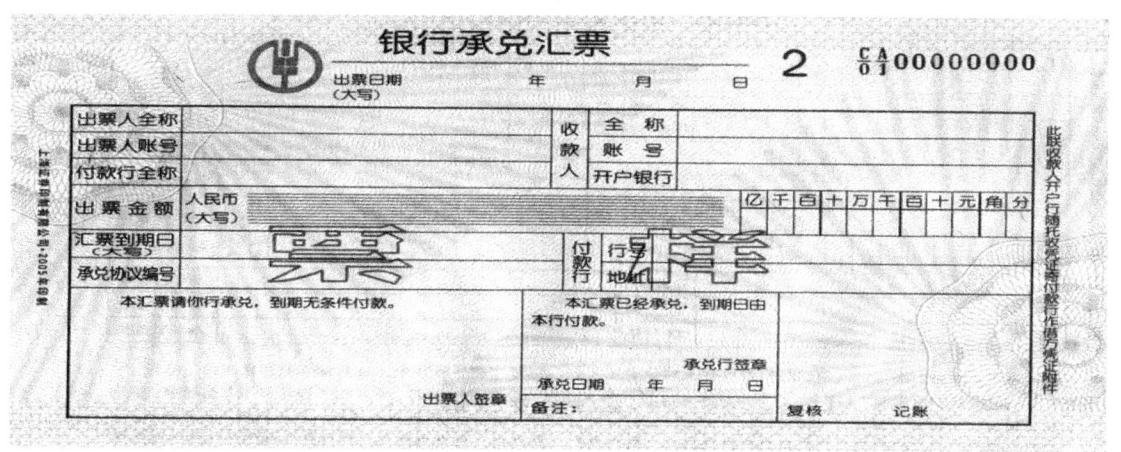

图 2-5　银行承兑汇票票样

1. 商业汇票出票人的资格

（1）商业承兑汇票的出票人资格：①为在银行开立存款账户的法人及其他组织；②与付款人具有真实的委托付款关系；③具有支付汇票金额的可靠资金来源。出票人不得签发无对价的商业汇票用以骗取银行或者其他票据当事人的资金。

商业承兑汇票到期，付款人不能支付票款的，按票面金额对其处以5%但不低于1 000元的罚款。

【深入思考】

个人能否使用商业汇票？

（2）银行承兑汇票的出票人资格：①在承兑银行开立存款账户的法人及其他组织；②与承兑银行具有真实的委托付款关系；③资信状况良好，具有支付汇票金额的可靠资金来源。出票人不得签发无对价的汇票用以骗取银行或者其他票据当事人的资金。银行承兑汇票的出票人于汇票到期日未能足额交存票款时，承兑银行除凭票向持票人无条件付款外，对出票人尚未支付的汇票金额按照每天万分之五计收利息。

2. 商业汇票的记载事项

汇票是一种要式证券，出票行为是一种要式行为，故汇票的做成必须符合法定的格式。汇票的格式就是做成汇票后表现于汇票之上的内容。该内容可分为绝对记载事项、相对记载事项和非法定记载事项。

（1）绝对记载事项。①表明"商业承兑汇票"或"银行承兑汇票"的字样。②无条件支付的委托。③确定的金额。④付款人名称。⑤收款人名称。⑥出票日期。⑦出票人签章（即该单位的财务专用章或者公章，加其法定代表人或其授权的代理人的签名或者盖章）。欠缺记载上列事项之一的，商业汇票无效。

（2）相对记载事项。①付款日期。汇票上未记载付款日期的，为见票即付。②付款地。

未记载付款地的,以付款人的营业场所、住所或经常居住地为付款地。③出票地。未记载出票地的,以出票人的营业场所、住所或经常居住地为出票地。

《票据法》规定,汇票上记载付款日期、付款地、出票地等事项的,应当清楚、明确。但是,相对应记载事项未在汇票上记载,并不影响汇票本身的效力,汇票仍然有效。

(3) 非法定记载事项。汇票上可以记载法定事项以外的其他出票事项,但是该记载事项不具有汇票上的效力。如签发票据的原因或用途、该票据项下交易的合同号码、开户银行名称及账号等。

商业汇票可用于异地间结算,且没有最高限额的限制。

3. 商业汇票出票的效力

出票是以创设票据权利为目的的票据行为。所以,出票人依法完成出票行为后,即产生票据上的效力。这一效力表现为创设票据权利和引起票据债务的发生,这种权利义务因汇票当事人的地位不同而不相同。

(1) 对收款人的效力。收款人取得出票人发出的汇票后,使收款人依法享有票据上的权利,即取得票据权利,一方面就票据金额享有付款请求权;另一方面,在该请求权得不到满足时,即享有追索权。同时,收款人享有依法转让票据的权力。

(2) 对付款人的效力。出票行为是单方行为,付款人并不因此而有付款义务,而只有基于出票人的付款委托使其具有承兑人的地位,对汇票进行承兑后,付款人才负有付款的义务,成为汇票的主债务人。

(3) 对出票人的效力。出票人签发汇票后,即承担保证该汇票承兑和付款的责任。出票人在汇票得不到承兑或者付款时,应当向持票人清偿票面金额和法律规定的费用。从法律上讲,该责任是一种担保责任,即担保汇票的承兑和付款。担保汇票的承兑是指汇票到期日前不获承兑时,收款人或持票人可以请求出票人偿还票据金额、利息和有关费用。担保汇票的付款是指汇票到期日,付款人虽已承兑但拒绝付款的,出票人必须承担清偿责任。

(四) 商业汇票的承兑

承兑是指汇票付款人承诺在汇票到期日支付汇票金额的票据行为。承兑是商业汇票特有的制度,本票和支票都没有承兑。

【深入思考】

为什么本票和支票都没有承兑?

汇票是一种出票人委托他人付款的委付证券,但是出票人的出票行为完成之后,由于其是一种单方法律行为,故对付款人并不当然产生约束力,只有在付款人表示愿意向收款人或持票人支付汇票金额后,持票人才可于汇票到期日向付款人行使付款请求权,承兑就是这样一种明确付款人的付款责任,确定持票人票据权利的制度。

商业承兑汇票可以由付款人签发并承兑，也可以由收款人签发交由付款人承兑。银行承兑汇票的承兑银行，应按票面金额向出票人收取万分之五的手续费。

1. 汇票承兑的程序

承兑的程序主要包括两个方面：一是提示承兑；二是承兑成立。

（1）提示承兑。提示承兑是指持票人向付款人出示票据，请求付款人见到出示的票据后做出承诺付款的行为。提示是承兑的前提和条件，是行使和保全票据权利的手段。根据《票据法》的有关规定，因汇票付款日期的形式不同，提示承兑的期限也有所不同。

①定日付款和出票后定期付款汇票。《票据法》第三十九条第一款规定："定日付款或者出票后定期付款的汇票，持票人应当在汇票到期日前向付款人提示承兑。"所谓"定日付款"就是出票人在票据上记载确定的付款日期（在到期日前提示承兑，自到期日起10日内提示付款）。例如：票据上记载"3月1日付款"这样一个确定日期。"出票后定期付款"是指从出票日起经过一定期间方能付款的一种付款日期形式（在到期日前提示承兑，自到期日起10日内提示付款）。例如：甲3月1日开具一张票据，在票据上记载"出票后1个月付款"，那么票据到期日就是"出票后1个月"，即4月1日。

②见票后定期付款汇票。《票据法》第四十条第一款规定："见票后定期付款的汇票，持票人应当自出票日起一个月内向付款人提示承兑。""见票后定期付款"是指出票人在汇票上记载的，于付款人承兑日起方能付款的一种付款日期形式。这里的起算日是见票日。例如：甲3月1日开具一张票据，在票据上记载"见票后1个月付款"，那么持票人于4月1日去提示承兑（承兑日即见票日），那么票据到期日就是"见票后1个月"，即5月1日。因此，该种汇票是必须提示承兑的汇票。

③见票即付汇票。《票据法》第四十条第三款规定："见票即付的汇票无须提示承兑。"如我国的银行汇票属于见票即付的汇票，该汇票无须提示承兑。还有，汇票上没有记载付款日期的，视为见票即付的汇票。

（2）承兑成立。

①承兑时间。持票人向付款人提示承兑后，付款人应即决定是否承兑。《票据法》第四十一条第一款规定："付款人对向其提示承兑的汇票，应当自收到提示承兑的汇票之日起三日内承兑或者拒绝承兑。"一般来说，如果付款人在3日内不作承兑与否表示的，应视作拒绝承兑，持票人可请求其作为拒绝承兑证明，向其前手行使追索权。

②接受承兑。这是指持票人向付款人提示承兑时，付款人需要向持票人办理的收取汇票的手续。《票据法》第四十一条第二款规定："付款人收到持票人提示承兑的汇票时，应当向持票人签发收到汇票的回单。回单上应当说明汇票提示承兑日期并签章。"这一手续办理完，即意味着接受承兑。

③承兑格式。这是指付款人办理承兑手续时需要在汇票上记载的事项和如何记载该等事项。《票据法》第四十二条规定："付款人承兑汇票的，应当在汇票正面记载'承兑'

字样和承兑日期并签章；见票后定期付款的汇票，应当在承兑时记载付款日期。汇票上未记载承兑日期的，以前条第一款规定期限的最后一日为承兑日期。"根据这一规定，付款人办理承兑手续时，应在汇票上记载承兑事项，包括承兑文句、承兑日期和承兑人签章。承兑文句和承兑人签章是绝对应记载事项，缺一不可，否则承兑行为无效。而承兑日期属于相对应记载事项，如欠缺不影响承兑行为效力，推定为以付款人收到提示承兑汇票之日起的第3日为承兑日期。

根据《票据法》的上述规定，上列应记载事项必须记载于汇票的正面，而不能记载于汇票的背面或粘单上，当然，更不能以口头或电报、传真等书面方式来表示。在实务中，上列应记载事项一般已全部印在正式的标准格式上，因而只需付款人填写即可。

④退回已承兑的汇票。付款人依承兑格式填写完毕应记载事项后，并不意味着承兑生效，只有将已承兑的汇票退回持票人才产生承兑的效力。

2. 承兑不得附有条件

承兑有单纯承兑与不单纯承兑之分。单纯承兑是指付款人完全依汇票文义而不附加任何条件的限制或改变原汇票文义所为的承兑。

我国《票据法》不允许不单纯承兑。《票据法》第四十三条规定："付款人承兑汇票，不得附有条件；承兑附有条件的，视为拒绝承兑。"这里所指的附有条件的承兑即是指不单纯承兑。付款人做出的承兑是无条件的，如果附有条件，则应视为拒绝承兑，持票人可以请求做成拒绝证明，向其前手行使追索权。在票据理论上，部分承兑、变更票据记载事项的承兑都属于不单纯承兑范畴，都被看作为拒绝承兑，如果付款人做出承兑，应当承担到期付款的责任，该责任是一种绝对的无条件的责任。

银行承兑汇票的承兑银行，应按票面金额向出票人收取万分之五的手续费。

3. 承兑的效力

承兑生效后，即对付款人产生相应的效力。《票据法》第四十四条规定："付款人承兑汇票后，应当承担到期付款的责任。"主要表现在以下几个方面：

(1) 承兑人于汇票到期日必须向持票人无条件地支付汇票上的金额，否则其必须承担迟延付款责任。

(2) 承兑人必须对汇票上的一切权利人承担责任，该权利人包括付款请求权利人和追索权利人。

(3) 承兑人不得以其与出票人之间资金关系来对抗持票人，拒绝支付汇票金额。

(4) 承兑人的票据责任不因持票人未在法定期限提示付款而解除。

（五）商业汇票的付款

商业汇票的付款是指付款人依据票据文义支付票据金额，以消灭票据关系的行为。商业汇票的付款期限，最长不得超过6个月。定日付款的汇票付款期限自出票日起计算，并在汇票上记载具体的到期日；出票后定期付款的汇票付款期限自出票日起按月计算，并在汇票上记载。见票后定期付款的汇票付款期限自承兑日或拒绝承兑日起按月计算，并在汇票上记载。

1. 付款的程序

（1）提示付款。提示付款即表示付款人该付款了，是指持票人在法定的日期内向付款人或承兑人出示票据，请求付款的行为。持票人只有在法定期限内为付款提示的，才产生法律效力。

《票据法》第五十三条规定，持票人提示付款的法定期限如下：①见票即付的汇票，自出票日起 1 个月内向付款人提示付款。②定日付款、出票后定期付款或者见票后定期付款的汇票，自到期日起 10 日内向承兑人提示付款。持票人应在提示付款期限内通过开户银行委托收款或直接向付款人提示付款。

对异地委托收款的，持票人可匡算邮程，提前通过开户银行委托收款。持票人超过提示付款期限提示付款的，持票人开户银行不予受理。

如果持票人未在上述法定期限内去提示付款的，则丧失对其前手的追索权。但是在做出说明后，承兑人或付款人仍应对持票人承担付款责任。

（2）支付票款。这是指持票人向付款人或承诺人进行提示付款后，付款人无条件地在当日按票据金额足额支付给持票人的行为。《票据法》第五十四条规定："持票人依法提示付款的，付款人必须在当日足额付款。"依此规定，付款人必须在当日向提示人付款，且该支付的款项为票据金额的全部，而非部分。如果付款人或承兑人不能当日足额付款的，依照《票据法》第一百零六条的规定，应承担迟延付款的责任。

在支付票款的过程中，持票人必须向付款人履行一定的手续。根据《票据法》第五十五条的规定，持票人获得付款的，应当在汇票上签收，并将汇票交给付款人。持票人委托银行收款的，受委托的银行将代收的汇票金额转账收入持票人的账户，视同签收。付款人及其代理付款人付款时，如有背书应当审查汇票背书的连续，并审查提示付款人合法身份证明或者有效证件。付款人及其代理付款人以恶意或者有重大过失付款的，应当自行承担责任。对定日付款、出票后定期付款或者见票后定期付款的汇票，付款人在到期日前付款的，由付款人自行承担所产生的责任。

2. 付款的效力

根据《票据法》第六十条的规定，付款人依法足额付款后，全体汇票债务人的责任解除。付款人依照票据文义支付票据金额之后，票据关系随之消灭，汇票上的全体债务人的责任便予以解除。

但是，如果付款人存在瑕疵，即未尽审查义务而对不符法定形式的票据付款，或其存在恶意或重大过失而付款的，则不发生上述法律效力，付款人的义务不能免除，其他债务人也不能免除责任。银行承兑汇票、商业承兑汇票流转如图 2-6、图 2-7 所示。

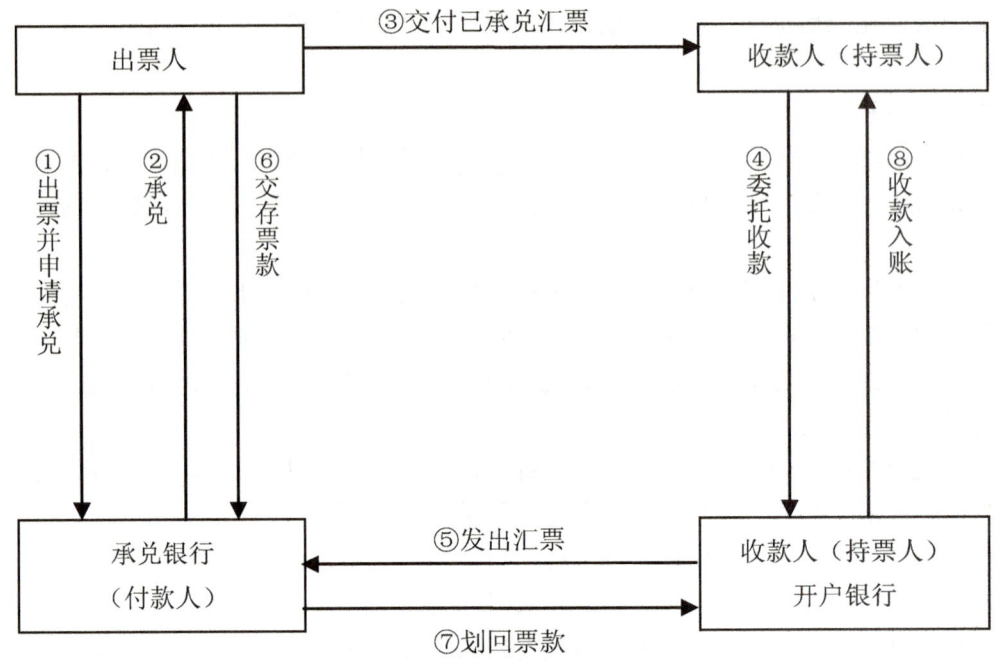

图 2-6 银行承兑汇票流转

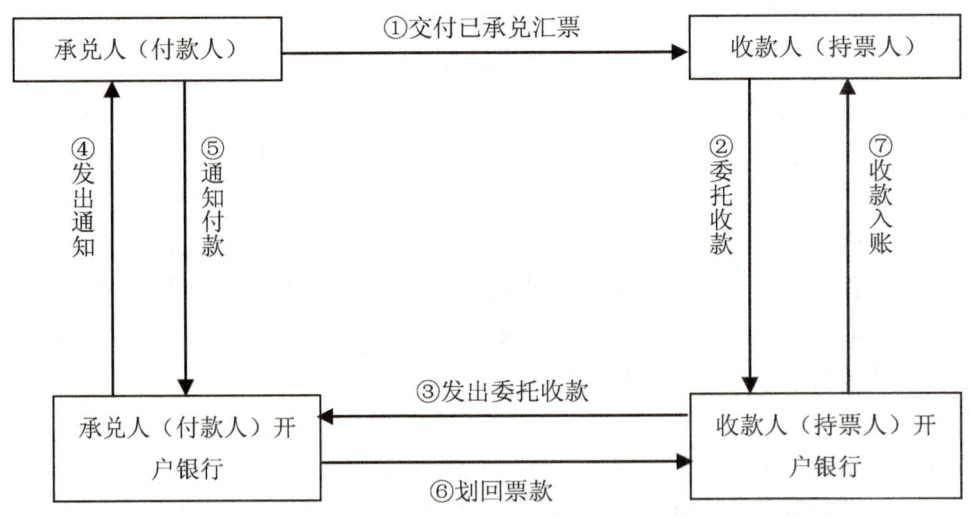

图 2-7 商业承兑汇票流转

【例 2-15】商业汇票的付款人为（　　）。

A. 出票人 B. 承兑人
C. 保证人 D. 背书人

【解析】B。商业汇票的付款人为承兑人。

（六）商业汇票的背书

商业汇票的背书，是指商业汇票的持票人将汇票权利转让给他人或者将一定的汇票权利授予他人行使为目的，按照法律规定在商业汇票的背面或者粘单上记载有关事项并签章的票据行为。票据权利与票据是不可分的，因而票据的转让也就是票据权利的转让。一般而言，票据转让主要包括背书交付和单纯交付两种。背书交付是指持票人以转让票据权利为目的，按法定的事项和方法记载于票据上的一种票据行为；单纯交付是指持票人未在票据上做任何转让事项的记载而直接将票据交与他人的一种法律行为。我国《票据法》规定，汇票转让只能采用背书的方式，而不能采取单纯交付方式，否则不产生票据转让的效力。背书必须做成记名背书。

1.背书形式

背书是一种要式行为，因此必须符合法律规定的形式，即其必须做成背书并交付，才能有效成立。根据《票据法》的规定，背书的记载事项应与出票一样，符合有关出票时记载的事项内容。背书应记载的事项包括：

（1）背书签章和背书日期的记载。《票据法》第二十九条规定："背书由背书人签章并记载背书日期。背书未记载日期的，视为在汇票到期日前背书。"背书日期属于相对记载事项，如此项未记载，则视为在汇票到期日前背书。背书人签章属于绝对记载事项，如此项未记载，背书行为无效。

（2）被背书人的名称记载。我国《票据法》第三十条规定："汇票以背书转让或者以背书将一定的汇票权利授予他人行使时，必须记载被背书人名称。"这一规定表明，我国票据法不承认不记名背书。如果背书人不做成记名背书，即不记载被背书人名称，汇票转让将不能成立，背书行为无效。因此，被背书人的名称属于绝对记载事项，持票人将汇票权利转让给他人或者将一定的汇票权利授予他人行使时，必须记载被背书人的名称。

但根据《高法审理票据纠纷案司法解释》的有关规定，背书人未记载被背书人名称即将票据交付他人的，持票人在票据被背书人栏内记载自己的名称与背书人记载具有同等法律效力。

（3）禁止背书的记载。背书人的禁止背书是背书行为的一项任意记载事项。如果背书人不愿意对其后手以后的当事人承担票据责任，即可在背书时记载禁止背书。禁止背书包括出票人的禁止背书和背书人的禁止背书。

①出票人的禁止背书。出票人的禁止背书应记载在汇票的正面。出票人在汇票上记载"不得转让"字样，汇票不得转让。如果收款人或持票人将出票人作禁止背书的汇票转让的，该转让不发生《票据法》上的效力，出票人和承兑人对受让人不承担票据责任。我国《票据法》相关司法解释规定，对于记载"不得转让"字样的票据，其后手以此票据进行贴现、质押的，通过贴现、质押取得票据的持票人主张票据权利的，人民法院不予支持。

②背书人的禁止背书。背书人的禁止背书应记载在汇票的背面。背书人的禁止背书是

背书行为的一项任意记载事项。如果背书人不愿意对其后手以后的当事人承担票据责任，即可在背书时记载禁止背书。背书人在票据背面背书人栏记载"不得转让"字样，其后手再背书转让的，原背书人对后手的被背书人不承担保证责任。

【案例2-3】 甲公司开出一张商业汇票给乙公司，乙公司将该票据背书转让给丙公司，并在票据背面记载"不得转让"字样，而丙公司又背书转让给丁公司。根据上述情况分析甲、乙、丙、丁四公司之间承担的票据责任。

【分析】 甲对乙承担票据责任，乙对丙承担票据责任，丙对丁承担票据责任，但甲、丙对丁承担票据责任。丁公司向银行提示付款，被拒绝，只能向甲、丙公司追索，乙公司作为"原背书人"对"后手的被背书人"丁公司不承担保证责任。

(4) 背书不得记载的内容。根据我国《票据法》第三十三条的规定，背书不得记载的内容有两项：一是背书时不得附条件。所谓附有条件的背书是指背书人在背书时，记载一定的条件，以限制或者影响背书效力。背书时附有条件的，所附条件不具有汇票上的效力，即不影响背书行为本身的效力。二是背书不能部分背书。所谓部分背书，是指背书人在背书时，将汇票金额的一部分转让，或者将汇票金额分别转让给两人以上的。我国《票据法》规定，部分背书无效。

2. 背书连续

情境14：2015年6月5日，瑞德科技公司收到一张转账支票，财务科宋科长询问实习生小孙该转账支票背书是否连续和有效？

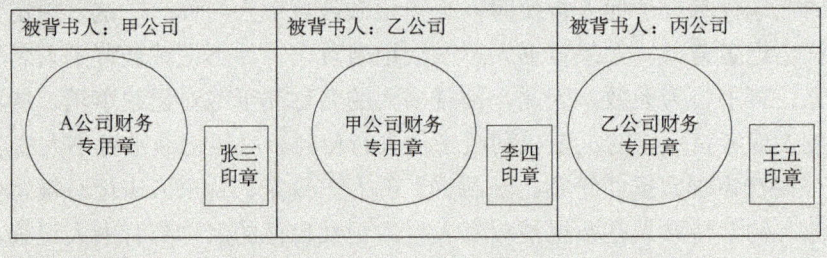

背书连续，是指在票据转让中，转让汇票的背书人与受让汇票的被背书人在汇票上的签章依次前后衔接。

我国《票据法》规定，以背书转让的汇票，背书应当连续。如果背书不连续的，付款人可以拒绝向持票人付款，否则付款人得自行承担责任。

背书连续主要是指背书在形式上连续，如果背书在实质上不连续，如有伪造签章等，付款人仍应对持票人付款。但是，如果付款人明知持票人不是真正票据权利人，则不得向持票人付款，否则应自行承担责任。对于非经背书转让，而以其他合法方法取得汇票，如因税收、继承、赠予等方式取得票据的，只要取得票据的人依法举证，表明其合法取得票据的方式，证明其汇票权利，就能享有票据权利。

3. 粘单的使用

多次背书的可附粘单，粘单上的"第一记载人"，应当在票据和粘单的粘接处签章。

4. 委托收款背书和质押背书

情境15：2015年7月15日，瑞德科技公司财务科宋科长收到一张经过背书的银行承兑汇票，询问实习生小孙以下背书是否正确，其含义是什么？

被背书人： 乙公司	被背书人： P银行	被背书人： 丙公司	被背书人： 丙公司开户银行
甲公司签章	乙公司签章 质押	乙公司签章	丙公司签章 委托收款

（1）委托收款背书。这是指持票人以行使票据上的权利为目的，而授予被背书人以代理权的背书。以此可见，该背书方式不以转让票据权利为目的，而是以授予他人一定的代理权为目的，其确立的法律关系不属于票据上的权利转让与被转让关系，而是背书人（原持票人）与被背书人（代理人）之间在民法上的代理关系，该关系形成后，被背书人可以代理行使票据上的一切权利。在此情形下，被背书人只是代理人，而未取得票据权利，背书人仍是票据权利人。

委托收款背书与其他背书一样，持票人依据法律规定的记载事项做成背书并交付，才能生效。按《票据法》的规定，背书人可以记载"委托收款"字样，但如果记载"因收款""托收""代理"等字样的，也应该认为有效。

（2）质押背书。这是指持票人以票据权利设定质权为目的而在票据上做成的背书。背书人是原持票人，也是出质人，被背书人则是质权人。质押背书确立的是一种担保关系，即在背书人（原持票人）与被背书人之间产生一种质押的担保关系，而不是一种票据权利的转让关系。因此质押背书成立后，即背书人做成背书并交付，背书人仍然是票据权利人，被背书人并不因此而取得票据权利。但是，被背书人取得质权人地位后，在背书人不履行其债务的情况下，可以行使票据权利，从票据金额中按担保债权的数额优先获得偿还。如果背书人履行了所担保的债务，被背书人则必须将票据返还背书人。

5. 法定禁止背书

法定禁止背书是指根据《票据法》的规定而禁止背书转让的情形。《票据法》第三十六条规定："汇票被拒绝承兑、被拒绝付款或者超过付款提示期限的，不得背书转让；背书转让的，背书人应当承担汇票责任。"根据这一规定，法定禁止背书的情形有三种：①被拒绝承兑的汇票；②被拒绝付款的汇票；③超过付款提示期限的汇票。因此，如果背书人将此类汇票以背书方式转让的，应当承担汇票责任。

6. 背书的效力

背书人以背书转让汇票后，即承担保证其后手所持汇票承兑和付款的责任。背书人在汇票得不到承兑或者付款时,应当向持票人清偿票据法规定的汇票金额、利息和费用。

【深入思考】

任何票据都可以背书吗?什么情况下产生票据的背书行为?

【例2-16】 下列票据中,不得背书转让的有( )。

A. 被拒绝付款的票据　　　　　　　　B. 用于支取现金的支票

C. 填明"现金"字样的银行汇票　　　　D. 超过付款提示期限的票据

【解析】 ABCD。票据可以背书转让,但填明"现金"字样的银行汇票、银行本票和用于支取现金的支票不得背书转让;票据被拒绝承兑、拒绝付款或者超过提示付款期限的,不得背书转让。

(七)商业汇票的保证

票据保证,是指票据债务人以外的第三人,以担保特定债务人履行票据债务为目的,而在票据上所为的一种附属票据行为。保证的作用在于确保最终持票人票据权利的实现。

1. 保证的当事人

保证的当事人为保证人与被保证人。商业汇票的债务可以由保证人承担保证责任。

保证人是指票据债务人以外的,为票据债务的履行提供担保而参与票据关系中的第三人。已成为票据债务人的,不得再充当票据上的保证人。

被保证人是指票据关系中已有的债务人,包括出票人、背书人、承兑人,商业汇票的债务人一旦由他人为其提供保证,其在保证关系中被称为被保证人。

2. 保证的格式

保证的格式,是指办理保证手续时需要在汇票上记载的事项和如何记载该等事项。根据《票据法》第四十六条的规定,办理保证手续时,保证人必须在汇票或粘单上记载下列事项:①表明"保证"的字样;②保证人名称和住所;③被保证人名称;④保证日期;⑤保证人签章。

(1) 票据保证必须做成于汇票或粘单上。票据保证是一种书面行为,必须做成于汇票或粘单上。如果另行签订保证合同或者保证条款的,不属于票据保证,人民法院应当另行适用《担保法》的有关规定。

(2) 票据保证记载的事项,有绝对应记载事项和相对应记载事项。其中,保证文句和保证人签章两项属于绝对应记载事项;其余三项保证人名称、保证日期和保证人住所属于相对记载事项。根据《票据法》的规定,保证人在汇票或者粘单上未记载被保证人名称的,已承兑的汇票,承兑人为被保证人;未承兑的汇票,出票人为被保证人。保证人在汇票或者粘单上未记载保证日期的,出票日期为保证日期。保证人在汇票或者粘单上未记载保证人住所的,保证人的营业场所或者住所为保证人住所。

(3) 保证记载方法。《票据法》未规定保证的记载方法，但依照《支付结算办法》第三十五条第二款的规定，如果是为出票人、承兑人保证的，应记载于汇票的正面；如果是为背书人保证，则应记载于汇票的背面或者粘单上。

(4) 保证不得记载的内容。《票据法》第四十八条规定："保证不得附有条件；附有条件的，不影响对汇票的保证责任。"此规定表明，保证是无条件的，即不得附加任何条件。如果保证附有条件的，所附条件无效，保证本身仍具有效力，保证人应向持票人承担保证责任。

3. 保证的效力

保证的效力，是指保证人依法承担保证责任。保证一旦成立，即在保证人与被保证人之间产生法律效力，保证人必须对保证行为承担相应的责任。

(1) 保证人的责任。《票据法》第四十九条规定："保证人对合法取得汇票的持票人所享有的汇票权利，承担保证责任。但是，被保证人的债务因汇票记载事项欠缺而无效的除外。"根据这一规定，保证行为成立之后，保证人就成为票据上的债务人，必须向被保证人的一切后手承担票据责任，即满足被保证人票据权利的实现。也就是说，被保证的汇票，保证人应当与被保证人对持票人承担连带责任。汇票到期后得不到付款的，持票人有权向保证人请求付款，保证人应当足额付款。

(2) 共同保证人的责任。共同保证是指保证人为两人以上的保证。《票据法》第五十一条规定："保证人为两人以上的，保证人之间承担连带责任。"根据这一规定，在共同保证的情况下，持票人可以不分先后向保证人中的一人或者数人或者全体就全部票据金额及有关费用行使票据权利，共同保证人不得拒绝。

(3) 保证人的追索权。这是指保证人在向持票人清偿债务后，即获得该票据，可以行使持票人对被保证人及其前手的追索权。

子任务四　银行汇票

（一）银行汇票的概念和适用范围

1. 银行汇票的概念

银行汇票是出票银行签发的，由其在见票时按照实际结算金额无条件支付给收款人或者持票人的票据。出票银行为银行汇票的付款人。银行汇票可以用于转账，填明"现金"字样的银行汇票也可以用于支取现金。单位和个人各种款项结算，均可使用银行汇票。

2. 银行汇票的联次

(1) 卡片联——出票行结算汇票借方凭证。

(2) 汇票联——代理付款行付款后做联行往来借方凭证。

(3) 解讫通知联——代理付款行付款后随报单寄出票行，由出票行作多余款贷方凭证。

(4) 多余款通知联——出票行结清多余款后交申请人。

3. 使用流程

银行汇票使用流程如图2-8所示。

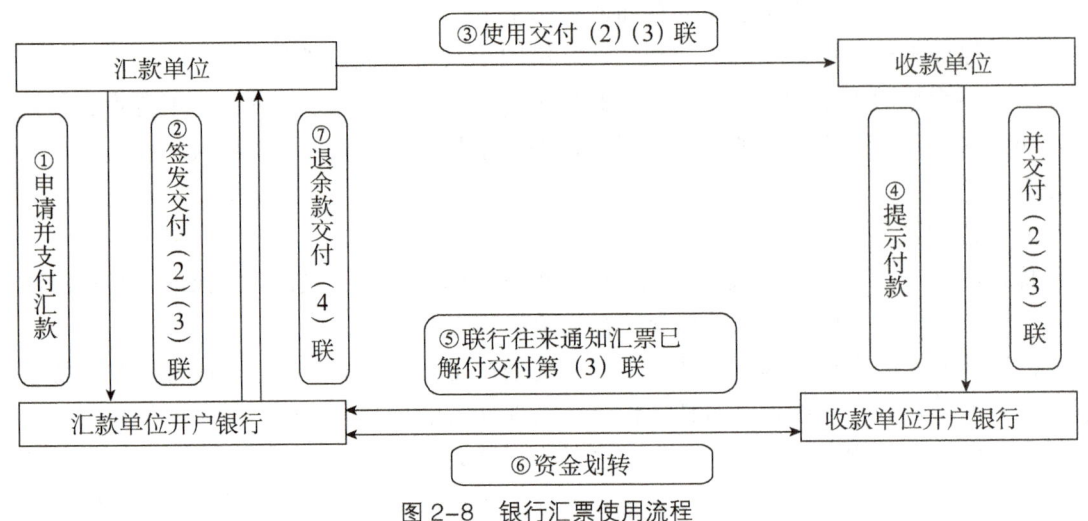

图2-8 银行汇票使用流程

（二）银行汇票的出票

1. 申请

申请人使用银行汇票，应向出票银行填写"银行汇票申请书"，填明收款人名称、汇票金额、申请人名称、申请日期等事项并签章，签章为其预留银行的签章。申请人和收款人均为个人，需要使用银行汇票向代理付款人支取现金的，申请人须在"银行汇票申请书"上填明代理付款人名称，在"出票金额"栏先填写"现金"字样，后填写汇票金额。申请人或者收款人为单位的，不得在"银行汇票申请书"上填明"现金"字样。

2. 签发并交付

出票银行受理银行汇票申请书，收妥款项后签发银行汇票，并将银行汇票和解讫通知一并交给申请人。签发银行汇票必须记载下列事项：表明"银行汇票"的字样；无条件支付的承诺；出票金额；付款人名称；收款人名称；出票日期；出票人签章。欠缺记载上列事项之一的，银行汇票无效。

签发现金银行汇票，申请人和收款人必须均为个人，收妥申请人交存的现金后，在银行汇票"出票金额"栏先填写"现金"字样，后填写出票金额，并填写代理付款人名称。申请人或者收款人为单位的，银行不得为其签发现金银行汇票。

申请人应将银行汇票和解讫通知一并交付给汇票上记明的收款人。收款人受理银行汇票时，应审查下列事项：①银行汇票和解讫通知是否齐全、汇票号码和记载的内容是否一致；②收款人是否确为本单位或本人；③银行汇票是否在提示付款期限内；④必须记载的事项是否齐全；⑤出票人签章是否符合规定，大小写出票金额是否一致；⑥出票金额、出票日期、收款人名称是否更改，更改的其他记载事项是否由原记载人签章证明。

（三）填写实际结算金额

收款人受理申请人交付的银行汇票时，应在出票金额以内，根据实际需要的款项办理结算，并将实际结算金额和多余金额准确、清晰地填入银行汇票和解讫通知的有关栏内。银行汇票的实际结算金额低于出票金额的，其多余金额由出票银行退交申请人。未填明实际结算金额和多余金额或实际结算金额超过出票金额的，银行不予受理。银行汇票的实际结算金额一经填写不得更改，更改实际结算金额的银行汇票无效。

（四）银行汇票背书

被背书人受理银行汇票时，除按照收款人接受银行汇票进行相应的审查外，还应审查下列事项：①银行汇票是否记载实际结算金额，有无更改，其金额是否超过出票金额；②背书是否连续，背书人签章是否符合规定，背书使用粘单的是否按规定签章；③背书人为个人的身份证件。

银行汇票的背书转让以不超过出票金额的实际结算金额为准。未填写实际结算金额或实际结算金额超过出票金额的银行汇票不得背书转让。

（五）银行汇票的提示付款

银行汇票的提示付款期限自出票日起1个月。持票人超过付款期限提示付款的，代理付款人不予受理。持票人向银行提示付款时，须同时提交银行汇票和解讫通知，缺少任何一联，银行不予受理。持票人超过期限向代理付款银行提示付款不获付款的，须在票据权利时效内向出票银行做出说明，并提供本人身份证件或单位证明，持银行汇票和解讫通知向出票银行请求付款。

在银行开立存款账户的持票人向开户银行提示付款时，应在汇票背面"持票人向银行提示付款签章"处签章，签章须与预留银行签章相同，并将银行汇票和解讫通知、进账单送交开户银行。未在银行开立存款账户的个人持票人，可以向任何一家银行机构提示付款。提示付款时，应在汇票背面"持票人向银行提示付款签章"处签章，并填明本人身份证件名称、号码及发证机关，由其本人向银行提交身份证件及其复印件。

（六）银行汇票退款和丧失

申请人因银行汇票超过付款提示期限或其他原因要求退款时，应将银行汇票和解讫通知同时提交到出票银行。申请人为单位的，应出具该单位的证明；申请人为个人的，应出具该本人的身份证件。对于代理付款银行查询的要求退款的银行汇票，应在汇票提示付款期满后方能办理退款。出票银行对于转账银行汇票的退款，只能转入原申请人账户；对于符合规定填明"现金"字样银行汇票的退款，才能退付现金。申请人缺少解讫通知要求退款的，出票银行应于银行汇票提示付款期满1个月后办理。填明"现金"字样和代理付款人的银行汇票丧失，可以由失票人通知付款人或者代理付款人挂失止付。

银行汇票丧失，失票人可以凭人民法院出具的其享有票据权利的证明，向出票银行请求付款或退款。

子任务五　银行本票

（一）本票的概念和适用范围

本票是指出票人签发的，承诺自己在见票时无条件支付确定的金额给收款人或者持票人的票据。在我国，本票仅限于银行本票，即银行出票，银行付款。银行本票可以用于转账，注明"现金"字样的银行本票可以用于支取现金。单位和个人在同一票据交换区域需要支付各种款项，均可以使用银行本票。

（二）银行本票的出票

1. 申请

申请人使用银行本票，应向银行填写"银行本票申请书"，填明收款人名称、申请人名称、支付金额、申请日期等事项并签章。申请人和收款人均为个人需要支取现金的应在"金额"栏先填写"现金"字样，后填写支付金额。申请人或收款人为单位的，不得申请签发现金银行本票。

2. 受理

出票银行受理"银行本票申请书"，收妥款项，签发银行本票。签发银行本票必须记载下列事项：表明"银行本票"的字样；无条件支付的承诺；确定的金额；收款人名称；出票日期；出票人签章。欠缺记载上列事项之一的，银行本票无效。

用于转账的，在银行本票上划去"现金"字样；申请人和收款人均为个人需要支取现金的，在银行本票上划去"转账"字样。出票银行在银行本票上签章后交给申请人。申请人或收款人为单位的，银行不得为其签发现金银行本票。

出票银行必须具有支付本票金额的可靠资金来源，并保证支付。

3. 交付

申请人应将银行本票交付给本票上记明的收款人。收款人受理银行本票时，应审查下列事项：①收款人是否确为本单位或本人；②银行本票是否在提示付款期限内；③必须记载的事项是否齐全；④出票人签章是否符合规定，大小写出票金额是否一致；⑤出票金额、出票日期、收款人名称是否更改，更改的其他记载事项是否由原记载人签章证明。

收款人可以将银行本票背书转让给被背书人。被背书人受理银行本票时，除进行上述审查外，还应审查下列事项：①背书是否连续，背书人签章是否符合规定，背书使用粘单的是否按规定签章；②背书人为个人的身份证件。

（三）银行本票的付款

银行本票见票即付。银行本票的提示付款期限自出票日起最长不得超过 2 个月。本票的出票人在持票人提示见票时，必须承担付款的责任。本票的持票人未按照规定期限提示见票的，丧失对出票人以外的前手的追索权；持票人超过提示付款期限不获付款的，在票据权利时效内向出票银行做出说明，并提供本人身份证件或单位证明，可持银行本票向出票银行请求付款。

在银行开立存款账户的持票人向开户银行提示付款时，应在银行本票背面"持票人向银行提示付款签章"处签章，签章须与预留银行签章相同，并将银行本票、进账单送交开户银行。银行审查无误后办理转账。

未在银行开立存款账户的个人持票人，凭注明"现金"字样的银行本票向出票银行支取现金的，应在银行本票背面签章，记载本人身份证件名称、号码及发证机关，并交验本人身份证件及其复印件。

（四）银行本票退款和丧失

申请人因银行本票超过提示付款期限或其他原因要求退款时，应将银行本票提交到出票银行。申请人为单位的，应出具该单位的证明；申请人为个人的，应出具该本人的身份证件。出票银行对于在本行开立存款账户的申请人，只能将款项转入原申请人账户；对于现金银行本票和未在本行开立存款账户的申请人，才能退付现金。

银行本票丧失，失票人可以凭人民法院出具的其享有票据权利的证明，向出票银行请求付款或退款。

▶ 任务五 银行卡

子任务一 银行卡的概念和分类

（一）银行卡的概念

银行卡是指经批准由商业银行（含邮政金融机构）向社会发行的具有消费信用、转账结算、存取现金等全部或部分功能的信用支付工具。

（二）银行卡的分类

按照发行主体是否在境内分为境内卡和境外卡；按照是否给予持卡人授信额度分为信用卡和借记卡；按照账户币种分为人民币卡、外币卡和双币种卡；按信息载体分为磁条卡和芯片卡。

此外，信用卡还可以按照是否向发卡银行交存备用金分为贷记卡和准贷记卡。贷记卡，是指发卡银行给予持卡人一定的信用额度，持卡人可以在信用额度内先消费、后还款的信用卡，它具有透支消费、期限内还款可免息、卡内存款不计付利息等特点。准贷记卡，是指持卡人必须先按照发卡银行要求交存一定金额备用金，并按银行同期存款利率计收利息，当备用金余额不足支付时，可以在规定的信用额度内透支的信用卡。

子任务二　银行卡账户与交易

（一）银行卡账户与交易

根据《支付结算办法》的规定，单位卡和个人卡的申领与使用及销户不尽相同。

1. 信用卡的申领

单位或个人申领信用卡，应按规定填制申请表，连同有关资料一并送交发卡银行。符合条件并按银行要求交存一定金额的备用金后，银行为申领人开立信用卡存款账户，并发给信用卡。凡在中国境内金融机构开立基本存款账户的单位，应当凭中国人民银行核发的开户许可证申领单位卡，单位卡可申领若干张，持卡人资格由申领单位法定代表人或其委托的代理人书面指定和注销。凡具有完全民事行为能力的公民可申领个人卡。个人申领信用卡，应当向发卡银行提供公安部门规定的有效身份证件，经发卡银行审查合格后，为其开立记名账户，个人卡的主卡持卡人可为其配偶及年满18周岁的亲属申领附属卡，申领的附属卡最多不得超过2张，也有权要求注销其附属卡。发卡银行可根据申请人的资信程度，要求其提供担保。担保的方式可采用保证、抵押或质押。信用卡仅限于合法持卡人本人使用，持卡人不得出租或转借信用卡。

2. 信用卡的销户

持卡人不需要继续使用信用卡的，应持信用卡主动到发卡银行办理销户。持卡人在还清信用卡的全部交易款项、透支本息和有关费用后，属于下列情况之一的，可以申请办理销户：

(1) 信用卡有效期满45天后，持卡人不更换新卡的。

(2) 信用卡挂失满45天后，没有附属卡又不更换新卡的。

(3) 信用卡被列入止付名单，发卡银行已收回其信用卡45天的。

(4) 持卡人死亡，发卡银行已收回其信用卡45天的。

(5) 持卡人要求销户或担保人撤销担保，并已交回全部信用卡45天的。

(6) 信用卡账户2年（含）以上未发生交易的。

(7) 持卡人违反其他规定，发卡银行认为应该取消资格的。

发卡银行办理销户，应当收回信用卡。有效信用卡无法收回的，应当将其止付。

持卡人办理销户时，账户内还有余额，如果是单位卡的，则应将该账户内的余额转入其基本存款账户，不得提取现金；个人卡账户可以转账结清，也可以提取现金。

持卡人丢失信用卡，应立即持有效证明文件并按照发卡行要求提供的相关材料，向发卡行或代办行及时申请挂失。发卡行或代办行审核后，办理相应的挂失手续。

【例2—17】单位卡销户时，其余额（　　　）。

A. 可提取现金 B. 转入基本存款账户
C. 转入临时存款账户 D. 转入一般存款账户

【解析】B。单位卡销户时，其余额转入基本存款账户。

（二）信用卡的资金来源

1. 单位信用卡的资金来源

在单位卡使用过程中，需要向其账户结算资金的，一律从其基本存款账户转账存入，不得交存现金，不得将销货收入的款项存入其账户。单位外币账户的资金应从其单位的外汇账户转账存入，不得在境内存取外币现钞。

2. 个人信用卡的资金来源

在个人卡使用过程中，需要向其账户续存资金的，只限于其持有的现金存入或者以其工资性款项、属于个人的合法的劳务报酬、投资回报等收入转账存入。个人外币账户的资金以其个人持有的外币现钞存入或从其外汇账户（含外钞账户）转账存入，该外汇账户及存款应符合国家外汇管理局的有关规定。严禁将单位的款项存入个人卡账户。

（三）信用卡使用的主要规定

按照中国人民银行1999年1月颁布的《银行卡业务管理办法》的规定，信用卡的使用具有以下基本规定。

1. 信用卡的购物、消费和取现

持卡人可持信用卡在特约单位购物、消费。持卡人凭卡购物、消费时，需将信用卡和身份证件一并交特约单位。特约单位不得拒绝受理持卡人合法持有的、签约银行发行的有效信用卡，不得因持卡人使用信用卡而向其收取附加费用。

单位人民币卡可办理商品交易和劳务供应款项的结算，但不得透支，不得用于10万元以上的商品交易、劳务供应款项的结算。超过中国人民银行规定起点的，应当经中国人民银行当地分行办理转汇。单位卡一律不得支取现金。

发卡银行对贷记卡的取现应当每笔授权，每卡每日累计取现不得超过2 000元人民币。发卡银行应当对持卡人在自动柜员机（ATM机）取款设定交易上限。每卡每日累计提款不得超过2万元人民币。个人卡持卡人在银行支取现金时，应将信用卡和身份证件一并交发卡银行或代理银行。

2. 信用卡的透支

信用卡透支规定如下：同一持卡人单笔透支发生额个人卡不得超过2万元（含等值外币）、单位卡不得超过5万元（含等值外币）。同一账户月透支余额个人卡不得超过5万元（含等值外币），单位卡不得超过发卡银行对该单位综合授信额度的3%。无综合授信额度可参照的单位，其月透支余额不得超过10万元（含等值外币）。

准贷记卡的透支期限最长为60天。贷记卡的首月最低还款额不得低于其当月透支余额的10%。

持卡人使用信用卡不得发生恶意透支。恶意透支是指持卡人超过规定限额或规定期限，并且经发卡银行催收无效的透支行为。任何单位和个人有恶意透支行为的，根据《刑法》及相关法规进行处理。

3. 信用卡的计息

信用卡的计息包括计付利息和计收利息。

(1) 计付利息。发卡银行对准贷记卡账户内的存款，按照中国人民银行规定的同期同档次存款利率及计息办法计付利息。对贷记卡账户的存款不计付利息。

(2) 计收利息。贷记卡持卡人非现金交易享受如下优惠条件：

①免息还款期待遇。银行记账日至发卡银行规定的到期还款日之间为免息还款期。免息还款期最长为60天。持卡人在到期还款日前偿还所使用全部银行款项即可享受免息还款期待遇，无须支付非现金交易的利息。

②最低还款额待遇。持卡人在到期还款日前偿还所使用全部银行款项有困难的，可按照发卡银行规定的最低还款额还款。

贷记卡持卡人选择最低还款额方式或超过发卡银行批准的信用额度用卡时，不再享受免息还款期待遇，应当支付未偿还部分自银行记账日起，按规定利率计算的透支利息。

贷记卡持卡人支取现金、准贷记卡透支，不享受免息还款期和最低还款额待遇，应当支付现金交易额或透支额自银行记账日起，按规定利率计算的透支利息。

发卡银行对贷记卡持卡人未偿还最低还款额和超信用额度用卡的行为，应当分别按最低还款额未还部分、超过信用额度部分的5%收取滞纳金和超限费。贷记卡透支按月计收复利，准贷记卡透支按月计收单利，透支利率为日利率万分之五，并根据中国人民银行的此项利率调整而调整。

4. 信用卡的收费

商业银行办理信用卡收单业务应当按下列标准向商户收取结算手续费：

(1) 宾馆、餐饮、娱乐、旅游等行业不得低于交易额的2%。

(2) 其他行业不得低于交易金额的1%。信用卡收单业务是指签约银行向商户提供的本外币资金结算业务。持卡人在ATM机跨行取款的费用由其本人承担，并执行如下收费标准：

①持卡人在其领卡城市之内取款，每笔收费不得超过2元人民币。

②持卡人在其领卡城市以外取款，每笔收费为2元人民币加取款金额的0.5%～1%（由发卡银行确定）。

5. 信用卡的挂失

信用卡丧失，持卡人应立即持本人身份证件或其他有效证明，并按规定提供有关情况，向发卡银行或代办银行申请挂失。发卡银行或代办银行审核后办理挂失手续。

(四) 信用卡的风险管理

发卡银行向持卡人发行信用卡之前，应当对信用卡申请人的资信情况进行审查。银行

可以根据申请人的资信程度,要求提供担保。持卡人出现恶意透支等违法情况,发卡银行可通过下列途径追偿透支款项和诈骗款项:

(1) 扣减持卡人保证金、依法处理抵押物和质押物。

(2) 向保证人追索透支款项。

(3) 通过司法机关的诉讼程序进行追偿。

任务六　其他结算方式

子任务一　汇兑

> 情境16:某天,瑞德科技公司财务科宋科长在和出纳小李谈起汇兑时,询问实习生小孙:"单位和个人是否均可使用汇兑,收账通知就是银行将款项确已转入收款人账户的凭据吗?"小孙应如何回答此问题。

(一) 汇兑的概念和分类

1. 汇兑的概念

汇兑是指汇款人委托银行将其款项支付给收款人的结算方式。单位和个人的各种款项的结算,均可使用汇兑结算方式。汇兑便于汇款人向异地的收款人主动付款,适用范围十分广泛。汇兑一般用于异地间结算。

2. 汇兑的分类

根据支付方式不同,汇兑可分为信汇和电汇两种。一般来说,信汇是以邮寄方式将汇款凭证转给外地收款人指定的汇入行;电汇则是以电报方式将汇款凭证转发给收款人指定的汇入行,后者的汇款速度比前者快,汇款人可根据实际需要选择。

(二) 办理汇兑的程序

1. 签发汇兑凭证

(1) 签发汇兑凭证必须记载的事项。根据《支付结算办法》的规定:①标明"信汇"或"电汇"的字样;②无条件支付的委托;③确定的金额;④收款人名称;⑤汇款人名称;⑥汇入地点、汇入行名称;⑦汇出地点、汇出行名称;⑧委托日期;⑨汇款人签章。汇兑凭证上欠缺上列记载事项之一的,银行不予受理。汇兑凭证记载的汇款人名称、收款人名称,其在银行开立存款账户的,必须记载其账号。欠缺记载的,银行不予受理。委托日期是指汇款人向汇出银行提交汇兑凭证的当日。

(2) 汇兑凭证上记载收款人为个人的,收款人需要到汇入银行领取汇款,汇款人应在汇兑凭证上注明"留行待取"字样；留行待取的汇款，需要指定单位的收款人领取汇款的，应注明收款人的单位名称；信汇凭收款人签章支取的，应在信汇凭证上预留其签章。如果汇款人确定不得转汇的，应在汇兑凭证备注栏注明"不得转汇"字样。

（3）汇款人和收款人均为个人，需要在汇入银行支取现金的，应在信、电汇凭证的"汇款金额"大写栏，先填写"现金"字样，后填写汇款金额。

2. 银行受理

汇出银行受理汇兑凭证时，必须进行认真审查，审查汇兑凭证的内容包括：汇兑凭证填写的各项内容是否齐全、正确；汇款人账户内是否有足够支付的余额；汇款人的印章是否与预留银行印鉴相符。汇出银行受理汇款人签发的汇兑凭证，经审查无误后，应及时向汇入银行办理汇款，并向汇款人签发汇款回单。

【深入思考】

汇款回单的作用是什么？能否作为该笔汇款已转入收款人账户的证明？

3. 汇入处理

（1）汇入银行对开立存款账户的收款人，应将汇给其的款项直接转入收款人账户，并向其发出收账通知。收账通知是银行将款项确已收入收款人账户的凭据。未在银行开立存款账户的收款人，凭信、电汇的取款通知或"留行待取"的，向汇入银行支取款项，必须交验本人的身份证件，在信、电汇凭证上注明证件名称、号码及发证机关，并在"收款人签章"处签章；信汇凭签章支取的，收款人的签章必须与预留信汇凭证上的签章相符。银行审查无误后，以收款人的姓名开立应解汇款及临时存款账户，该账户只付不收，付完清户，不计付利息。

（2）支取现金的，信、电汇凭证上必须有按规定填明的"现金"字样，才能办理。未填明"现金"字样，需要支取现金的，由汇入银行按照国家现金管理规定审查支付。

（3）收款人需要委托他人向汇入银行支取款项的，应在取款通知上签章，注明本人身份证件名称、号码、发证机关和"代理"字样及代理人姓名。代理人代理取款时，也应在取款通知上签章，注明其身份证件名称、号码及发证机关，并同时交验代理人和被代理人的身份证件。

（4）转账支付的，应由原收款人向银行填制支款凭证，并由本人交验其身份证件办理支付款项。该账户的款项只能转入单位或个体工商户的存款账户，严禁转入储蓄和信用卡账户。转汇的，应由原收款人向银行填制信、电汇凭证，并由本人交验其身份证件。转汇的收款人必须是原收款人。原汇入银行必须在信、电汇凭证上加盖"转汇"戳记。

（三）汇兑的撤销和退汇

1. 汇兑的撤销

汇款人对汇出银行尚未汇出的款项可以申请撤销。申请撤销时，应出具正式函件或本人身份证件及原信、电汇回单。汇出银行查明确未汇出款项的，收回原信、电汇回单，方可办理撤销。

2. 汇兑的退汇

汇款人对汇出银行已经汇出的款项可以申请退汇。对在汇入银行开立存款账户的收款人，由汇款人与收款人自行联系退汇；对未在汇入银行开立存款账户的收款人，汇款人应出具正式函件或本人身份证件及原信、电汇回单，由汇出银行通知汇入银行，经汇入银行核实汇款确未支付，并将款项汇回汇出银行，方可办理退汇。

3. 转汇银行不得受理汇款人或汇出银行对汇款的撤销或退汇。汇入银行对于收款人拒绝接受的汇款，应即办理退汇。汇入银行对于向收款人发出取款通知，经过 2 个月无法交付的汇款，应主动办理退汇。

子任务二　委托收款

（一）委托收款的概念和适用范围

委托收款是收款人委托银行向付款人收取款项的结算方式。单位和个人凭已承兑商业汇票、债券、存单等付款人债务证明办理款项的结算，均可以使用委托收款结算方式。委托收款在同城、异地均可以使用。

（二）办理委托收款的程序

1. 签发托收凭证

签发托收凭证必须记载下列事项：表明"托收"的字样；确定的金额；付款人名称；收款人名称；委托收款凭据名称及附寄单证张数；委托日期；收款人签章。

委托收款以银行以外的单位为付款人的，委托收款凭证必须记载付款人开户银行名称；以银行以外的单位或在银行开立存款账户的个人为收款人的，委托收款凭证必须记载收款人开户银行名称；未在银行开立存款账户的个人为收款人的，委托收款凭证必须记载被委托银行名称。

2. 委托

收款人办理委托收款应向银行提交委托收款凭证和有关的债务证明。

3. 付款

银行接到寄来的委托收款凭证及债务证明，审查无误后办理付款。

（1）以银行为付款人的，银行应当在当日将款项主动支付给收款人。

（2）以单位为付款人的，银行应及时通知付款人，需要将有关债务证明交给付款人的应交给付款人。付款人应于接到通知的当日书面通知银行付款。付款人未在接到通知日的次日起 3 日内通知银行付款的，视同付款人同意付款，银行应于付款人接到通知日的次日起第 4 日上午开始营业时，将款项划给收款人。银行在办理划款时，付款人存款账户不足支付的，应通过被委托银行向收款人发出未付款项通知书。

（3）拒绝付款。付款人审查有关债务证明后，对收款人委托收取的款项需要拒绝付款的，可以办理拒绝付款。以银行为付款人的，应自收到委托收款及债务证明的次日起3日内出具拒绝证明，连同有关债务证明、凭证寄给被委托银行，转交收款人；以单位为付款人的，应在付款人接到通知日的次日起3日内出具拒绝证明，持有债务证明的，应将其送交开户银行。银行将拒绝证明、债务证明和有关凭证一并寄给被委托银行，转交收款人。

子任务三　托收承付

（一）托收承付的概念和适用范围

托收承付是根据购销合同由收款人发货后委托银行向异地付款人收取款项，由付款人向银行承认付款的结算方式。托收承付结算每笔的金额起点为1万元。新华书店系统每笔的金额起点为1 000元。

办理托收承付结算的款项，必须是商品交易及因商品交易而产生的劳务供应的款项。代销、寄销、赊销商品的款项，不得办理托收承付结算。使用托收承付结算方式的收款单位和付款单位，必须是国有企业、供销合作社及经营管理较好并经开户银行审查同意的城乡集体所有制工业企业。收付双方使用托收承付结算必须签有符合《合同法》规定的购销合同，并在合同上订明使用托收承付结算方式。

收付双方办理托收承付结算，必须重合同、守信用。收款人对同一付款人发货托收累计3次收不回货款的，收款人开户银行应暂停收款人向该付款人办理托收；付款人累计3次提出无理拒付的，付款人开户银行应暂停其向外办理托收。

收款人办理托收，必须具有商品确已发运的证件，包括铁路、航运、公路等运输部门签发的运单、运单副本和邮局包裹回执等。

（二）办理托收承付的程序

1. 签发托收凭证

签发托收凭证必须记载下列事项：表明"托收"的字样；确定的金额；付款人名称及账号；收款人名称及账号；付款人开户银行名称；收款人开户银行名称；托收附寄单证张数或册数；合同名称、号码；委托日期；收款人签章。

2. 托收

收款人按照签订的购销合同发货后，委托银行办理托收。

（1）收款人应将托收凭证并附发运证件或其他符合托收承付结算要求的有关证明和交易单证送交银行。

（2）收款人开户银行接到托收凭证及其附件后，应当按照托收的范围、条件和托收凭证记载的要求认真进行审查，必要时，还应查验收付款人签订的购销合同。

3. 承付

付款人开户银行收到托收凭证及其附件后,应当及时通知付款。付款人应在承付期内审查核对,安排资金。承付货款分为验单付款和验货付款两种,由收付双方商量选用,并在合同中明确规定。

验单付款的承付期为 3 天,从付款人开户银行发出承付通知的次日算起(承付期内遇法定休假日顺延);验货付款的承付期为 10 天,从运输部门向付款人发出提货通知的次日算起。付款人在承付期内,未向银行表示拒绝付款,银行即视作承付,并在承付期满的次日(遇法定休假日顺延)上午银行开始营业时,将款项划给收款人。不论验单付款还是验货付款,付款人都可以在承付期内提前向银行表示承付,并通知银行提前付款,银行应立即办理划款。

4. 逾期付款

付款人在承付期满日银行营业终了时,如无足够资金支付,其不足部分,即为逾期未付款项,按逾期付款处理。

5. 拒绝付款

对下列情况,付款人在承付期内,可向银行提出全部或部分拒绝付款:

(1) 没有签订购销合同或购销合同未订明托收承付结算方式的款项。

(2) 未经双方事先达成协议,收款人提前交货,或因逾期交货,付款人不再需要该项货物的款项。

(3) 未按合同规定的到货地址发货的款项。

(4) 代销、寄销、赊销商品的款项。

(5) 验单付款,发现所列货物的品种、规格、数量、价格与合同规定不符,或货物已到,经查验货物与合同规定或发货清单不符的款项。

(6) 验货付款,经查验货物与合同规定或与发货清单不符的款项。

(7) 贷款已经支付或计算有错误的款项。

6. 重办托收

收款人对被无理拒绝付款的托收款项,在收到退回的结算凭证及其所附单证后,需要委托银行重办托收。经开户银行审查,确属无理拒绝付款,可以重办托收。

子任务四 国内信用证

国内信用证是模仿国际信用证开发的一种支付结算工具,在贸易活动中,买卖双方可能互不信任,买方担心预付款后,卖方不按合同要求发货;卖方也担心在发货或提交货运单据后买方不付款。因此需要两家银行作为买卖双方的保证人,代为收款交单,以银行信用代替商业信用。银行在这一活动中所使用的工具就是信用证。按照这种结算方式的一般规定,买方先将货款交存银行,由银行开立信用证,通知异地卖方开户银行转告卖方,卖方按合同和信用证规定的条款发货,银行代买方付款。

（一）概念

国内信用证，是指开证银行根据申请人（购货方）的申请向受益人（销货方）开出的有一定金额、在一定期限内凭信用证规定的单据支付款项的书面承诺。

（二）适用范围

信用证结算方式只适用于"国内企业之间"商品交易产生的货款结算，并且只能用于转账结算，"不得支取现金"。

（三）程序

1. 开证

（1）开证申请。开证申请人使用信用证时，应委托其开户银行办理开证业务。开证申请人申请办理开证业务时，应当填具开证申请书、信用证申请人承诺书并提交有关购销合同。

（2）受理开证。开证行根据申请人提交的开证申请书、信用证申请人承诺书及购销合同决定是否受理开证业务。开证行在决定受理该项业务时，应向申请人收取不低于开证金额20%的保证金，并可根据申请人资信情况要求其提供抵押、质押或由其他金融机构出具保函。

信用证的基本条款包括：开证行名称及地址；开证日期；信用证编号；不可撤销、不可转让信用证；开证申请人名称及地址；受益人名称及地址（受益人为有权收取信用证款项的人，一般为购销合同的供方）；通知行名称（通知行为受开证行委托向受益人通知信用证的银行）；信用证有效期及有效地点（信用证有效期为受益人向银行提交单据的最迟期限，最长不得超过6个月；信用证的有效地点为信用证指定的单据提交地点，即议付行或开证行所在地）；交单期（交单期为提交运输单据的信用证所注明的货物装运后必须交单的特定日期）；信用证金额；付款方式（即期付款、延期付款或议付）；运输条款；货物描述（包括货物名称、数量、价格等）；单据条款（必须注明据以付款或议付的单据，至少包括发票、运输单据或货物收据）；其他条款；开证行保证文句。

2. 通知

通知行收到信用证，应认真审核。审核无误的，应填制信用证通知书，连同信用证交付受益人。

3. 议付

议付，是指信用证指定的议付行在单证相符条件下，扣除议付利息后向受益人给付对价的行为。议付行必须是开证行指定的受益人开户行。议付仅限于延期付款信用证。受益人可以在交单期或信用证有效期内向议付行提示单据、信用证正本及信用证通知书，并填制信用证议付/委托收款申请书和议付凭证，请求议付。

议付行审核受益人提示的单据后，同意议付的，办理议付。实付议付金额按议付金额扣除议付日至信用证付款到期日前一日的利息计算，议付利率比照贴现利率。拒绝议付的，应及时做出书面议付通知,注明拒绝议付理由,通知受益人。议付行可以根据受益人的要求不作议付,仅为其办理委托收款。

议付行议付后,应通过委托收款将单据寄开证行索偿资金。议付行议付信用证后,对受益人具有追索权。到期不获付款的,议付行可从受益人账户收取议付金额。

4. 付款

受益人在交单期或信用证有效期内向开证行交单收款,应向开户银行填制委托收款凭证和信用证议付/委托收款申请书,并出具单据和信用证正本。开户银行收到凭证和单证审查齐全后,应及时为其向开证行办理交单和收款。开证行在收到议付行寄交的委托收款凭证、信用证单据及寄单通知书或受益人开户行寄交的委托收款凭证、信用证正本单据及信用证议付/委托收款申请书的次日起5个营业日内,及时核对单据表面与信用证条款是否相符。无误后,对即期付款信用证,从申请人账户收取款项支付给受益人;对延期付款信用证应向议付行或受益人发出到期付款确认书,并于到期日从申请人账户收取款项支付给议付行或受益人。

申请人交存的保证金和其存款账户余额不足支付的,开证行仍应在规定的时间内进行付款。对不足支付的部分作逾期贷款处理。对申请人提供抵押、质押、保函等担保的,按《担保法》的有关规定索偿。

【课后思考】

1. 票据的概念和种类是什么?
2. 简述支票的出票、使用范围、付款和办理要求。
3. 简述商业汇票的出票、背书和承兑。
4. 简述信用卡使用的主要规定。
5. 简述办理汇兑的程序。

强化练习

一、单项选择题

1. 下列关于托收承付的说法中,正确的是(   )。
   A. 托收承付结算每笔的金额起点为1 000元
   B. 新华书店系统每笔的金额起点为1万元
   C. 验单承付为3天,应从购货单位开户银行发出通知的当日算起(承付期内遇法定节假日顺延)
   D. 验货付款为10天,应从运输部门向付款人发出提货通知的次日算起,付款人在承付期内,未向银行表示拒绝付款,银行即视作承付,在承付期满的次日上午将款项划给收款人

2. 下列关于国内信用证的说法中，错误的是（　　）。
   A. 国内信用证是开证银行依照申请人的申请向受益人开出的有一定金额、在一定期限内凭信用证规定的单据支付款项的书面承诺
   B. 国内信用证是适用于国外贸易的一种支付结算方式
   C. 我国信用证为不可撤销、不可转让的跟单信用证
   D. 不可撤销信用证，是指信用证开具后在有效期内，非经信用证各有关当事人（即开证银行、开证申请人和受益人）的同意，开证银行不得修改或者撤销的信用证

3. 下列关于银行本票的提示付款期限的表述中，错误的是（　　）。
   A. 银行本票见票即付
   B. 提示付款期限自出票日起最长不得超过 1 个月
   C. 持票人超过付款期限提示付款的，代理付款人不予受理
   D. 持票人超过提示付款期限不获付款的，在票据权利时效内向出票银行做出说明，并提供本人身份证件或单位证明，可持银行本票向出票银行请求付款

4. 委托收款以银行以外的单位为付款人的，委托收款凭证必须记载（　　）。
   A. 付款人开户银行名称　　　　　　　B. 收款人开户银行名称
   C. 被委托银行名称　　　　　　　　　D. 委托银行名称

5. 银行卡分为人民币卡、外币卡、双币种卡是按照（　　）来划分的。
   A. 发行主体是否在境内　　　　　　　B. 是否给予持卡人授信额度
   C. 信息载体不同　　　　　　　　　　D. 账户币种不同

6. 在票据背面或者粘单上记载有关事项并签章的票据行为是（　　）。
   A. 出票　　　　　　　　　　　　　　B. 背书
   C. 保证　　　　　　　　　　　　　　D. 承兑

7. 汇票的保证不得附有条件，如果附有条件，其后果是（　　）。
   A. 该保证无效　　　　　　　　　　　B. 视为未保证
   C. 不影响对汇票的保证责任　　　　　D. 保证人对所附条件承担责任

8. 关于支票，下列表述错误的是（　　）。
   A. 个人不能使用支票
   B. 支票的基本当事人是出票人、付款人、收款人
   C. 支票是见票即付的票据
   D. 支票是由出票人签发的

9. 票据丧失后，不能采取的补救措施是（　　）。
   A. 挂失止付　　　　　　　　　　　　B. 公示催告
   C. 申请仲裁　　　　　　　　　　　　D. 普通诉讼

10. 根据《支付结算办法》的规定，下列票据和结算凭证上的记载事项，（　　）是原记载人可以更改的。
   A. 金额　　　　　　　　　　　　　　B. 出票或签发时间

C. 付款时间　　　　　　　　　D. 收款人名称

11. 存款人因附属的非独立核算单位或派出机构发生的收入汇缴或业务支出需要，可以开立（　　）。

A. 专用存款账户　　　　　　　B. 临时存款账户
C. 一般存款账户　　　　　　　D. 基本存款账户

12. 下列关于个人银行结算账户的说法中，不正确的是（　　）。

A. 从单位银行结算账户支付给个人银行结算账户的款项应纳税的，税收代扣单位付款时应向其开户银行提供完税证明
B. 使用信用卡支付工具的可以申请开立个人银行结算账户
C. 单位银行结算账户支付给个人银行结算账户款项的，银行应按有关规定认真审查付款依据或收款依据的原件，并留存复印件，按会计档案保管
D. 储蓄账户与个人银行结算账户一样，也可以办理转账结算

13. 关于临时存款账户，下列表述不正确的是（　　）。

A. 注册验资的临时存款账户在验资期间只付不收，注册验资资金的汇缴人应与出资人的名称一致
B. 存款人为临时机构的，只能在其驻在地开立一个临时存款账户，不得开立其他银行结算账户
C. 临时存款账户是指存款人因临时需要并在规定期限内使用而开立的银行结算账户
D. 建筑施工及安装单位企业在异地同时承建多个项目的，可根据建筑施工及安装合同开立不超过项目合同个数的临时存款账户

14. 根据有关规定，存款人对用于基本建设的资金，可以向开户银行出具相应的证明并开立（　　）。

A. 临时存款账户　　　　　　　B. 一般存款账户
C. 专用存款账户　　　　　　　D. 基本存款账户

15. 存款人因借款和其他结算需要，如为享受不同银行的特色服务或分散在一家银行开立账户可能出现的资金风险，可以在基本存款账户开户银行以外的银行营业机构开立（　　）。

A. 个人银行结算账户　　　　　B. 异地银行结算账户
C. 一般存款账户　　　　　　　D. 专用存款账户

16. 下列关于基本存款账户的说法，正确的是（　　）。

A. 存款人可以没有基本存款账户，但一定要有一般存款账户
B. 基本存款账户不能支取现金
C. 基本存款账户是存款人的主办账户
D. 基本存款账户是存款人的非主办账户

17. 根据《人民币银行结算账户管理办法》的规定，单位银行结算账户支付给个人银行结算账户款项的，银行应认真审查付款依据或收款依据的原件，并且应当（　　）。

  A. 留存原件，按会计档案保管

  B. 留存复印件，按业务档案保管

  C. 留存原件，按业务档案保管

  D. 留存复印件，按会计档案保管

18. 单位银行结算账户的存款人可以在银行开立（　　）基本存款账户。

  A. 1 个   B. 3 个

  C. 10 个   D. 没有数量限制

19. 下列各项中，（　　）不属于支付结算基本原则。

  A. 恪守信用，履约付款   B. 谁的钱进谁的账，由谁支配

  C. 先收后付，收支抵用   D. 银行不垫款

20. 根据支付结算法律制度的规定，下列有关汇兑的表述中，不正确的是（　　）。

  A. 汇兑分为信汇和电汇两种

  B. 汇兑每笔金额 1 万元起

  C. 汇兑适用于单位和个人各种款项的结算

  D. 汇兑是汇款人委托银行将其款项支付给收款人的结算方式

二、多项选择题

1. 下列属于货币资金支付业务的有（　　）。

  A. 单位有关部门或个人用款时，应当提前向审批人提交货币资金支付申请，注明款项的用途、金额、预算、支付方式等内容，并附有效经济合同或相关证明

  B. 审批人根据其职责、权限和相应程序对支付申请进行审批。对不符合规定的货币资金支付申请，审批人应当拒绝批准

  C. 复核人应当对批准后的货币资金支付申请进行复核，复核货币资金支付申请的批准范围、权限、程序是否正确等，复核无误后，交由出纳人员办理支付手续

  D. 出纳人员应当根据复核无误的支付申请，按规定办理货币资金支付手续，及时登记现金和银行存款日记账

2. ¥1 409.50，可以写成（　　）。

  A. 人民币壹仟肆佰零玖元伍角

  B. 人民币一千四百九十元五角

  C. 人民币壹仟肆佰零玖元伍角整

  D. 人民币壹仟肆佰零玖元伍角正

3. 关于银行汇票的叙述中，正确的有（　　）。

  A. 银行汇票一式四联，第一联为卡片，为承兑行支付票款时作付出传票

  B. 第二联为银行汇票，与第三联解讫通知一并由汇款人自带，在兑付行兑付汇票

后此联做银行往来账付出传票

C. 第三联解讫通知，在行兑付后随报单寄签发行，由签发行作余款收入传票

D. 第四联是多余款通知，并在签发行结清后交汇款人

4. 发卡银行可以通过（　　）途径追偿透支款项和诈骗款项。

A. 扣减持卡人保证金　　　　　B. 依法处理抵押物和质押物

C. 向保证人追索透支款项　　　D. 通过司法机关的诉讼程序进行追偿

5. 下列关于议付的表述正确的有（　　）。

A. 议付是指信用证指定的议付行在单证相符条件下，扣除议付利息后向受益人给付对价的行为

B. 只审核单据而未付出对价的，也构成议付

C. 议付行必须是开证行指定的受益人开户行，未被指定议付的银行或指定的议付行不是受益人开户行，不得办理议付

D. 议付仅限于延期付款信用证

6. 下列关于票据丧失的补救措施中，说法正确的有（　　）。

A. 只有确定付款人或代理付款人的票据丧失时，才可以进行挂失止付

B. 失票人应当在通知挂失止付后的3日内，也可以在票据丧失后，依法向人民法院申请公示催告，或者向人民法院提起诉讼

C. 申请公示催告的主体必须是可以背书转让的票据的最后持票人，失票人不知道票据的下落，利害关系人也不明确

D. 如果与票据上的权利有利害关系的人是明确的，无须公示催告，可按一般的票据纠纷向法院提起诉讼

7. 下列关于本票退款和丧失的叙述中，正确的有（　　）。

A. 申请人因银行本票超过提示付款期限或其他原因要求退款时，应将银行本票提交到出票银行，申请人为单位的，应出具该单位的证明，申请人为个人的，应出具该本人的身份证件

B. 出票银行对于在本行开立存款账户的申请人，只能将款项转入原申请人账户

C. 出票银行对于现金银行本票和未在本行开立存款账户的申请人，才能退付现金

D. 银行本票丧失，失票人可以凭人民法院出具的其享有票据权利的证明，向出票银行请求付款或退款

8. 下列属于支付结算的主要法律依据的有（　　）。

A.《票据法》　　　　　　　　B.《票据管理实施办法》

C.《支付结算办法》　　　　　D.《银行卡业务管理办法》

9. 单位和个人凭已承兑的（　　）等付款人债务证明办理款项的结算，均可以使用委托收款结算方式。

A. 商业承兑汇票　　　　　　　B. 银行承兑汇票

C. 债券　　　　　　　　　　　D. 存单

10. 银行卡按照发行主体是否在境内可以分为（　　）。
    A. 境内卡 B. 国内卡
    C. 境外卡 D. 国外卡

11. 根据《票据法》规定，下列属于票据保证必须记载事项的有（　　）。
    A. 保证人名称和住所 B. 保证文句
    C. 保证日期 D. 保证人的签章

12. 商业汇票按照承兑人的不同分为（　　）。
    A. 商业本票 B. 银行汇票
    C. 银行承兑汇票 D. 商业承兑汇票

13. 根据《票据法》规定，支票按支付票据的方式不同，分为（　　）。
    A. 现金支票 B. 转账支票
    C. 通用支票 D. 普通支票

14. 下列关于票据签章的表述中，正确的有（　　）。
    A. 票据和结算凭证上的签章，为签名、盖章或者签名加盖章
    B. 单位、银行在票据上的签章和单位在结算凭证上的签章，为该单位、银行的盖章加其法定代表人或其授权的代理人的签名或盖章
    C. 个人在票据和结算凭证上的签章，为个人本名的签名或盖章
    D. 票据签章是票据行为生效的重要要件，也是票据行为表现形式中必须记载的事项

15. 根据支付结算法律制度的规定，下列情形中，可以申请开立异地银行结算账户的是（　　）。
    A. 营业执照注册地与经营地不在同一行政区域需要开立基本存款账户的
    B. 办理异地借款需要开立一般存款账户的
    C. 存款人因附属的非独立核算单位发生的收入汇缴或业务支出需要开立专用存款账户的
    D. 异地临时经营活动需要开立临时存款账户的

16. 根据个人银行结算账户的有关规定，下列款项中正确的有（　　）。
    A. 储蓄账户仅限于办理现金存取业务，不得办理转账结算
    B. 个人银行结算账户用于办理个人转账收付和现金存取
    C. 邮政储蓄机构办理银行卡业务开立的账户纳入个人银行结算账户管理
    D. 通过个人银行结算账户使用支票、信用卡等信用支付工具

17. 存款人有下列情形的，可以申请开立临时存款账户的有（　　）。
    A. 设立临时机构 B. 注册验资
    C. 基本建设资金 D. 异地临时经营活动

18. 存款人对下列资金的管理与使用可以申请开立专用存款账户的有（　　）。
    A. 财政预算外资金 B. 住房基金

C. 基本建设资金　　　　　　　　D. 社会保障基金

19. 可以申请开立基本存款账户的包括（　　）。
　　A. 企业法人　　　　　　　　　　B. 个体工商户
　　C. 外国驻华机构　　　　　　　　D. 事业单位

20. 根据《人民币银行结算账户管理办法》的规定，下列各项中，可以办理现金支付的有（　　）。
　　A. 一般存款账户　　　　　　　　B. 临时存款账户
　　C. 基本存款账户　　　　　　　　D. 专用存款账户

三、判断题

1. 票据出票日期的大写日期未按要求规范填写的，银行可予受理，但由此造成损失的，由出票人自行承担。（　　）

2. 转汇的收款人必须是原收款人。原汇入银行必须在信、电汇凭证上加盖"转汇"戳记。（　　）

3. 不论验单付款还是验货付款，付款人都可以在承付期内提前向银行表示承付，并通知银行提前付款，银行应立即办理划款。（　　）

4. 银行卡是指经批准由商业银行（含邮政金融机构）向社会发行的具有消费信用、转账结算、存取现金等全部或部分功能的信用支付工具。（　　）

5. 未在银行开立存款账户的个人为收款人的，委托收款凭证必须记载委托银行名称。（　　）

6. 凡是与支付结算的各种结算方式有关的法律、行政法规及各部门规章和地方性规定都是支付结算的法律依据。（　　）

7. 票据记载事项一般分为必须记载事项、相对记载事项、任意记载事项和记载不产生票据法上的效力的事项等。（　　）

8. 根据《票据法》的规定，本票的出票人就是付款人。（　　）

9. 保证人对取得来源不合法的汇票也享有票据权利，承担保证责任。（　　）

10. 商业汇票是指出票人签发的，委托付款人在见票时或在指定日期无条件支付确定金额给收款人或者持票人的票据。（　　）

11. 在普通支票左上角划两条平行线的，为划线支票，划线支票只能用于支取现金，不能用于转账。（　　）

12. 票据的出票，是出票人依据《票据法》的规定在原始票据上记载法定事项并签章，做成票据。（　　）

13. 异地银行结算账户只能是单位开立。（　　）

14. 个人银行结算账户仅限于办理现金存取业务，不得办理转账结算。（　　）

15. 临时存款账户有效期最长不得超过5年。（　　）

四、案例分析题

1. 2010年，市某中外合资经营企业发生以下情况：

2月15日，经董事会批准对外报送了2009年度财务会计报告。封面上有单位负责人、总会计师的签名。因该企业于2009年5月开业，单位负责人认为开业登记时，已聘请注册会计师进行了验资，且2009年经营未满12个月，因此，在报送2009年度财务会计报告时无须再聘请注册会计师出具审计报告。

4月20日，该企业在中国银行已开设一个基本存款账户的情况下，经与本市中国工商银行负责人疏通关系，又在其营业部开设了一个基本存款账户。

8月10日，会计科负责债权债务登记的会计人员王某，因请产假，经会计科长同意，由赵某直接向出纳员赵某移交，并由王某在此期间代为登记债权债务账目。

10月20日，会计人员开出一张1.8万元的转账支票交与供货单位A企业（符合规定手续），但由于本月销货款尚未到账，持票人到银行转账时无款可以转账。

12月22日，应好友要求，会计人员黄某私自将本企业开发的新产品的成本资料和相关技术资料复制后转交给了好友。

根据材料，选择下列符合题意的选项。

(1) 一个单位可以开立（   ）个基本存款账户。

A. 1　　　　　　　　　　　　　　B. 3

C. 5　　　　　　　　　　　　　　D. 没有数量限制

(2) 关于该企业报送年度会计报告的表述中，正确的有（   ）。

A. 企业报送财务会计报告应当由单位负责人和主管会计工作的负责人、会计机构负责人（会计主管人员）签名并盖章

B. 企业报送财务会计报告，应当由单位负责人和主管会计工作的负责人签名并盖章

C. 该年度财务会计报告须经注册会计师审计，审计报告应当随同财务会计报告一并提供

D. 该年度财务会计报告须经注册会计师审计，但审计报告可以在财务会计报告之后提供

(3) 关于王某直接向出纳员赵某移交债权债务账目登记工作，下列表述错误的有（   ）。

A. 出纳人员不得兼任债权债务账目的登记工作，因此不能向出纳人员移交

B. 出纳人员可以兼任债权债务账目的登记工作，因此可以向出纳人员移交

C. 一般会计人员办理交接手续，应由会计机构负责人（会计主管人员）监交

D. 一般会计人员办理交接手续，不用监交，可以互相直接移交

(4) 企业签发空头支票，银行应处以的罚款数额为（   ）元。

A. 500　　　　　　　　　　　　　B. 900

C. 1 000　　　　　　　　　　　　D. 1 500

(5) 黄某的行为违反了下列哪一会计人员职业道德（　　）。
A. 参与管理　　　　　　　　　B. 爱岗敬业
C. 诚实守信　　　　　　　　　D. 提高技能

2. 2011 年，A 公司发生了下列事项：

A 公司销售给 B 公司一批货物，A 公司按合同约定按期交货，B 公司签发一张金额为 15 万元的转账支票交给 A 公司。A 公司到银行提示付款时，发现该支票是张空头支票。A 公司主张：中国人民银行应对 B 公司处以罚款，并要求 B 公司给予经济赔偿。

A 公司向 B 公司购买一批产品，向其交付了一张 45 万元的银行汇票，该汇票的收款人为 B 公司，付款人为 C 银行。因受市场变化的影响，该业务的实际结算金额变为 50 万元。B 公司接受此银行汇票后，到 C 银行提示付款时，C 银行拒绝付款。

A 公司某采购人员持由该公司开户银行签发的、不能用于支取现金的银行本票，前往甲公司购置一批价值 20 万元的产品。由于该采购人员保管不善，在途中将该银行本票丢失。随后，A 公司根据该采购人员的报告，将银行本票遗失情况通知公司开户银行，要求挂失止付，但公司开户银行对上述情况进行审查后拒绝办理挂失止付。

A 公司和乙公司签订一项购销合同，A 公司向乙公司开出出票后 1 个月付款的银行汇票。乙公司将汇票背书后向 D 公司转让，D 公司又背书后向 E 公司转让。

A 公司 7 月从现金收入中直接支取 6 万元用于职工福利。

结合上述资料，根据我国金融法相关规定，回答下列问题。

(1) B 公司应被中国人民银行处以（　　）元的罚款，给予 A 公司经济赔偿（　　）元。
A. 7 500，3 000　　　　　　　B. 4 000，10 000
C. 10 000，10 000　　　　　　D. 4 000，4 000

(2) 关于 C 银行的做法，下列选项正确的是（　　）。
A. C 银行做法正确
B. C 银行不应拒绝付款，应按照实际结算金额支付
C. C 银行不应拒绝付款，应按照银行汇票上填写的金额支付
D. 由于银行汇票的实际结算金额超过出票金额，所以 C 银行才不予受理

(3) 关于开户银行拒绝挂失止付的说法，正确的是（　　）。
A. 开户银行拒绝挂失止付的行为是正确的
B. A 公司不能用于支取现金的银行本票丢失不适用挂失止付
C. 银行由于无法确认此银行本票丢失的真实性才拒绝挂失止付
D. 挂失止付是票据丧失后采取的必经措施

(4) 如果乙公司未履行供货义务，下列说法正确的是（　　）。
A. A 公司有权要求银行停止支付该汇票
B. A 公司无权要求银行停止支付该汇票
C. 银行对汇票当事人之间的纠纷不承担责任
D. 票据债务人不得以其与持票人前手之间的抗辩理由对抗持票人

(5) 关于 A 公司从现金收入中直接支取 6 万元用于职工福利的做法，下列说法正确的是（   ）。

A. 由于来回转账不方便，所以 A 公司的做法符合规定

B. A 公司的做法为坐支

C. 开户单位支付现金，可以从本单位库存现金限额中支付或从开户银行提取，只有会计主管同意时才能从现金收入中直接支付

D. 开户单位支付现金，可以从本单位库存现金限额中支付或从开户银行提取，不得从本单位现金收入中直接支付

模块三

税收法律制度

模块学习目标

掌握税收的概念与分类、税收的基本特征及税法的构成因素。

掌握增值税、消费税、企业所得税和个人所得税的纳税人、计税依据、应纳税额的计算、纳税义务发生时间和纳税期限。

理解税务登记的种类。

了解发票管理的内容、纳税申报的方式。

理解税款征收的方式、税务代理及熟悉税务检查与法律责任的内容。

▶▶ 任务一 税收概述

情境1:《说文解字》注:"税,租也,从禾,兑声。"税,从禾从兑,意为交换,指农民交纳粮食,国君保护他们的土地和人身安全。从春秋时期开始,我国历朝历代均征税。可见在古代税收就和人们的生活密切联系着,而我们生活的现代,人们更是经常要与各种税打交道。不仅公司企业、个体户要照章纳税,作为普通公民的我们也要为工资交税。那么什么是税收?我国现在有多少种税?

子任务一 税收的概念和分类

(一)税收的概念和作用

1. 税收的概念

税收是国家为了满足一般的社会共同需要,凭借政治的权力,按照国家法律规定的标准,强制地、无偿地取得财政收入的一种分配形式。它体现了国家与纳税人在征税、纳税的利益分配上的一种特殊关系。

2. 税收的作用

税收具有组织收入、调节经济、维护国家政权和国家利益等方面的重要作用。

（1）税收是国家组织财政收入的主要形式和工具。税收组织财政收入的作用主要表现在三个方面：一是税收具有强制性、无偿性和固定性，能保证其收入的稳定；二是税收是按年、按季、按月征收，均匀入库，有利于财力调度，满足日常财政支出；三是税收源泉十分广泛，多税种、多税目、多层次、全方位的课税制度，能从多方面筹集财政收入。

（2）税收是国家调控经济运行的重要手段。在市场经济条件下，国家通过税收来影响不同经济领域之间的分配水平，从而影响消费倾向，进而促使资源得到有效合理的配置。同时，国家通过税收，使市场机制下形成的高收入者多负担税收，低收入者少负担税收，从而使税后收入分配趋向公平。另外，国家通过税收政策，采取对不同部门、不同行业的税收优惠，进而对国民收入进行再分配。

（3）税收具有维护国家政权的作用。国家政权是税收产生和存在的必要条件，而国家政权的存在又有赖于税收的存在。没有税收，国家机器就不可能有效运转。

（4）税收是国际经济交往中维护国家利益的可靠保证。在国际贸易中，任何国家对在本国境内从事生产经营的外国企业或者个人都拥有税收管辖权，这是国家主权权益的具体体现。

（二）税收的特征

税收特征是指税收分配形式区别于其他财政分配形式的质的规定性。税收特征是由税收的本质决定的，是税收本质属性的外在表现。税收具有强制性、无偿性和固定性三个特征。

1. 强制性

税收的强制性是国家以社会管理者身份，凭借政治权利，通过法律、法规的形式对社会产品进行强制性分配。

2. 无偿性

税收的无偿性是指国家征税以后对具体纳税人不付出任何形式的报酬和代价，征税后的税款为国家所有，不再直接归还各纳税人。无偿性是税收的关键特征，它使税收明显地区别于国债等财务收入形式。

3. 固定性

税收的固定性是指国家必须通过法律形式，在征税前事先规定了征税对象、纳税人和征税范围及税率等，也可理解为规范性。税收的固定性，是税收区别于罚没、摊派等财政收入形式的重要特征。

税收的三个基本特征是统一的整体。其中，强制性是实现税收无偿征收的强有力保证，无偿性是税收本质的体现，固定性是强制性和无偿性的必然要求。

【案例3-1】小王学习了税收的特征后认为，由于税收具有固定性，所以税收一经确定，就不会再发生变动。请问小王的想法正确吗？

【分析】小王的想法不正确。固定性指税收是按照国家法令预定的标准征收的，即征税对象、税目、纳税义务人、税率和纳税期限等都是税收法规预先规定了的，有一个比较稳定的适用纳税期限，但不意味着不会再发生变动。

（三）税收的分类

税收的分类是按照一定的标准对不同的税种进行归类。依据不同的标准，税收主要有以下几种主要分类方式。

1. 按征税对象分类

税收按征税对象分类，可将全部税收划分为流转税类、所得税类、财产税类、资源税类和行为税类五种类型。

（1）流转税类。流转税类是指以货物或劳务的流转额为征税对象的一类税收。代表税种有增值税、消费税、关税。

（2）所得税类。所得税类也称收益税类，是指以纳税人的各种所得额为课税对象的一类税收。代表税种有企业所得税、个人所得税等。

（3）财产税类。财产税类是以纳税人所拥有或支配的特定财产为征税对象的一类税收。代表税种有房产税、车船税、契税等。

（4）资源税类。资源税类是以自然资源和某些社会资源作为征税对象的一类税收。代表税种有资源税、土地增值税、城镇土地使用税、耕地占用税等。

（5）行为税类。行为税类也称特定目的税，是指国家为了实现特定目的，以纳税人的某些特定行为为征税对象的一类税收。代表税种有印花税、城市维护建设税、车辆购置税等。

2. 按征收管理的分工体系分类

按征收管理的分工体系分类，可分为工商税类、关税类。

（1）工商税类。工商税类由税务机关负责征收管理，是我国现行税制的主体部分。

（2）关税类。关税类是国家授权海关对出入关境的货物和物品为征税对象的一类税收。

3. 按照税收征收权限和收入支配权限分类

按照税收征收权限和收入支配权限分类，可分为中央税、地方税和中央地方共享税。

（1）中央税。中央税是指由中央政府征收和管理使用或者地方政府征税后全部划解中央，由中央所有和支配的税收。消费税（含进口环节由海关代征的部分）、关税、海关代征的进口环节增值税等为中央税。

（2）地方税。地方税是由地方政府征收、管理和支配的一类税收。地方税主要包括城镇土地使用税、耕地占用税、土地增值税、房产税、车船使用税、契税等。

（3）中央与地方共享税。中央与地方共享税是指税收收入由中央和地方政府按比例分享的税收。如增值税、企业所得税和个人所得税等。

4. 按照计税标准不同分类

按照计税标准不同，可分为从价税、从量税和复合税。

(1) 从价税。从价税是以课税对象的价格作为计税依据，一般实行比例税率和累进税率，税收负担比较合理。如我国现行的增值税、企业所得税、个人所得税等。

(2) 从量税。从量税是以课税对象的实物量作为计税依据征收的一种税，一般采用定额税率。如我国现行的车船使用税、城镇土地使用税、消费税中的啤酒和黄酒等。

(3) 复合税。复合税是指对征税对象采用从价和从量相结合的计税方法征收的一种税。如我国现行的消费税中对卷烟、白酒等征收的消费税。

【深入思考】

每一个税种是否只属于一类税？

【例 3-1】 我国现行的增值税属于（　　）。
A. 中央税　　　　　　　　　　B. 从价税
C. 工商税　　　　　　　　　　D. 流转税

【解析】BCD。我国的增值税属于中央地方共享税。

子任务二 税法及构成要素

> 情境2：李某为某公司职员，月工资5 000元，请问李某是否应纳税？应纳什么税？如果需要纳税，是李某自己直接向主管税务机关申报缴纳吗？

(一) 税法的概念

税法是指税收法律制度，是国家权力机关和行政机关制定的用以调整国家与纳税人之间在税收征纳方面的权利与义务关系的法律规范的总称，是国家法律的重要组成部分。

(二) 税法的分类

按税法的功能作用，主权国家形式税收管辖权的不同以及税法法律层次，可将税法分为不同的类型。

1. 按税法功能作用分类

按税法功能作用的不同，可以将税法分为税收实体法和税收程序法。

(1) 税收实体法是规定税收法律关系主体的实体权利、义务的法律规范总称。税收实体法具体规定了各种税种的征收对象、征收范围、税目、税率等。税收实体法是税法的核心部分。如《企业所得税法》《个人所得税法》就属于实体法。

(2) 税收程序法是税务管理方面的法律规范。税收程序法主要包括税收管理法、纳税程序法、发票管理法、税务机关组织法、税务争议处理法等。税收程序法是税法体系的基本组成部分。如《税收征收管理法》《进出口关税条例》就属于程序法。

2. 按主权国家行使税收管辖权分类

按主权国家行使税收管辖权不同，分为国内税法、国际税法、外国税法。

（1）国内税法是指一国在其税收管辖权范围内，调整国家与纳税人之间权利义务关系的法律规范的总称，是由国家立法机关和经由授权或依法律规定的国家行政机关制定的法律、法规和规范性文件。

（2）国际税法是指两个或两个以上的课税权主体对跨国纳税人的跨国所得或财产征税形成的分配关系，并由此形成国与国之间的税收分配形式，主要包括双边或多边国家间的税收协定、条约和国际惯例。

（3）外国税法是指外国各个国家制定的税收法律制度。

3. 按税法法律级次分类

按税法法律级次不同，分为税收法律、税收行政法规、税收行政规章和税收规范性文件。

（1）税收法律（狭义的税法），由全国人民代表大会及其常务委员会制定，其法律地位和法律效力仅次于宪法，而高于税收法规、规章。如《企业所得税法》《个人所得税法》《税收征收管理法》。

（2）税收行政法规，由国务院制定的有关税收方面的行政法规和规范性文件，其法律地位和法律效力低于宪法和税收法律。

（3）税收规章和税收规范性文件，由国务院财税主管部门（财政部、国家税务总局、海关总署和国务院关税税则委员会）根据法律和国务院行政法规或者规范性文件的要求，在本部门权限范围内发布的有关税收事项的规章和规范性文件，包括命令、通知、公告、通告、批复、意见、函等文件形式。

（三）税法的构成要素

税法的构成要素，是指各种单行税法应当具备的基本要素的总称。即除税收程序法外的税收实体法的构成要素。一般包括：征税人、纳税义务人、征税对象、税目、税率、计算依据、纳税环节、纳税期限、纳税地点、减免税与加成加倍征收、法律责任等。其中，纳税义务人、征税对象、税率是构成税法的三个最基本的要素。

1. 征税人

征税人是指代表国家行使税收征管职权的各级税务机关和其他征收机关，我国税收征管机关主要是各级税务机关和海关，因税种不同，可能有不同的征税人，如增值税的征税人是税务机关，关税的征税人是海关。

2. 纳税义务人

纳税义务人简称纳税人，又称纳税主体，是指按照税法规定的直接负有纳税义务的单位和个人。

【知识拓展】

在税收的实体法和相关理论中，还设计与纳税人相关的两个概念：扣缴义务人和负税人。

（1）扣缴义务人，是指税法规定的、在其经营活动中负有代扣代缴并向国库缴纳义务的企业或单位，也称代扣代缴义务人。

（2）负税人，是指最终负担国家征收税款的法人和自然人。纳税人与负税人是两个既有联系又有区别的概念。有的税种，税负不易转嫁，税款由纳税人负担，这类税一般称为直接税；有的税，税负比较容易转嫁，纳税人虽然纳了税，但是将税负转嫁给了别的法人或自然人，而不负担税收，这类税一般称为间接税。

3. 征税对象

征税对象也称课税对象，是指税收法律关系中主体双方权利和义务所共同指向的对象，即对什么东西征税。征税对象包括物和行为。它是区分于不同税种的主要标志。我国把税收划分为流转税、所得税类、财产税类、资源所得税类和行为税类五种类型，就是按照征税对象的不同来进行划分的。

4. 税目

税目是指税法中具体规定应当征税的项目，是征税对象的具体化，体现每个税种的征税广度。规定税目的主要目的是明确征税的具体范围和对不同的征税项目加以区分，从而制定高低不同的税率。

【知识拓展】

制定税目的基本方法有两种：一是列举法，即按照每种商品或经营项目分别设置科目，必要时还可以在一个税目下设若干个税目；二是概括法，即把性质相近的产品或项目归类设置税目，如按产品大类或行业设置税目等。

5. 税率

税率是指应纳税额与计税依据之间的比例，是计算应纳税额的尺度，也是衡量税负轻重与否的重要标志，反映征税的深度。

我国现行的税率主要有下列几种：

（1）比例税率。比例税率是指对同一征税对象，不论数额大小均按同一个比例征税的税率，如我国现行的增值税、企业所得税等采用的是比例税率。

（2）定额税率。定额税率又称为固定税率，是指按征税对象的一定计量单位，直接规定固定的税额，如我国现行消费税中啤酒黄酒、成品油等税目，城镇土地使用税等采用了定额税率。

（3）累进税率。累进税率是随税基的增加而按照其级距提高的税率，一般适用于对所得和财产征税。我国目前实行的累进税率包括超额累进税率和超率累进税率。我国现行的个人所得税采用了超额累计税率;土地增值税采用了超率累进税率。

6. 计税依据

计税依据也称为计税标准、课税依据或税基,是计算应纳税额的根据。计税依据的数额与应纳税额成正比,计税依据的数额越多,应纳税额也越多。计税依据可以分为从价计征、从量计征和复合计征三种类别。

(1) 从价计征。从价计征是指以征税对象的计税金额为计税依据计算应纳税额的一种计算方法。计税金额包括收入额、收益额、财产额和资产额等。

(2) 从量计征。从量计征是指以征税对象的重量、长度、容量和面积等计量单位为计税依据计算应纳税额的一种计征方法。

(3) 复合计征。复合计征是指以征税对象的价格和数量为计税依据计算应纳税额的一种计征方法,即同时按照从量、从价两种计税依据计算纳税人应缴纳的税额,以两种计税依据计算的税额之和作为课程对象的税额。

除了一些特殊性质的税种外,绝大多数的税种都采取从价计征。

7. 纳税环节

纳税环节,是指税法规定的征税对象从生产到消费的流转过程中缴纳税款的环节。

【深入思考】

每个税种是否都由以上税法的构成要素构成?

【例 3-2】(　　)是区别不同税种的主要标志。

A. 税目　　　　　　　　　　B. 征税对象
C. 税率　　　　　　　　　　D. 计税依据

【解析】B。征税对象是区别不同税种的主要标志。

8. 纳税期限

纳税期限是指纳税人在发生纳税义务后,应向纳税机关申报纳税的起止时间。纳税期限基本上分为两种:按期纳税和按次纳税。

9. 纳税地点

纳税地点是指纳税人(包括代征、代扣、代缴义务人)具体缴纳税款的地点,主要是根据各个税种纳税对象的纳税环节和利于对税款的源泉控制而规定的纳税人具体缴纳税款的地点。

10. 减免税

减免税是指国家对某些纳税人和课税对象基于鼓励和照顾的一种特殊规定。

(1) 减税和免税。减税是指对应征税款减少征收一部分。免税是对按规定应征收的税款全部免除。

(2) 起征点。起征点也称征税起点,是指对课税对象开始征税的数额界限。课税对象的数额没有达到规定起征点的不征税;达到或超过起征点的,就其全部数额征税。

（3）免征额。免征额是指对课税对象总额中免于征税的数额。即对课税对象中的一部分给予减免，只就超过免征额部分征税。

11. 法律责任

税收的法律责任是税收法律关系的主体因违反税法所应当承担的法律后果。

【课后思考】

1. 简述税收的特征和分类。
2. 简述税法的构成要素。
3. 我国现行的税率有哪些？
4. 起征点和免征额有什么区别？

任务二 主要税种

> 情境3：王某为一家超市新聘任的会计人员。本月，超市取得货物零售收入150 000元；向福利院捐赠部分外购商品，捐赠商品的买价为4 500元，售价为5 000元；向职工发放部分外购商品作为节日福利，发放商品的买价为3 500元，售价为4 000元；该超市为小规模纳税人。就以上业务计算税额，王某认为很简单，王某应计算缴纳什么税？他该怎么计算？

子任务一 增值税

（一）增值税的概念与分类

1. 增值税的概念

增值税是以商品（含应税劳务、服务）在流转过程中产生的增值额作为计税依据而征收的一种流转税。增值税是指对在我国境内从事销售货物、服务、无形资产、不动产或者提供加工、修理修配劳务及进口货物的单位和个人，就其货物销售或提供劳务、服务的增值额和货物进口金额为计税依据的一种流转税。

2. 增值税的分类

（1）生产型增值税是指在计算增值额时，只允许从当期销项税额中扣除原材料、燃料、动力等已纳税款，不允许扣除任何外购的固定资产税款的增值税。

（2）收入型增值税是指在计算增值额时，除扣除中间产品已纳税款，还允许在当期销项税额中扣除固定资产折旧部分所含税款。

（3）消费型增值税是指在计算增值额时，除扣除中间产品已纳税款，对纳税人购入固定资产的已纳税款,允许一次性地从当期销项税额中全部扣除,从而使纳税人用于产品的全部外购生产资料都不负担税款。

(二)增值税的征税范围

1. 征税范围的基本规定

(1)销售或者进口的货物

货物是指有形动产,包括电力、热力、气体在内。销售货物是指有偿转让货物的所有权。

(2)提供的加工、修理修配劳务

加工是指受托加工货物,即委托方提供原料及主要材料,受托方按照委托方的要求制造货物并收取加工费的业务;修理、修配是指受托对损伤和丧失功能的货物进行修复,使其恢复原状和功能的业务。

提供加工、修理修配劳务是指有偿提供加工、修理修配劳务,但单位或个体经营者聘用的员工为本单位或雇主提供加工、修理修配劳务,不包括在内。

(3)销售服务、无形资产或者不动产

销售服务,是指原应缴营业税的应税服务,包括交通运输业、邮政电信业、文化体育业、建筑业、金融保险业、服务业、娱乐业。销售无形资产或者不动产,是指有偿转让无形资产或者不动产。但属于下列非经营活动的情形除外:

①行政单位收取的同时满足以下条件的政府性基金或者行政事业性收费。包括:由国务院或者财政部批准设立的政府性基金,由国务院或者省级人民政府及其财政、价格主管部门批准设立的行政事业性收费;收取时开具省级以上(含省级)财政部门监(印)制的财政票据;所收款项全额上缴财政。

②单位或者个体工商户聘用的员工为本单位或者雇主提供取得工资的服务。

③单位或者个体工商户为聘用的员工提供服务。

④财政部和国家税务总局规定的其他情形。

2. 属于在境内销售服务、无形资产或者不动产的情形

在境内销售服务、无形资产或者不动产是指:

(1)服务(租赁不动产除外)或者无形资产(自然资源使用权除外)的销售方或者购买方在境内。

(2)所销售或者租赁的不动产在境内。

(3)所销售自然资源使用权的自然资源在境内。

(4)财政部和国家税务总局规定的其他情形。

3. 不属于在境内销售服务或者无形资产的情形

下列情形不属于在境内销售服务或者无形资产:

(1)境外单位或者个人向境内单位或者个人销售完全在境外发生的服务。

(2)境外单位或者个人向境内单位或者个人销售完全在境外使用的无形资产。

(3)境外单位或者个人向境内单位或者个人出租完全在境外使用的有形动产。

（4）财政部和国家税务总局规定的其他情形。

4. 销售服务、无形资产、不动产的具体内容

（1）销售服务

销售服务，是指提供交通运输服务、邮政服务、电信服务、建筑服务、金融服务、现代服务、生活服务。

① 交通运输服务

交通运输服务，是指利用运输工具将货物或者旅客送达目的地，使其空间位置得到转移的业务活动。包括陆路运输服务、水路运输服务、航空运输服务和管道运输服务。

a. 陆路运输服务

陆路运输服务，是指通过陆路（地上或者地下）运送货物或者旅客的运输业务活动，包括铁路运输服务和其他陆路运输服务。

铁路运输服务，是指通过铁路运送货物或者旅客的运输业务活动。

其他陆路运输服务，是指铁路运输以外的陆路运输业务活动。包括公路运输、缆车运输、索道运输、地铁运输、城市轻轨运输等。

出租车公司向使用本公司自有出租车的出租车司机收取的管理费用，按照陆路运输服务缴纳增值税。

b. 水路运输服务

水路运输服务，是指通过江、河、湖、川等天然、人工水道或者海洋航道运送货物或者旅客的运输业务活动。

水路运输的程租、期租业务，属于水路运输服务。

程租业务，是指运输企业为租船人完成某一特定航次的运输任务并收取租赁费的业务。

期租业务，是指运输企业将配备有操作人员的船舶承租给他人使用一定期限，承租期内听候承租方调遣，不论是否经营，均按天向承租方收取租赁费，发生的固定费用均由船东负担的业务。

c. 航空运输服务

航空运输服务，是指通过空中航线运送货物或者旅客的运输业务活动。

航空运输的湿租业务，属于航空运输服务。湿租业务，是指航空运输企业将配备有机组人员的飞机承租给他人使用一定期限，承租期内听候承租方调遣，不论是否经营，均按一定标准向承租方收取租赁费，发生的固定费用均由承租方承担的业务。

航天运输服务，按照航空运输服务缴纳增值税。

航天运输服务，是指利用火箭等载体将卫星、空间探测器等空间飞行器发射到空间轨道的业务活动。

d. 管道运输服务

管道运输服务，是指通过管道设施输送气体、液体、固体物质的运输业务活动。

无运输工具承运业务，按照交通运输服务缴纳增值税。

无运输工具承运业务,是指经营者以承运人身份与托运人签订运输服务合同,收取运费并承担承运人责任,然后委托实际承运人完成运输服务的经营活动。

②邮政服务

邮政服务,是指中国邮政集团公司及其所属邮政企业提供邮件寄递、邮政汇兑和机要通信等邮政基本服务的业务活动。包括邮政普遍服务、邮政特殊服务和其他邮政服务。

a. 邮政普遍服务

邮政普遍服务,是指函件、包裹等邮件寄递,以及邮票发行、报刊发行和邮政汇兑等业务活动。

函件,是指信函、印刷品、邮资封片卡、无名址函件和邮政小包等。

包裹,是指按照封装上的名址递送给特定个人或者单位的独立封装的物品,其重量不超过 50 千克,任何一边的尺寸不超过 150 厘米,长、宽、高合计不超过 300 厘米。

b. 邮政特殊服务

邮政特殊服务,是指义务兵平常信函、机要通信、盲人读物和革命烈士遗物的寄递等业务活动。

c. 其他邮政服务

其他邮政服务,是指邮册等邮品销售、邮政代理等业务活动。

③电信服务

电信服务,是指利用有线、无线的电磁系统或者光电系统等各种通信网络资源,提供语音通话服务,传送、发射、接收或者应用图像、短信等电子数据和信息的业务活动。包括基础电信服务和增值电信服务。

a. 基础电信服务

基础电信服务,是指利用固网、移动网、卫星、互联网,提供语音通话服务的业务活动,以及出租或者出售带宽、波长等网络元素的业务活动。

b. 增值电信服务

增值电信服务,是指利用固网、移动网、卫星、互联网、有线电视网络,提供短信和彩信服务、电子数据和信息的传输及应用服务、互联网接入服务等业务活动。

卫星电视信号落地转接服务,按照增值电信服务缴纳增值税。

④建筑服务

建筑服务,是指各类建筑物、构筑物及其附属设施的建造、修缮、装饰,线路、管道、设备、设施等的安装以及其他工程作业的业务活动。包括工程服务、安装服务、修缮服务、装饰服务和其他建筑服务。

a. 工程服务

工程服务,是指新建、改建各种建筑物、构筑物的工程作业,包括与建筑物相连的各种设备或者支柱、操作平台的安装或者装设工程作业,以及各种窑炉和金属结构工程作业。

b. 安装服务

安装服务，是指生产设备、动力设备、起重设备、运输设备、传动设备、医疗实验设备以及其他各种设备、设施的装配、安置工程作业，包括与被安装设备相连的工作台、梯子、栏杆的装设工程作业，以及被安装设备的绝缘、防腐、保温、油漆等工程作业。

固定电话、有线电视、宽带、水、电、燃气、暖气等经营者向用户收取的安装费、初装费、开户费、扩容费以及类似收费，按照安装服务缴纳增值税。

c. 修缮服务

修缮服务，是指对建筑物、构筑物进行修补、加固、养护、改善，使之恢复原来的使用价值或者延长其使用期限的工程作业。

d. 装饰服务

装饰服务，是指对建筑物、构筑物进行修饰装修，使之美观或者具有特定用途的工程作业。

e. 其他建筑服务

其他建筑服务，是指上列工程作业之外的各种工程作业服务，如钻井（打井）、拆除建筑物或者构筑物、平整土地、园林绿化、疏浚（不包括航道疏浚）、建筑物平移、搭脚手架、爆破、矿山穿孔、表面附着物（包括岩层、土层、沙层等）剥离和清理等工程作业。

⑤金融服务

金融服务，是指经营金融保险的业务活动。包括贷款服务、直接收费金融服务、保险服务和金融商品转让。

a. 贷款服务

贷款，是指将资金贷与他人使用而取得利息收入的业务活动。

各种占用、拆借资金取得的收入，包括金融商品持有期间（含到期）利息（保本收益、报酬、资金占用费、补偿金等）收入、信用卡透支利息收入、买入返售金融商品利息收入、融资融券收取的利息收入，以及融资性售后回租、押汇、罚息、票据贴现、转贷等业务取得的利息及利息性质的收入，按照贷款服务缴纳增值税。

融资性售后回租，是指承租方以融资为目的，将资产出售给从事融资性售后回租业务的企业后，从事融资性售后回租业务的企业将该资产出租给承租方的业务活动。

以货币资金投资收取的固定利润或者保底利润，按照贷款服务缴纳增值税。

b. 直接收费金融服务

直接收费金融服务，是指为货币资金融通及其他金融业务提供相关服务并且收取费用的业务活动。包括提供货币兑换、账户管理、电子银行、信用卡、信用证、财务担保、资产管理、信托管理、基金管理、金融交易场所（平台）管理、资金结算、资金清算、金融支付等服务。

c. 保险服务

保险服务，是指投保人根据合同约定，向保险人支付保险费，保险人对于合同约定的可能发生的事故因其发生所造成的财产损失承担赔偿保险金责任,或者当被保险人死亡、伤残、疾病或者达到合同约定的年龄、期限等条件时承担给付保险金责任的商业保险行为。包括人身保险服务和财产保险服务。

人身保险服务,是指以人的寿命和身体为保险标的的保险业务活动。

财产保险服务,是指以财产及其有关利益为保险标的的保险业务活动。

d. 金融商品转让

金融商品转让,是指转让外汇、有价证券、非货物期货和其他金融商品所有权的业务活动。

其他金融商品转让包括基金、信托、理财产品等各类资产管理产品和各种金融衍生品的转让。

⑥现代服务

现代服务,是指围绕制造业、文化产业、现代物流产业等提供技术性、知识性服务的业务活动。包括研发和技术服务、信息技术服务、文化创意服务、物流辅助服务、租赁服务、鉴证咨询服务、广播影视服务、商务辅助服务和其他现代服务。

a. 研发和技术服务

研发和技术服务,包括研发服务、合同能源管理服务、工程勘察勘探服务、专业技术服务。

研发服务,也称技术开发服务,是指就新技术、新产品、新工艺或者新材料及其系统进行研究与试验开发的业务活动。

合同能源管理服务,是指节能服务公司与用能单位以契约形式约定节能目标,节能服务公司提供必要的服务,用能单位以节能效果支付节能服务公司投入及其合理报酬的业务活动。

工程勘察勘探服务,是指在采矿、工程施工前后,对地形、地质构造、地下资源蕴藏情况进行实地调查的业务活动。

专业技术服务,是指气象服务、地震服务、海洋服务、测绘服务、城市规划、环境与生态监测服务等专项技术服务。

b. 信息技术服务

信息技术服务,是指利用计算机、通信网络等技术对信息进行生产、收集、处理、加工、存储、运输、检索和利用,并提供信息服务的业务活动。包括软件服务、电路设计及测试服务、信息系统服务、业务流程管理服务和信息系统增值服务。

软件服务,是指提供软件开发服务、软件维护服务、软件测试服务的业务活动。

电路设计及测试服务,是指提供集成电路和电子电路产品设计、测试及相关技术支持服务的业务活动。

信息系统服务,是指提供信息系统集成、网络管理、网站内容维护、桌面管理与维护、信息系统应用、基础信息技术管理平台整合、信息技术基础设施管理、数据中心、托管中心、信息安全服务、在线杀毒、虚拟主机等业务活动。包括网站对非自有的网络游戏提供的网络运营服务。

业务流程管理服务，是指依托信息技术提供的人力资源管理、财务经济管理、审计管理、税务管理、物流信息管理、经营信息管理和呼叫中心等服务的活动。

信息系统增值服务，是指利用信息系统资源为用户附加提供的信息技术服务。包括数据处理、分析和整合、数据库管理、数据备份、数据存储、容灾服务、电子商务平台等。

c. 文化创意服务

文化创意服务，包括设计服务、知识产权服务、广告服务和会议展览服务。

设计服务，是指把计划、规划、设想通过文字、语言、图画、声音、视觉等形式传递出来的业务活动。包括工业设计、内部管理设计、业务运作设计、供应链设计、造型设计、服装设计、环境设计、平面设计、包装设计、动漫设计、网游设计、展示设计、网站设计、机械设计、工程设计、广告设计、创意策划、文印晒图等。

知识产权服务，是指处理知识产权事务的业务活动。包括对专利、商标、著作权、软件、集成电路布图设计的登记、鉴定、评估、认证、检索服务。

广告服务，是指利用图书、报纸、杂志、广播、电视、电影、幻灯、路牌、招贴、橱窗、霓虹灯、灯箱、互联网等各种形式为客户的商品、经营服务项目、文体节目或者通告、声明等委托事项进行宣传和提供相关服务的业务活动。包括广告代理和广告的发布、播映、宣传、展示等。

会议展览服务，是指为商品流通、促销、展示、经贸洽谈、民间交流、企业沟通、国际往来等举办或者组织安排的各类展览和会议的业务活动。

d. 物流辅助服务

物流辅助服务，包括航空服务、港口码头服务、货运客运场站服务、打捞救助服务、装卸搬运服务、仓储服务和收派服务。

航空服务，包括航空地面服务和通用航空服务。航空地面服务，是指航空公司、飞机场、民航管理局、航站等向在境内航行或者在境内机场停留的境内外飞机或者其他飞行器提供的导航等劳务性地面服务的业务活动。包括旅客安全检查服务、停机坪管理服务、机场候机厅管理服务、飞机清洗消毒服务、空中飞行管理服务、飞机起降服务、飞行通讯服务、地面信号服务、飞机安全服务、飞机跑道管理服务、空中交通管理服务等。通用航空服务，是指为专业工作提供飞行服务的业务活动，包括航空摄影、航空培训、航空测量、航空勘探、航空护林、航空吊挂播洒、航空降雨、航空气象探测、航空海洋监测、航空科学实验等。

港口码头服务，是指港务船舶调度服务、船舶通讯服务、航道管理服务、航道疏浚服务、灯塔管理服务、航标管理服务、船舶引航服务、理货服务、系解缆服务、停泊和移泊服务、海上船舶溢油清除服务、水上交通管理服务、船只专业清洗消毒检测服务和防止船只漏油服务等为船只提供服务的业务活动。港口设施经营人收取的港口设施保安费按照港口码头服务缴纳增值税。

货运客运场站服务，是指货运客运场站提供货物配载服务、运输组织服务、中转换乘服务、车辆调度服务、票务服务、货物打包整理、铁路线路使用服务、加挂铁路客车服务、铁路行包专列发送服务、铁路到达和中转服务、铁路车辆编解服务、车辆挂运服务、铁路接触网服务、铁路机车牵引服务等业务活动。

打捞救助服务，是指提供船舶人员救助、船舶财产救助、水上救助和沉船沉物打捞服务的业务活动。

装卸搬运服务，是指使用装卸搬运工具或者人力、畜力将货物在运输工具之间、装卸现场之间或者运输工具与装卸现场之间进行装卸和搬运的业务活动。

仓储服务，是指利用仓库、货场或者其他场所代客贮放、保管货物的业务活动。

收派服务，是指接受寄件人委托，在承诺的时限内完成函件和包裹的收件、分拣、派送服务的业务活动。收件服务，是指从寄件人收取函件和包裹，并运送到服务提供方同城的集散中心的业务活动。分拣服务，是指服务提供方在其集散中心对函件和包裹进行归类、分发的业务活动。派送服务，是指服务提供方从其集散中心将函件和包裹送达同城的收件人的业务活动。

e. 租赁服务

租赁服务，包括融资租赁服务和经营租赁服务。

融资租赁服务，是指具有融资性质和所有权转移特点的租赁活动。即出租人根据承租人所要求的规格、型号、性能等条件购入有形动产或者不动产租赁给承租人，合同期内租赁物所有权属于出租人，承租人只拥有使用权，合同期满付清租金后，承租人有权按照残值购入租赁物，以拥有其所有权。不论出租人是否将租赁物销售给承租人，均属于融资租赁。按照标的物的不同，融资租赁服务可分为有形动产融资租赁服务和不动产融资租赁服务。融资性售后回租不按照本税目缴纳增值税。

经营租赁服务，是指在约定时间内将有形动产或者不动产转让他人使用且租赁物所有权不变更的业务活动。按照标的物的不同，经营租赁服务可分为有形动产经营租赁服务和不动产经营租赁服务。将建筑物、构筑物等不动产或者飞机、车辆等有形动产的广告位出租给其他单位或者个人用于发布广告，按照经营租赁服务缴纳增值税。车辆停放服务、道路通行服务（包括过路费、过桥费、过闸费等）等按照不动产经营租赁服务缴纳增值税。水路运输的光租业务、航空运输的干租业务，属于经营租赁。光租业务，是指运输企业将船舶在约定的时间内出租给他人使用，不配备操作人员，不承担运输过程中发生的各项费用，只收取固定租赁费的业务活动。干租业务，是指航空运输企业将飞机在约定的时间内出租给他人使用，不配备机组人员，不承担运输过程中发生的各项费用，只收取固定租赁费的业务活动。

f. 鉴证咨询服务

鉴证咨询服务，包括认证服务、鉴证服务和咨询服务。

认证服务，是指具有专业资质的单位利用检测、检验、计量等技术，证明产品、服务、管理体系符合相关技术规范、相关技术规范的强制性要求或者标准的业务活动。

鉴证服务，是指具有专业资质的单位受托对相关事项进行鉴证，发表具有证明力的意见的业务活动。包括会计鉴证、税务鉴证、法律鉴证、职业技能鉴定、工程造价鉴证、工程监理、资产评估、环境评估、房地产土地评估、建筑图纸审核、医疗事故鉴定等。

咨询服务，是指提供信息、建议、策划、顾问等服务的活动。包括金融、软件、技术、财务、税收、法律、内部管理、业务运作、流程管理、健康等方面的咨询。

翻译服务和市场调查服务按照咨询服务缴纳增值税。

g. 广播影视服务

广播影视服务，包括广播影视节目（作品）的制作服务、发行服务和播映（含放映，下同）服务。

广播影视节目（作品）制作服务，是指进行专题（特别节目）、专栏、综艺、体育、动画片、广播剧、电视剧、电影等广播影视节目和作品制作的服务。具体包括与广播影视节目和作品相关的策划、采编、拍摄、录音、音视频文字图片素材制作、场景布置、后期的剪辑、翻译（编译）、字幕制作、片头、片尾、片花制作、特效制作、影片修复、编目和确权等业务活动。

广播影视节目（作品）发行服务，是指以分账、买断、委托等方式，向影院、电台、电视台、网站等单位和个人发行广播影视节目（作品）以及转让体育赛事等活动的报道及播映权的业务活动。

广播影视节目（作品）播映服务，是指在影院、剧院、录像厅及其他场所播映广播影视节目（作品），以及通过电台、电视台、卫星通信、互联网、有线电视等无线或者有线装置播映广播影视节目（作品）的业务活动。

h. 商务辅助服务

商务辅助服务，包括企业管理服务、经纪代理服务、人力资源服务、安全保护服务。

企业管理服务，是指提供总部管理、投资与资产管理、市场管理、物业管理、日常综合管理等服务的业务活动。

经纪代理服务，是指各类经纪、中介、代理服务。包括金融代理、知识产权代理、货物运输代理、代理报关、法律代理、房地产中介、职业中介、婚姻中介、代理记账、拍卖等。货物运输代理服务，是指接受货物收货人、发货人、船舶所有人、船舶承租人或者船舶经营人的委托，以委托人的名义，为委托人办理货物运输、装卸、仓储和船舶进出港口、引航、靠泊等相关手续的业务活动。代理报关服务，是指接受进出口货物的收、发货人委托，代为办理报关手续的业务活动。

人力资源服务，是指提供公共就业、劳务派遣、人才委托招聘、劳动力外包等服务的业务活动。

安全保护服务，是指提供保护人身安全和财产安全，维护社会治安等的业务活动。包括场所住宅保安、特种保安、安全系统监控以及其他安保服务。

i. 其他现代服务

其他现代服务，是指除研发和技术服务、信息技术服务、文化创意服务、物流辅助服务、租赁服务、鉴证咨询服务、广播影视服务和商务辅助服务以外的现代服务。

⑦生活服务

生活服务，是指为满足城乡居民日常生活需求提供的各类服务活动。包括文化体育服务、教育医疗服务、旅游娱乐服务、餐饮住宿服务、居民日常服务和其他生活服务。

a. 文化体育服务

文化体育服务，包括文化服务和体育服务。

文化服务，是指为满足社会公众文化生活需求提供的各种服务。包括：文艺创作、文艺表演、文化比赛，图书馆的图书和资料借阅，档案馆的档案管理，文物及非物质遗产保护，组织举办宗教活动、科技活动、文化活动，提供游览场所。

体育服务，是指组织举办体育比赛、体育表演、体育活动，以及提供体育训练、体育指导、体育管理的业务活动。

b. 教育医疗服务

教育医疗服务，包括教育服务和医疗服务。

教育服务，是指提供学历教育服务、非学历教育服务、教育辅助服务的业务活动。学历教育服务，是指根据教育行政管理部门确定或者认可的招生和教学计划组织教学，并颁发相应学历证书的业务活动。包括初等教育、初级中等教育、高级中等教育、高等教育等。非学历教育服务，包括学前教育、各类培训、演讲、讲座、报告会等。教育辅助服务，包括教育测评、考试、招生等服务。

医疗服务，是指提供医学检查、诊断、治疗、康复、预防、保健、接生、计划生育、防疫服务等方面的服务，以及与这些服务有关的提供药品、医用材料器具、救护车、病房住宿和伙食的业务。

c. 旅游娱乐服务

旅游娱乐服务，包括旅游服务和娱乐服务。

旅游服务，是指根据旅游者的要求，组织安排交通、游览、住宿、餐饮、购物、文娱、商务等服务的业务活动。

娱乐服务，是指为娱乐活动同时提供场所和服务的业务。

具体包括：歌厅、舞厅、夜总会、酒吧、台球、高尔夫球、保龄球、游艺（包括射击、狩猎、跑马、游戏机、蹦极、卡丁车、热气球、动力伞、射箭、飞镖）。

d. 餐饮住宿服务

餐饮住宿服务，包括餐饮服务和住宿服务。

餐饮服务，是指通过同时提供饮食和饮食场所的方式为消费者提供饮食消费服务的业务活动。

住宿服务，是指提供住宿场所及配套服务等的活动。包括宾馆、旅馆、旅社、度假村和其他经营性住宿场所提供的住宿服务。

e. 居民日常服务

居民日常服务，是指主要为满足居民个人及其家庭日常生活需求提供的服务，包括市容市政管理、家政、婚庆、养老、殡葬、照料和护理、救助救济、美容美发、按摩、桑拿、氧吧、足疗、沐浴、洗染、摄影扩印等服务。

f. 其他生活服务

其他生活服务,是指除文化体育服务、教育医疗服务、旅游娱乐服务、餐饮住宿服务和居民日常服务之外的生活服务。

(2) 销售无形资产

销售无形资产,是指转让无形资产所有权或者使用权的业务活动。无形资产,是指不具实物形态,但能带来经济利益的资产,包括技术、商标、著作权、商誉、自然资源使用权和其他权益性无形资产。

技术,包括专利技术和非专利技术。

自然资源使用权,包括土地使用权、海域使用权、探矿权、采矿权、取水权和其他自然资源使用权。

其他权益性无形资产,包括基础设施资产经营权、公共事业特许权、配额、经营权(包括特许经营权、连锁经营权、其他经营权)、经销权、分销权、代理权、会员权、席位权、网络游戏虚拟道具、域名、名称权、肖像权、冠名权、转会费等。

(3) 销售不动产

销售不动产,是指转让不动产所有权的业务活动。不动产,是指不能移动或者移动后会引起性质、形状改变的财产,包括建筑物、构筑物等。

建筑物,包括住宅、商业营业用房、办公楼等可供居住、工作或者进行其他活动的建造物。

构筑物,包括道路、桥梁、隧道、水坝等建造物。

转让建筑物有限产权或者永久使用权的,转让在建的建筑物或者构筑物所有权的,以及在转让建筑物或者构筑物时一并转让其所占土地的使用权的,按照销售不动产缴纳增值税。

5. 征收范围的特殊规定

(1) 视同销售

单位或个体工商户的下列行为,视同销售货物:

①将货物交付其他单位或者个人代销;

②销售代销货物;

③设有两个以上机构并实行统一核算的纳税人,将货物从一个机构移送其他机构用于销售,但相关机构设在同一县(市)的除外;

④将自产或委托加工的货物用于非增值税应税项目;

⑤将自产、委托加工的货物用于集体福利或个人消费;

⑥将自产、委托加工或购进的货物作为投资,提供给其他单位或个体工商户;

⑦将自产、委托加工或购进的货物分配给股东或投资者;

⑧将自产、委托加工或购进的货物无偿赠送其他单位或个人;

⑨单位或者个体工商户向其他单位或者个人无偿提供服务,但用于公益事业或者以社会公众为对象的除外;

⑩单位或者个人向其他单位或者个人无偿转让无形资产或者不动产,但用于公益事业或者以社会公众为对象的除外。

财政部和国家税务总局规定的其他情形。

上述第⑤项所称"集体福利或个人消费"是指企业内部设置的供职工使用的食堂、浴室、理发室、宿舍、幼儿园等福利设施及设备、物品等,或者以福利、奖励、津贴等形式发放给职工个人的物品。

(2) 混合销售行为

> 情境4:丁某刚到某家大型家电超市上班,发现本月该超市销售空调取得销售额10万元,同时收取安装费2 000元。丁某认为销售额10万元应征增值税,安装费2 000元应按照建筑服务业11%的税率缴纳增值税。请问丁某的想法正确吗?

一项销售行为如果既涉及货物又涉及服务,为混合销售。从事货物的生产、批发或者零售的单位和个体工商户的混合销售行为,按照销售货物缴纳增值税;其他单位和个体工商户的混合销售行为,按照销售服务缴纳增值税。

上述从事货物的生产、批发或者零售的单位和个体工商户,包括以从事货物的生产、批发或者零售为主,并兼营销售服务的单位和个体工商户在内。

(3) 兼营

试点纳税人销售货物、加工修理修配劳务、服务、无形资产或者不动产适用不同税率或者征收率的,应当分别核算适用不同税率或者征收率的销售额,未分别核算销售额的,按照以下方法适用税率或者征收率:

①兼有不同税率的销售货物、加工修理修配劳务、服务、无形资产或者不动产,从高适用税率。

②兼有不同征收率的销售货物、加工修理修配劳务、服务、无形资产或者不动产,从高适用征收率。

③兼有不同税率和征收率的销售货物、加工修理修配劳务、服务、无形资产或者不动产,从高适用税率。

【深入思考】

兼营行为与混合销售行为的区别?

(4) 混业经营

纳税人兼有不同税率或者征收率的销售货物、提供应税劳务、销售应税服务的,应当分别核算销售额的,未分别核算销售额的,从高适应税率或者征收率。

【例3-3】下列行为中,属于视同销售货物,应征收增值税的是( )。

A. 某公司将外购的部分水果用于职工福利

B. 某建筑企业将外购的水泥用于基建工程

C. 某商店为服装厂代销女士服装

D. 某商场将外购的桌凳用于内部招待所

【解析】C。选项ABD的属于外购货物，其用途和规定不相符，所以不属于税法规定的视同销售项目。

（三）增值税的纳税人

在中华人民共和国境内（以下称境内）销售货物、服务、无形资产或者不动产，提供加工、修理修配劳务（以下称应税行为）、进口货物单位和个人，为增值税纳税人，简称纳税人。单位，是指企业、行政单位、事业单位、军事单位、社会团体及其他单位。个人，是指个体工商户和其他个人。

为加强增值税的征收管理，可将增值税纳税人划分为一般纳税人和小规模纳税人。划分一般纳税人和小规模纳税人的基本依据是纳税人的会计核算是否健全，是否能够提供准确的税务资料，以及企业经营规模的大小。

1. 增值税一般纳税人

一般纳税人是指年应征增值税销售额（以下简称"年应税销售额"，包括一个公历年度内的全部应税销售额）超过《增值税暂行条例实施细则》规定的小规模纳税人标准的企业和企业性单位。一般纳税人的特点是增值税进项税额可以抵扣销项税额。

下列纳税人不属于一般纳税人：

（1）年应税销售额未超过小规模纳税人标准的企业（以下简称小规模企业）。

（2）个人（除个体工商户以外的其他个人）。

（3）非企业性单位。

（4）不经常发生增值税应税行为的企业。

纳税人自认定机关认定为一般纳税人的次月起（新开业纳税人自主营税务机关受理申请的当月起），按照《增值税暂行条例》第四条的规定计算应纳税额，并按照规定领购、使用增值税专用发票。除国家税务总局另有规定外，纳税人一经认定为一般纳税人后，不得转为小规模纳税人。

2. 增值税小规模纳税人

小规模纳税人是指经营规模较小、年销售额在规定标准以下，并且会计核算不健全、不能按规定报送有关税务资料的增值税纳税人。

有下列情形之一的，可认定为小规模纳税人：

（1）从事货物生产或提供应税劳务的纳税人，以及以从事货物生产或提供应税劳为主，并兼营货物批发或零售的纳税人，年应税销售额在50万元（含50万元）以下的。以从事货物生产或者提供应税劳务为主，是指纳税人的年货物生产或者提供应税劳务的销售额占年应税销售额的比重在50%以上。

（2）从事货物批发或零售的纳税人，年应税销售额在80万元（含80万元）以下的。

（3）对提供应税服务，年应税服务销售额在500万以下的。

(4) 年应税销售额超过小规模纳税人标准的个人按小规模纳税人纳税。

(5) 非企业性单位、不经常发生增值税应税行为的企业，可选择小规模纳税人纳税。

小规模纳税人未超过规定标准的纳税人会计核算健全，能够提供准确税务资料的，可以向主管税务机关申请一般纳税人资格认定，成为一般纳税人。这里"会计核算健全"，是指能够按照国家统一的会计制度规定设置账簿，根据合法、有效凭证核算。

（四）增值税的扣缴义务人

中华人民共和国境外（以下简称境外）的单位或者个人在境内提供应税服务，在境内未设有经营机构的，以其代理人为增值税扣缴义务人；在境内没有代理人的，以接受方为增值税扣缴义务人。

境外单位或者个人在境内提供应税服务，在境内未设有经营机构的，扣缴义务人按照下列公式计算应扣缴税额：

$$应扣缴税额 = 接受方支付的价款 \div (1+税率) \times 税率。$$

（五）增值税税率

> 情境5：某日，甲、乙、丙一起讨论增值税税率。甲说：面条属于一种粮食，应适用低税率；乙说：酸奶不是鲜奶，酸奶应适用基本税率；丙说：农机不包括农机零配件，农机零配件应适用基本税率。请问甲、乙、丙的说法正确吗？

我国目前增值税采用比例税率，按照一定的比例征收。目前，我国增值税税率包括以下几种。

1. 基本税率

增值税一般纳税人销售或者进口货物，提供加工、修理修配劳务，提供有形动产租赁服务，除低税率适用范围和销售个别旧货适用低税率外，税率一律为17%，这就是通常所说的基本税率。

2. 低税率

(1) 增值税一般纳税人销售或者进口下列货物，按低税率计征增值税，低税率为13%。

①粮食、食用植物油；

②自来水、暖气、冷气、热水、煤气、石油液化气、天然气、沼气、居民用煤炭制品；

③图书、报纸、杂志；

④饲料、化肥、农药、农机（不包括农机零配件）、农膜；

⑤国务院规定的其他货物。

(2) 下列应税服务按照低税率征收增值税：

①提供交通运输、邮政、基础电信、建筑、不动产租赁服务，销售不动产，转让土地使用权，税率为11%。

②提供有形动产租赁服务，税率为17%。

③其他应税服务(有形动产租赁服务除外)，税率为6%。

3.零税率

纳税人出口货物及中华人民共和国境内（以下称境内）的单位和个人销售的下列服务和无形资产适用零税率。

（1）国际运输服务，包括：在境内载运旅客或者货物出境；在境外载运旅客或者货物入境；在境外载运旅客或者货物。

（2）航天运输服务。

（3）向境外单位提供的完全在境外消费的服务，包括：研发服务；合同能源管理服务；设计服务；广播影视节目（作品）的制作和发行服务；软件服务；电路设计及测试服务；信息系统服务；业务流程管理服务；离岸服务外包业务；转让技术。

（4）财政部和国家税务总局规定的其他服务。

4.征收率

对小规模纳税人实行按销售额与征收率计算应纳税额的简易办法。按照《增值税暂行条例》的规定，自2009年1月1日起，小规模纳税人增值税征收率调整为3%。

纳税人提供适用不同税率或者征收率的应税服务，应当分别核算适用不同税率或者征收率的销售额；未分别核算的，从高适用税率。

【例3-4】根据增值税有关规定，下列产品中适用13%税率的有（   ）。

A.食用蔬菜   B.饲料

C.速冻饺子   D.鱼虾等水产品

【解析】ABD。蔬菜、饲料、水产品等适用13%税率征收增值税，速冻饺子按照17%税率征税。

（六）免征增值税

情境6：谭某毕业后经营了一家书店，该书店不仅销售新出版的图书，还销售收购的旧图书。谭某认为图书利润微薄，不管销售新书还是旧书都应免征增值税。请问谭某的想法正确吗？

1.免征增值税的项目

（1）农业生产者销售的自产农产品。

（2）避孕药品和用具。

（3）古旧图书。

（4）直接用于科学研究、科学实验和教学的进口仪器、设备。

（5）由残疾人的组织直接进口供残疾人专用的物品。

（6）外国政府、国际组织无偿援助的进口物资和设备。

（7）销售自己用过的物品。

（8）托儿所、幼儿园提供的保育和教育服务。

（9）养老机构提供的养老服务。

（10）残疾人福利机构提供的育养服务。

（11）婚姻介绍服务。

（12）殡葬服务。

（13）残疾人员本人为社会提供的服务。

（14）医疗机构提供的医疗服务。

（15）从事学历教育的学校提供的教育服务。

（16）学生勤工俭学提供的服务。

（17）农业机耕、排灌、病虫害防治、植物保护、农牧保险以及相关技术培训业务，家禽、牲畜、水生动物的配种和疾病防治。

（18）纪念馆、博物馆、文化馆、文物保护单位管理机构、美术馆、展览馆、书画院、图书馆在自己的场所提供文化体育服务取得的第一道门票收入。

（19）寺院、宫观、清真寺和教堂举办文化、宗教活动的门票收入。

（20）行政单位之外的其他单位收取的符合《营业税改征增值税试点实施办法》第十条规定条件的政府性基金和行政事业性收费。

（21）个人转让著作权。

（22）个人销售自建自用住房。

（23）2018年12月31日前，公共租赁住房经营管理单位出租公共租赁住房。

（24）台湾航运公司、航空公司从事海峡两岸海上直航、空中直航业务在大陆取得的运输收入。

（25）纳税人提供的直接或者间接国际货物运输代理服务。

（26）以下利息收入：2016年12月31日前，金融机构农户小额贷款；国家助学贷款；国债、地方政府债；人民银行对金融机构的贷款；住房公积金管理中心用住房公积金在指定的委托银行发放的个人住房贷款；外汇管理部门在从事国家外汇储备经营过程中，委托金融机构发放的外汇贷款；统借统还业务中，企业集团或企业集团中的核心企业以及集团所属财务公司按不高于支付给金融机构的借款利率水平或者支付的债券票面利率水平，向企业集团或者集团内下属单位收取的利息。统借方向资金使用单位收取的利息，高于支付给金融机构借款利率水平或者支付的债券票面利率水平的，应全额缴纳增值税。

（27）被撤销金融机构以货物、不动产、无形资产、有价证券、票据等财产清偿债务。

（28）保险公司开办的一年期以上人身保险产品取得的保费收入。

2. 免征增值税的服务

（1）下列服务：工程项目在境外的建筑服务；工程项目在境外的工程监理服务；工程、矿产资源在境外的工程勘察勘探服务；会议展览地点在境外的会议展览服务；存储地点在境外的仓储服务；标的物在境外使用的有形动产租赁服务；在境外提供的广播影视节目（作品）的播映服务；在境外提供的文化体育服务、教育医疗服务、旅游服务。

（2）为出口货物提供的邮政服务、收派服务、保险服务。为出口货物提供的保险服务，包括出口货物保险和出口信用保险。

（3）向境外单位提供的完全在境外消费的下列服务和无形资产：电信服务；知识产权服务；物流辅助服务（仓储服务、收派服务除外）；鉴证咨询服务；专业技术服务；商务辅助服务；广告投放地在境外的广告服务；无形资产。

（4）以无运输工具承运方式提供的国际运输服务。

（5）为境外单位之间的货币资金融通及其他金融业务提供的直接收费金融服务，且该服务与境内的货物、无形资产和不动产无关。

（6）财政部和国家税务总局规定的其他服务。

（七）增值税的计税方法

我国增值税的计税方法包括一般计税方法和简易计税方法。一般纳税人发生应税行为适用一般计税方法计税。

一般纳税人发生财政部和国家税务总局规定的特定应税行为，可以选择适用简易计税方法计税，但一经选择，36个月内不得变更。

小规模纳税人发生应税行为适用简易计税方法计税。

境外单位或者个人在境内发生应税行为，在境内未设有经营机构的，扣缴义务人按照下列公式计算应扣缴税额：

$$应扣缴税额 = 购买方支付的价款 \div (1+税率) \times 税率。$$

（八）增值税一般纳税人应纳税额的计算

我国增值税实行扣税法。一般纳税人凭增值税专用发票及其他合法扣税凭证注明税款进行抵扣，其应纳增值税的计算公式为：

$$应纳税额 = 当期销项税额 - 当期进项税额$$
$$= 当期销售额 \times 适用税率 - 当期进项税额。$$

1. 销售额

（1）一般销售方式下销售额的确定

销售额，是指纳税人销售货物或者提供应税劳务收取的全部价款和价外费用，但不包括向购买方收取的销项税额。即销售额为不含增值税的销售额和价外费用。

价外费用包括向购货方收取的手续费、补贴、基金、集资费、返还利润、奖励费、违约金、滞纳金、延期付款利息、赔偿金、包装费、包装物租金、储备费、优质费、运输费装卸费、代收款项、代垫款项及其他各种性质的价外费用。但下列项目不包括在内：

①向购买方收取的销项税额。

②受托加工应征消费税的消费品所代收代缴的消费税。

③同时符合以下条件的代垫运费：承运部门将运费发票开具给购货方的；纳税人将该项发票转交给购货方的。

④同时符合以下条件代为收取的政府性基金或者行政事业性收费：由国务院或者财政部批准设立的政府性基金，由国务院或者省级人民政府及其财政、价格主管部门批准设立的行政事业性收费；收取时开具省级以上财政部门印制的财政票据；所收款项全额上缴财政。

⑤销售货物的同时代办保险等而向购买方收取的保险费，以及向购买方收取的代购买方缴纳的车辆购置税、车辆牌照费。

凡随同销售货物或提供应税劳务向购买方收取的价外费用，无论其会计制度如何核算，均应并入销售额计算应纳税额。

（2）价税合计情况下销售额的确定

我国增值税是价外税，且增值税税率和征收率是按价外税设计的，所以计算增值税应纳税额时，计税依据中应不含增值税本身的数额。

一般纳税人销售额换算公式为：

不含税销售额 = 含税销售额 ÷（1+ 增值税税率）。

注：公式中的税率为销售的货物或者提供应税劳务按《增值税暂行条例》规定所适用的税率。

【案例3-2】某企业为增值税一般纳税人，2015年8月开具普通发票销售货物取得含税销售额1 170 000元，开具专用发票销售货物取得不含税销售额300 000元。那么该企业2015年8月的增值税销售额是多少？

【分析】开具专用发票销售货物取得不含税销售额300 000元，符合增值税销售额的规定；开具普通发票销售货物取得含税销售额1 170 000元，应按照增值税的规定应当计算（换算）成不含税的销售额：

不含税销售额 = 含税销售额 ÷（1+ 增值税税率）= 1 170 000 ÷（1+17%）= 1 000 000（元）。

那么，该企业2015年8月计算增值税的销售额应为300 000+1 000 000=1 300 000（元）。

（3）特殊销售方式下销售额的确定

增值税法对以下几种特殊销售方式分别确定了其销售额：

第一，采取折扣方式销售。折扣销售（商业折扣）是指销货方在销售货物或应税劳务时给予购货方的价格优惠。如果销售额和折扣额在同一张发票上分别注明的，可按折扣后的余额作为销售额计算增值税；如果折扣额另开发票，不论其在财务上如何处理均不得从销售额中扣减折扣额。

第二，采取以旧换新方式销售。以旧换新销售是指纳税人在销售货物的同时，有偿收回旧货物的行为。按税法规定这种销售方式应按新货物的同期销售价格确定销售额（金银首饰除外），不得扣减旧货物的收购价格。

第三，采取还本方式销售。还本销售是指纳税人在销售货物后，到一定期限由销售方一次退还给购货方全部或部分价款。采取这种销售方式销售货物其销售额就是货物的销售价格，不得从销售额中减除还本支出。

第四，采取以物易物方式销售。以物易物销售是指购销双方不是以货币结算而是以同等价款的货物相互结算的一种购销方式。采取这种方式，销售双方都应作购销处理，以各自发出的货物核算销售额并计算销项税额,以各自收到的货物核算购货额并计算进项税额。

第五,销售价格明显偏低且无正当理由或发生视同销售行为的销售额的确定。对纳税人销售货物或应税劳务的价格明显偏低且无正当理由的,或纳税人发生视同销售行为而无销售额的按税法规定,对上述情况由主管税务机关按下列顺序确定销售额:

①按纳税人最近时期同类货物的平均销售价格确定。
②其他纳税人最近时期同类货物的平均销售价格确定。
③按组成其计税确定。组成计税价格公式为:

$$组成计税价格 = 成本 \times (1 + 成本利润率)。$$

注:公式中的成本,如属于自产货物的为实际生产成本;如属外购货物的为实际采购成本。公式中的成本利润率由国家税务总局统一规定为10%。

【案例3-3】某零售企业2015年4月以每台不含税售价5 000元销售空调200台,其中采用以旧换新方式销售50台,每台实收4 500(旧空调每台作价500元);企业按975 000元计入该月销售额。那么该企业2015年4月增值税的销售额是多少?

【分析】企业销售空调实际取得销售额为150台×5 000元/台+50台×4 500元/台=975 000元。但是,按照增值税法的规定,采用以旧换新方式销售货物的,计算增值税的销售额仍应为全额,即200台×5 000元/台=1 000 000元,不能扣除旧空调的折价,因此,企业该月增值税的销售额为1 000 000元。

2. 销项税额

销项税额是指纳税人销售货物或者提供应税劳务,按照销售额或提供应税劳务收入和规定的税率计算并向购买方收取的增值税税额。销项税额的计算公式为:

$$销项税额 = 销售额 \times 适用税率。$$

一般纳税人因销货退回或折让而退还给购买方的增值税税额,应从发生销货退回或折让当期的销项税额中冲减。

3. 进项税额

> 情境7:某食品加工公司为增值税一般纳税人,2015年6月销售水果罐头1 000件,每件200元(不含税)。该月购进原材料取得增值税专用发票,发票上注明的税款为17 000元,该月该公司购进免税农业产品10 000元,支付运输费11 000元,取得农产品和运费的普通发票。请计算该公司2015年6月需要交纳多少增值税?有些纳税人认为凡是运输发票均可以按照11%计算进项税额,是否正确?

进项税额是指纳税人购进货物或者接受应税劳务所支付或负担的增值税税额。

(1)准予从销项税额中抵扣的进项税额:

①从销售方或者提供方取得的增值税专用发票(含货物运输业增值税专用发票、税控机动车销售统一发票,下同)上注明的增值税额。

②从海关取得的海关进口增值税专用缴款书上注明的增值税额。

③购进农产品,除取得增值税专用发票或者海关进口增值税专用缴款书外,按照农产品收购发票或者销售发票上注明的农产品买价和13%的扣除率计算的进项税额。进项税额计算公式为:

进项税额 = 买价 × 扣除率。

④接受境外单位或者个人提供的应税服务,从税务机关或者境内代理人取得的解缴税款的中华人民共和国税收缴款凭证上注明的增值税额。

⑤原增值税一般纳税人购进服务、无形资产或者不动产,取得的增值税专用发票上注明的增值税额为进项税额,准予从销项税额中抵扣。

2016年5月1日后取得并在会计制度上按固定资产核算的不动产或者2016年5月1日后取得的不动产在建工程,其进项税额应自取得之日起分2年从销项税额中抵扣,第1年抵扣比例为60%,第2年抵扣比例为40%。

融资租入的不动产以及在施工现场修建的临时建筑物、构筑物,其进项税额不适用上述分2年抵扣的规定。

⑥原增值税一般纳税人自用的应征消费税的摩托车、汽车、游艇,其进项税额准予从销项税额中抵扣。

⑦原增值税一般纳税人从境外单位或者个人购进服务、无形资产或者不动产,按照规定应当扣缴增值税的,准予从销项税额中抵扣的进项税额为自税务机关或者扣缴义务人取得的解缴税款的完税凭证上注明的增值税额。

纳税人取得的增值税扣税凭证不符合法律、行政法规或者国家税务总局有关规定的,其进项税额不得从销项税额中抵扣。

增值税扣税凭证,是指增值税专用发票、海关进口增值税专用缴款书、农产品收购发票、农产品销售发票和完税凭证。

纳税人凭完税凭证抵扣进项税额的,应当具备书面合同、付款证明和境外单位的对账单或者发票。资料不全的,其进项税额不得从销项税额中抵扣。

(2) 不得从销项税额中抵扣的进项税额:

①用于简易计税方法计税项目、免征增值税项目、集体福利或者个人消费的购进货物、加工修理修配劳务、服务、无形资产和不动产。其中涉及的固定资产、无形资产、不动产,仅指专用于上述项目的固定资产、无形资产(不包括其他权益性无形资产)、不动产。

纳税人的交际应酬消费属于个人消费。

②非正常损失的购进货物,以及相关的加工修理修配劳务和交通运输服务。

③非正常损失的在产品、产成品所耗用的购进货物(不包括固定资产)、加工修理修配劳务和交通运输服务。

④非正常损失的不动产,以及该不动产所耗用的购进货物、设计服务和建筑服务。

⑤非正常损失的不动产在建工程所耗用的购进货物、设计服务和建筑服务。

纳税人新建、改建、扩建、修缮、装饰不动产,均属于不动产在建工程。

⑥购进的旅客运输服务、贷款服务、餐饮服务、居民日常服务和娱乐服务。

⑦财政部和国家税务总局规定的其他情形。

第④项、第⑤项所称货物，是指构成不动产实体的材料和设备，包括建筑装饰材料和给排水、采暖、卫生、通风、照明、通讯、煤气、消防、中央空调、电梯、电气、智能化楼宇设备及配套设施。

不动产、无形资产的具体范围，按照《营业税改征增值税试点实施办法》所附的《销售服务、无形资产或者不动产注释》执行。

固定资产，是指使用期限超过12个月的机器、机械、运输工具以及其他与生产经营有关的设备、工具、器具等有形动产。

非正常损失，是指因管理不善造成货物被盗、丢失、霉烂变质，以及因违反法律法规造成货物或者不动产被依法没收、销毁、拆除的情形。

纳税人接受贷款服务向贷款方支付的与该笔贷款直接相关的投融资顾问费、手续费、咨询费等费用，其进项税额不得从销项税额中抵扣。

适用一般计税方法的纳税人，兼营简易计税方法计税项目、免征增值税项目而无法划分不得抵扣的进项税额，按照下列公式计算不得抵扣的进项税额：

不得抵扣的进项税额 = 当期无法划分的全部进项税额 × （当期简易计税方法计税项目销售额 + 免征增值税项目销售额） ÷ 当期全部销售额。

主管税务机关可以按照上述公式依据年度数据对不得抵扣的进项税额进行清算。

(3) 已抵扣进项税额的处理：

①已抵扣进项税额的购进服务，发生上述第（2）点规定情形（简易计税方法计税项目、免征增值税项目除外）的，应当将该进项税额从当期进项税额中扣减；无法确定该进项税额的，按照当期实际成本计算应扣减的进项税额。

②已抵扣进项税额的无形资产或者不动产，发生上述第（2）点规定情形的，按照下列公式计算不得抵扣的进项税额：

不得抵扣的进项税额 = 无形资产或者不动产净值 × 适用税率。

③按照《增值税暂行条例》第十条和上述第（2）点不得抵扣且未抵扣进项税额的固定资产、无形资产、不动产，发生用途改变，用于允许抵扣进项税额的应税项目，可在用途改变的次月按照下列公式，依据合法有效的增值税扣税凭证，计算可以抵扣的进项税额：

可以抵扣的进项税额 = 固定资产、无形资产、不动产净值 / (1 + 适用税率) × 适用税率。

上述可以抵扣的进项税额应取得合法有效的增值税扣税凭证。

(4) 纳税人适用一般计税方法计税的，因销售折让、中止或者退回而退还给购买方的增值税额，应当从当期的销项税额中扣减；因销售折让、中止或者退回而收回的增值税额，应当从当期的进项税额中扣减。

(5) 有下列情形之一者，应当按照销售额和增值税税率计算应纳税额，不得抵扣进项税额，也不得使用增值税专用发票：

①一般纳税人会计核算不健全，或者不能够提供准确税务资料的。

②应当办理一般纳税人资格登记而未办理的。

【案例 3-4】 某企业为增值税一般纳税人,增值税税率为 17%,2015 年 9 月发生如下业务:

(1) 购买原材料,增值税专用发票上注明价款为 200 000 元,增值税额为 34 000 元。增值税专用发票已经主管税务机关认证相符,申请抵扣。

(2) 销售产品,不含税售价为 700 000 元,增值税额为 119 000 元,提货单和增值税专用发票已交给对方。

请计算分析该企业 2015 年 9 月应缴纳的增值税额。

【分析】 2015 年 9 月,该企业当期进项税额为 34 000 元;该企业当期销项税额为 119 000 元,那么该企业当期应缴纳增值税额为:

当期应缴纳增值税额 = 当期销项税额 − 当期进项税额 = 119 000−34 000=85 000(元)。

(九)增值税小规模纳税人应纳税额的计算

简易计税方法的应纳税额,是指按照销售额和增值税征收率计算的增值税额,不得抵扣进项税额。应纳税额计算公式:

$$应纳税额 = 销售额 \times 征收率。$$

小规模纳税人销售货物或者应税劳务,实行按照销售额和征收率计算应纳税额的简易计税办法,并不得抵扣进项税额。

小规模纳税人销售货物或者应税劳务采用销售额和应纳税额合并定价方法的,按下列公式计算销售额:

$$销售额 = 含税销售额 \div (1+ 征收率)。$$

(十)增值税的征收管理

> 情境 8:某商场 2015 年 4 月 30 日销售购物卡 100 万元,该行为到底属于直接收款方式还是预收货款方式?增值税纳税时间应该在 2015 年 4 月确认,还是在以后年度客户凭借购物卡选购货物时确认?

1. 纳税义务发生的时间

(1) 采取直接收款方式销售货物,不论货物是否发出,均为收到销售款项或取得索取销售额的凭据,并将提货单交给买方的当天。收讫销售款项,是指纳税人销售服务、无形资产、不动产过程中或者完成后收到款项。

取得索取销售款项凭据的当天,是指书面合同确定的付款日期;未签订书面合同或者书面合同未确定付款日期的,为服务、无形资产转让完成的当天或者不动产权属变更的当天。

(2) 采取托收承付和委托银行收款方式销售货物,为发出货物并办妥托收手续的当天。

(3) 采取赊销和分期收款方式销售货物,为书面合同约定的收款日期的当天,无书面合同约定的或者书面合同没有约定收款日期的,为货物发出的当天。

(4)采取预收货款方式销售货物,为货物发出的当天。但销售生产工期超过12个月的大型机械设备、船舶、飞机等货物,为收到预收款或者书面合同约定的收款日期的当天。

委托其他纳税人代销货物,为收到代销单位销售的代销清单或者收到全部或者部分货款的当天。未收到代销清单及货款的,为发出代销货物满180天的当天。

(5)纳税人发生按规定视同销售货物的行为(委托他人代销、销售代销货物除外),为货物移送的当天。纳税人视同销售服务、无形资产或者不动产情形的,其纳税义务发生时间为服务、无形资产转让完成的当天或者不动产权属变更的当天。

(6)纳税人提供有形动产租赁服务采取预收款方式的,其纳税义务发生时间为收到预收款的当天。

(7)纳税人提供应税服务的,其纳税义务发生时间为应税服务完成的当天。

(8)纳税人从事金融商品转让的,为金融商品所有权转移的当天。

(9)增值税扣缴义务发生时间为纳税人增值税纳税义务发生的当天。

2. 纳税期限

根据《增值税暂行条例》的规定,增值税的纳税期限分别为1日、3日、5日、10日、15日、1个月或者1个季度。纳税人的具体纳税期限,由主管税务机关根据纳税人应纳税额的大小分别核定。以1个季度为纳税期限的规定适用于小规模纳税人及财政部和国家税务总局规定的其他纳税人。不能按照固定期限纳税的,可以按次纳税。

纳税人以1个月或者1个季度为1个纳税期的,自期满之日起15日内申报纳税;以1日、3日、5日、10日或者15日为1个纳税期的,自期满之日起5日内预缴税款,于次月1日起15日内申报纳税并结清上月应纳税款。扣缴义务人解缴税款的期限,依照前两款规定执行。

纳税人进口货物,应当自海关填发海关进口增值税专用缴款书之日起15日内缴纳税款。纳税人出口适用税率为零的货物,可以按月向税务机关申报办理该项出口货物的退税。

个人发生应税行为的销售额未达到增值税起征点的,免征增值税;达到起征点的,全额计算缴纳增值税。增值税起征点不适用于登记为一般纳税人的个体工商户。

增值税起征点幅度如下:按期纳税的,为月销售额5 000~20 000元(含本数);按次纳税的,为每次(日)销售额300~500元(含本数)。

起征点的调整由财政部和国家税务总局规定。省、自治区、直辖市财政厅(局)和国家税务局应当在规定的幅度内,根据实际情况确定本地区适用的起征点,并报财政部和国家税务总局备案。

对增值税小规模纳税人中月销售额未达到2万元的企业或非企业性单位,免征增值税。2017年12月31日前,对月销售额2万元(含本数)至3万元的增值税小规模纳税人,免征增值税。

3. 纳税地点

营业税改征的增值税,由国家税务局负责征收。纳税人销售取得的不动产和其他个人出租不动产的增值税,国家税务局暂委托地方税务局代为征收。

(1) 固定业户应当向其机构所在地或者居住地主管税务机关申报纳税。总机构和分支机构不在同一县(市)的,应当分别向各自所在地的主管税务机关申报纳税;经财政部和国家税务总局或者其授权的财政和税务机关批准,可以由总机构合并向总机构所在地的主管税务机关申报纳税。

(2) 非固定业户应当向应税服务发生地主管税务机关申报纳税;未申报纳税的,由其机构所在地或者居住地主管税务机关补征税款。

(3) 扣缴义务人应当向其机构所在地或者居住地主管税务机关申报缴纳其扣缴的税款。

【深入思考】

个体工商户是否可以不交增值税?

【例 3-5】 采取分期收款销售货物,纳税义务发生时间为( )。
B. 货物发出的当天　　　　　　　　B. 合同约定的收款日期的当天
C. 收到代销清单的当天　　　　　　D. 收到销售额的当天

【解析】 B。采取赊销和分期收款方式销售货物的,纳税义务发生时间是合同约定的收款日期的当天。

子任务二　消费税

> 情境9:张某为某化妆品公司的会计人员。在计算3月的消费税税额时,发现公司将一批自产的化妆品在三八妇女节作为员工福利发放给女职工,张某认为这批化妆品没有对外销售并且没有取得销售额,不应该缴纳消费税。请问张某的想法正确吗?如果这批化妆品需要缴纳消费税,应如何计算?

(一) 消费税的概念

消费税是指对我国境内从事生产、委托加工及进口(即生产环节)应税消费品的单位和个人就其应税消费品征收的一种税。因为消费税选择部分消费品征税,所以它属于特别消费税。

(二) 消费税的征税范围

1. 生产应税消费品

生产应税消费品在生产销售环节征税。纳税人将生产的应税消费品换取生产资料、消费资料、投资入股、偿还债务,以及用于继续生产应税消费品以外的其他方面都应缴纳消费税。

2. 委托加工应税消费品

委托加工应税消费品是指委托方提供原料和主要材料，受托方只收取加工费和代垫部分辅助材料加工的应税消费品。由受托方提供原材料或其他情形的一律不能视同加工应税消费品。

委托加工的应税消费品，除受托方为个人外，由受托方在向委托方交货时代收代缴税款；委托个人加工的应税消费品，由委托方收回后缴纳消费税。

委托加工的应税消费品，委托方用于连续生产应税消费品的，所纳税款准予按规定抵扣；直接出售的，不再缴纳消费税。委托方将收回的应税消费品，以不高于受托方的计税价格出售的，为直接出售，不再缴纳消费税；委托方以高于受托方的计税价格出售的，不属于直接出售，需按照规定申报缴纳消费税，在计税时准予扣除受托方已代收代缴的消费税。

3. 进口应税消费品

单位和个人进口应税消费品，于报关进口时由海关代征消费税。

4. 批发、零售应税消费品

（1）金银首饰、铂金首饰、钻石及钻石饰品

经国务院批准，自1995年1月1日起，金银首饰消费税由生产销售环节征收改为零售环节征收。改在零售环节征收消费税的金银首饰仅限于金基、银基合金首饰及金、银和金基、银基合金的镶嵌首饰，适用税率为5%，其计税依据是不含增值税的销售额。

对既销售金银首饰，又销售非金银首饰的生产、经营单位，应将两类商品划分清楚，分别核算销售额。凡划分不清楚或不能分别核算的，在生产环节销售的，一律从高适用税率征收消费税；在零售环节销售的，一律按金银首饰征收消费税。金银首饰与其他产品组成成套消费品销售的，应按销售额全额征收消费税。

金银首饰连同包装物一起销售的，无论包装物是否单独计价，也无论会计上如何核算，均应并入金银首饰的销售额，计征消费税。

带料加工的金银首饰，应按受托方销售的同类金银首饰的销售价格确定计税依据征收消费税。没有同类金银首饰销售价格的，按照组成计税价格计算纳税。

纳税人采用以旧换新（含翻新改制）方式销售的金银首饰，应按实际收取的不含增值税的全部价款确定计税依据征收消费税。

（2）批发销售卷烟——单一环节纳税的例外情况

烟草批发企业将卷烟销售给"零售单位"的，要再征一道5%的从价税。

（三）消费税纳税人

消费税纳税人是指在中华人民共和国境内（起运地或者所在地在境内）生产、委托加工和进口《消费税暂行条例》规定的消费品的单位和个人，以及国务院确定的销售《消费税暂行条例》规定的消费品的其他单位和个人。

【深入思考】

消费税和增值税有没有联系？缴增值税的纳税人是不是也要缴消费税？

（四）消费税的税目与税率

1. 消费税税目

根据 2015 年国家税务总局新规定，现行消费税共有 15 个税目，包括：烟（包括卷烟、雪茄烟和烟丝等子目）、酒（包括白酒、黄酒、啤酒、酒精、其他酒等子目）、化妆品、贵重首饰及珠宝玉石、鞭炮和焰火、成品油（包括汽油、柴油、航空煤油、石脑油、溶剂油、润滑油、燃料油等子目）、摩托车、小汽车（包括乘用车、中轻型商用客车等子目）、高尔夫球及球具、高档手表、游艇、木制一次性筷子、实木地板、铅蓄电池、涂料。

2. 消费税税率

消费税采用比例税率和定额税率两种形式，以适应不同应税消费品的实际情况。

消费税根据不同的税目或子目确定相应的税率或单位税额。如粮食白酒税率为 20% 加 0.5 元/500 克，摩托车税率为 3% 等；黄酒、啤酒、汽油、柴油等分别按单位重量或单位体积确定单位税额。消费税税目及税率表如表 3-1 所示。

表 3-1 消费税税目及税率表

税目	税率
一、烟	
1. 卷烟	
（1）甲类卷烟[调拨价 70 元（不含增值税）/条以上（含 70 元）]	56% 加 0.003 元/支（生产环节）
（2）乙类卷烟[调拨价 70 元（不含增值税）/条以下]	36% 加 0.003 元/支（生产环节）
（3）商业批发	11%（批发环节）
2. 雪茄烟	36%（生产环节）
3. 烟丝	30%（生产环节）
二、酒及酒精	
1. 白酒	20% 加 0.5 元/500 克（或者 500 毫升）
2. 黄酒	240 元/吨
3. 啤酒	
（1）甲类啤酒	250 元/吨
（2）乙类啤酒	220 元/吨
4. 其他酒	10%
5. 酒精	5%

续表

税目	税率
三、化妆品	30%
四、贵重首饰及珠宝玉石	
1. 金银首饰、铂金首饰和钻石及钻石饰品	5%
2. 其他贵重首饰和珠宝玉石	10%
五、鞭炮、焰火	15%
六、成品油	
1. 汽油	
（1）含铅汽油	1.52元/升
（2）无铅汽油	1.52元/升
2. 柴油	1.20元/升
3. 航空煤油	1.20元/升
4. 石脑油	1.52元/升
5. 溶剂油	1.52元/升
6. 润滑油	1.52元/升
7. 燃料油	1.20元/升
七、摩托车	
1. 气缸容量（排气量，下同）在250毫升（含250毫升）以下的	3%
2. 气缸容量在250毫升以上的	10%
八、小汽车	
1. 乘用车	
（1）气缸容量（排气量，下同）在1.0升（含1.0升）以下的	1%
（2）气缸容量在1.0升以上至1.5升（含1.5升）的	3%
（3）气缸容量在1.5升以上至2.0升（含2.0升）的	5%
（4）气缸容量在2.0升以上至2.5升（含2.5升）的	9%
（5）气缸容量在2.5升以上至3.0升（含3.0升）的	12%
（6）气缸容量在3.0升以上至4.0升（含4.0升）的	25%
（7）气缸容量在4.0升以上的	40%

续表

税目	税率
2. 中轻型商用客车	5%
九、高尔夫球及球具	10%
十、高档手表	20%
十一、游艇	10%
十二、木制一次性筷子	5%
十三、实木地板	5%
十四、铅蓄电池	4%
十五、涂料	4%

注：本表数据更新至 2015 年 6 月。自 2015 年 2 月 1 日起，将电池、涂料列入消费税征收范围，在生产、委托加工和进口环节征收，适用税率均为 4%。对无汞原电池、金属氢化物镍蓄电池（又称"氢镍蓄电池"或"镍氢蓄电池"）、锂原电池、锂离子蓄电池、太阳能电池、燃料电池和全钒液流电池免征消费税。2015 年 12 月 31 日前对铅蓄电池缓征消费税；自 2016 年 1 月 1 日起，对铅蓄电池按 4% 税率征收消费税。对施工状态下挥发性有机物（Volatile Organic Compounds,VOC）含量低于 420 克/升（含）的涂料免征消费税。

（五）消费税应纳税额

消费税的应纳税额的计算有三种方法：从价定率计征、从量定额计征及从价定率和从量定额复合计征。

1. 从价定率计征

实行从价定率计税的消费品，其消费税税基和增值税税基是一致的，即都是以含消费税而不含增值税的销售额作为计税基数。销售额，即应税销售额，是纳税人销售应税消费品向购买方收取的全部价款和价外费用。实行从价定率计税的计算公式为：

应纳税额 = 销售额 × 比例税率。

如果应税消费品的销售额中未扣除增值税税款，或因不得开具增值税专用发票而发生价款和增值税税额合并收取的，在计算消费税时，应当换算为不含增值税的销售额。其换算公式为：

应税消费品的销售额 = 含增值税销售额 ÷ (1+ 增值税税率或征收率)。

【案例 3—5】某化妆品企业为增值税一般纳税人。2015 年 5 月，该厂以不含税出厂价 280 元/箱，对外销售化妆品 2 000 箱。将 500 箱同类商品移送给本厂非独立核算门市部对外销售，当月零售同类化妆品 400 箱，零售价为 390 元/箱。请分析计算该厂 2015 年 5 月应纳消费税税额。

【分析】

（1）该厂以不含税出厂价280元/箱，对外销售商品2 000箱，化妆品的适用消费税税率为30%，其销售额为280元/箱×2 000箱=560 000元。因此，对外销售商品应纳消费税税额为：

应纳税额 = 销售额 × 适用税率 =560 000×30%=168 000（元）。

（2）对于零售化妆品，其销售额中未扣除增值税税款，在计算消费税时，应当换算为不含增值税的销售额：

应税消费品的销售额 = 含增值税销售额 ÷（1+ 增值税税率或征收率）

=390×400÷（1+17%）≈ 133 333.3（元）。

因此，该月零售商品的应纳消费税税额：

应纳税额 = 销售额 × 适用税率 =133 333.3×30%=40 000（元）。

该厂当月应纳消费税税额为：

应纳消费税税额 =168 000+40 000=208 000（元）。

2. 从量定额计征

实行从量定额征收的应税消费品，其计税依据为应税消费品的实际销售数量。实行从量定额计税的计算公式为：

应纳税额 = 销售数量 × 单位税额（或定额税率）。

销售数量，是指纳税人生产、加工和进口应税消费品的数量。具体为：

（1）销售应税消费品的，为应税消费品的销售数量；

（2）自产自用的应税消费品的，为应税消费品的移送使用数量；

（3）委托加工应税消费品的，为纳税人收回的应税消费品数量；

（4）进口应税消费品的，为海关核定的应税消费品进口征税数量。

【案例3-6】某企业是增值税一般纳税人，2015年8月生产销售乙类啤酒200吨，每吨出厂价格3 000元。那么该企业2015年8月应纳消费税税额是多少？

【分析】销售乙类啤酒，适用消费税税率220元/吨，企业2015年8月应纳消费税税额为：应纳税额 = 销售数量 × 定额税率 =200×220=44 000（元）。

3. 从价定率和从量定额复合征收

实行从量定额和从价定率相结合的复合征收的计税依据为应税消费品的销售额和销售数量。现行消费税的征税范围中，只有白酒（粮食、薯类）、卷烟实行复合计征方法。从价定率和从量定额复合征收的计算公式为：

应纳税额 = 销售额（或组成计税价格）× 适用税率（比例税率）+ 销售数量 × 单位税额（或定额税率）。

【案例3-7】某白酒生产企业为增值税一般纳税人，2015年5月销售粮食白酒50吨，取得不含增值税的销售额150万元。那么该企业2015年5月应纳消费税税额是多少？

【分析】对白酒实行从价定率和从量定额复合计征，白酒适用比例税率20%，定额税率 0.5 元/500 克（折合为 1 000 元/吨），那么该企业 2015 年 5 月份应纳消费税税额为：

应纳税额＝销售额×适用税率＋销售数量×定额税率

＝150×20%+50×1 000＝30+5＝35（万元）。

4. 应税消费品已纳税款的扣除

应税消费品若是用外购已缴纳消费税的应税消费品连续生产出来的，在对这些连续生产出来的应税消费品征税时，按当期生产领用数量计算准予扣除的外购应税消费品已缴纳的消费税税款。扣除范围包括：

（1）以外购已税烟丝为原料生产的卷烟。

（2）以外购已税化妆品为原料生产的化妆品。

（3）以外购已税珠宝玉石为原料生产的贵重首饰及珠宝玉石。

（4）以外购已税鞭炮、焰火为原料生产的鞭炮、焰火。

（5）以外购已税摩托车连续生产摩托车。

（6）以外购已税杆头、杆身和握把为原料生产的高尔夫球杆。

（7）以外购已税木制一次性筷子为原料生产的木制一次性筷子。

（8）以外购已税实木地板为原料生产的实木地板。

（9）以外购已税石脑油为原料生产的应税消费品。

（10）以外购已税润滑油为原料生产的润滑油。

（11）以委托加工收回已税汽油、柴油生产的甲醇汽油、生物柴油。

5. 自产自用应税消费品应纳税额

纳税人自产自用应税消费品用于连续生产应税消费品的，不纳税；凡用于其他方面的，应按照纳税人生产的同类消费品的销售价格计算纳税，没有同类消费品销售价格的，按照组成计税价格计算纳税。

实行从价定率办法计算纳税的组成计税价格计算公式为：

组成计税价格＝（成本＋利润）÷（1－比例税率）。

实行复合计税办法计算纳税的组成计税价格计算公式：

组成计税价格＝（成本＋利润＋自产自用数量×定额税率）÷（1－比例税率）。

6. 委托加工应税消费品应纳税额

委托加工的应税消费品，按照受托方的同类消费品的销售价格计算纳税；没有同类消费品销售价格的，按照组成计税价格计算纳税。

实行从价定率办法计算纳税的组成计税价格计算公式为：

组成计税价格＝（材料成本＋加工费）÷（1－比例税率）。

实行复合计税办法计算纳税的组成计税价格计算公式：

组成计税价格＝（材料成本＋加工费＋委托加工数量×定额税率）÷（1－比例税率）。

（六）消费税征收管理

> 情境10：A市某化妆品厂，2015年10月在本市销售价值100万元的口红、眼影等化妆品；在B市场销售了价值10万元的化妆品。月度终了，该厂申报计算的消费税为：应纳税额 =100×30%=30（万元）。但税务机关认定其计算错误。请问化妆品厂申报应纳税额的错误在哪儿？

1. 纳税义务发生时间

消费税纳税义务发生时间，按货款结算方式或行为发生时间分别确定。

（1）纳税人生产的应税消费品于销售时纳税，但金银首饰、钻石及钻石饰品在零售环节征收。根据销货方式和结算方式不同，其纳税义务发生时间分别规定如下：

①纳税人采取赊销和分期收款结算方式的，为书面合同约定的收款日期的当天，书面合同没有约定收款日期或者无书面合同的，为发出应税消费品的当天；

②纳税人采用预收货款结算方式的，为发出应税消费品的当天；

③纳税人采用托收承付和委托银行收款方式销售的应税消费品，为发出应税消费品并办妥托收手续的当天；

④纳税人采用其他结算方式的，为收讫或者取得索取销售款的凭据的当天。

（2）纳税人自产自用的应税消费品，为移送使用的当天。

（3）纳税人委托加工的应税消费品，为纳税人提货的当天。

（4）纳税人进口的应税消费品，为报关进口的当天。

2. 纳税期限

纳税人生产销售应税消费品的纳税期限。依税法规定，消费税的纳税期限分别为1日、3日、5日、10日、15日、1个月或者1个季度。纳税人的具体纳税期限，由主管税务机关根据纳税人应纳税额的大小分别核定，不能按照固定期限纳税的，可以按次纳税。

纳税人以1个月或者1个季度为一个纳税期的，自期满之日起15日内申报纳税；以1日、3日、5日、10日或者15日为一个纳税期的，自期满之日起5日内预缴税款，于次月1日起15日内申报纳税并结清上月应纳税款。

纳税人进口应税消费品，应当自海关填发海关进口消费税专用缴款书之日起15日内缴纳税款。

3. 纳税地点

消费税具体纳税地点有：

（1）纳税人销售的应税消费品，以及自产自用的应税消费品，除国家财政、税务主管部门另有规定外，应当向纳税人核算地主管税务机关申报纳税。

（2）纳税人到外县（市）销售或委托外县（市）代销自产应税消费品的，于应税消费品销售后，回纳税人核算地或所在地缴纳消费税。纳税人的总机构与分支机构不在同一县（市）

的，应在生产应税消费品的分支机构所在地缴纳消费税。但经国家税务总局及所属税务分局批准，纳税人分支机构应纳消费税税款也可由总机构汇总向机构所在地主管税务机关缴纳。

（3）委托加工的应税消费品，受托方为个人的，由委托方向机构所在地或者居住地的主管税务机关申报纳税；除受托方为个人外，由受托方向机构所在地或者居住地的主管税务机关解缴消费税税款。

（4）进口的应税消费品，应当向报关地海关申报纳税。纳税人销售的应税消费品，如因质量等原因由购买者退回时，经所在地主管税务机关审核批准后，可退还已征收的消费税税款，但不能自行直接抵减应纳税款。

子任务三　企业所得税

> 情境11：李某为一会计师事务所工作人员，在审计过程中发现某小型微利企业自行核算的上年度应纳税所得额时存在以下问题：（1）广告费140 000元、业务宣传费80 000元全部计入销售费用在税前扣除；（2）业务招待费50 000元全部计入管理费用在税前扣除；（3）未经核定的10 000元坏账准备金在税前扣除。请问你知道李某会怎样调整该企业的应纳税所得额吗？

（一）企业所得税的概念

企业所得税，是指对在中国境内实行独立核算的企业或者组织取得的生产经营所得和其他所得所征收的一种所得税。这是国家参与企业利润分配的重要手段。

（二）企业所得税的纳税义务人、征税对象

1. 纳税义务人

企业所得税的纳税义务人，是指在我国境内的企业和其他取得收入的组织（以下统称企业）。具体包括依照中国法律、行政法规在中国境内成立的企业、事业单位、社会团体及其他取得收入的组织。不包括个人独资企业、合伙企业。

按照纳税义务不同，企业分为居民企业和非居民企业。居民企业是指依法在中国境内成立，或者依照外国（地区）法律成立但实际管理机构在中国境内的企业。非居民企业是指依照外国（地区）法律成立且实际管理机构不在中国境内，但在中国境内设立机构、场所的，或者在中国境内未设立机构、场所，但有来源于中国境内所得的企业。

2. 征税对象

居民企业应就来源于中国境内、境外的所得作为征税对象。

非居民企业在中国境内设立机构、场所的，应当就其所设机构、场所取得的来源于中国境内的所得，以及发生在中国境外但与其所设机构、场所有实际联系的所得，缴纳企业所得税。

【深入思考】

任何一个企业都要缴企业所得税吗?

(三)企业所得税税率

1. 基本税率为25%

适用于居民企业和在中国境内设有机构、场所且所得与机构、场所有关联的非居民企业。

2. 优惠税率

对符合条件的小型微利企业,减按20%的税率征收企业所得税;对国家需要重点扶持的高新技术企业,减按15%的税率征收企业所得税。对非居民企业在中国境内未设立机构、场所的,或者虽设立机构、场所的但与其所设机构、场所没有实际联系的所得,适应税率为20%。

(四)企业所得税的计税依据

> 情境12:某汽车轮胎厂2015年度有关经营情况如下:全年实现产品销售收入5 030万元,取得国家发行的国债利息收入20万元;2015年度结转产品销售成本3 000万元;缴纳增值税90万元,消费税110万元,城市维护建设税14万元,教育费附加6万元;发生产品销售费用250万元(其中广告费用150万元);发生财务费用12万元(其中因逾期归还银行贷款,支付银行罚息2万元),发生管理费用802万元;发生营业外支出70万元(其中含通过当地政府部门向农村某小学捐赠款20万元,因排污不当被环保部门罚款1万元)。请问在计算企业所得税时,哪些应列入收入总额,哪些应列入准予扣除项目?

企业所得税的计税依据是企业的应纳税所得额。应纳税所得额是指企业每一纳税年度的收入总额,减除不征税收入、免税收入、各项扣除以允许弥补的以前年度亏损后的余额。

直接计算法下的计算公式为:

应纳税所得额 = 收入总额 − 不征税收入额 − 免税收入额 − 各项扣除额 − 准予弥补的以前年度亏损额。

间接计算法下的计算公式为:

应纳税所得额 = 利润总额 + 纳税调整项目金额。

1. 收入总额

收入总额是指企业以货币形式和非货币形式从各种来源取得收入。包括销售货物收入,提供劳务收入,转让财产收入,股息、红利等权益性投资收益,利息收入,租金收入,特许权使用费收入,接受捐赠收入,其他收入。

2. 不征税收入

不征税收入是指从性质上和根源上不属于企业营利性活动带来的经济利益、不负有纳税义务并不作为应纳税所得额组成部分的收入。如财政拨款,依法收取并纳入财政管理的行政事业性收费、政府性基金,国务院规定的其他不征税收入。

3. 免税收入

免税收入是指属于企业的应税所得但按照税法规定免予征收企业所得税的收入。免税收入包括国债利息收入,符合条件的居民企业之间的股息、红利收入,在中国境内设立机构、场所的非居民企业从居民企业取得与该机构、场所有实际联系的股息、红利收入,符合条件的非营利组织的收入等。

4. 准予扣除的项目

企业实际发生的与取得收入有关的、合理的支出,包括成本、费用、税金、损失和其他支出(即准予扣除的项目),准予在计算应纳税所得额时扣除。

除一般扣除外,下列项目则按规定的标准扣除。

(1) 工资、薪金。企业发生的合理工资、薪金支出,准予扣除。

(2) 社会保险费和住房公积金。企业依照国务院有关主管部门或者省级人民政府规定的范围和标准为职工缴纳基本养老保险费、基本医疗保险费、失业保险费、工伤保险费、生育保险费、补充医疗保险费,在国务院财政、税务主管部门规定的范围和标准内,准予扣除。除企业依照国家有关规定为特殊工种职工支付的人身安全保险费和国务院财政、税务主管部门规定可以扣除的其他商业保险费外,企业为投资者或者职工支付的商业保险费,不得扣除。

(3) 借款费用和利息支出。企业在生产、经营活动中发生的合理的不需要资本化的借款费用,准予扣除。企业为购置、建造固定资产、无形资产和经过 12 个月以上的建造才能达到预定可销售状态的存货发生借款的,在有关资产购置、建造期间发生的合理的借款费用,应当作为资本性支出计入有关资产的成本,并依照《企业所得税实施条例》的规定扣除。企业在生产经营活动中发生的下列利息支出,准予扣除:①非金融企业向金融企业借款的利息支出、金融企业的各项存款利息支出和同业拆借利息支出、企业经批准发行债券的利息支出;②非金融企业向非金融企业借款的利息支出,不超过按照金融企业同期同类贷款利率计算的数额的部分。

(4) 职工福利费、工会经费、职工教育经费。企业发生的职工福利费支出,不超过工资、薪金总额14%的部分,准予扣除。企业拨缴的工会经费,不超过工资、薪金总额2%的部分,准予扣除。除国务院财政、税务主管部门另有规定外,企业发生的职工教育经费支出,不超过工资、薪金总额2.5%的部分,准予扣除;超过部分,准予在以后纳税年度结转扣除。

(5) 业务招待费。企业发生的与生产经营活动有关的业务招待费支出,按照发生额的60%扣除,但最高不得超过当年销售(营业)收入的5‰。

(6) 广告费和业务宣传费。企业发生的符合条件的广告费和业务宣传费支出,除国务院财政、税务主管部门另有规定外,不超过当年销售(营业)收入15%的部分,准予扣除;超过部分,准予在以后纳税年度结转扣除。

(7) 公益性捐赠支出。企业发生的公益性捐赠支出,在年度利润总额12%以内的部分,准予在计算应纳税所得额时扣除。

(8) 依照法律、法规规定的准予扣除的其他项目。

【案例3-8】某企业，2015年的销售收入额为7 000万元。该企业在列支全年的业务招待费支出按照实际发生额70万元的60%，即42万元。该企业业务招待费扣除是否符合规定？该企业全年的广告费和业务宣传费支出实际发生1 200万元，那么该公司广告费和业务宣传费准予扣除额是多少万元？

【分析】

（1）根据规定，业务招待费列支时应满足的条件：发生额的60%，且不能超过当年销售收入的5‰。该企业按业务招待费实际发生额70万元的60%为42万元，但全年销售收入7 000万元×5‰=35万元，因此该企业列支的业务招待费应为35万元，而不是42万元。所以，该企业业务招待费扣除不符合规定。

（2）企业发生的广告费和业务宣传费支出，按照规定应该在当年销售收入15%范围内计算扣除。该企业2015年全年的销售收入7 000万元×15%=1 050万元，因此，广告费和业务宣传费支出实际发生1 200万元，只能扣除1 050万元。但是，2015年不能扣除的150万元（1 200万元－1 050万元），准予在以后纳税年度结转扣除。

5. 不得扣除的项目

在计算应纳税所得额时，下列支出不得扣除：

(1) 向投资者支付的股息、红利等权益性投资收益款项。

(2) 企业所得税税款。

(3) 税收滞纳金。

(4) 罚金、罚款和被没收财物的损失。

(5) 企业发生的公益性捐赠支出以外的捐赠支出。企业发生的公益性捐赠支出，在年度利润总额12%以内的部分，准予在计算应纳税所得额时扣除。

(6) 赞助支出。即企业发生的与生产经营活动无关的各种非广告性质支出。

(7) 企业之间支付的管理费、企业内营业机构之间支付的租金和特许权使用费，以及非银行企业内营业机构之间支付的利息。

(8) 与取得收入无关的其他支出。包括企业之间支付的管理费、企业内营业机构之间支付的租金和特许权使用费，以及非银行企业内营业机构之间支付的利息。

6. 亏损弥补

企业纳税年度发生的亏损，准予向以后年度结转，用以后年度的所得弥补，但结转年限最长不得超过5年。5年内不论是盈利或亏损，都作为实际弥补期限计算。税法界定的"亏损"不是企业财务报表中反映的亏损额，而是财务报表中反映的亏损额经主管税务机关按税法规定核准调整后的金额。

【例3-6】下列各项可以在所得税前列支的有（　　）。

A. 消费税　　　　　　　　　B. 向投资者支付的股息

C. 赞助支出　　　　　　　　D. 罚金

【解析】A。根据《企业所得税法》的规定，不得扣除的项目包括向投资者支付的股息、红利等权益性投资收益款项，企业所得税税款，税收滞纳金，罚金、罚款和被没收财物的损失，超过规定标准的公益性捐赠支出及其他捐赠支出，赞助支出，未经核定的准备金支出、与取得收入无关的其他支出。

（五）企业所得税应纳税额

应纳税额，是指企业的应纳税所得额乘以适用税率，减除依照税收优惠的规定减免和抵免的税额后的余额。其计算公式为：

$$应纳税额 = 应纳税所得额 \times 适用税率 - 减免税额 - 抵免税额。$$

公式中的减免税额和抵免税额，是指依照《企业所得税法》和国务院的税收优惠规定减征、免征和抵免的税额。

（六）企业所得税征收管理

1. 纳税地点

（1）除税收法律、行政法规另有规定外，居民企业以企业登记注册地为纳税地点但登记注册地在境外的，以实际管理机构所在地为纳税地点。居民企业在中国境内设立不具有法人资格的营业机构的，应当汇总计算并缴纳企业所得税。

（2）非居民企业在中国境内设立机构、场所的，应当就其所设机构、场所取得的来源于中国境内的所得，以及发生在中国境外但与其所设机构、场所有实际联系的所得，以机构、场所所在地为纳税地点。非居民企业在中国境内设立两个或者两个以上机构、场所的，经税务机关审核批准，可以选择由其主要机构、场所汇总缴纳企业所得税。

（3）非居民企业在中国境内未设立机构、场所的，或者虽设立机构、场所但取得的所得与其所设机构、场所没有实际联系的所得，以扣缴义务人所在地为纳税地点。

（4）除国务院另有规定外，企业之间不得合并缴纳企业所得税。

2. 纳税期限

企业所得税按年计征，分月或者分季度预缴，年终汇算清缴，多退少补。

企业所得税纳税年度，自公历1月1日起至12月31日止。企业在一个纳税年度中间开业，或者由于合并、关闭等原因终止经营活动，使该纳税年度的实际经营期不足12个月的，应当以其实际经营期为一个纳税年度。企业依法清算时，应当以清算期间作为一个纳税年度。

3. 纳税申报

企业所得税分月或者分季度预缴，企业应当自月份或者季度终了之日起15日内，同税务机关报送预缴企业所得税纳税申报表，预缴税款。

企业应当自年度终了之日起5个月内，向税务机关报送年度企业所得税纳税申报表，并汇算清缴，结清应缴应退税款。

企业在年度中间终止经营活动的，应当自实际经营终止之日起60日内，向税务机关办理当期企业所得税汇算清缴。

【深入思考】

增值税的纳税申报和企业所得税的纳税申报一样吗？

【例3-7】 纳税人自年度终了之日起（　　）个月内向税务机关报送年度企业所得税纳税申报表。

A. 2　　　　　　　　　　　　B. 3

C. 4　　　　　　　　　　　　D. 5

【解析】 D。纳税人自年度终了之日起5个月起向税务机关报送年度企业所得税纳税申报表，并汇算清缴，结清应缴退税款。

子任务四　个人所得税

> 情境13：王某是一国有企业员工，其2015年的收入情况如下：（1）全年工资收入78 000元；（2）工作之余发表文章一次性取得稿酬收入600元；（3）9月彩票中奖50 000元。王某的每一项所得应不应该交税？缴什么税？缴多少？

（一）个人所得税的概念

个人所得税是以自然人取得的各类应税所得为征税对象而征收的一种所得税。个人所得税的纳税人不仅包括个人，还包括个体工商户。自2000年1月1日起个人独资企业和合伙企业的投资者也为个人所得税的纳税人。

（二）个人所得税的纳税义务人

个人所得税的纳税义务人，以住所和居住时间为标准分为居民纳税义务人和非居民纳税义务人。

1. 居民纳税义务人

居民纳税义务人是指在中国境内有住所，或者无住所但在中国境内居住满1年的个人。居民纳税义务人负有无限纳税义务，其从中国境内和境外取得的所得，都要在中国缴纳个人所得税。

2. 非居民纳税义务人

非居民纳税义务人是指在中国境内无住所又不居住，或者无住所而在中国境内居住不满1年的个人。非居民纳税义务人承担有限纳税义务，仅就其从中国境内取得的所得，在中国缴纳个人所得税。在中国境内有住所的个人，是指因户籍、家庭、经济利益关系而在中国境内习惯性居住的个人。在境内居住满1年，是指在一个纳税年度内在中国境内居住满365日。在计算天数时，临时离境的，不扣减天数。临时离境，是指在一个纳税年度中一次不超过 30 日或者多次累计不超过 90 日的离境。

下列所得不论支付地点是在中国境内，均为来源于中国境内的所得：

（1）因任职、受雇、履约等而在中国境内提供劳务所得；

（2）将财产出租给承租人在中国境内适用而取得的所得；

（3）转让中国境内的建筑物、土地使用权等财产或者在中国境内转让其他财产取得所得；

（4）供各种在中国境内适用的特许权而取得的所得；

（5）从中国境内的公司、企业及其他经济组织或者个人所得的利息、股息、红利所得。

（三）个人所得税的应税项目和税率

1. 个人所得税应税项目

现行个人所得税共有 11 个应税项目：（1）工资、薪金所得；（2）个体工商户的生产、经营所得；（3）企事业单位的承包经营、承租经营所得；（4）劳务报酬所得；（5）稿酬所得；（6）特许权使用费所得；（7）利息、股息、红利所得；（8）财产租赁所得；（9）财产转让所得（指个人转让有价证券、股票、建筑物、土地使用权、机器设备、车船及其他财产取得的所得）；（10）偶然所得（指个人得奖、中奖、中彩及其他偶然性质的所得）；（11）经国务院财政部门确定征税的其他所得。

2. 个人所得税税率

（1）工资、薪金所得，适用 3%～45% 的 7 级超额累进税率（表 3-2）。

表 3-2 工资、薪金所得适用的税率及速算扣除数表

级数	全月应纳税所得额（含税级距）	税率（%）	速算扣除数（元）
1	不超过 1 500 元的部分	3	0
2	超过 1 500 元至 4 500 元的部分	10	105
3	超过 4 500 元至 9 000 元的部分	20	555
4	超过 9 000 元至 35 000 元的部分	25	1 005
5	超过 35 000 元至 55 000 元的部分	30	2 755
6	超过 55 000 元至 80 000 元的部分	35	5 505
7	超过 80 000 元的部分	45	13 505

注：自 2011 年 9 月 1 日起执行。"全月应纳税所得额"是指依照《个人所得税法》第六条规定，以每月收入额减除费用 3 500 元之后的余额或者减除附加费用后的余额。

（2）个体工商户、个人独资企业和合伙企业的生产、经营所得和对企事业单位的承包经营、承租经营所得，适用 5%～35% 的 5 级超额累进税率（表 3-3）。

表 3-3 个体工商户、个人独资企业和合伙企业的生产、经营所得和对企事业单位的
承包经营、承租经营所适用的税率及速算扣除数表

级数	全年应纳税所得额	税率（%）	速算扣除数（元）
1	不超过 15 000 元的部分	5	0
2	超过 15 000 元至 30 000 元的部分	10	750
3	超过 30 000 元至 60 000 元的部分	20	3 750
4	超过 60 000 元至 100 000 元的部分	30	9 750
5	超过 100 000 元的部分	35	14 750

注："全年应纳税所得额"是指依照《个人所得税法》第六条规定，以每一纳税年度总额减除成本、费用及损失后的余额。

（3）稿酬所得，适用比例税率，税率为 20%，并按应纳税额减征 30%，故其实际税率为 14%。

（4）劳务报酬所得，适用比例税率，税率为 20%。对劳务报酬所得一次收入畸高的，可以实行加成征收，即个人取得劳务报酬收入的应纳税所得额一次超过 20 000～50 000 元的部分，按照税法规定计算应纳税额后，再按照应纳税额加征五成；超过 50 000 元的部分，加征十成（表 3-4）。

表 3-4 劳务报酬所得适用的税率及速算扣除数表

级数	每次应纳税所得额	税率（%）	速算扣除数（元）
1	不超过 20 000 元的	20	0
2	超过 20 000 元至 50 000 元的	30	2 000
3	超过 50 000 元的	40	7 000

注："每次应纳税所得额"是指每次收入额减除费用 800 元（每次收入额不超过 4 000 元时）或者减除 20% 的费用（每次收入额超过 4 000 元时）后的余额。

（5）特许权使用费所得，利息、股息、红利所得，财产租赁所得，财产转让所得，偶然所得和其他所得，适用比例税率，税率为 20%。对个人出租住房取得的所得减按 10% 的税率征收个人所得税。

> 情境 14：朱某为某高校教师，2015 年 11 月取得以下收入：（1）工资 5 000 元；（2）到其他院校进行讲座，一次性取得 1 000 元；（3）发表论文取得稿酬 2 000 元。请问朱某的各项收入是否应纳个人所得税？各属于什么所得？应纳税额是多少？

（四）个人所得税应纳税额的计算

1. 工资、薪金所得：以每月收入额减除费用 3 500 元或 4 800 元后的余额，为应纳税所得额。

工资、薪金所得按月计算，基本计算公式为：

$$应纳税额 = 应纳税所得额 \times 适用税率 - 速算扣除数$$
$$= （每月收入额 - 3\,500 或 4\,800）\times 适用税率 - 速算扣除数。$$

上式中提及的"4 800元"，包括了附加减除费用。我国《个人所得税法实施条例》中对附加减除费用的范围和标准作了具体规定：

（1）附加减除费用适用的范围包括：①在中国境内的外商投资企业和外国企业中工作取得工资、薪金所得的外籍人员；②应聘在中国境内的企业、事业单位、社会团体、国家机关中工作取得工资、薪金所得的外籍专家；③在中国境内有住所而在中国境外任职或者受雇取得工资、薪金所得的个人；④财政部确定的取得工资、薪金的其他人员。

（2）附加减除费用标准：上述适用范围内的人员每月工资、薪金所得在3 500元扣除额的基础上，再附加1 300元的费用扣除额。

（3）华侨和香港、澳门、台湾同胞参照上述附加减除费用标准执行。

【案例3-9】 某股份制企业2015年9月一份工资单显示：董事长王某9月的工资10万元，美籍专家莱恩（经确定为非居民纳税人）9月的境内工资2.5万元（人民币）。那么该股份制企业董事长李某和法籍专家奥马尔应纳个人所得税税额分别是多少？

【分析】

（1）工资、薪金所得的应纳税所得额，按每月收入额扣除"减除费用额"后的余额计算。工资、薪金所得的应纳税额，以每月应纳税所得额和适用（规定）税率计算。

$$应纳税额 = 应纳税所得额 \times 适用税率 - 速算扣除数$$
$$= （100\,000 - 3\,500）\times 45\% - 13\,505 = 29\,920（元）$$

因此，董事长王某2015年9月应纳个人所得税税额是29 920元。

（2）美籍专家莱恩确定为非居民纳税人，在计算征收个人所得税时，除了扣除"减除费用额"外，再扣减"附加减除费用额"后的余额，作为应纳税所得额。其应纳税额的计算方法与居民纳税人相同。

$$应纳税额 = 应纳税所得额 \times 适用税率 - 速算扣除数$$
$$= （每月收入额 - 减除费用额 - 附加减除费用额）\times 适用税率 - 速算扣除数$$
$$= （25\,000 - 3\,500 - 1\,300）\times 25\% - 1\,005 元 = 4\,045（元）$$

因此，该美籍专家莱恩2015年9月应纳个人所得税税额为4 045元。

2. 个体工商户的生产、经营所得：以每一纳税年度的收入总额减除成本、费用及损失后的余额，为应纳税所得额。个体工商户的生产经营所得按年计征。其计算公式为：

$$应纳税额 = 应纳税所得额 \times 适应税率 - 速算扣除数$$
$$= (收入总额 - 成本、费用及损失等) \times 适用税率 - 速算扣除数。$$

自2009年9月1日起，个体工商户业主的费用扣除标准统一确定为42 000元/年，即3 500元/月。

个体工商户生产经营所得项目的相关税法规定不仅适用于个体工商户，也适用于个人独资企业和合伙企业投资者的生产经营所得。

【案例3-10】 某个体工商户2015年全年收入额为90 000元，经税务机关核定的成本、费用和损失为40 000元。那么该个体工商户2015年全年应纳个人所得税税额是多少？

【分析】 按照个人所得税的规定，个体工商户的生产、经营所得，是以年度为单位，按照年度的所得设计税率计算征收所得税。全年的应纳税所得额，以"年收入总额"扣减"成本""费用""损失"后的余额计算。

2015年全年，该个体工商户的生产、经营所得的应纳税所得额＝每年收入总额－成本－费用－损失＝90 000－40 000＝50 000（元）。

其应纳税额按速算法计算，即应纳税额＝应纳税所得额×适用税率－速算扣除数＝50 000×20%－3 750＝6 250（元）。

3. 对企业事业单位的承包、承租经营所得：以每一纳税年度的收入总额减除必要的费用后的余额，为应纳税所得额。每一纳税年度的收入总额是指纳税人按照承包、承租经营合同规定分得的经营利润和工资、薪金性质的所得；开业不足一年的按实际经营时间计算。这里的减除必要的费用是指按月减除3 500元。对企事业单位的承包经营、承租经营所得按年计征。其计算公式为：

应纳税额＝应纳税所得额×适用税率－速算扣除数
　　　　＝（纳税年度收入总额－必要费用）×适用税率－速算扣除数

【案例3-11】 2015年10月，王某与某事业单位签订承包合同经营该单位招待所，承包期5年。2015年实现承包经营利润50 000元，合同规定承包人每年上缴其营业利润的20%作为承包费。那么王某2015年应缴纳个人所得税税额是多少？

【分析】 要计算王某2015年应缴纳个人所得税税额，必须先计算出其应纳税所得额。王某对该事业单位招待所的承包经营所得，以每一纳税年度的收入总额减除必要的费用后的余额，为应纳税所得额。每一纳税年度的收入总额是指纳税人王某按照承包经营合同规定分得的经营利润和工资、薪金性质的所得，即上交20%营业利润后的余额；这里的减除必要的费用是指按月减除3 500元，王某自2015年10月开始承包经营，共计3个月。所以，2015年王某应纳税所得额为：

应纳税额＝应纳税所得额×适用税率－速算扣除数
　　　　＝[50 000×（1－20%）－（3 500×3）]×10%－750
　　　　＝2 200（元）

因此，2015年王某应纳个人所得税税额为2 200元。

4. 劳务报酬所得：每次收入不超过4 000元的，减除费用800元；4 000元以上的，减除20%的费用，其余额为应纳税所得额。劳务报酬所得按次计征。其计算公式分别为：

（1）每次收入不足4 000元的：

应纳税额＝应纳税所得额×适用税率
　　　　＝（每次收入额－800）×20%。

(2) 每次收入在4 000元以上的：

$$应纳税额 = 应纳税所得额 \times 适用税率$$
$$= 每次收入额 \times (1-20\%) \times 20\%。$$

(3) 每次收入的应纳税所得额超过20 000元的：

$$应纳税额 = 应纳税的额 \times 适用税率 - 速算扣除数$$
$$= 每次收入额 \times (1-20\%) \times 适用税率 - 速算扣除数。$$

【案例3-12】2015年元旦，某会所开业请歌星助阵演出。在这次演出中，该歌星获得的出场费为30 000元，那么这次演出该歌星应缴纳个人所得税税额是多少？

【分析】歌星的出场费属于劳务报酬。根据规定，一次劳务报酬收入在4 000元以上的，扣除20%的费用，其余额为应纳税所得额。

因此，该歌星这次演出应纳个人所得税税额为：

$$应纳税额 = 每次收入额 \times (1-20\%) \times 适用税率 - 速算扣除数$$
$$= 30\ 000 \times (1-20\%) \times 30\% - 2\ 000 = 5\ 200（元）。$$

5. 稿酬所得：每次收入不超过4 000元的，减除费用800元；4 000元以上的，减除20%的费用，其余额为应纳税所得额。稿酬所得按次计征（出版、加印算一次；再版算一次；连载算一次；分次支付合并计税）。其计算公式分别为：

(1) 每次收入不足4 000元的：

$$应纳税额 = 应纳税所得额 \times 适用税率 \times (1-30\%)$$
$$= (每次收入额 - 800) \times 20\% \times (1-30\%)。$$

(2) 每次收入在4 000元以上的：

$$应纳税额 = 应纳税所得额 \times 适用税率 \times (1-30\%)$$
$$= 每次收入额 \times (1-20\%) \times 20\% \times (1-30\%)。$$

【案例3-13】某作家2015年年初在《人民文学》杂志上发表了一部中篇小说，同年12月一次性收到杂志社汇来的未扣除个人所得税的稿酬收入50 000元，那么该作家应缴纳的个人所得税税额是多少？

【分析】稿酬所得按次计征个人所得税。该作家的一次性稿酬收入在4 000元以上的，减除20%的费用，其余额为其应纳税所得额，即50 000×（1-20%）=40 000（元）。

$$应纳税额 = 应纳税所得额 \times 适用税率 \times (1-30\%)$$
$$= 40\ 000 \times 20\% \times (1-30\%) = 5\ 600（元）$$

因此，该作家应缴纳的个人所得税税额是5 600元。

6. 特许权使用费所得：每次收入不超过4 000元的，减除费用800元；4 000元以上的，减除20%的费用，其余额为应纳税所得额。特许权使用费所得按次计征。其计算公式分别为：

(1) 每次收入不足4 000元的：

$$应纳税额 = 应纳税所得额 \times 适用税率$$
$$= (每次收入额 - 800) \times 20\%。$$

(2) 每次收入在4 000元以上的：

应纳税额 = 应纳税所得额 × 适用税率

= 每次收入额 ×（1-20%）×20%。

7. 财产租赁所得：每次收入不超过4 000元的，减除准予扣除项目、修缮费用（800元为限），再减除费用800元；4 000元以上的，减除准予扣除项目、修缮费用（800元为限），再减除20%的费用，其余额为应纳税所得额。财产租赁所得按次（月）计征。其计算公式分别为：

(1) 每次（月）收入不足4 000元的：

应纳税额 =[每次（月）收入额 - 准予扣除项目 - 修缮费用（800元为限）- 800]×20%。

(2) 每次（月）收入在4 000元以上的：

应纳税额 ={[每次（月）收入额 - 准予扣除项目 - 修缮费用（800元为限）]×（1-20%）}×20%。

【知识拓展】

劳务报酬所得属于一次性收入的，以取得该项收入为一次；属于同一项目连续性收入的，以一个月内取得的收入为一次；稿酬所得，以每次出版、发表取得的收入为一次；特许权使用费所得，以一项特许权的一次许可使用所取得的收入为一次；财产租赁所得，以一个月内取得的收入为一次。

8. 财产转让所得：以收入总额减除财产原值和合理费用，其余额为应纳税所得额。应纳税额的计算公式为：

应纳税额 = 应纳税所得额 × 适用税率

=（收入总额 - 财产原值 - 合理费用）×20%。

9. 利息、股息、红利所得：是以每次支付利息、股息、红利时取得的收入额为应纳税所得额。偶然所得，以每次取得该项收入为一次。按次计征。其计算公式为：

应纳税额 = 应纳税所得额 × 适用税率 = 每次收入额 ×20%。

10. 捐赠扣除：对个人将其所得通过中国境内非营利的社会团体、国家机关向教育、公益事业和遭受严重自然灾害地区、贫困地区的捐赠，捐赠额不超过应纳税所得额的30%的部分，可以从其应纳税所得额中扣除。

【案例3-14】2015年3月，王某出版小说一本取得稿酬90 000元，从中拿出20 000元通过国家机关捐赠给受灾地区。李某3月份应缴纳的个人所得税是多少？

【分析】应纳税所得额 =90 000×（1-20%）=72 000（元）。

捐赠可扣除金额 =72 000×30%=21 600（元）。

应纳税额 =（72 000-21 600）×14%=7 056（元）。

【知识拓展】

利息、股息、红利所得，是以支付利息、股息、红利时取得的收入为一次；偶然所得，以每次取得该项收入为一次。

（五）下列项目免征、减征个人所得税

1. 下列各项个人所得，免征个人所得税

（1）省级人民政府、国务院部委和中国人民解放军军以上单位，以及外国组织、国际组织颁发的科学、教育、技术、文化、卫生、体育、环境保护等方面的奖金；

（2）国债和国家发行的金融债券利息；

（3）按照国家统一规定发给的补贴、津贴；

（4）福利费、抚恤金、救济金；

（5）保险赔款；

（6）军人的转业费、复员费；

（7）按照国家统一规定发给干部、职工的安家费、退职费、退休工资、离休工资、离休生活补助费；

（8）依照我国有关法律规定应予免税的各国驻华使馆、领事馆的外交代表、领事官员和其他人员的所得；

（9）中国政府参加的国际公约、签订的协议中规定免税的所得；

（10）经国务院财政部门批准免税的所得。

2. 有下列情况之一的，经批准可以减征个人所得税

（1）残疾、孤老人员和烈属的所得；

（2）因严重自然灾害造成重大损失的；

（3）其他经国务院财政部门批准减税的。

（六）个人所得税征收管理

1. 自行纳税申报

自行纳税申报是由纳税人自行在税法规定的纳税期限内，向税务机关申报取得的应税所得项目和数额，如实填写个人所得税纳税申报表，并按照税法规定计算应纳税额，据此缴纳个人所得税的一种方法。

纳税义务人有下列情况之一的，应当按照规定到主管税务机关办理自行纳税申报：

（1）年所得12万元以上的；

（2）从中国境内两处或者两处以上取得工资、薪金所得的；

（3）从中国境外取得所得的；

（4）取得应纳税所得，没有扣缴义务人的；

（5）国务院规定的其他情形。

2. 代扣代缴

代扣代缴，是指按照税法规定负有扣缴税款义务的单位或个人，在向个人支付应纳税所得时，应计算应纳税额并从其所得中扣除并缴入国库，同时向税务机关报送扣缴个人所得税报告表。

根据规定，凡支付个人应纳税所得的企业、事业单位、机关、社团组织、军队、驻华机构（不含依法享有外交特权和豁免的驻华使领馆、联合国及其国际组织驻华机构）、个体户等单位或者个人，为个人所得税的扣缴义务人。

【课后思考】

1. 根据《增值税暂行条例》的规定，有哪些情形可认定为小规模纳税人？
2. 不得从销项税额中抵扣进项税额的项目有哪些？
3. 简述增值税纳税义务发生的时间和纳税期限的规定。
4. 简述消费税的税目与税率。
5. 简述企业所得税的纳税义务人、征税对象、税率的规定。
6. 符合小型微利企业的条件有哪些？
7. 计算企业所得税应纳税所得额时，职工福利费、工会经费、职工教育经费、业务招待费、广告费和业务宣传费、公益性捐赠支出的扣除标准是怎样规定的？
8. 哪些个人所得适用超额累进税率？哪些个人所得适用比例税率？

▶▶ 任务三 税收征收管理

> 情境15：2015年5月，王某在某县工商局办理了临时营业执照从事服装经营，但未向税务机关申请办理税务登记。7月，被该县某税务所查处，核定应缴纳税款300元，限其于次日缴清税款。王某在限期内未缴纳税款，对核定的税款提出异议，税务所不听其申辩，直接扣押了其价值400元的一件服装。扣押后王某仍未缴纳税款，税务所将服装以300元的价格销售给内部职工，用以抵缴税款。请问王某的行为是否正确？该税务所的执法行为有无不妥？

税收征收管理，是国家税务机关依据国家税收法律、行政法规的规定，按照统一标准，通过一定的程序，对纳税人应纳税额组织入库的一种行政活动，是国家将税收政策贯彻实施到每个纳税人，确保税收收入及时、足额入库的一系列活动的总称。税收征收管理包括税务登记、发票管理、纳税申报、税款征收、税务检查和法律责任等环节。

子任务一 税务登记

税务登记又称纳税登记，是税务机关依法对纳税人的生产、经营活动进行登记管理的一项法定制度,也是纳税人依法履行纳税义务的法定手续。税务登记是税务机关对纳税人实施税收征收管理的首要环节和基础工作,是征纳双方法律关系成立的依据和证明。

【知识拓展】

《国家税务总局关于推进工商营业执照、组织机构代码证和税务登记证"三证合一"改革的若干意见》(税总发〔2014〕152号)中,主要形式是"三证联办"。"三证联办"是指工商、质监、国税、地税部门实现工商营业执照、组织机构代码证和税务登记证"三证"联办同发。即由一个窗口单位归口受理申请表和申请资料,一次性采集信息,并共享至联合办证部门,限时反馈;各部门收到申请信息、材料后,按照职责分工,同时启动复查审办,准予登记的,一并制作"三证",并反馈受理窗口;受理窗口一次性将"三证"发放申请人,部门间实现数据互换、档案共享、结果互认。

税务登记包括开业登记、变更登记、停业复业登记、注销税务登记、外出经营报验登记、纳税人税种登记和扣缴义务人扣缴税款登记。

(一)开业登记

开业登记又称设立登记,是指从事生产、经营的纳税人,经国家工商行政管理部门批准开业后办理的税务登记。

1. 从事生产经营的纳税人,应当自领取营业执照(含临时工商营业执照)之日起30日内,向生产、经营的或者纳税义务发生地的主管税务机关申报办理税务登记,如实填写税务登记表并按照税务机关的要求提供有关证件、资料等。

2. 从事生产、经营的纳税人未办理工商营业执照但经有关部门批准设立的,应当自有关部门批准设立之日起30日内申报办理税务登记,税务机关核发税务登记证及副本,纳税人领取临时工商营业执照的,税务机关核发临时税务登记证及副本。

3. 从事生产、经营的纳税人未办理工商执照也未经有关批准设立的,应当自纳税义务发生之日30日内申报设立办理税务登记,税务机关核发临时税务登记证及副本。

4. 有独立的生产经营权,在财务上独立核算并定期向发包人或者出租人上交承包费或租金的承包承租人,应当自承包承租合同签订之日起30日内,向其承包承租业务发生地税务机关申报办理税务登记,税务机关核发临时税务登记证及副本。

5. 从事生产经营的纳税人到外县市临时从事生产经营活动的,应当持税务登记证副本和所在地税务机关填开的外出经营活动税收管理证明,向营业地税务机关报验登记,接受税务管理。

从事生产经营的纳税人外出经营,在同一地累计超过180天的,应当在营业地办理税务登记手续。"在同一地累计超过180天",是指纳税人在同一县市实际经营或提供劳务之日起,在连续的12个月内累计超过180天,纳税人应自期满之日起30日内,向生产经营所在地税务机关申报办理税务登记,税务机关核发临时税务登记证及副本。

6. 境外企业在中国境内承包建筑、安装、装配、勘探工程和提供劳务的,应当自项目合同或协议签订之日起30日内,向项目所在地税务机关申报办理税务登记,税务机关核发临时税务登记证及副本。

除上述以外的其他纳税人,国家机关、个人和无固定生产经营场所的流动性农民小商贩外,均应当自纳税义务发生之日起30日内,持有关证件向纳税义务发生地税务机关申报办理税务登记,税务机关核发临时税务登记证及副本。

【例3-8】刘某在某市A县城设立公司并在该县税务局登记,刘某经过对该市各地区对其产品需求的调查,决定到B县销售产品。刘某2013年8月至2015年3月在B县累计经营180天,则刘某应向( )税务机关办理税务登记手续。

A. 不用办理税务登记 B. A县
C. B县 D. A县或B县

【解析】C。刘某应向B县税务局办理税务登记手续。根据税务登记的有关规定,从事生产、经营的纳税人外出经营,在同一地累计超过180天的,应当在营业地办理税务登记手续。所以刘某应在B县税务机关申报办理税务登记手续。

(二)变更登记

变更登记是指纳税人在办理税务登记后,原登记的内容发生变化时向原税务机关申报办理的税务登记。

纳税人办理税务登记后,如发生下列情形之一,应当办理变更税务登记:①改变名称;②改变法人代表;③改变经济性质或经济类型;④改变住所和经营地点;⑤改变生产经营方式;⑥增减注册资金;⑦改变隶属关系;⑧改变生产经营期限;⑨改变生产经营权属;⑩改变其他税务登记内容。

纳税人应自工商行政管理机关或其他机关办理变更登记之日起30日内,申报办理变更登记。

税务登记表和税务登记证中的内容都发生变更:重新核发税务登记证件;税务登记表的内容发生变更而税务登记证中的内容未发生变更:不重新核发税务登记证件。

【案例3-15】郑某在大学城经营一家书店,为了扩大经营,思维活络的他进了一些电子产品,后来发现电子产品的销路很好,电子产品的品种越来越多,经营范围也越来越大。该辖区的税务主管部门在税务检查中发现这一情况后,立即责令郑某办理税务变更手续。但郑某不以为然,他认为虽然增加了经营项目,但店名没有改变,也未到工商行政管理机关办理变更登记,因此不应该办理税务变更登记。请分析郑某的观点是否正确。

【分析】郑某的观点不正确。根据《税收征管法》及《税务登记管理办法》的规定,纳税人税务登记内容发生变化时,在工商行政管理机关办理注册登记的,应当自工商行政管理机关办理变更登记之日起30日内,向原税务登记机关申报办理变更税务登记;纳税人按照规定不需要在工商行政管理机关办理变更登记,或者其变更登记的内容与工商登记内容无关的,应当自税务登记内容实际发生变化之日或者自有关机关批准或宣布变更之日起30日内,到原税务登记机关申报办理变更税务登记。经营范围属于税务登记的内容。因此,该书店改变经营范围,属于改变税务登记内容,即使店名没有改变,也应办理变更税务登记。

(三)停业、复业登记

1. 停业登记

实行定期定额征收方式的纳税人在营业执照核准的经营期限内需要停业的,应当向税务机关提出停业登记并如实填写《停业登记表》,说明停业的理由、时间、停业前的纳税情况和发票的领、用、存情况,税务机关经过审核,应当责成申请停业的纳税人结清税款并收回税务登记证件、发票领购簿和发票,办理停业登记,纳税人的发票不便收回的纳税机关应当就地予以封存,纳税人的停业期限不得超过1年。

2. 复业登记

纳税人应当于恢复生产经营之前,向税务机关提出复业登记申请,如实填写《停、复业报告书》,经确认后办理复业登记,领回或启用税务登记证件和发票领购簿及其领购的发票,纳入正常管理。

纳税人停业期满不能及时恢复生产经营的,应当在停业期满前向税务机关提出延长停业登记。纳税人停业期满未按期复业又不申请延长停业的,税务机关应当视为以恢复营业,实施正常的税务征收管理。纳税人停业期间发生纳税义务,应当及时向主管税务机关申报,依法补缴应纳税款。

【例3-9】企业在停产期间发生纳税义务的,应在复业后与其他发生的纳税义务一起纳税申报。( )

【解析】×。根据我国税收法律制度的规定,纳税人停业期间发生纳税义务的,应当及时向主管税务机关申报,依法缴纳税款,而不是在复业后办理,所以是错误的。

(四)注销税务登记

情境16:张某在学习了税务登记的内容后,了解到企业开业时应先办理工商注册登记再办理税务设立登记,企业事项变更时应先办理工商变更登记再办理税务变更登记,因此张某认为企业注销时也应先办理工商注销登记再办理税务注销登记。请问张某的想法正确吗?

注销税务登记是指纳税人在发生解散、破产、撤销及依法终止履行纳税义务的其他情形时,向原登记税务机关申请办理的登记。

注销税务登记的适用范围有:纳税人因经营期限届满而自动解散;企业由于改组、分级、合并等原因而被撤销;企业资不抵债而破产;纳税人住所、经营地址迁移而涉及原主管税务机关的;纳税人被工商行政管理部门吊销营业执照;纳税人依法终止纳税义务的其他情形。

纳税人发生解散、破产、撤销及其他情形,依法终止纳税义务的,应当在向工商行政管理机关办理注销登记前,持有关证件向原税务登记机关申报办理注销税务登记,按照规定不需要在工商管理机关办理注销登记的,应当自有关机关批准或者宣告终止之日起15日内,持有关证件向原税务机关登记管理机关申报办理注销税务登记。

纳税人被工商行政管理机关吊销营业执照或被其他机关予以撤销登记的,应当自营业执照被吊销或被撤销登记之日起15日内,持有关证件向原税务登记机关申报办理注销税务登记。

境外企业在中国境内承包建筑、安装、装配、勘探工程和提供劳务的,应当在项目完工、离开中国前15日内,持有关证件和资料,向原税务登记机关申报办理注销税务登记。

【例3-10】下列各项中应办理注销税务登记的情形有(   )。
A. 企业名称发生改变的   B. 被吊销营业执照
C. 企业破产   D. 经营地变动改变税务机关

【解析】BCD。注销税务登记的适用范围有:纳税人因经营期限届满而自动解散;企业由于改组、分级、合并等原因而被撤销;企业资不抵债而破产;纳税人住所、经营地址迁移而涉及原主管税务机关的;纳税人被商行政管理部门吊销营业执照;纳税人依法终止纳税义务的其他情形。

(五)外出经营报验登记

外出经营报验登记,是指从事生产经营的纳税人到外县市进行临时性的生产经营活动时,按规定向经营地税务机关申报办理的一种税务登记手续。

纳税人到外县(市)临时从事生产经营活动的,应当在外出生产经营以前,持税务登记证向主管税务机关申请开具《外出经营活动税收管理证明》(简称《外管证》)。

税务机关按照一地一证的原则核发《外管证》,《外管证》的有效期限一般为30日,最长不得超过180日。

纳税人应当在《外管证》注明地进行生产经营前向当地税务机关报验登记,并提交税务登记证件副本和《外管证》。纳税人在《外管证》注明地销售货物的,除提交以上证件外,还应如实填写《外出经营货物报验单》,申请查验货物。

纳税人外出经营活动结束,应当向经营地税务机关填报《外出经营活动情况申报表》并结清税款,缴销发票。纳税人应当在《外管证》有效期届满后10日内,持《外管证》回原税务地税务机关办理《外管证》缴销手续。

【案例3-16】2015年,王某在A县开办了一家销售公司,并领取营业执照。由于经营情况发生变化,2015年该公司的所有销售生意都在外地。因为要在销售地纳税,所以该公司没有在A县办理税务登记。请问:该公司是否应当在机构所在地办理税务登记?为什么?

【分析】该公司应当在机构所在地办理税务登记,并纳入外地经营报验登记管理之中。《税收征管法》第十五条规定,企业在外地设立的分支机构和从事生产、经营的场所,个体工商户和从事生产、经营的事业单位(统称从事生产、经营的纳税人)自领取营业执照之日起30日内,持有关证件,向税务机关申报办理税务登记。

（六）纳税人税种登记

税种登记是纳税人应在办理开业或变更登记的同时，由税务机关根据纳税人的生产经营范围及拥有的财产等情况，依据相关法律、法规核准纳税人适用的税种、税目、税率、报缴税款期限、征收方式和缴库方式等税种信息的一种登记手续。

税务机关审核纳税人填写《纳税人税种登记表》的项目，自受理之日起3日内进行税种登记。

（七）扣缴义务人扣缴税款登记

扣缴税款登记是指根据税收法律、行政法规的规定负有扣缴税款义务的扣缴义务人（国家机关除外）应当如实向税务机关提供与代扣代缴、代收代缴税款有关的信息，办理扣缴税款登记。

已办理税务登记的扣缴义务人应当在扣缴义务发生之日起30日内，向税务登记地税务机关申报办理扣缴税款登记。税务机关在其税务登记证件上登记扣缴税款事项，税务机关不再发给扣缴税款登记证件。

根据税收法律、行政法规的规定可不办理税务登记的扣缴义务人，应当在扣缴义务发生之日起30日内，向机构所在地税务机关申报办理扣缴税款登记。税务机关核发扣缴税款登记证件。

【知识拓展】

扣缴义务人包括代扣代缴义务人和代收代缴义务人。

代扣代缴，是指按照税法规定，负有扣缴税款的法定义务人负责对纳税人应纳的税款进行代扣代缴。即由支付人在向纳税人支付款项时，从所列支的款项中依法直接扣缴税款，其目的在于零星、分散、不宜控管的税务实行源泉控制。例如个人所得税由支付应税所得的单位代扣代缴。

代收代缴，是指按照税法规定，负有收缴税款的法定义务人，负责对纳税人应纳的税款进行代收代缴。即由与纳税人有经济业务往来的单位和个人在向纳税人收取款项时依法收取税款。这种方式一般是税收网络覆盖不到或很难监控的领域。例如消费税中的委托加工由受托方代收缴加工产品的税款。

子任务二　发票的开具与管理

> 情境17：秦某毕业后与朋友一起合伙开了一家装修公司，领取了工商营业执照、组织机构代码证和税务登记证，现在是否可以领购发票？如果可以领购发票，应领购什么发票？怎样领购？

（一）发票概述

发票是指在购销商品、提供、接收服务及从事其他经营活动中，开具收取的收付款书面证据，它是确定经营收支行为发生的法定凭证，是会计核算的原始依据，也是税务稽查的重要证据。

1. 发票的内容

发票的基本联次为三联：第一联为存根联，开票方留存备查；第二联为发票联，收执方作为收款或付款原始凭证；第三联为记账联，开票方作为记账原始凭证。机制发票为两联，即发票联和记账联。增值税专用发票除基本联次还包括一张抵扣联，收执方作为抵扣税款的凭证。

发票的基本内容一般包括：发票名称，字轨号码，联次和用途，客户名称，开户银行和账号，商品名称或经营项目，计量单位，数量，单价，金额，开票人，开票日期，开票单位（个人），名称（章）。

有代扣、代收、委托代征税款的，其发票的内容应当包括代收、代扣、委托代征税种的税率和代扣、代收、委托代征额。

增值税专用发票还应当包括购货人地址、购货人税务登记号、增值税税率、税款、供货方名称、地址及税务登记号等。

2. 发票的印制

（1）发票的种类，由省级（含省级）以上税务机关确定。在全国范围内统一样式的发票，由国务院税务主管部门（及国家税务总局）确定。省、自治区、直辖市范围内统一样式的发票，由省级税务机关确定。

（2）增值税专用发票由国务院税务主管部门确定的企业统一印制；其他发票，按照国务院税务主管部门的规定，由省、自治区、直辖市税务机关确定的企业印制。符合条件的企业也可以申请自印普通发票。禁止私自印制、伪造、变造发票。

（3）印制发票应当使用国务院税务主管部门确定的全国统一的发票防伪专用品。禁止非法制造发票防伪专用品。

（4）发票应当套印全国统一发票监制章。全国统一发票监制章的式样和发票版面印刷的要求，由国务院税务主管部门规定。发票监制章由省、自治区、直辖市税务机关制作。禁止伪造发票监制章。

（5）各省、自治区、直辖市内的单位和个人使用的发票，除增值税专用发票外，应当在本省、自治区、直辖市内印刷；确有必要到外省、自治区、直辖市印刷的，应当由省、自治区、直辖市税务机关商印制地省、自治区、直辖市税务机关同意，由印制地省、自治区、直辖市税务机关确定的企业印制。禁止在境外印制发票。

（6）发票应当使用中文印制。民族自治地区的发票，可以加印当地一种通用的民族文字。有实际需要的，也可以同时使用中外两种文字印制。

【例3-11】下列关于发票印制的说法中，有误的是（　　　）。

A. 发票应套印全国统一发票监制章
B. 各省内单位使用的发票,一律在本省内印制
C. 禁止在境外印制发票
D. 增值税专用发票必须由国务院主管部门指定的企业印制

【解析】B。各省、自治区、直辖市内的单位和个人使用的发票,除增值税专用发票外,应当在本省、自治区、直辖市内印刷;确有必要到外省、自治区、直辖市印刷的,应当由省、自治区、直辖市税务机关商印制地省、自治区、直辖市税务机关同意,由印制地省、自治区、直辖市税务机关确定的企业印制。禁止在境外印制发票。

3. 发票的领购

(1) 领购发票的对象。可以申请领购发票的对象包括:

①依法办理税务登记的单位和个人,在领取税务登记证件后,可以领购发票。

②依法不需办理税务登记但需要使用发票的单位,可以按规定程序领购发票。

③临时到本省、自治区、直辖市以外地区从事经营活动的单位或者个人,应当凭所在地税务机关的证明,向经营地税务机关申请领购经营地发票。

(2) 领购发票的相关规定。

①需要领购发票的单位或个人,应当持税务登记证件、经办人身份证明、按照国务院税务主管部门规定式样制作的发票专用章的印模,向主管税务机关办理发票领购手续。主管税务机关根据领购单位和个人的经营范围和规模,确认领购发票的种类、数量及领购方式,在5个工作日内发给发票领购簿。

②发票领购簿的内容应当包括用票单位和个人的名称、所属行业、购票方式、核准购票种类、开票限额、发票名称、领购日期、准购数量、起止号码、违章记录、领购人签字(盖章)核发税务机关(章)等内容。

③税务机关对于外省来本辖区从事临时经营活动的单位和个人申请领购发票的,可以要求其提供保证人或者交纳不超过1万元的保证金,并限期缴销发票。

(二) 发票的种类

情境18:陈某毕业前到某公司财务部门实习,以前没接触到各种各样的发票。一天,公司会计主管给了他若干发票,请问会给他哪些发票?发票内容都一样吗?

发票分为专用发票和普通发票两大类。专用发票特指增值税专用发票。普通发票按照征收管理的范围划分为普通发票和专业发票两类。因此,发票按照其用途及反映的内容不同,可以具体分为增值税专用发票、普通发票和专业发票三种。

1. 增值税专用发票

(1) 增值税专用发票,是指专门用于结算销售货物和提供加工、修理修配劳务使用的一种发票。增值税专用发票隶属于国家税务总局管理范围,其式样和印制及管理规定均由国家税务总局制订。增值税专用发票只限于增值税一般纳税人领购使用,增值税小规模纳

税人不得领购使用。联次为三联：记账联、抵扣联、发票联。

（2）出现下列情况之一的不得使用增值税专用发票：

①会计核算不健全，不能向税务机关准确提供增值税销项税额、进项税额、应纳税额数据及其他有关增值税税务资料的。上列其他有关增值税税务资料的内容，由省、自治区、直辖市和计划单列市国家税务局确定。

②有《税收征管法》规定的税收违法行为，拒不接受税务机关处理的。

③有下列行为之一，经税务机关责令限期改正而未改正的：a. 虚开增值税专用发票；b. 私自印制专用发票；c. 向税务机关以外的单位和个人买取专用发票；d. 借用他人专用发票；e. 未按规定开具专用发票；f. 未按规定保管专用发票和专用设备；g. 未按规定申请办理防伪税控系统变更发行；h. 未按规定接受税务机关检查。有上列情形的，如已领购专用发票，主管税务机关应暂扣其结存的专用发票和 IC 卡。

④向消费者个人销售服务、无形资产或者不动产。

⑤适用免征增值税规定的应税行为。

⑥纳税人当月购买专用发票而未申报纳税的。

【知识拓展】

增值税专用发票的基本联次为四联，各联次必须按以下规定用途使用：第一联为存根联，由销货方留存备查；第二联为发票联，购货方做付款的记账凭证；第三联为税款抵扣联，购货方做扣税凭证；第四联为记账联，销售方做销售的记账凭证。

2. 普通发票

普通发票主要是增值税小规模纳税人使用，增值税一般纳税人在不能开具专用发票的情况下也使用普通发票。普通发票有行业发票和专用发票。前者适用于某个行业的经营业务，如商业零售统一发票、商业批发统一发票、工业企业产品销售统一发票等；后者仅适用于某一经营项目，如广告费用结算发票、商品房销售发票等。

【知识拓展】

普通发票一般为三联：第一联为存根联，开票后留存备查；第二联为发票联，收执方作为付款或收款原始凭证，填开后的发票联要加盖财务章和发票专用章；第三联为记账联，开票方作为记账原始凭证。

3. 专业发票

专业发票是指国有金融、保险企业的存贷、汇总、转账凭证、保险凭证；国有邮政、电信企业的邮票、邮单、话务、电报收据；国有铁路、国有航空企业和交通部门、国有公路、水上运输企业的客票、货票等。经国家税务总局或者省、自治区、直辖市税务机关批准，专业发票可由政府和主管部门自行管理，不套印税务机关的统一发票监制章，也可以根据税收征管的需要纳入统一发票管理。

（三）发票的开具要求与管理

单位、个人在销售商品、提供或者接受服务及从事其他经营活动中，应当按照规定开具发票。销售商品提供服务及从事其他经营活动的单位和个人，对外发生经营业务收取款项，收款方应向付款方开具发票；特殊情况下由付款方向收款方开具发票。

1. 开具发票的要求

（1）单位和个人应在发生经营业务、确认营业收入时，才能开具发票。

（2）单位和个人开具发票时应按号码顺序填开，填写项目齐全、内容真实、字迹清楚、全部联次一次性复写或打印，内容完全一致，并在发票联和抵扣联加盖单位财务印章或者发票专用章。

（3）填写发票应当使用中文。民族自治地区可以同时使用当地通用的一种民族文字；外商投资企业和外资企业可以同时使用一种外国文字。

（4）使用电子计算机开具发票必须报主管税务机关批准，并使用税务机关统一监制的机打发票。

（5）开具发票时限、地点应符合规定。

（6）任何单位和个人不得转借、转让、代开发票；未经税务机关批准，不得拆本使用发票；不得自行扩大专业发票适用范围。

2. 发票管理

（1）任何单位和个人未经批准，不得跨规定的使用区域携带、邮寄、运输空白发票。禁止携带、邮寄或者运输空白发票出入境。

（2）开具发票的单位和个人应当建立发票使用登记制度，设置发票登记簿，并定期向主管税务机关报告发票使用情况。开具发票的单位和个人应当按照税务机关的规定存放和保管发票，不得擅自销毁。已开具的发票存根联和发票登记簿，应当保存5年。保存期满，报经税务机关查验后销毁。

（3）使用发票的单位和个人应当妥善保管发票，不得丢失。发票丢失，应于丢失（发现丢失）当日书面报告主管税务机关，并在报刊和电视等传播媒介上公告声明作废。

【深入思考】

收据和发票有什么区别？

【例3-12】关于发票的开具要求，下列表述中，正确的是（　　）。

A. 未发生经营业务一律不得开具发票

B. 开具发票的应按顺序填开，全部联次一次性复写或打印，并在发票联和抵扣联加盖单位公章或者发票专用章

C. 填写发票应当使用中文

D. 发票开具时限和地点应符合规定

【解析】ACD。开具发票时按号码顺序填开，填写项目齐全，内容真实，字迹清楚，

全部联次一次性复写或打印,内容完全一致,并在发票联和抵扣联加盖单位财务章或者发票专用章。

子任务三　纳税申报

> 情境19:秦某与朋友合伙开的装修公司已经营业一个月了,某一天税务部门检查发现该公司违反了税法规定,责令其抓紧进行纳税申报,可秦某认为,这期间公司一直没业务,公司没有取得任何收入,不需要办理纳税申报。请问秦某的想法正确吗?

纳税申报是指纳税人、扣缴义务人按照法律、行政法规规定,在申报期限内就缴纳事项向税务机关提出书面申请的一种法定手续。

纳税人办理纳税申报时,应当如实填写纳税申报表,并根据不同情况相应报送下列有关证件、资料:财务、会计报表及其说明材料;税控装置的电子报税资料;与纳税有关的合同、协议书;外出经营活动税收管理证明;境内或者境外公证机构出具的有关证明文件;税务机关规定应当报送的其他有关证件、资料。

【知识拓展】

纳税申报应注意以下问题:第一,纳税人在纳税期内没有应纳税款,也应当按照规定办理纳税申报。第二,纳税人享受减税、免税待遇的,在减税、免税期间应当按照规定办理纳税申报。

纳税申报的方式主要有:

(1)直接申报,即上门申报。纳税人直接到税务机关办理纳税申报。根据申报的地点不同,直接申报又可分为直接到办税服务厅申报、到巡回征收点申报和到代收点申报3种。直接申报是一种传统申报方式。

(2)邮寄申报,即纳税人将纳税申报表及有关纳税资料以邮寄的方式送达税务机关。邮寄申报以寄出地的邮局邮戳日期为实际申报日期。

(3)数据电文申报,是指经税务机关确定的电话语音、电子数据交换和网络传输等电子方式。纳税人采用电子方式办理纳税申报的,应当按照税务机关规定的期限和要求保存有关(纸质)资料,并定期书面报送主管税务机关。纳税人、扣缴义务人采取数据电文方式办理纳税申报,其申报日期以税务机关计算机网络系统收到该数据电文的时间为准。

(4)简易申报,是指实行定期定额的纳税人,经税务机关批准,通过以缴纳税款凭证代替申报或简并征期的一种申报方式。这种申报方式是以纳税人便利纳税为原则设置的,可委托代理申报,委托会计师事务所、代理记账公司等申报。

(5)其他方式,是指除上述几种申报方式外的符合主管税务机关要求的其他申报方式。

【深入思考】
现行的企业网上纳税申报是属于哪种申报方式？

【例3-13】纳税人享受减税、免税待遇的，在减税、免税期间可以不办理纳税申报。（　　）

【解析】×。根据规定，纳税人享受减税、免税待遇的，在减税、免税期间应当按照规定办理纳税申报。

子任务四　税款征收

> 情境20：李某为某企业财务人员，2010年7月采取虚假的纳税申报手段少缴增值税5万元。2015年6月，税务人员在检查中发现了这一问题，要求追征这笔税款。李某认为时间已过3年，超过了税务机关的追征期，不应再缴纳这笔税款。请问税务机关是否可以追征这笔税款？为什么？

（一）税款征收的概念

税款征收是指税务机关依照税收法律、行政法规规定，将纳税人依法应纳的税款及扣缴义务人代扣代缴、代收代缴的税款通过不同的方式组织征收入库的活动。税款征收包括：税款征收方式、应纳税款的确定或核定、纳税担保、税收保全措施、税收强制执行措施、离境清税、税款补征及追征、减免退税及延期纳税审批等内容。

税款征收是税收征收管理的中心环节。税务机关应当依照法律、行政法规的规定征收税款，不得违反法律、行政法规的规定开征、停征、多征、少征、提前征收、延缓征收或者摊派税款。除税务机关、税务人员及经税务机关依照法律、行政法规委托的单位人员外，任何单位和个人不得进行税款征收活动。

（二）税款征收的方式

税款征收的方式是指税务机关根据各税种的不同特点和纳税人的具体情况而确定的计算、征收税款的形式和方法。根据《税收征管法》及其实施细则规定，我国的税款征收主要有以下几种方式。

1. 查账征收

查账征收是指纳税人依据账簿记载，先自行计算缴纳，事后经税务机关查账核实，如有不符合税法规定的，则多退少补的一种税款征收方式。

实行这种征收方式的程序是：由纳税人在规定的期限内，向税务机关报送纳税申报表和财务会计报表，经税务机关查账核实后，填写缴款书，由纳税人到当地开户银行缴纳税款。

这种征收方式适用于：掌握税收法律法规，经营规模较大，账簿、凭证、财务会计制度比较健全，能够如实反映生产经营成果，正确计算应缴纳税款的纳税人。这种征收方式虽然手续简便，但也存在易于发生税务机关失察，造成偷、欠税等不良现象。

2. 查定征收

查定征收是由税务机关根据纳税人的从业人员、生产设备、耗用原材料等情况，在正常生产经营条件下，对其生产的应税产品查实核定产量和销售额，然后依照税法规定的税率征收的一种税款征收方式。这种方式一般适用于：生产规模较小、账册不健全、财务管理和会计核算水平较低、产品零星、税源分散的纳税人。

3. 查验征收

查验征收是由税务机关对纳税申报人的应税产品进行查验后征税，并贴上完税凭证、查验证或盖查验戳，从而据以征税的一种税款征收方式。这种方式适用于：经营品种比较单一，经营时间、地点和商品来源不固定的纳税人。

4. 定期定额征收

定期定额征收是税务机关依照有关法律、法规的规定，按照一定的程序，核定纳税人在一定经营时期内的应纳税营业额及收益额，并以此为计税依据，确定其应纳税额（包括增值税额、消费税额、所得税额等）的一种征收方式。

税务机关核定定额应依照以下程序办理：业户自报、典型调查、定额核定、下达定额。这种方式适用于：生产经营规模小，又确无建账能力，经主管税务机关审核，县级以上（含县级）税务机关批准可以不设置账簿或暂缓建账的小型纳税人。

5. 核定征收

核定征收是按其他征收方法难以合理准确地征收税款时采取的一种征税方法。

纳税人（包括单位纳税人和个人纳税人）有下列情形之一的，税务机关有权核定其应纳税额：

（1）依照法律、行政法规的规定可以不设置账簿的；

（2）依照法律、行政法规的规定应当设置账簿但未设置的；

（3）擅自销毁账簿或者拒不提供纳税资料的；

（4）虽设置账簿，但账目混乱或者成本资料、收入凭证、费用凭证残缺不全，难以查账的；

（5）发生纳税义务，未按照规定的期限办理纳税申报，经税务机关责令限期申报，逾期仍未申报的；

（6）纳税人申报的计税依据明显偏低，又无正当理由的；

（7）未按照规定办理税务登记的从事生产、经营的纳税人及临时经营的纳税人。

税务机关核定应纳税额的方法主要有以下 4 种：

（1）参照当地同类行业或者类似行业中经营规模和收入水平相近的纳税人的税负水平核定；

（2）按照营业收入或者成本加合理的费用和利润的方法核定；

（3）按照耗用的原材料、燃料、动力等推算或者测算核定；

（4）按照其他合理的方法核定。

采用以上所列一种方法不足以正确核定应纳税额时，可以同时采用两种以上的方法核定。纳税人对税务机关采取规定的方法核定的应纳税额有异议的，应当提供相关证据，税务机关认定后，调整应纳税额。

6. 代扣代缴

代扣代缴是指按照税法规定，负有扣缴税款义务的法定义务人，在向纳税人支付款项时，从所支付的款项中，直接扣收税款的方式。这种方式适用于：零星分散的、不易控制的税源，如"工资、薪金所得"个人所得税施行代扣代缴。

7. 代收代缴

代收代缴是指负有代收代缴义务的法定义务人，对纳税人应纳税的税款进行代收代缴的方式。即由与纳税人有经济业务往来的单位和个人在向纳税人收取款项时，依照税收的规定收取税款，并按照规定的期限和缴库方法申报解缴税款。

这种方式同样适用于：税收网络覆盖不到，或零星分散、不易控制的税源实行源泉控制。例如，对单位受托加工应税消费品，由受托方代收代缴消费税。

8. 委托征收

委托征收是指受托单位按照税务机关核发的委托代征证书的要求，以税务机关的名义向纳税人征收一些零散税款的一种税款征收方式。根据国家法律、行政法规授权，将国家赋予其的部分征税权，委托其他部门和单位代为行使，并通过部门和单位的代征行为将税款缴入国库。

这种方式主要适用于：零星、分散和流动性较大的税款征收，如集贸市场税款的征收。

9. 其他征收方式

其他征收方式如邮寄申报纳税、自计自填自缴、自报核缴方式等。邮寄申报纳税是指纳税人在邮寄纳税申报表的同时，经税务机关核算，汇寄并解缴纳税款方式。另外还有利用网络申报、用 IC 卡纳税等方式。

【深入思考】

对个体工商户采取什么税款征收方式？

（三）税款的追缴与退还

在实际工作中，税款的课征难免有征多或征少的情形，为体现税收法定原则，对纳税人多缴的税款要予以退还，对纳税人少缴的税款要予以追加。

1. 税款的退还

税务机关发现纳税人多缴税款的，应当自发现之日起 10 日内办理退还手续；纳税人自结算缴纳税款之日起 3 年内发现的，可以向税务机关要求退还多缴的税款并加算银行同期存款利息，税务机关及时查实后应当立即退还；涉及从国库中退库的，依照法律、行政法规有关国库管理的规定退还。

2.税款的追征

因税务机关的责任,致使纳税人、扣缴义务人未缴或少缴税款的,税务机关在3年内可以要求纳税人、扣缴义务人补缴税款,但是不得加收滞纳金。

因纳税人、扣缴义务人计算错误等失误,未缴或少缴税款的,税务机关在3年内可以追征税款、滞纳金;有特殊情况的,追征期可以延长到5年。所谓"特殊情况",是指纳税人或者扣缴义务人因计算错误等失误,未缴或者少缴、未扣或者少扣、未收或者少收税款,累计数额在10万元以上的。补缴或追征税款、滞纳金的期限,自纳税人、扣缴义务人应缴款未缴或者少缴税款之日起计算。

对偷税、抗税、骗税的,税务机关追征其未缴或少缴的税款,滞纳金或者所骗取的税款,不受前述规定期限的限制,即税务机关可以无限期追征。

子任务五 税务代理

> 情境21:小张毕业后成立了一家装修公司,由于业务繁忙、人员不够,每月都不能准时进行纳税申报,小张决定委托在某公司担任会计工作的同学小王为其办理纳税申报、税款缴纳等业务,请问小王可以接受这项委托吗?

(一)税务代理的概念

税务代理指代理人接受纳税主体的委托,在法定的代理范围内依法代其办理相关税务事宜的行为。税务代理人在其权限内,以纳税人(含扣缴义务人)的名义代为办理纳税申报、申办、变更、注销税务登记证,申请减免税,设置保管账簿凭证,进行税务行政复议和诉讼等纳税事项的服务活动。

(二)税务代理的特点

税务代理作为民事代理中的一种委托代理,主要特点表现在如下几个方面:

(1)公正性。税务代理机构不是税务行政机关,而是征纳双方的中介结构,因而只能站在公正的立场上,客观地评价代理人的经济行为;同时代理人必须在法律范围内为被代理人办理税收事宜,独立、公正地执行业务。既维护国家利益,又保护委托人的合法权益。

(2)资源性。税务代理的选择一般有单向选择和双向选择,无论哪种选择都是建立在双方自愿的基础上的。也就是说,税务代理人实施税务代理行为,应当以纳税人、扣缴义务人自愿委托和资源选择为前提。

(3)有偿性。税务代理机构是社会中介机构,它不是国家行政机关的附属机构,因此,同其他企事业单位一样要自负盈亏,有幸有偿服务,通过代理取得收入并抵补费用,获得利润。

(4)独立性。税务代理机构与国家行政机关、纳税人或扣缴义务人等没有行政隶属关系，既不受税务行政部门的干预，又不受纳税人、扣缴义务人所左右，独立代办税务事宜。

（5）确定性。税务代理人的税务代理范围，是以法律、行政法规和行政规章的形式确定的。因此，税务代理人不得超越规定的内容从事代理活动。除税务机关按照法律、行政法规规定委托其代理外，代理人不得代理应由税务机关行使的行政权力。

（三）税务代理的法定业务范围

《税务代理试行办法》规定，税务代理人可以接受纳税人、扣缴义务人的委托从事下列范围内的业务代理：

(1) 办理税务登记、变更税务登记和注销税务登记；
(2) 办理发票领购手续；
(3) 办理纳税申报和扣缴税款报告；
(4) 办理缴纳税款和申请退税；
(5) 制作涉税文书；
(6) 审查纳税情况；
(7) 建账建制，办理账务；
(8) 开展税务咨询、受聘税务顾问；
(9) 申请税务行政复议或税务行政诉讼；
(10) 国家税务总局规定的其他业务。

子任务六 税收检查及法律责任

情境22：某基层税务所2015年8月15日在实施税务检查中发现，辖区内大众饭店（系私营企业）自2015年5月10日办理工商营业执照以来，一直没有办理税务登记证，也没有申报纳税。根据检查情况，该饭店应纳未纳税款1500元，税务所于6月18日做出如下处理决定：(1)责令大众饭店8月20日前申报办理税务登记并处以500元罚款。(2)补缴税款、加收滞纳金，并处不缴税款1倍，即1500元的罚款。请问本处理决定是否正确？为什么？

（一）税收检查

税收检查是税务机关依照税收法律、行政法规的规定，对纳税人、扣缴义务人履行纳税义务或者扣缴义务及其他有关税务事项进行审查、核实、监督活动的总称。它是税收征收管理工作的一项重要内容，是确保国家财政收入和税收法律法规贯彻落实的重要手段。

税务机关有权进行以下税收检查：

(1) 检查纳税人的账簿、记账凭证、报表和有关资料，检查扣缴义务人代扣代缴、代收代缴税款账簿、记账凭证和有关资料；

(2) 到纳税人的生产、经营场所和货物存放地检查纳税人应纳税的商品、货物或者其他财产、检查扣缴义务人与代扣代缴、代收代缴税款有关的经营情况；

(3) 责成纳税人、扣缴义务人提供与纳税或者代扣代缴、代收代缴税款有关的文件、证明材料和有关资料；

(4) 询问纳税人、扣缴义务人与纳税或者代扣代缴、代收代缴税款有关的问题和情况；到车站、码头、机场、邮政企业及其分支机构检查纳税人托运、邮寄应纳税产品、货物或者其他财产的有关单据、凭证和有关资料；

(5) 经县以上税务局（分局）局长批准，凭全国统一格式的检查存款账户许可证明，查询从事生产、经营的纳税人，扣缴义务人在银行或者其他金融机构的存款账户。税务机关在调查税收违法案件时，经设区的市、自治州以上税务局（分局）局长批准，可以查询案件涉嫌人员的储蓄存款。税务机关查询所获得的资料，不得用于税收以外的用途。

（二）税收保全措施

税收保全措施是指税务机关在规定的纳税期之前，对有逃避纳税义务行为的纳税人，限制其处理可用作缴纳税款的存款、商品、货物等财产的一种行政强制措施，其目的是预防纳税人逃避税款缴纳业务，防止以后税款的征收不能保证或者难以保证，以保证国家税款的及时、足额入库。

1. 税收保全适用情形

(1) 税务机关有根据认为从事生产、经营的纳税人有逃避纳税义务行为的，可以在规定的纳税期限之前，责令限期缴纳应纳税款；在期限内发现纳税人有明显的转移、隐匿其应纳税的商品、货物以及其他财产或者应纳税收入的迹象的，税务机关可以责成纳税人提供担保。如果纳税人不能提供纳税担保，经县以上税务局（分局）局长批准，税务机关可以采取税收保全措施。

(2) 税务机关对从事生产、经营的纳税人以前纳税期的纳税情况依法进行税务检查时，发现纳税人有逃避纳税义务行为，并有明显的转移、隐匿其应纳税的商品、货物以及其他财产或者应纳税的收入的迹象的，可以按照《税收征收管理法》规定的批准权限采取税收保全措施或强制执行措施。

2. 税收保全措施

(1) 书面通知纳税人开户银行或者其他金融机构冻结纳税人的金额相当于应纳税款的存款。

(2) 扣押、查封纳税人的价值相当于应纳税款的商品、货物或者其他财产。

3. 税收保全的解除

纳税人在税务机关采取税收保全措施后，按照税务机关规定的期限缴纳税款的，税务机关应当自收到税款或者银行转回的完税凭证之日起1日内解除税收保全，否则，使纳税人的合法权益遭受损失的，税务机关应当负赔偿责任。限期期满仍未缴纳的，经县以上税务局（分局）局长批准，税务机关可以书面通知纳税人开户银行或者其他金融机构从其冻结的存款中扣缴税款，或者依法拍卖或者变卖所扣押、查封的商品、货物或者其他财产，以拍卖或者变卖所得抵缴税款。

4. 不适用税收保全的财产

个人及其所抚养家属维持生活所必须的住房和用品，不在税收保全措施的范围之内。机动车辆、金银饰品、古玩字画、豪华住宅或者一处以外的住房不属于个人及其所抚养家属维持生活必需的住房和用品。税务机关对单价 5 000 元以下的其他生活用品，不采取税收保全措施。

（三）税收强制执行措施

税收强制执行，是指当事人不履行法律、行政法规规定的义务，有关国家机关告诫和限期缴纳无效的情形下，采用法定的强制手段，强迫当事人履行义务的行为。税收强制执行是行政强制执行的一种，是税务机关对纳税人拖欠税款的行为采取的一种行政强制执行措施。

1. 税收强制执行的适用情形

从事生产、经营的纳税人，扣缴义务人未按照规定的期限缴纳或者解缴税款，纳税担保人未按照规定的期限缴纳所担保的税款，由税务机关责令期限缴纳，逾期仍未缴纳的，经县以上税务局（分局）局长批准，税务机关可以采取强制执行措施。

2. 税收强制执行措施

（1）书面通知其开户银行或者其他金融机构从其存款中扣缴税款。

（2）扣押、查封、依法拍卖或者变卖其价值相当于应纳税款的商品、货物或者其他财产，以拍卖或者变卖所得抵缴税款。

税务机关采取强制执行措施时，对相应纳税人、扣缴义务人、纳税担保人未缴纳的滞纳金同时强制执行。个人及其所抚养家属维持生活所必须的住房和用品，不在强制执行措施的范围之内。税务机关对单价 5 000 元以下的其他生活用品，不采取强制执行措施。

（四）法律责任

法律责任是指违反法律规定的行为应当承担的法律后果，也是对违反法律的制裁。这里主要指税收法律责任。所谓税收法律责任，是指税收法律关系的主体违反税收法律制度的行为应当承担的法律后果，分为行政责任和刑事责任两种。

1. 税务违法行政处罚

行政处罚，是指国家行政机关及法定授权组织依法对违反法律规范，尚未构成犯罪的公民、法人和其他组织所给予的行政法律制裁。税务行政处罚，是行政处罚的一部分，其法律依据是《行政处罚法》和《税收征管法》，其特点与行政处罚一样，主体是税务机关，即必须是具有执法主体资格的各级税务机关，客体是违反法律、法规的管理相对人。涉及税务违法行政处罚的种类主要有以下几种：

（1）责令限期改正。其主要适用于情节轻微或尚未构成实际危害后果的违法行为，是一种较轻的处罚方式，既可以起到教育的作用，又具有一定的处罚作用。

(2) 罚款。罚款是指税务机关强迫违反税法的当事人在一定的期限内向国家缴纳一定数额的金钱的制裁措施。由于罚款既不影响被处罚人的人身自由及其安全，又能起到对违法行为的惩戒作用，因而这是税务违法行政处罚中运用最多的一种处罚形式。

(3) 没收非法所得、没收非法财产。

(4) 收缴未用发票和暂停供应发票。《税收征管法》规定从事生产、经营的纳税人、扣缴义务人有本法规定的税收违法行为，拒不接受税务机关处理的，税务机关可以收缴其发票或者停止向其发售发票。

(5) 停止出口退税权。停止出口退税权是指税务机关对有骗税或者其他税务违法行为的出口企业停止其一定时间的出口退税权的处罚形式。如《税收征收管理法》第六十六条规定，以假报出口或者其他欺骗手段骗取国家出口退税款，由税务机关追缴其骗取的退税款，并处骗取税款一倍以上五倍以下的罚款；构成犯罪的，依法追究刑事责任。对骗取国家出口退税款的，税务机关可以在规定期间内停止为其办理出口退税。

2. 税务违法刑事处罚

根据《税务征收管理法》和《刑法》的规定，涉及危害税收征管罪的税务违法刑事犯罪及处罚的种类主要有逃避缴纳税罪款、逃税罪、抗税罪、骗税罪和非法印制发票罪等。

(1) 偷税罪及处罚。纳税人伪造、变造、隐匿、擅自销毁账簿、记账凭证，或者在账簿上多列支出或者不列、少列支出，或者经税务机关通知申报而拒不申报或者进行虚假的纳税申报，不缴或者少缴应纳税款的，是偷税。对纳税人偷税未构成犯罪的，由税务机关追缴其不缴或者少缴的税款、滞纳金，并处不缴或者少缴的税款50%以上5倍以下的罚款；构成犯罪的，依法追究刑事责任。具体为：偷税数额为1万元以上不满10万元且偷税数额占应纳税额10%以上不满30%的，或者因偷税被税务机关给予2次行政处罚又偷税的，处3年以下有期徒刑或者拘役，并处偷税数额1倍以上5倍以下罚金；偷税数额在10万元以上且偷税数额占应纳税额30%以上的，处3年以上7年以下有期徒刑，并处偷税数额1倍以上5倍以下罚金。

(2) 逃税罪及处罚。纳税人欠缴应纳税款，采取转移或者隐匿财产的手段，妨碍税务机关追缴欠缴的税款，未构成犯罪的，由税务机关追缴欠缴的税款、滞纳金，并处欠缴税款50%以上5倍以下的罚款；构成犯罪的，依法追究刑事责任。具体为：欠缴的税款数额在1万元以上不满10万元的，处3年以下有期徒刑或者拘役，并处欠缴税款1倍以上5倍以下罚金；欠缴的税款数额在10万元以上的，处3年以上7年以下有期徒刑，并处欠缴税款1倍以上5倍以下罚金。

(3) 抗税罪及处罚。纳税人以暴力、威胁方法拒不缴纳税款的，是抗税。情节轻微，未构成犯罪的，由税务机关追缴其拒缴的税款、滞纳金，并处拒缴税款1倍以上5倍以下的罚款。构成犯罪的，除由税务机关追缴其拒缴的税款、滞纳金外，处3年以下有期徒刑或者拘役，并处拒缴税款1倍以上5倍以下罚金；情节严重的，处3年以上7年以下有期徒刑，并处拒缴税款1倍以上5倍以下罚金。

(4) 骗税罪及处罚。以假报出口或者其他欺骗手段，骗取国家出口退税款，由税务机关追缴其骗取的退税款，并处骗取税款1倍以上5倍以下的罚款；构成犯罪的，依法追究刑事责任。具体为：数额较大的，处5年以下有期徒刑或者拘役，并处骗取税款1倍以上5倍以下罚金；数额巨大或者有其他严重情节的，处5年以上10年以下有期徒刑并处骗取税款1倍以上5倍以下罚金；数额特别巨大或者有其他特别严重情节的处10年以上有期徒刑或者无期徒刑，并处骗取税款1倍以上5倍以下罚金，或者没收财产。

(5) 非法印制发票罪及处罚。非法印制发票，未构成犯罪的，由税务机关销毁非法印制的发票，没收违法所得和作案工具，并处1万元以上5万元以下的罚款；构成犯罪的，处2年以下有期徒刑，拘役或者管制，并处或者单处1万元以上5万元以下的罚金；情节严重的，处2年以上7年以下有期徒刑，并处5万元以上50万元以下罚金。单位犯此罪的，对单位判处罚金，并对其直接负责的主管人员或者其他直接责任人员，依照个人犯该罪的规定处罚。

子任务七　税务行政复议

> 情境23：小李在2014年11月20日被所在县的地税局罚款1000元，小王是小李的好朋友，他认为地税局的罚款过重，于是在2014年12月15日以自己的名义，向该县政府邮寄了行政复议书。由于邮局的原因，该县政府2015年2月15日才收到行政复议申请书，该县政府在2015年2月25日以超过复议申请期限为由做出不予受理决定，并电话通知了小王。请问小王能作为申请人申请行政复议吗？申请人的申请期限是否超期？县政府的做法有哪些不合法？

税务行政复议是指纳税人、扣缴义务人及纳税担保人认为税务机关的具体行政行为侵犯其合法权益，依法向税务行政复议机关提出申请，由受理该申请的税务行政复议机关对原具体行政行为依法进行审查并做出税务行政复议决定的活动。

(一) 税务行政复议的受案范围

根据《税务行政复议规则》的规定，纳税人扣缴义务人及纳税担保人（以下简称申请人）对下列具体行政行为不服，可以提出行政复议申请：

(1) 征税行为，包括确定纳税主体、纳税对象、纳税范围、减税、免税、退税、抵扣税款、适用税率、计税依据、纳税环节、纳税日期、纳税地点和税款征收方式等具体行政行为和征收税款、加收滞纳金、扣缴义务人、受税务机关委托征收的单位和个人做出的扣代缴、代收代缴行为。

(2) 行政许可、行政审批行为。

(3) 发票管理行为，包括把发票收缴、代开发票等。

(4) 税收保全措施、强制执行措施。

(5) 行政处罚行为：罚款；没收财物和违法所得；停止出口退税权。

(6) 不依法履行下列职责的行为：颁发税务登记；开具出具完税凭证、外出经营活动税收管理证明；行政赔偿；行政奖励；其他不依法履行职责的行为。

(7) 资格认定行为。

(8) 不依法确认纳税担保行为。

(9) 政府信息公开工作中的具体行政行为。

(10) 纳税信用等级评定行为。

(11) 通知出境管理机关组织出境行为。

(12) 其他具体行政行为。

申请人可以在知道税务机关工作做出具体行政行为之日起60日内提出行政复议申请。

申请人对上述税务行政复议受案范围第（1）项规定的具体行政行为不服的，应当先向复议机关申请行政复议；对行政复议决定不服的，可以再向人民法院提起行政诉讼。对第（1）项规定以外的其他具体行政行为不服，可以申请行政复议，也可以直接向人民法院提起行政诉讼。

当事人对税务机关的处罚决定逾期不申请行政复议也不向人民法院提起诉，又不履行的，做出处罚决定的税务机关可以采取法律规定的强制执行措施，或者申请人民法院强制执行。

申请人申请行政复议，可以书面申请，也可以口头申请。口头申请的复议机关应当当场记录申请人的基本情况、行政复议请求、申请行政复议的主要事实、理由和时间。

复议机关收到行政复议申请后，应当在5日内进行审查，决定是否受理。

（二）税务行政复议管辖

对各级国家税务局的具体行政行为不服的，向其上一级国家税务局申请行政复议。

对各级地方税务局的具体行政行为不服的，可以选择向其上一级地方税务局或者该税务局的本级人民政府申请行政复议。省、自治区、直辖市人民代表大会及其常务委员会、人民政府对地方税务局的行政复议管辖另有规定的，从其规定。

对国家税务总局的具体行政行为不服的，向国家税务总局申请行政复议。对行政复议决定不服，申请人可以向人民法院提起行政诉讼，也可以向国务院申请裁决。国务院的裁决为最终裁决。

（三）税务行政复议决定

复议机关应当自受理申请之日起60日内做出行政复议决定。由于情况复杂，不能在规定期限内做出行政复议决定的，经复议机关负责人批准，可以适当延长，并告知申请人和被申请人；但延长期限最多不超过30日。

复议机关根据不同的情况做出行政复议决定：

(1) 具体行政行为认定事实清楚、证据确凿、适用依据正确、程序合法、内容适当的决定维持。

(2) 被申请人不履行法定职责的，决定其在一定期限内履行。

(3) 具体行政行为有下列情形之一的：①主要事实不清证据不足的；②适用依据错误的；③违反法定程序的；④超越或者滥用职权的；⑤具体行政行为明显不当的，决定撤销变更或者确认该具体行政行为违法，可以责令被申请人在一定期限内重新做出具体行政行为。

(4) 被申请人不按照规定提出书面答复提交当初做出具体行政行为的证据依据和其他有关材料的，视为该具体行政行为没有证据依据决定撤销该具体行政行为。

复议机关做出行政复议决定，应当制作行政复议决定书，并加盖印章。行政复议决定书一经送达即发生法律效力。

【课后思考】

1. 简述发票的开具要求。
2. 纳税申报的方式有哪些？
3. 简述各种税款征收方式及适用对象。
4. 税收保全措施和税收强制执行措施有哪些具体规定？
5. 税收违法行政处罚的种类有哪些？
6. 什么是偷税、逃税、抗税、骗税？

强化练习

一、单项选择题

1. 下列关于税收的说法中，正确的是（　　）。
   A. 税收是国家取得财政收入的唯一形式
   B. 国家征税的依据是经济权力
   C. 税收的固定性决定了课税对象及征税比例或数额必须绝对固定，任何情况都不可能改变
   D. 税法是税收制度的法律表现形式，是指有权的国家机关制定的有关调整税收分配过程中形成的权利义务关系的法律规范总和

2. 下列各项中，属于地方税的是（　　）。
   A. 增值税　　　　　　　　　　B. 资源税
   C. 印花税　　　　　　　　　　D. 土地增值税

3. 下列各项中，属于税收法律制度中的核心要素的是（　　）。
   A. 纳税义务人　　　　　　　　B. 纳税期限
   C. 征税对象　　　　　　　　　D. 税率

4. 按照主权国家行使税收管辖权的不同，可以将税法分为（　　）。
   A. 税收实体法和税收程序法
   B. 税收实体法和税收行政法规
   C. 国内税法、国际税法和外国税法
   D. 税收法律、税收行政法规、税收规章和税收规范性文件

5. 下列行为中，属于视同销售货物，应征收增值税的是（　　）。
   A. 某企业将外购的水泥用于基建工程
   B. 某商场将外购的床单用于内部招待所
   C. 某商店为服装厂代销儿童服装
   D. 某批发部门将外购的部分饮料用于职工福利

6. 某企业2015年3月销售给一般纳税人货物，填开的增值税专用发票注明的销售额为10万元，同时向购买方收取运输费、包装费等合计3 510元，增值税税率为17%。则该公司3月的增值税销项税额为（　　）元。
   A. 18 000   B. 17 510
   C. 17 000   D. 15 000

7. 某酒厂为一般纳税人。3月向一小规模纳税人销售白酒，开具普通发票上注明含税金额为9 360元；同时收取包装物押金200元，此业务酒厂应计算的销项税额为（　　）元。
   A. 1 360   B. 1 389.06
   C. 1 501.13   D. 1 530.19

8. 采取预收货款方式销售货物，纳税义务发生时间为（　　）。
   A. 收到销售额的当天   B. 货物发出的当天
   C. 合同约定的收款日期的当天   D. 收到代销清单的当天

9. 下列各项中，按从价从量复合计征消费税的是（　　）。
   A. 摩托车   B. 化妆品
   C. 白酒   D. 珠宝玉石

10. 某日用化学品厂生产销售800箱化妆品，每箱含增值税的价格2 340元，当月生产领用已税化妆品金额60万元（不含增值税），已知消费税税率为30%，其应纳消费税税额为（　　）万元。
    A. 30   B. 38.16
    C. 48   D. 52.16

11. 某企业为增值税一般纳税人，2015年8月，该企业销售自产摩托车一批，取得含税增值税的销售额234万元。已知摩托车适用消费税税率为10%。计算该企业8月应纳消费税额为（　　）万元。
    A. 18   B. 20
    C. 22   D. 24

12. 某符合条件的小型微利企业上一年度发生亏损12万元，当收入总额减除不征税收

入、免税收入、各项扣除后的余额为30万元,按《企业所得税法》规定,其应纳所得税额为( )万元。

A. 2.7　　　　　　　　　　　B. 3.6

C. 4.5　　　　　　　　　　　D. 4.96

13. 腾飞公司2014年度实现利润总额为640万元,无其他纳税调整事项。经税务机关核实的2013年度亏损额为600万元。该公司2014年度应缴纳的企业所得税税额为( )万元。

A. 211.2　　　　　　　　　　B. 10

C. 10.8　　　　　　　　　　 D. 7.2

14. 下列各项中,属于个人所得税居民纳税人的是( )。

A. 在中国境内有住所的个人

B. 在中国境内无住所且不居住的个人

C. 在中国境内无住所,居住也不满1年的个人

D. 在中国境内无住所,而在境内居住超过6个月不满1年的个人

15. 某大学于教授受某企业邀请,为该企业中层干部进行管理培训讲座,从企业取得报酬5 000元。该笔报酬在缴纳个人所得税时适用的税目是( )。

A. 工资薪金所得　　　　　　B. 偶然所得

C. 稿酬所得　　　　　　　　D. 劳务报酬所得

16. 李某2014年12月取得的下列收入中,不需要缴纳个人所得税的是( )。

A. 国债利息收入5 000元　　　B. 房屋租赁所得2 500元

C. 稿酬所得3 000元　　　　　D. 商场购物中奖所得1 000元

17. 李某2015年1月取得稿费收入3 600元,已知稿酬所得适用税率为20%,其应缴纳的个人所得税为( )元。

A. 569　　　　　　　　　　　B. 420

C. 392　　　　　　　　　　　D. 303.2

18. 王某2015年3月取得劳务报酬6 000元,已知劳务报酬所得适用税率为20%,其应缴纳个人所得税为( )元。

A. 1 080　　　　　　　　　　B. 1 040

C. 960　　　　　　　　　　　D. 763

19. 境外企业在中国境内承包建筑工程和提供劳务时,应当自项目合同签订之日起( )内,向项目所在地税务机关申报办理税务登记。

A. 10日　　　　　　　　　　B. 15日

C. 30日　　　　　　　　　　D. 60日

20. 根据《税收征收管理法》的规定,下列各项中,属于税收保全措施的是( )。

A. 书面通知纳税人开户银行从其存款中扣缴税款

B. 暂扣纳税人税务登记证

C. 查封纳税人价值相当于应纳税款的货物

D. 拍卖纳税人价值相当于应纳税款的货物，以拍卖所得抵缴税款

二、多项选择题

1. 下列属于税收的作用的有（　　）。
   A. 是国际经济交往中维护国家利益的可靠保证
   B. 是国家调控经济运行的重要手段
   C. 是国家组织财政收入的主要形式
   D. 具有维护国家政权的作用

2. 在下列税种中，属于行为税类的有（　　）。
   A. 消费税　　　　　　　　　　B. 印花税
   C. 车辆购置税　　　　　　　　D. 城镇土地使用税

3. 按照税法法律级次划分，可将税法分为（　　）。
   A. 税收法律　　　　　　　　　B. 税收行政法规
   C. 税收规章　　　　　　　　　D. 税收规范性文件

4. 下列属于增值税一般纳税人的有（　　）。
   A. 从事货物生产或提供应税劳务的纳税人，年应税销售额在 50 万元以上的
   B. 从事货物生产或提供应税劳务的纳税人，年应税销售额在 50 万元以下的
   C. 从事货物批发或零售的纳税人，年应纳税销售额在 80 万元以上的
   D. 从事货物批发或零售的纳税人，年应纳税销售额在 80 万元以下的

5. 下列各项中，属于税务代理的法定业务的有（　　）。
   A. 提供审计报告
   B. 办理除增值税专用发票外的发票领购手续
   C. 制作涉税文书
   D. 办理税务登记

6. 甲公司外购一批货物 5 000 元（不含税），取得增值税专用发票，委托乙公司加工，支付加工费 1 000 元（不含税），并取得乙公司开具的增值税专用发票。货物加工好收回后，甲公司将这批货物直接对外销售，开出的增值税专用发票上注明的价款为 8 000 元。根据以上所述，以下各种说法正确的有（　　）。
   A. 甲应当缴纳增值税 340 元　　　　B. 甲应当缴纳增值税 510 元
   C. 乙应该缴纳增值税 170 元　　　　D. 乙无须缴纳增值税

7. 下列关于消费税纳税义务发生时间的表述中，正确的有（　　）。
   A. 采取赊销和分期收款结算方式的，为书面合同约定的收款日期的当天
   B. 采取托收承付和委托银行收款方式的，为发出应税消费品并办妥托收手续的当天
   C. 采取预收货款结算方式的，为发出应税消费品的当天
   D. 采取其他结算方式的，为收讫销售款或者取得索取销售款凭据的当天

8. 下列选项中，（　　）是居民企业。
    A. 在山东省工商局登记注册的企业
    B. 在山东省注册但在中东开展工程承包的企业
    C. 在日本注册但实际管理机构在北京的的企业
    D. 在日本注册的企业设在北京的办事处
9. 企业实际发生的与取得收入有关的、合理的支出，准予在计算应纳税所得额时扣除。其中包括（　　）。
    A. 赞助支出　　　　　　　　　B. 企业的税金
    C. 企业的损失　　　　　　　　D. 企业生产的成本、费用
10. 下列各项中，属于个人所得税税目的有（　　）。
    A. 工资薪金所得　　　　　　　B. 特许权使用费所得
    C. 劳务报酬所得　　　　　　　D. 稿酬所得
11. 下列关于个人所得税应纳税所得额的说法中，正确的有（　　）。
    A. 工资、薪金所得，以每月收入额减除费用 3 500 元后的余额，为应纳税所得额
    B. 个体工商户的生产、经营所得，以每一纳税年度的收入总额，减除成本、费用及损失后的余额，为应纳税所得额
    C. 劳务报酬所得每次收入不超过 4 000 元的，减除费用 800 元后的余额为应纳税所得额
    D. 利息、股息、红利所得，偶然所得和其他所得，以每次收入额为应纳税所得额
12. 个人所得税纳税义务人，应当按照规定到主管税务机关办理纳税申报的情形有（　　）。
    A. 年所得 12 万元以上
    B. 从中国境内两处或者两处以上取得工资、薪金所得
    C. 从中国境外取得所得
    D. 取得应纳税所得，没有扣缴义务人
13. 下列应当办理开业税务登记的有（　　）。
    A. 工商局　　　　　　　　　　B. 某公司在上海的分公司
    C. 个体工商户　　　　　　　　D. 企业在外地设立的分支机构
14. 下列关于设立税务登记的说法中，正确的有（　　）。
    A. 从事生产、经营的纳税人未办理工商营业执照但经有关部门批准设立的，应当自有关部门批准设立之日起 30 日内申报办理税务登记，税务机关核发税务登记证及副本
    B. 从事生产、经营的纳税人未办理工商营业执照也未经有关部门批准设立的，应当自纳税义务发生之日起 30 日内申报办理税务登记，税务机关核发临时税务登记证及副本
    C. 境外企业在中国境内承包建筑、安装、装配、勘探工程和提供劳务的，应当自

项目合同或协议签订之日起30日内,向项目所在地税务机关申报办理税务登记,税务机关核发临时税务登记证及副本

D. 已办理税务登记的扣缴义务人应当自扣缴义务发生之日起30日内,向税务登记地税务机关申报办理扣缴税款登记,税务机关核发扣缴税款登记证件

15. 下列各项中属于需办理注销税务登记的情形有（   ）。
A. 被吊销营业执照的   B. 企业破产终止纳税义务的
C. 企业名称发生改变的   D. 经营地点变动改变税务机关的

三、判断题

1. 税收是国家为实现国家职能,凭借政治权力,按照法律规定的标准,有偿取得财政收入的一种特定分配方式。（   ）
2. 起征点是指征税对象达到一定数额才开始征税的界限,征税对象的数额达到规定数额的,只对其超过部分的数额征税。（   ）
3. 增值税小规模纳税人和增值税一般纳税人都可以领购使用增值税专用发票。（   ）
4. 根据《增值税暂行条例》规定,销售额为纳税人销售货物或应税劳务向购买方收取的全部价款,但不包括价外费用。（   ）
5. 纳税人兼营不同税率的货物或者应税劳务,应当分别核算不同税率货物或者应税劳务的销售额;未分别核算销售额的,从高适用税率。（   ）
6. 对于个人所得税的居民纳税人,就来源于中国境内所得部分征税;对于非居民纳税人就来源于中国境内和境外的全部所得征税。（   ）
7. 某演员取得一次性的演出收入2.1万元,对此应实行加成征收办法计算个人所得税。（   ）
8. 《企业所得税法》规定的应纳税所得额是指企业每一纳税年度的收入总额,减除不征税收入、免税收入、各项扣除及允许弥补的以前年度亏损后的余额。（   ）
9. 纳税人享受减税、免税待遇的,在减税、免税期间应当按照规定办理纳税申报。（   ）
10. 税务机关可以按照批准的权限采取税收保全措施或强制执行措施,这里的批准权限是指市级以上税务局（分局）局长批准。（   ）

四、案例分析题

1. 山东某棉纺企业为增值税一般纳税人,2015年1月发生下列业务:
（1）购进纺织设备一台,不含税价款20万元,取得增值税专用发票,另支付运费1 000元,取得承运部门开具的普通运输发票;
（2）从当地农民生产者购进免税棉花20吨,每吨1.4万元,收购凭证上注明价款28万元;

（3）从当地某农工商供销公司（增值税一般纳税人）购进棉花60吨，每吨不含税价格1.5万元，取得增值税专用发票；

（4）本月向一般纳税人销售甲型号棉布1.2万米，售价每米80元（不含税）；向个体工商户销售乙型号棉布2.34万米，售价每米100元（含税）。

已知：有关发票在本月均通过主管税务机关认证并申报抵扣。

根据上述材料，回答下列问题。

(1) 该企业购进纺织设备及支付运费可抵扣的进项税额为（   ）。

    A. 3.4万元   B. 2.904万元

    C. 73.4万元   D. 3.407万元

(2) 下列关于该企业向农民生产者购进棉花和向供销公司购进棉花计算的可抵扣进项税额的说法正确的有（   ）。

    A. 向供销公司购进棉花可抵扣的进项税额为17.9万元

    B. 向供销公司购进棉花可抵扣的进项税额为15.3万元

    C. 向农民生产者购进棉花可抵扣的进项税额为0元

    D. 向农民生产者购进棉花可抵扣的进项税额为3.64万元

(3) 该企业本月销售货物应确认的销项税额为（   ）。

    A. 20.298万元   B. 19.72万元

    C. 23.748万元   D. 50.32万元

(4) 该企业本月应缴纳的增值税税额为（   ）。

    A. 0.95万元   B. 2.69万元

    C. 0.59万元   D. 27.98万元

2. 飞腾公司2014年共实现税前收入总额3 600万元，其中包括产品销售收入3 200万元，国库券利息收入400万元。发生各项成本费用共计2 500万元，其中：合理的工资薪金总额350万元，业务招待费180万元，职工福利费90万元，职工教育经费6万元，工会经费18万元，税收滞纳金30万元，提取的各项准备金支出200万元，均未经税务部门批准，其他成本费用支出均符合税法规定。已知：企业所得税税率为25%。

根据上述材料，回答下列问题。

(1) 根据《企业所得税法》规定，万胜公司2014年度的收入总额为（   ）。

    A. 3 200万元   B. 3 600万元

    C. 700万元   D. 1 100万元

(2) 关于业务招待费，下列说法正确的是（   ）。

    A. 允许税前扣除的业务招待费为16万元

    B. 允许税前扣除的业务招待费为108万元

    C. 超过允许税前扣除部分的业务招待费，准予在以后纳税年度结转扣除

    D. 超过允许税前扣除部分的业务招待费，不得在以后纳税年度结转扣除

(3) 关于职工教育经费和工会经费，下列说法正确的是（   ）。

A. 允许税前扣除的职工教育经费为 8.75 万元
B. 允许税前扣除的职工教育经费为 6 万元
C. 允许税前扣除的工会经费为 7 万元
D. 允许税前扣除的工会经费为 18 万元

(4) 关于税收滞纳金和准备金支出的计算，下列说法中错误的是（　　）。

A. 企业交纳的税收滞纳金 30 万元不得税前扣除
B. 企业交纳的税收滞纳金可以税前扣除 18 万元
C. 未经税务部门核定的准备金支出不得税前扣除
D. 符合会计准则规定的准备金支出可以税前扣除

(5) 关于所得税的计算，下列说法中错误的是（　　）。

A. 万胜公司的应纳税所得额为 1 146 万元
B. 万胜公司的应纳税所得额为 916 万元
C. 万胜公司的应纳所得税为 229 万元
D. 万胜公司的应纳所得税为 286.5 万元

模块四

财政法律制度

> **模块学习目标**
>
> 掌握预算法律制度概念、构成,预算管理职能及预算的组织程序和监督。
>
> 掌握采购法律制度的概念、构成、原则、功能和政府采购的执行模式、方式及监督检查。
>
> 掌握国库集中收付制度的概念、构成。

▶▶ 任务一　预算法律制度

> 情境1:2014年8月31日,第十二届全国人大常委会第十次会议表决通过了修改后的《预算法》,自2015年1月1日起施行。

子任务一　预算法律制度的构成

预算法律制度是指国家经过法定程序制定的,用以调整国家在进行预算资金的筹备、分配、使用和管理过程中发生的经济关系的法律规范的总称。我国预算法律制度由《预算法》《预算法实施条例》及有关国家预算管理的其他规章制度构成。

（一）《预算法》

预算法是有关国家预算收支及进行预算管理的法律规范总称。预算法是财政法律的核心,为了加强国家预算的分配和监督职能,健全国家预算的管理,加强宏观调控,保证经济和社会的健康发展,1951年政务院（后更名为国务院）就颁布了《预决算暂行条例》,此条例一直沿用了40年。1991年国务院发布了《国家预算管理条例》,1994年第八届全国人大第二次会议通过《预算法》,自1995年1月1日起施行。2014年8月31日,第十二届全国人大常委会第十次会议表决通过了修改后的《预算法》,自2015年1月1日起施行。

在我国财政法律体系中,《预算法》是我国第一部财政基本法律,是核心法、骨干法,是我国国家预算管理工作的根本性法律,是制定其他预算法规的基本依据。它的颁布实行,对强化预算的分配和监督职能,健全国家对预算的管理,加强国家宏观调控,保障经济和社会的健康的发展,具有十分重要的意义。

(二)《预算法实施条例》

为了贯彻实施《预算法》,使之更具操作性,为预算及其监督提供更为具体明确的行为准则,国务院于《预算法》实行的同年11月2日国务院第三十七次常务会议通过,1995年11月22日国务院令第186号发布了《预算法实施条例》,共分为八章七十九条,包括:总则、预算收支范围、预算编制、预算执行、预算调整、决算、监督、附则。

《预算法实施条例》是根据《预算法》制定,对《预算法》的有关法律概念及预算管理的方法和程序作了进一步说明,是具体运用《预算法》的指南。

同时,为了进一步将预算活动纳入法制化的轨道,国务院还于1996年发布了《关于加强预算外资金管理的决定》,财政部也发布了《预算外资金管理实施办法》(财综字〔1996〕104号)。在市场经济及法制条件下,财政资金的使用也与市场发生直接联系,需要将其纳入法制轨道,与此相关的是2002年颁布的《财政采购法》。

子任务二 国家预算

> 情境2:在一次关于国家预算研讨会上,参会代表分别做出如下发言:
> 甲:国家预算是指经法定程序批准的、国家在一定期间内预定的财政收支计划,是国家进行财政分配的依据和宏观调控的重要手段。国家预算在经济生活中主要起到财力保证、调节制约、统计和反映监督的作用。
> 乙:我国的国家预算实行一级政权一级预算的多级次预算。
> 丙:我国社会主义国家预算是具有法律效力的基本财政计划,是国家为了实现政治经济任务,有计划地集中和分配财政收入的重要工具,是国家经济政策的反映。
> 丁:我国的预算收入主要采取无偿划拨的形式,是社会主义经济的内部积累;我国的预算支出,主要用于经济建设和文化、教育、科学、卫生及社会福利事业等。
> 戊:部门单位预算是由本部门所属各单位预算组成,各单位预算草案由其主管部门负责编制。
> 己:部门单位预算应具体由各预算部门和单位编制,是总预算的基础。
> 庚:我国国家预算级次结构是依据国家政权结构、经济发展区域规划、行政区域划分和财政管理体制设计。
> 以上各代表发言涉及哪些问题?

(一)国家预算的概念及编制原则

国家预算,是指经法定程序批准的、国家年度财政收支计划,是国家财政分配的依据和宏观调控的重要手段。我国的国家预算是具有法律效力的基本财政计划,是国家为了实现政治经济任务,有计划的集中和分配一部分国民收入的重要工具,是国家经济政策的反映。

我国的预算收入主要采取税收形式,是社会主义经济的内部积累。我国的预算支出主要用于经济建设和行政管理、国防、教育、科学、卫生及社会福利事业等。预算收入反映国家支配的财力规模和来源,预算支出反映国家财力分配使用的方向和构成,预算收支的对比反映国家财力的平衡情况。编辑国家预算可以有计划地组织财政收入和合理的安排财政支出,贯彻执行国家的方针和政策,保证各项任务的实现。

国家预算的编制必须遵循一定的原则。国家预算的原则,是指国家预算形式和体系应遵循的指导思想,也就是制定政府财政收支计划的方针,主要有公开性、可靠性、完整性、统一性和年度性。

1. 公开性

国家预算反映国家的活动范围、方向和政策,与全体公民的切身利益息息相关。因此,国家预算及其执行情况必须采取一定的形式公开,为人民所了解并置于人民的监督之下。

2. 可靠性

每一收支项目的数字指标必须用科学的方法,依据充分确实的资料,并总结出规律性,进行计算,不得假定或估算,更不能任意编造。

3. 完整性

应列入国家预算的一切财政收支都要列在预算中,不得打埋伏,造假账,预算外另列预算。国家允许的预算外收支,也应在预算中有所反映。

4. 统一性

虽然一级政府设立一级预算,但所有地方预算连同中央预算一起共同组成统一的国家预算。因此,要求设立统一的预算科目,每个科目都应按统一的口径、程序计算和填列。

5. 年度性

政府必须按照法定预算年度编制国家预算,这一预算要反映全年的财政收支活动,同时不允许将不属于本年度财政收支的内容列入本年度的国家预算之中。

上述预算原则不是绝对的。一个国家的预算原则一般是依据本身的属性,并与本国的经济实践相结合,通过制定预算法来实现。

(二)国家预算的作用

国家预算作为财政分配和宏观调控的主要的手段,具有分配、调控和监督职能。国家预算的作用是国家预算职能在经济生活中的具体体现,主要包括以下三个方面。

1. 财力保证作用

国家预算既是保障国家机器运转的物质条件,又是政府实施各项社会经济政策的有效保证。通过预算编制,事先进行预测,使我们能掌握 1 年内筹集到多少收入,并根据财力的多少和支出的需要确定支出,也就是我们常说的要量入为出。

2. 调节制约作用

国家预算作为国家的基本财政计划，是国家对国民经济进行宏观控制的主要依据和主要手段。国家通过预算管理手段，有计划地筹集和分配由国家集中支配的财政资金，实现政府资源的优化配置。国家预算的收支规模可调节国民经济结构，国家可以通过预算收支总量的变动和预算收支结构调整来维护社会经济的稳定，促进社会经济的协调发展，因而国家预算的编制和执行对国民经济和社会发展都有直接的制约作用。

3. 反映监督作用

国家预算是国民经济的综合反映，预算收入反映国民经济发展总规模和经济效益水平，预算支出反映各项事业发展的基本情况。因此，通过国家预算的编制和执行，便于掌握国民经济运行状况、发展趋势及出现的问题，从而采取对策措施，促进国民经济稳定协调的发展。

（三）国家预算的级次划分

国家预算也就是政府收支预算，一般来说，有一级政府，即有一级财政收支活动主体，也就应有一级预算。依据财政法原理中的"一级政权，一级财政"原则，我国《预算法》规定，国家实行一级政府一级预算。

在现代社会，一般国家都实行多级预算。我国国家预算级次是根据国家政权机构、行政区域划分和财政管理体制要求而确定的。我国国家预算实行一级政府一级预算，实行五级预算，具体包括：

(1) 中央预算；
(2) 省级（省、自治区、直辖市）预算；
(3) 地市级（设区的市、自治州）预算；
(4) 县市级（县、自治县、不设区的市、市辖区）预算；
(5) 乡镇级（乡、民族乡、镇）预算。

其中，对于不具备设立预算条件的乡、镇、民族乡，经省、自治区、直辖市政府确定，可以暂不设立预算。

（四）国家预算管理体制

我国国家预算管理体制，实行中央和地方分税制，即在划分中央与地方事权的基础上，确定中央与地方财政支出范围，并按税种划分中央与地方预算收入的财政管理体制。

中央预算和各级地方预算按照复式预算编制。分为政府公共预算、国有资产经营预算、社会保障预算和其他预算。中央政府公共预算不列赤字。中央预算所必需的建设投资的部分资金，可以通过举借国内和国外债务等方式筹措，但借债应当有合理的规模和结构。地方各级预算按照量入为出、收支平衡的原则编制，不列赤字。各级政府预算应按本级政府预算支出额的1%～3%设置预备费，按照国务院规定设置预算周转金。

（五）国家预算的构成

我国的国家预算根据国家政权结构和行政区划的不同，可以分为中央预算、地方预算、各级总预算和各部门预算、单位预算。各级预算都要执行收支平衡的原则。国家预算是国家组织分配财政资金的重要工具和实现宏观经济调控的重要手段。它是政府的基本收支计划，必须要经过国家最高权力机关审批后方才生效，因此是国家的一项法律文件，体现着人民的意志。

1. 我国的国家预算，根据政府级次不同可以分为中央预算、地方预算

（1）中央预算

定义：中央预算即中央政府预算，由中央各部门（含直属单位，下同）的预算组成。中央预算包括地方向中央上解的收入数额和中央对地方返还或者补助的数额。在国家预算体系中占主导地位，它集中了国家预算收入的大部分。所谓"中央各部门"，是指与财政部直接发生预算缴款、拨款关系的国家机关、军队、政党组织和社会团体；"直属单位"，是指与财政部直接发生预算缴款、拨款关系的企业和事业单位。

中央预算收入构成：在不同的预算管理体制下有不同的规定，我国的分税制规定中央预算收入主要有中央固定收入、共享收入的中央收入部分、地方上缴收入等组成。

中央预算支出构成：中央预算支出由中央本级支出和补助地方支出组成，主要包括国防、外交、援建支出、中央级行政管理费、文教卫生事业费、中央统筹的基本建设投资，以及中央本级负担的公检法支出、中央财政对地方的税收返还等。

【例4-1】中央预算由中央各部门（含直属单位）的预算组成。上述"直属单位"是指与财政部直接发生预算缴、拨款关系的（　　）。

A. 国家机关　　　　　　　　B. 企业
C. 事业单位　　　　　　　　D. 政党组织

【解析】BC。《预算法》规定中央预算由中央各部门（含直属单位）的预算组成。上述"直属单位"是指与财政部直接发生预算缴、拨款关系的企事业单位。

（2）地方预算

定义：地方预算，是指各级地方政府总预算的统称，是国家预算的有机组成部分，是地方政府的财政收支计划，是政府预算活动的基本环节，在国家预算中占有重要地位。

地方各级总预算构成：由本级政府预算（简称本级预算）和汇总的下一级预算组成；下一级只有本级预算的，下一级总预算即指下一级的本级预算。没有下一级预算的，总预算即指本级预算。

地方各级政府预算构成：由本级各部门（含直属单位，下同）的预算组成。地方各级政府预算包括下级政府向上级政府上解的收入额和上级政府对下级政府返还或者补助的数额；各部门预算由本部门所属各单位预算组成；各单位预算是指列入部门预算的国家机关、社会团体和其他单位的收支预算。

我国国家预算收入的绝大部分通过地方预算筹集，国家预算支出中有相当一部分通过地方预算支出，地方预算担负着地方行政管理和经济文化建设支出，特别是支援农村生产发展的重要任务。因此，它在我国国家预算中占有重要地位。

地方预算收入和支出的构成：地方预算收入主要由地方固定收入、公共收入的地方收入部分、中央对地方的返还收入、补助收入等。地方预算支出根据地方政府的职能划分，主要包括：地方行政管理、公检法支出、地方统筹的基本建设投资、支农支出、地方文教卫生事业费支出、地方上解支出等。

特别指出上述"本级各本部"，是指与本级政府财政部门直接发生预算缴款、拨款关系的地方国家机关、政党组织和社会团体；"直属单位"，是指与本级政府财政部门直接发生预算缴款、拨款关系的企业和事业单位。

2. 我国的国家预算，根据预算收支管理范围不同可以分为总预算和部门单位预算

（1）总预算

总预算是指政府的财政汇总预算。根据国家实行一级政府一级预算的原则，可划分各级次的总预算，如中央总预算、省（自治区、直辖市）总预算、市总预算、县总预算等。各级总预算由本级政府预算和汇总的下一级总预算组成；下一级只有本级预算的，下一级总预算即指下一级的本级预算。没有下一级预算的，总预算即指本级预算。

（2）部门单位预算

部门单位预算是指部门、单位的收支预算。各部门预算由本部门所属各单位预算组成。单位预算是指列入部门预算的国家机关、社会团体和其他单位的收支预算。部门单位预算是总预算的基础，其预算收支项目比较详细和具体，它由各项预算部门和单位编制。

①部门预算以各级政府职能部门为载体，汇集所属的单位预算，形成各级政府的预算计划，由财政部门审核，经各级人民代表大会审议通过，因此，部门预算是一个综合预算，它反应各部门内各类预算单位所有的收入和支出，既包括行政单位预算，又包括其下属的事业单位预算；既包括一般预算收支计划，又包括政府基金预算收支计划；既包括正常经费预算，又包括专项支出预算；既包括财政预算内拨款收支计划，又包括财政预算外核拨资金收支计划和部门其他收支计划。

②单位预算，是各级政府的部门或职能机构就其本身及其隶属的行政事业单位年度经费收支所编制实施的预算，它是各级公共机构行使职能的财力保证。编制单位预算，并接受财政拨款的相关部门和单位，被称作预算单位，是各级政府预算的基本构成要素。例如，国家税务总局属于中央一级预算单位，部门预算由局本级和40个二级预算单位（省、自治区、直辖市级）的预算组成。

国家预算的构成如表4-1所示。

表 4-1　国家预算的构成

分类标准	分类	构成
根据政府层次不同分	中央预算	（1）由中央各部门（含直属单位）的预算构成 （2）包括地方向中央上解的收入数额和中央对地方返还或者给予补助的数额
	地方预算	（1）由各省、自治区、直辖市总预算构成 （2）地方各级政府预算由本级各部门（含直属单位）的预算组成，包括下级政府向上级政府上解的收入数额和上级政府对下级政府返还或者给予补助的数额
根据预算收入管理范围不同分	总预算	（1）各级总预算由本级政府预算和所属下级政府的总预算汇编而成 （2）由"财政部门"负责编制 （3）下级政府只有本级预算的，下级政府总预算即指下级政府的本级预算 （4）没有下级政府预算的，总预算即指本级预算
	部门、单位预算	（1）各部门预算由本部门所属各单位预算组成。单位预算是指列入部门预算的国家机关、社会团体和其他单位的收支预算 （2）部门单位预算是总预算的基础。由各预算部门和单位编制 （3）部门预算是一项综合预算。①既包括行政单位预算，又包括其下属的事业单位预算；②既包括一般预算收支计划，又包括政府基金预算收支计划；③既包括正常经费预算，又包括专项支出预算；④既包括财政预算内拨款收支计划，又包括财政预算外核拨资金收支计划和部门其他收支计划

【深入思考】

举例说明哪些部门是预算单位？

【知识拓展】

1. 我国部门预算的改革

我国从 2000 年开始进行国家预算编制的重大改革，即部门预算改革。基本内容如下：

一是部门作为预算编制的基础单元，取消财政与部门中间环节，财政预算以部门编制预算为起点，即从基层单位开始编制预算；

二是国家预算要落实到每个具体部门，预算管理以部门为依托，从根本上改变财政资金按性质归口管理的传统做法，预算实现了将各类不同性质的财政资金统一编制到使用相关资金的部门；

三是"部门"本身要有严格的资质要求，限定那些与财政直接发生经费领拨关系的一级预算单位为预算部门。

2. 我国预算单位的级次

预算单位原则上分为一级预算单位、二级预算单位和基层预算单位。向财政部直接申请支付的预算单位为一级预算单位；向上一级预算单位申请支付并有下属单位的预算单位为二级预算单位（特别情况可再分为三级、四级等预算单位）；只有本单位开支，无下属单位的预算单位为基层预算单位，基层预算单位一般为一个独立核算的单位。一级、二级预算单位的本级开支，视为基层预算单位管理。

【例 4—2】 我国的预算分为中央预算和地方预算，中央预算就是由各地方预算汇总组成。（　　）

【解析】 ×。中央预算由中央各部门（含直属单位）的预算组成，包括地方向中央上解的收入数额和中央对地方返回或者给予补助的数额。

子任务三　预算管理的职权

> 情境3：2014年2月12日，某地区一政府部门领导下通知：要求全体人员关注近几天本地人民代表大会召开的新闻报道，其中内容就有有关预算方面的内容。请问新闻会播报这次人代会上有关预算的哪些方面的问题？

我国划分预算管理职权的原则是：统一领导、分级管理、权责结合。因此《预算法》明确地规定了各级人民代表大会及其常务委员会、各级人民政府、各级财政部门以及各部门、各单位的预算职权。这是保证依法管理预算的前提条件，也是将各级预算编制、预算审批、预算执行、预算调整和预算决算的各个环节纳入法制化、规范化轨道的必要措施。

（一）各级人民代表大会及其常务委员会的预算管理职权

根据《预算法》的规定，各级人民代表大会的预算职权有审查权、批准权、变更撤销权。各级人大常委会的职权有：监督权、审批权、撤销权。需要指明的是，设立预算的乡、民族乡、镇，由于不设立人大常委会，因而其职权中还包括有人大常委会行使的监督权等。

1. 全国人民代表大会及其常务委员会的职权

全国人民代表大会的预算管理职权包括：

（1）审查权：审查中央和地方预算草案及中央和地方预算执行情况的报告。

（2）批准权：批准中央预算和中央预算执行情况的报告。

（3）变更撤销权：改变或者撤销全国人民代表大会常务委员会关于预算、决算的不适当的决议。

全国人民代表大会常务委员会的预算管理职权包括：

（1）监督权：监督中央和地方预算的执行。

（2）审批权：审查和批准中央预算的调整方案；审查和批准中央决算。

（3）撤销权：撤销国务院制定的同宪法、法律相抵触的关于预算、决算的行政法规、决定和命令；撤销省、自治区、直辖市人民代表大会及其常务委员会制定的同宪法、法律和行政法规相抵触的关于预算、决算的地方性法规和决议。

【例4-3】全国人民代表大会的预算管理权有（　　）。
A. 审查和批准中央决算
B. 审查中央和地方预算草案及中央和地方预算执行情况的报告
C. 批准中央预算和中央预算执行情况的报告
D. 撤销国务院制定的同宪法、法律相抵触的关于预算、决算的行政法规、决定和命令
【解析】BC。审查和批准中央决算，撤销国务院制定的同宪法、法律相抵触的关于预算、决算的行政法规、决定和命令是全国人大常委会的预算职权。所以选项AD不选。

2. 县级以上地方各级人民代表大会及其常务委员会的职权
县级以上地方各级人民代表大会的预算管理权包括：
（1）审查权：审查本级总预算草案及本级总预算执行情况的报告。
（2）批准权：批准本级预算和本级预算执行情况的报告。
（3）改变撤销权：改变或者撤销本级人大常委会关于预算、决算的不适当的决议，撤销本级政府关于预算、决算的不适当的决定和命令。

县级以上地方各级人民代表大会常务委员会的预算管理权包括：
（1）监督权：监督本级总预算的执行。
（2）审批权：审查和批准本级预算的调整方案，审查和批准本级政府决算。
（3）撤销权：撤销本级政府和下一级人民代表大会及其常委会关于预算、决算的不适当的决定、命令和决议。

3. 乡、民族乡、镇的人民代表大会的职权
设立预算的乡、民族乡、镇的人民代表大会的预算管理职权包括：
（1）审批权：审查和批准本级预算和本级预算执行情况的报告，审查和批准本级预算的调整方案，审查和批准本级决算。
（2）监督权：监督本级预算的执行。
（3）撤销权：撤销本级政府关于预算、决算的不适当的决定和命令。

（二）各级人民政府的职权

1. 国务院的职权
国务院的预算职权：
（1）编制中央预算、决算草案。
（2）向全国人民代表大会作关于中央和地方预算草案的报告。
（3）将省、自治区、直辖市政府报送备案的预算汇总后报全国人民代表大会常务委员会备案。
（4）组织中央和地方预算的执行。
（5）决定中央预算预备费的动用。

(6) 编制中央预算的调整方案。

(7) 监督中央各部门和政府的预算执行。

(8) 改变或者撤销中央各部门和地方政府关于预算、决算的不适当的决定、命令。

(9) 向全国人民代表大会、全国人民代表大会常务委员会报告中央和地方预算的执行情况。

2. 县级以上地方各级人民政府的职权

县级以上地方各级人民政府的预算职权：

(1) 编制本级预算、决意草案。

(2) 向本级人民代表大会作关于本级预算草案的报告。

(3) 将下一级政府报送备案的预算汇总后报本级人民代表大会常务委员会备案。

(4) 组织本级预算的执行。

(5) 决定本级预算预备费的动用。

(6) 编制本级预算的调整方案。

(7) 监督本级各部门和下级政府的预算执行。

(8) 改变或者撤销本级各部门和下级政府关于预算、决算的不适当的决定、命令。

(9) 向本级人民代表大会、本级人民代表大会常务委员会报告本级总预算的执行情况。

3. 乡、民族乡、镇的职权

乡、民族乡、镇的预算职权：

(1) 编制本级预算、决算草案。

(2) 向本级人民代表大会作关于本级预算草案的报告。

(3) 组织本级预算的执行。

(4) 决定本级预算预备费的动用。

(5) 编制本级预算的调整方案。

(6) 向本级人民代表大会报告本级预算的执行情况。

（三）各级财政部门的职权（编制权、执行权、提案权、报告权）

1. 国务院财政部的职权

根据《预算法》的规定，国务院财政部的预算管理职权主要包括：

(1) 编制权：具体编制中央预算、决算草案；具体编制中央预算的调整方案。

(2) 执行权：具体组织中央和地方预算的执行。

(3) 提案权：提出中央预算预备费动用方案。

(4) 报告权：定期向国务院报告中央和地方预算的执行情况。

2. 地方各级政府财政部门的职权

根据《预算法》的规定，地方各级政府财政部门的预算管理职权主要包括：

(1) 编制权：具体编制地方预算、决算草案；具体编制地方预算的调整方案。

(2) 执行权：具体组织本级总预算的执行。

(3) 提案权：提出本级预算预备费动用方案。
(4) 报告权：定期向本级政府和上一级政府财政部门报告本级总预算的执行情况。

（四）各部门、各单位的职权

1. 各部门的职权

根据《预算法》的规定，与地方政府财政部门直接发生预算缴款、拨款关系的国家机关、军队、政党组织和社会团体等各部门的预算职权包括：

(1) 编制本部门预算、决算草案。
(2) 组织和监督本部门预算的执行。
(3) 定期向本级政府财政部门报告预算的执行情况。

2. 各单位的职权

根据《预算法》的规定，与本级政府部门直接发生预算缴款、拨款关系的企业和事业单位等各单位的预算职权主要包括：

(1) 编制本单位预算、决意草案。
(2) 按照国家规定上缴预算收入。
(3) 安排预算支出。
(4) 接受国家有关部门的监督。

【例4-4】下列有关部门预算管理职权的表述中，不正确的是（　　）。

A. 编制本部门预算、决算草案
B. 组织和监督本部门预算的执行
C. 定期向上级政府财政部门报告预算的执行情况
D. 不定期向上级政府财政部门报告预算的执行情况

【解析】CD。各部门的预算管理权包括：①编制本部门预算、决算草案；②组织和监督本部门预算的执行；③定期向本级政府财政部门报告预算的执行情况。CD选项不正确。

【知识拓展】

我国划分预算管理权的原则是：统一领导、分级管理、权责结合。因此，在理解和掌握我国预算管理的职权划分时，应先了解我国的国家政权组织结构中的人民代表大会及其常务委员会、各级人民政府、各级财政部门之间的关系。

（1）人民代表大会

全国人民代表大会是人民行使国家权力的机关。全国人民代表大会是最高国家权力机关；地方各级人民代表大会是地方国家权力机关。全国人民代表大会常务委员会是全国人民代表大会常设机关。在全国人大闭会期间，行使最高国家权力，对全国人民代表大会负责并报告工作。因此各级人民代表大会有审查、批准、改变以及撤销的权利，各级人民代表大会常务委员会有监督、审查和批准以及撤销的职权。

省、直辖市、自治州、县、市、市辖区、乡、民族乡、镇设立人民代表大会，县级以上的地方各级人民代表大会设立常务委员会。因此，乡、民族乡、镇因没有设立人民代表大会常务委员会，由其行使的监督职权由对应的人民代表大会行使。

（2）各级人民政府

各级人民政府是我国各级国家行政机关的通称，是同级国家权力机关人民代表大会的执行机关。人民政府是地方国家行政机关，对本级人民代表大会和它的常务委员会以及上一级国家行政机关负责并报告工作，受国务院统一领导，负责组织和管理本行政区域的各项行政事务。

国务院，即中央人民政府，是最高国家权力机关的执行机关，是最高国家行政机关。地方各级人民政府是地方国家行政机关。全国地方各级人民政府都是国务院统一领导下的国家行政机关，都必须服从国务院的统一领导。各级财政部门是具体的执行机关。因此，预算管理职权划分时，各级政府有编制、报告、汇总备案、执行、决定、监督、改变或者撤销的职权，各级政府财政部门有编制、执行、提出、报告的职权。由于乡、民族乡、镇是我国基层政权，因此其对应的人民政府没有汇总备案、监督、改变或者撤销的职权。

子任务四 预算收入与预算支出

> 情境4：小郑是A市政府某机关的公务员，负责本单位的预算编制工作。根据政府召开的预算编制会议的部署，2014年10月10日小郑吩咐其下属小高，根据《预算法》编制本单位2015年的预算，小高愉快地接受了任务，立即投入这项工作。因为他清楚预算编制内容无非两大部分，两部分的具体内容也非常清楚。

根据《预算法》的规定，预算由预算收入和预算支出两部分组成。

（一）预算收入

预算收入是指国家在预算年度内通过法定形式和程序，有计划地筹措到归国家支配的资金，是实现国家职能的财力保证。

1. 预算收入按其来源划分

依据我国《预算法》具体包括以下几种形式：

（1）税收收入。它是国家预算收入的最主要的部分，在许多国家都占预算收入总额的90%以上，包括我国。

（2）依照规定应当上缴的国有资产收益。这是国家依据其所有者的地位而获得的收益，即各部门和各单位占有、使用和依法处分境内外国有资产产生的收益，按照国家有关规定应当上缴预算的部分，例如，依法应当上缴的国有资产投资生产的股息收入，土地等国有资产的有偿转让、出让的收益等。

（3）专项收入。即根据特定需要由国务院批准或者经国务院授权由财政部批准，设置、征集和纳入预算管理、有专项用途的收入。例如，铁道专项收入、征收排污费收入、电力建设基金收入等。

(4) 其他收入。此类收入是指上述各项收入以外的收入，主要包括规费收入、罚没收入、捐赠收入、政府基金等。

除预算收入以外，按照我国财政管理体制的规定，各地方、各部门、各单位还有一部分不纳入国家预算，自行管理使用的财政性资金，称预算外资金，如各种附加和其他不纳入预算的基金收入等。这些基金是国家预算资金的补充，是国家财政资金来源的重要组成部分，也是国家的财政收入。

【知识拓展】

按照国务院批准的《政府收支分类改革方案》的要求，从 2007 年起，我国政府收入开始按收入来源和性质分类、款、项、目四级。其中，类的设置包括：①税收收入；②社会保险及基金收入；③非税收入；④贷款转贷回收本金收入；⑤债务收入；⑥转移性收入。

2. 预算收入按分享程度划分

按照财政管理体制，预算收入划分为中央预算收入、地方预算收入、中央和地方预算共享收入。

(1) 中央预算收入。中央预算收入是指按照分税制财政管理体制，纳入中央预算、地方不参与分享的收入。包括中央本级收入和地方按照规定向中央上解的收入。

(2) 地方预算收入。地方预算收入是指按照分税制财政管理体制，纳入地方预算、中央不参与分享的收入。包括地方本级收入和中央按照规定返还或者补助地方的收入。

(3) 中央和地方预算共享收入。中央和地方预算共享收入是按照分税制财政管理体制，中央预算和地方预算对同一税种的收入，按照一定划分标准或者比例分享的收入。

【知识拓展】

分税制：分税制是分级财政体制，也是税收管理的一种形式。目前世界上许多国家都通过分税制来实行分财政管理。我国 1994 年开始实行分税制。

分税制要求按税种实现"三分"：分权、分税、分管。分税制实质上是为了有效地处理中央政府和地方政府之间的事权和财政关系，通过划分税收，将税收按照税种划分为中央税、地方税（有时还有共享税）两大税类进行管理而形成的一种财政管理体制，税款收入按照管理体制分别入库，分别支配，分别管理。

我国实行的分税制在收入划分上大体是这样的：

(1) 将维护国家权益、实施宏观调控所必需的税种划分为中央税。中央政府固定收入包括消费税（含进口环节海关代征的部分）、车辆购置税、关税、海关代征的进口环节增值税等。

(2) 将适合地方征收管理的税种划分为地方税，并充实地方税种，加强地方税收入。地方政府固定收入包括城镇土地使用税、耕地占用税、土地增值税、房产税、车船税、契税。

（3）将与经济发展直接相关的主要税种划分为中央与地方共享税。中央政府和地方政府共享收入主要包括：增值税（不含进口环节由海关代征的部分）：中央政府分享75%，地方政府分享25%。企业所得税：铁路总公司、各银行总行及海洋石油企业缴纳的部分归中央政府，其余部分中央与地方政府按60%与40%的比例分享。个人所得税：除储蓄存款利息所得的个人所得税外，其余部分的分享比例与企业所得税相同。资源税：海洋石油企业缴纳的部分归中央政府，其余部分归地方政府。城市维护建设税：铁路总公司、各银行总行、各保险总公司集中缴纳的部分归中央政府，其余部分归地方政府。印花税：证券交易印花税收入的94%归中央政府，其余6%和其他印花税收入归地方政府。

现行分税制对管理权限的划分大致是这样的：中央税、重要地方共享税、地方税的立法权限一律集中在中央；中央税和中央地方共享税由国家税务总局负责征收和管理，共享税中地方分享的部分由国家税务总局直接划归地方金库，地方税则由地方税务局负责征收和管理。

【深入思考】
中央预算与地方预算的联系是什么？

【例4-5】国家预算收入最主要的组成部分是（　　　）。
A. 专项收入　　　　　　　　B. 上缴的国有资产收益
C. 税收收入　　　　　　　　D. 其他收入

【解析】C。《预算法》中指出，税收收入是国家预算收入的最主要的部分，在许多国家都占预算收入总额的90%以上，包括我国。

（二）预算支出

预算支出是指国家对筹集到的预算收入有计划地分配和使用而安排的支出。

1. 按照内容划分

我国《预算法》规定的预算支出的形式包括：

（1）经济建设支出。它是预算支出的主要部分。

（2）教育、科学、文化、卫生、体育等事业发展支出。

（3）国家管理费用支出。包括国家权力机关、行政机关和司法机关的行政管理支出等。

（4）国防支出。包括国防费、国防科研事业费、民兵建设费等。

（5）各项补贴支出。包括粮油补贴、农业生产资料价差补贴等。

（6）其他支出。对外援助支出、财政贴息支出、国家物资储备支出、少数民族地区补助费、抚恤和社会福利救济费支出等。

除了预算支出外，按照我国财政管理体制的规定，还有一部分预算外支出。预算外支出是指财政性预算外资金支出，如地方、各部门、各单位自行管理使用的、不纳入国家预算的那部分财政性资金的支出。

2. 按照支出级次划分

按照国家财政管理体制，预算支出划分为中央预算支出和地方预算支出。

（1）中央预算支出。中央预算支出是指按照分税制财政管理体制，由中央财政承担并列入中央预算的支出，包括中央本级支出和中央返还或者补助地方的支出。

（2）地方预算支出。地方预算支出是按照分税制财政管理体制，由地方财政承担并列入地方预算的支出，包括地方本级支出和地方按照规定上解中央的支出。

中央预算与地方预算有关收入和支出项目的划分、地方向中央上解收入、中央对地方返还或者给予补助的具体办法，由国务院规定，报全国人民代表大会常务委员会备案。预算收入应当统筹安排使用，确需设立专用基金项目，须经国务院批准。上级政府不得在预算之外调用下级政府预算的资金。下级政府不得挤占或者截留属于上级政府预算的资金。

【知识拓展】

我国从2007年起，预算支出按照功能分类，可将预算支出分为类、款、项三级，其中，类的科目包括一般公共服务、外交、公共安全、教育、科学技术、文化体育与传媒、社会保障和就业、社会保险基金支出、医疗卫生、环境保护、转移性支出等共计17类。预算支出按照经济分类，可将预算支出分为类、款两级。在类别上包括工资福利支出、商品和服务支出、对个人和家庭的补助、对企事业单位的补助、转移性支出、赠予、债务利息支出、基本建设支出等共计12类。

子任务五　预算组织程序

> 情境5：某地市财政局于2014年度部门预算编制工作会议10月23日上午在管委会一楼西会议室召开。新区管委会常务副主任刘某某、市人大财经工委副主任孙某某、区财政局局长赵某某等出席会议。区直各部门、各乡镇办事处负责财务工作的领导和财务人员共100余人参加了会议。会议由财政局副局长郭某某主持。会议上赵局长会就预算编制提出什么要求？最后预算科长孙某对预算编制工作进行了业务培训。大致培训什么内容？

根据《预算法》的规定，预算组织程序，包括预算的编制、预算的审批、预算的执行和预算的调整等环节。预算组织程序都以法律形式确定下来，以保证各级预算组织能够各司其职，各尽其责，保证国家预算的正确贯彻执行。

（一）预算的编制

国家预算编制是制预算单位制定筹集和分配预算资金年度计划的预算活动。国家预算编制是预算计划管理的起点,也是预算计划管理的关键环节,国家预算需要按一定的程序进行编制,还要按法律程序进行审批。

1. 预算年度

我国预算年度与财政年度或会计年度相一致,指的是编制和执行预算所依据的法定期限或预算的有效期限,体现预算的时效性。预算年度一般为1年,但各国预算年度的起止日期不尽一致,可分为历年制和跨年制。

历年制是按公历年度计,根据《预算法》规定,我国国家预算年度采用公历制,即自公历1月1日起,至12月31日止。各项活动主体都必须按照法律规定的时间要求及时地编制预算。目前,世界上多数国家的预算采取历年制,如法国、德国、意大利、挪威、瑞士、荷兰等国。

跨年制是指一个预算年度跨越两个公历年度,但总时长仍等于1个日历年度。世界上有不少国家的预算年度采用跨年制,其起止日期选择主要有三类:一是以英国、日本、印度为代表,从4月1日起至次年3月31日止。二是以瑞典、澳大利亚为代表,从7月1日起至次年的6月30日止。三是以美国、泰国为代表,从10月1日起至次年9月30日止。

【例4-6】我国的预算年度时间规定是( )。

A. 本年的4月1日到次年的3月31日止

B. 本年的10月1日到次年的9月30日止

C. 公历5月1日到次年的4月30日止

D. 公历1月1日起到12月31日止

【解析】D。我国预算年度自公历1月1日起至12月31日止。

2. 预算草案的编制依据

预算草案是指各级政府部门、各单位编制的未经法定程序审查和批准的预算收支计划。预算草案包括各级政府编制的预算草案和各部门、各单位编制的预算草案。编制预算草案的具体事项由财政部门负责部署。

国务院于每年11月10日前向省、自治区、直辖市政府和中央各部门下达编制下一年度预算草案的指示,提出编制预算草案的原则和要求。各级政府部门、各单位应当按照国务院规定的时间编制预算草案。

中央预算和地方各级政府预算,应当参考上一年预算执行情况和本年度收支预测进行编制。其主要依据如下。

(1) 各级政府年度预算草案的编制依据:

①法律、法规。

②国民经济和社会发展计划、财政中长期计划以及有关的财政经济政策。

③本级政府的预算管理职权和财政管理体制确定的预算收支范围。

④上一年度预算执行情况和本年度预算收支变化因素。

⑤上级政府对编制本年度预算草案的指示和要求。

(2) 各部门、各单位年度预算草案的编制依据：
①法律、法规。
②本级政府的指示和要求以及本级政府财政部门的部署。
③本部门、本单位的职责、任务和事业发展计划。
④本部门、本单位的定员定额标准。
⑤本部门、本单位上一年度预算执行情况和本年度预算收支变化因素。
预算草案的编制依据如表4-2所示。

表4-2 预算草案的编制依据

各级政府	各部门、各单位
法律、法规	法律、法规
国民经济和社会发展计划、财政中长期计划以及有关的财政经济政策	本级政府的指示和要求以及本级政府财政部门的部署
本级政府的预算管理职权和财政管理体制确定的预算收支范围	本部门、本单位的职责、任务和事业发展计划
上一年度预算执行情况和本年度预算收支变化因素	本部门、本单位的定员定额标准
上级政府对编制本年度预算草案的指示和要求	本部门、本单位上一年度预算执行情况和本年度预算收支变化因素

3. 预算草案的编制内容
(1) 中央预算的编制内容：
①本级预算收入和支出。
②上一年度结余用于本年度安排的支出。
③返还或者补助地方的支出。
④地方上解的收入。
此外，中央财政本年度举借的国内外债务和还本付息数额应当在本级预算中单独列示。
(2) 地方各级政府预算的编制内容：
①本级预算收入和支出。
②上一年度结余用于本年度安排的支出。
③上级返还或者补助的收入。
④返还或者补助下级的支出。
⑤上解上级的支出。
⑥下级上解的收入。
预算草案的编制内容如表4-3所示。

表 4-3　预算草案的编制内容

中央预算的编制内容		地方各级政府预算的编制内容	
预算收入	本级预算收入	预算收入	本级预算收入
	上一年度结余用于本年度安排的支出		上一年度结余用于本年度安排的支出
	地方上解的收入		上级返还或者补助的收入
			下级上解的收入
预算支出	本级预算支出	预算支出	本级预算支出
	返还或者补助地方的支出		上解上级的支出
			返还或者补助下级的支出

4. 预算草案编制的要求

(1) 必须按照复式预算方法编制。自新中国成立开始至 1991 年，我国预算均采用单式预算编制方法，从 1992 年起，由单式预算编制改按复式预算编制。这是一项重要的财政管理体制的改革成果。《预算法》以法律形式巩固了这项成果，明确规定中央预算和地方各级政府预算复式预算编制。

(2) 实行量入为出、收支平衡的原则。《预算法》要求中央政府公共预算不列赤字。中央预算中必需的建设投资的部分资金，可以通过举借国内和国外债务等方式筹措，但是借债应当有合理的规模和结构。地方各级预算按照量入为出、收支平衡的原则编制，不列赤字。除法律和国务院另有规定外，地方政府不得发行地方政府债券。

(3) 应与国民生产总值的增长率相适应。各级预算收入的编制，应当与国民生产总值的增长率相适应。按照规定必须列入预算的收入，不得隐瞒、少列，也不得将上年的非正常收入作为编制预算的收入的依据。中央预算和地方各级政府预算，应当参考上一年预算执行情况和本年度收支预则进行编制。

(4) 应当贯彻厉行节约、勤俭建国的方针。《预算法》要求各级预算支出的编制，应当贯彻厉行节约、勤俭建国的方针。

(5) 应当统筹兼顾、确保重点、妥善安排。各级预算支出的编制，应当统筹兼顾、确保重点，在保证政府公共支出合理需要的前提下，妥善安排其他各类预算支出。中央预算和有关地方政府预算中安排必要的资金，用于扶助经济不发达的民族自治地方、革命老根据地、边远、贫困地区发展经济文化建设事业。各级政府预算就当按照本级政府预算支出额的 1%～3% 设置预备费，用于当年预算执行中的自然灾害救灾开支及其他难以预见的特殊开支。

(6) 应当按规定设置预算周转金。各级政府预算应当按照国务院的规定预算周转金。各级政府预算的上年结余，可以在下年用于上年结转项目的支出；有余额的，可以补充预算周转金；再有余额的，可以用于下年度必需的预算支出。

（二）预算的审批

> 情境6：本单位预算编制完了按程序上报了，最后本地政府总预算也根据《预算法》规定汇总形成了，这时政府可以下达通知2014年的预算就可以执行了？要经过哪些程序最终才能执行？结果执行过程遇有以下一些特殊情况：某县政府部门因资金周转困难，截留了应上缴的和下拨的预算资金共计500万元，指出有哪些不当或错误。

1. 预算草案的初步审查

根据《预算法》的规定，各级预算草案在审批之前，应当在本级人民代表大会会议举行前1个月提交相关部门进行初步审查。具体如下：

（1）国务院财政部门应当在每年全国人民代表大会会议举行的1个月前，将中央预算草案的主要内容提交全国人民代表大会财政经济委员会进行初步审查。

（2）省、自治区、直辖市及设区的市、自治州财政部门应当在本级人民代表大会会议举行的1个月前，将本级预算草案的主要内容提交本级人民代表大会有关的专门委员会或者根据本级人民代表大会常务委员会主任会议的决定提交本级人民代表大会常务委员会有关的工作委员会进行初步审查。

（3）县、自治县、不设区的市、市辖区政府部门应当在本级人民代表大会会议举行的1个月前，将本级预算草案的主要内容提交本级人民代表大会常务委员会进行初步审查。

预算草案在提交相应的权力机关进行初步审查后，即进入了审批阶段。

2. 预算的审批

预算的审批，是指各级国家权力机关对同级政府所提出的预算草案进行审查与批准的活动。预算的审批是使预算草案转为正式预算的关键阶段。国家预算草案一经批准，就成为正式的国家预算，具有法律效力，任何单位和个人必须严格遵守，不得随意变更。为此，我国《预算法》专门规定，经本级人民代表大会批准的预算，非经法定程序，不得改变。

（1）预算的审批。由于各级预算的审批具有时效性、级别性、程序性和严肃性，《预算法》对预算的审查和批准做出了明确规定：中央预算由全国人民代表大会审查和批准。地方各级政府预算由本级人民代表大会审查和批准。

（2）预算的备案。预算的备案，即各级政府预算批准后，必须依法向相应的国家机关备案，以加强预算监督，预算备案是与预算审批密切相关的一个制度。

各级政府预算经本级人民代表大会批准后，必须依法自下而上地向相应的国家机关备案：

①乡、民族乡、镇政府应当及时将经本级人民代表大会批准的本级预算报上一级政府备案。

②县级以上的地方各级政府应当及时将本级人民代表大会批准的本级预算及下一级政府报送备案的预算汇总，报上一级政府备案。县级以上地方各级政府将下一级政府依照前款规定报送备案的预算汇总后，报本级人民代表大会常务委员会备案。

③国务院将省、自治区、直辖市政府依照前款规定报送备案的预算汇总后，报全国人民代表大会常务委员会备案。

国务院和县级以上地方各级政府对一下级政府依法规定报送备案的预算，认为有同法律、行政法规相抵触或者有其他不适当之处，需要撤销批准预算的决议的，应当提请本级人民代表大会常务委员会审议决定。

(3) 预算的批复。预算的批复，是指各级政府预算经过本级人民代表大会的批准之后，本级政府财政部门应当及时向本级政府各部门批复预算。

根据《预算法》的规定，各级政府财政部门应当自本级人民代表大会批准本级政府预算之日起30日内，批复本级各部门预算。各部门应当自本级财政部门批复本部门预算之日起15日内，批复所属各单位预算。具体如下：

①中央预算草案经全国人民代表大会批准后，为当年中央预算。财政部应当自全国人民代表大会批准中央预算之日起30日内，批复中央各部门预算。中央各部门应当自财政部门批复本部门预算之日起15日内，批复所属各单位预算。

②地方各级政府预算草案经本级人民代表大会批准后，为当年本级政府预算。县级以上地方各级政府部门应当自本级人民代表大会批准本级政府预算之日起30日内，批复本级各部门预算。地方各级部门应当自本级财政部门批复本部门预算之日起15日内，批复所属各单位预算。

(三) 预算执行

经过了预算编制、预算审批的环节后，就进入到了预算执行的阶段。在这一阶段，相关的预算主体要进行预算收支的组织执行，国库在预算资金的收付方面发挥重要作用。

1. 预算执行概念

预算的执行，是指各级预算执行主体（各级政府、各级财政部门、预算收入执行部门、国家金库、各有关部门和有关单位）在组织国家预算收入和划拨预算支出中的活动。预算执行是整个预算管理程序的中心环节，是实现预算收支任务的关键步骤。

根据《预算法》的规定，各级预算由本级政府组织执行，具体工作由本级政府财政部门负责。政府财政部门的任务是：①研究落实财政税收政策的措施，支持经济和社会的健康发展；②制定组织预算收入和管理预算支出的制度和办法；③督促各预算收入征收部门、各预算缴款单位完成预算收入任务；④根据年度支出预算和季度用款计划，合理调度、拨付预算资金，监督检查各部门；⑤指导和监督各部门、各单位建立健全财务制度和会计核算体系，按照规定使用预算资金；⑥编报、汇总分期的预算收支执行数字，分析预算收支执行情况，定期向本级政府和上一级政府财政部门报告预算执行情况，并提出增收节支的建议；⑦协调预算收入征收部门、国库和其他有关部门的业务工作。

2. 预算执行的依据

预算执行要以经过权力机关依法定程序批准的预算为依据，但由于我国法律规定预算年度为公历制，即自公历1月1日起至12月31日止，而我国的全民人民代表大会都是在每年的春季召开,这就会造成有一段时间的预算执行无预算可依的局面,为了解决这一问题,《预算法》规定,预算年度开始后,各级政府预算草案在人民代表大会批准前,本级政府可以先按照上一年同期的预算支出数额安排支出,预算经本级人民代表大会批准后,按照批准的预算执行。

3. 预算收入的组织执行

国家预算由预算收入和预算支出两部分组成,因而预算收入与预算支出的组织执行均为预算执行的重要内容。在预算收入的组织执行方面,最基本的要求是预算收入的取得必须及时、足额。

(1) 预算收入征收部门的义务。预算收入征收部门(如各级财政、税务、海关等),必须依照法律、行政法规和财政部门的有关规定,及时、足额征收应征的预算收入,并按照财政管理体制的规定及时将预算收入缴入中央国库和地方国库,不得截留、占用、挪用或者拖欠。

(2) 有预算收入上缴任务的部门和单位的义务。有预算收入上缴任务的部门和单位,必须依照法律,行政法规和国务院财政部门的规定,将应当上缴的预算资金及时、足额地上缴国库,不得截留、占用、挪用或者拖欠。

(3) 未经财政部批准,不得将预算收入存入在国库外设立的过渡型账户。

各项预算收入的减征、免征或者缓征,必须按照有关法律、行政法规和财政部有关规定办理,任何人不得违反法律、行政法规和财政部的有关规定,擅自减征、免征或者缓征应征的预算收入。

4. 预算支出的组织执行

各级政府财政部门在预算支出的组织执行方面,最基本的要求是:严格依照预算,依法及时、足额地拨付预算支出资金。同时,在预算支出的组织执行的过程中,各级政府,各部门和各单位,均应贯彻厉行节约,勤俭建国的方针,提高资金的使用效益,加强对预算支出资金的管理和监督。

政府财政部门遵循下列 3 项原则对预算拨款实施严格管理:

(1) 按照预算拨款。即按照批准的年度预算和用款计划,不得办理无预算、无用款计划、超预算、超计划的拨款,不得擅自改变支出用途。

(2) 按照规定的预算及次和程序拨款。即根据用款单位的申请,按照用款单位的预算级次和审定的用款计划,按期核拨,不得越级办理预算拨款。

(3) 按照进度拨款。即根据各用款单位的实际用款进度和国库库款情况拨付资金。

各级政府,各部门,各单位的支出必须按照预算执行,加强预算支出管理,不得擅自扩大支出范围,提高开支标准;严格按照预算规定的支出用途使用资金;建立健全财务制度和会计核算体系,按照标准考核、监督、提高资金使用效益。

各级政府预算预备费的动用方案,由本级政府财政部门提出,报本级政府决定;各级政府预算周转金由本级政府财政部门管理,用于预算执行中的资金周转,不得挪作他用。

5. 预算执行的中间环节

预算的收入和支出必须通过国库进行。国库是预算执行的中间环节，是国家进行预算收支活动的出纳机关。县级以上各级预算必须设立国库；具备条件的乡、民族乡、镇也应当设立国库。中央国库业务由中国人民银行办理，地方国库业务依照国务院的有关规定办理。各级国库必须按照国家有关规定，及时准确地办理预算收入的收纳、划分、留解和预算支出的拨付。

各级国库库款的支配权属于本级政府财政部门。除法律，行政法规另有规定外，未经本级政府财政部门同意，任何部门、单位和个人都无权动用国库库款或者以其他方式支配已入国库的库款。

（四）预算的调整

> 情境7：2009年某地区遇有几十年不遇的特大水灾，为抗灾救灾，减少损失，政府通知财政部门拨付大量资金支援受灾地区恢复生产和生活；又加上整个宏观经济受金融危机影响，不少企业不景气，导致本地本年财政收入减少1.2亿元，支出增大2亿元，说明预算执行中出现了什么现象？需要做什么工作？

1. 预算调整的概念

预算调整，是指经全国人民代表大会批准的中央预算，地方各级人民代表大会批准的本级预算，在执行中因特殊情况需要增加支出或者减少收入，使原批准的收支平衡的预算的总支出超过总收入，或者原批准的预算中举借债务的数额增加的部分变更。

凡是涉及各级预算总收入和总支出变化，打破原有预算平衡，扩大预算收支逆差或者原批准的债务增加的，都属于预算调整。在预算执行中，因上级政府返还或者给予补助而引起的预算收支变化，不属于预算调整。但接受上级返还或者给予补助的地方政府，应当按照上级政府规定的用途使用，并向本级人民代表大会常务委员会报告有关情况。

2. 预算调整方案的审批

预算是一种计划，执行过程中往往会受到主客观条件的影响和制约，必然导致预算收支由原来的平衡变得不平衡，这时必须依法进行预算调整。由于预算是权力机关批准的，具有法律效力，预算的调整实际上就是对预算法案的修正，因此，预算的调整就必须经权力机关审批。任何政府或部门都不得擅自调整预算。

（1）根据《预算法》的规定，各级政府对于必须进行的预算调整，应当编制预算调整方案。具体调整程序是：中央预算的调整方案必须提请全国人民代表大会常务委员会审查和批准；县级以上地方各级政府预算的调整方案必须提请本级人民代表大会常务委员会审查和批准；乡、民族乡、镇政府预算的调整方案必须提请本级人民代表大会审查和批准。

（2）未经批准调整预算，各级政府不得做出任何使原批准的收支平衡的预算的总支出超过总收入或者使原批准的预算中举借债务的数额增加的决定。对违反法律规定做出的决定，本级人民代表大会、本级人民代表大会常务委员会或者上级政府应当责令其改变或撤销。

（3）地方各级政府预算的调整方案经批准后，由本级政府报上一级政府备案。

3.应注意的问题

根据《预算法实施条例》的有关规定，需要注意以下几个问题：

（1）预算调整方案由政府财政部门负责具体编制。预算调整方案应当列明调整的原因、项目、数额、措施及有关说明，经本级政府审定后，提请本级人民代表大会常务委员会审查和批准。

（2）接受上级返还或者补助的地方政府，应当按照上级政府规定用途使用款项，不得擅自改变用途。

（3）政府有关部门以本级预算安排的资金拨付给下级政府有关的专款，必须经本级政府财政部门同意并办理预算预算划转手续。

（4）各部门、各单位的预算支出，必须按照本级政府财政部门批复的预算科目和数额执行，不得挪用。确需调整的，必须经本级政府财政部门同意。

（5）年度预算确定后，企业、事业单位改变隶属关系，引起预算级次和关系变化的，应当在改变财务关系的同时，办理相应的预算划转。

【深入思考】

如果当年预算支出超出预算收入怎么办？

【例4-7】中央预算和地方各级政府预算，应当参考上一年度预算草案的编制内容和本年度收支预测进行编制。（　　）

【解析】×。中央预算和地方各级政府预算，应当参考上一年度预算执行情况和本年度收支预测进行编制。

子任务六　决算

情境8：2013年12月4日上午，某省财政厅召开有关人员会议，主要内容是组织准备于12月10日举行的本市2013年预算执行情况总结大会。本次会议决定由分管领导吴某担任组长负责会议组织，其中王某在会议上具体部署本年度预算执行情况的编制，王某准备在会议上怎样部署2013年的预算执行情况的编制？该省政府决算草案形成之后怎样做算被通过？

（一）决算的概念

决算，在形式上是对年度预算执行结果的会计报告，在实质上是对年度预算执行结果的总结。决算，是国家管理预算活动的最后一道程序。它包括决算报表和文字说明两个部分。

决算是国家经济活动在财政上的综合反映，从中可以考察出国家经济政策和法律的实际执行情况，通过进行决算的编制和审批工作，有利于发现问题，纠偏匡谬，减少损失，也有利于总结经验，扬长避短，为今后的工作提供指导、参考，有利于加强财政监督，完善财政法制。

（二）决算草案的编制

按照我国《预算法》及其实施条例的有关规定，财政部应当在每年第四季度部署编制决算草案的原则、要求、方法和报送期限，制发中央各部门决算、地方决算及其他有关决算的报表格式。县级以上地方政府财政部门根据财政部的部署，部署编制本级政府各部门和下级政府决算的原则、要求、方法和报送期限，制发本级政府各部门决算，下级政府决算及其他有关决算的报表格式。

1. 决算草案的编制主体与时间

决算草案的编制主体是各级政府部门和各单位，因此决算草案相应地可分为各级政府决算草案，各部门决算草案和各单位决算草案。编制时间是各编制主体在每一预算年度终了以后按照国务院规定的时间编制。

2. 决算草案的编制原则

根据《预算法》的规定，编制决算草案的具体事项由国务院财政部门来部署，必须遵循以下决算草案的编制原则：

（1）合法原则。即决算草案的编制必须符合法律、行政法规，而不是与之相抵触，否则，相关的机关有权撤销该决算草案。

（2）准确完整原则。所谓准确，即决算草案中涉及的收支数额必须准确。所谓完整，即决算草案的内容必须完整，应有项目没有缺漏。

（3）报送及时原则。由于决算草案的编制有时间限制，同时各主体的决算草案编制是互相衔接，紧密相连的，因此，必须及时报送才能更好地完成整个决算草案的编制工作。

3. 决算草案的编制程序

（1）先由各单位编制其决算草案。

（2）各部门对所属各单位的决算草案，应当审核并汇总编制本部门的决算草案，在规定的期限内报本级政府财政部门审核。

（3）各级政府财政部门对本级各部门决算草案进行审核，审核后汇总编制本级决算草案，报本级政府审定，本级政府审定后，即可报本级权力机关审批。各级政府财政部门对本级各部门决算草案审核后发现有不符法律，行政法规规定的有权给予纠正。

4. 各级政府决算草案的形成

我国《预算法》规定了各级政府决算草案的编制主体，通过这些主体对本级各部门决算草案的审核和汇总，才形成了各级政府的决算草案。对此，《预算法》明确规定：

（1）国务院财政部门编制中央决算草案。

（2）县级以上地方各级政府财政部门编制本级决算草案。

（3）乡、民族乡、镇政府编制本级决算草案。

（三）决算草案的审查和批准

国家决算草案的审批和批准，是对国家预算执行情况做出评价的重要环节。决算草案只有经过权力机关依法定程序予以审查和批准，政府在预算年度内的预算执行责任才能得以免除，一个预算年度的预算管理程序才告结束。因此，决算草案的审批，是整个决算制度的非常重要的组成部分。

1. 决算草案的审批

根据《预算法》的规定，各级政府财政部门在编制本级决算草案后，报本级政府审定，经审定后的决算草案，再由本级政府提请本级权力机关审查和批准，因此，决算草案的审批主体是各级权力机关。决算草案的审批具体如下：

（1）国务院财政部门编制中央决算草案，报国务院审定后，由国务院提请全国人民代表大会常务委员会审批和批准。

（2）县级以上地方各级政府财政部门编制本级决算草案，报本级政府审定后，由本级政府提请本级人民代表大会常务委员会审查和批准。

（3）乡、民族乡、镇政府编制本级决算草案，提请本级人民代表大会审查和批准。由于乡级人民代表大会不设常务委员会，因此决算草案的审批只能由乡级人民代表大会审批。这是乡级决算草案审批与其他政府决算草案审计的不同之处。

2. 决算的批复

根据《预算法》的规定，各级政府决算经批准后，财政部门应当向本级各部门批复决算。决算的批复具体如下：

（1）县级以上各级政府决算草案经本级人民代表大会常务委员会批准后，本级政府财政部门应当自批准之日起 20 日内向本级各部门批复决算。

（2）各部门应当自本级政府财政部门批复本部门决算之日起 15 日内向所属各单位批复决算。

（四）决算的备案

县级以上地方各级政府应当自本级人民代表大会常务委员会批准本级政府决算之日起 30 日内，将本级政府决算及下一级政府上报备案的决算进行汇总，报上一级政府备案。根据《预算法》的规定，国务院和县级以上地方各级政府对下一级政府依照《预算法》规定报送备案的决算，认为有与法律、行政法规相抵触或者有其他不适当之处，需要撤销批准该项决算决议的，应当提请本级人民代表大会常务委员会审议决定。经审议决定撤销的，该下级人民代表大会常务委员会应当责成本级政府按照《预算法》规定重新编制决算草案，提请本级人民代表大会常务委员会审查和批准。

对于年度预算执行中上下级财政之间按照规定需要清算的事项，应当在决算时办理结算。

【例 4-8】 中央决算草案的编制机关是（　　）。

A. 国务院　　　　　　　　　　　B. 国务院财政部门

C. 全国人民代表大会　　　　　　D. 全国人民代表大会常务委员会

【解析】 B。根据《预算法》的规定，国务院财政部门编制中央决算草案，报国务院审定后，提请全国人民代表大会常务委员会审查和批准。

子任务七　预决算的监督

> 情境 9：某单位是某省直机关部门的下属事业单位，在 2014 年的预算执行过程中将一笔 100 万元的科研经费用作了单位职工的社会保障支出方面，后经有关部门审查发现，请问哪些部门有权监督本单位的预算执行情况？本部门的做法有无错误？

预算监督，是指国家各级权力机关依法对全部预算活动的监督。各级权力机关、政府及其财政审计部门依法切实地履行法律赋予的预算监督职责，是国家依法理财的有力保障。根据《预算法》所确立的监督体系，对各级政府实施的预算与决算活动进行的监督，按照监督主体可以分为：权力机关的监督、各级政府的监督、各级政府财政部门的监督和各级政府审计部门的监督。

（一）权力机关的监督

权力机关的监督也称立法机关的监督，权力机关预算监督的主体是各级人民代表大会及其常务委员会。权力机关的监督具体如下：

①全国人民代表大会及其常务委员会对中央和地方预算、决算进行监督。

②县级以上地方各级人民代表大会及其常务委员会对本级和下级政府预算、决算进行监督。

③乡、民族乡、镇人民代表大会对本级预算、决算进行监督。

各级政府按照本级人民代表大会或其常务委员会的要求，报告预算执行情况，认真研究处理本级人民代表大会代表或者常务委员会组成人员有关改进预算管理的建议、批评和意见，并及时答复。

（二）各级政府的监督

政府机关的监督也称行政监督，即各级行政机关对预算和决算的监督。对于行政监督，我国《预算法》的规定可概括为以下两点：

①行政机关在监督中的义务。各级政府是预算执行的主体，因此其预算执行活动必须置于权力机关的监督之下。各级政府应当在每一预算年度内至少两次向本级人民代表大会或者其常务委员会作预算执行情况的报告。

②行政机关的监督职权。各级政府监督下级政府的预算执行。下级政府应当定期向上

级政府报告预算执行情况。各级政府对下级政府在预算执行中违反法律、行政法规和国家方针政策的行为，依法予以制止和纠正；对本级预算执行中出现的问题，及时采取处理措施。下级政府应当接受上级政府对预算执行的监督；根据上级政府的要求，及时提供资料，如实反映情况，不得隐瞒、虚报；严格执行上级政府做出的有关决定，并将执行结果及时上报。

（三）各级政府财政部门的监督

各级政府财政部门的监督，简称财政监督。财政部门在整个预算活动中处于核心地位，能够对其所属的预算主体的预算活动起到较大的指导作用。因此，财政监督在预决算的监督中非常重要。

《预算法》专门规定了财政部门对预算执行的监督权：各级政府财政部门负责监督检查本级各部门及其所属各单位预算的执行，并向本级政府和上一级政府财政部门报告预算执行情况。各部门及其所属各单位应当接受本级财政部门有关预算的监督检查，按照本级财政部门的要求，如实提供有关预算资料，执行本级财政部门提出的检查意见。

（四）各级政府审计部门的监督

各级政府审计部门的监督，简称审计监督，是一种专门的监督。审计部门是独立于财政部门之外，处于独立的监督地位，因而它能够更好地行使其监督权。而且，审计部门的监督与财政部门的监督的范围是不同的。

各级审计机关按照《中华人民共和国审计法》以及有关法律、行政法规的规定，对本级预算执行情况，对本级各部门和下级政府预算的执行情况和决算进行审计监督。

【例4-9】下列关于对预决算监督表述正确的是（　　）。
A. 全国人民代表大会及其常务委员会对中央和地方预算、决算进行监督
B. 县级以上地方各级人民代表大会对本级和下级政府预算、决算进行监督
C. 乡、民族乡、镇人民代表大会对本级预算、决算进行监督
D. 各级政府审计部门对本级各部门、各单位和下级政府预算执行、决算进行审计监督

【解析】ACD。县级以上地方各级人民代表大会及其常务委员会对本级和下级政府预算、决算进行监督。

【课后思考】

1. 国家预算的作用有哪些？
2. 简述国家预算的级次划分。
3. 简述国家预算的构成。
4. 预算收入包括哪些内容？
5. 预算支出包括哪些内容？
6. 预算组织程序包括哪些环节？

任务二 政府采购法律制度

政府采购制度作为政府调控经济，促进社会经济发展的一个重要政策工具，在国家宏观经济生活中的地位越来越重要。2002年，全国人大第九届代表大会常务委员会第二十八次会议审议通过了《政府采购法》，2003年1月1日起实施。《政府采购法》的出台，标志着政府采购行为在运行程序、预算编制、采购方式的执行、合同订立和验收、资金结算等环节的制度化、规范化。该法的实施，对发挥政府采购在社会经济中的作用具有十分重大的现实意义和深远的历史意义。

子任务一 政府采购法律制度的构成

政府采购法律制度是调整政府采购关系的法律规范的总称。我国政府采购法律制度由《政府采购法》和国务院各部门特别是财政部颁布的一系列政府采购部门规章，以及政府采购地方性法规和政府规章构成。这些法规数量众多，形成了一个从中央到地方、从上位法到下位法都衔接得较为严密的制度体系。

（一）《政府采购法》

2002年6月29日由第九届全国人民代表大会常务委员会第二十八次会议通过，于2003年1月1日起施行的《政府采购法》是规范我国政府采购活动的基本法律，也是制定其他政府采购法律制度的依据。该法共九章八十八条，包括总则、政府采购当事人、政府采购方式、政府采购程序、政府采购合同、质疑与投诉、监督检查、法律责任和附则。

《政府采购法》的颁布和施行，对规范政府采购行为、提高政府采购资金的使用效益、维护国家利益和社会公共利益、保护政府采购当事人的合法权益、促进廉政建设具有十分重要的意义。

（二）政府采购部门规章

目前国务院尚未出台有关政府采购方面的行政法规，但国务院部门，特别是财政部，颁布了一系列有关政府采购的部门规章，以进一步细化《政府采购法》中的原则性规定。如财政部颁布的《政府采购货物和服务招标投标管理办法》（财政部令第18号）、《政府采购信息公告管理办法》（财政部令第19号）、《政府采购代理机构资格认定办法》等。

（三）政府采购地方性法规和政府规章

政府采购地方性法规是由省、自治区、直辖市以及省、自治区人民政府所在地的市和经国务院批准的较大的市的人民代表大会及其常务委员会根据本行政区域的具体情况和实际需要，在不同宪法、法律、行政法规相抵触的前提下制定的有关政府采购的规范性文件。

政府采购政府规章是由省、自治区、直辖市以及较大的市的人民政府依据法律、行政法规和本省、自治区、直辖市的地方性法规制定的有关政府采购的规范性文件。这些各省级制定的法规和规章都以《政府采购法》为依据，同时结合了本地的实际情况，具有较强的针对性和可操作性。

子任务二　政府采购的概念

> 情境10：小王是某一享受财政全额拨款的事业单位员工，小梁是某企业一名销售人员，两人某天一起吃饭，当中小王说他们单位准备采购一批职工办公用电脑，小梁说他们单位也准备采购一批办公用电脑，这样两单位可否沟通一下一起采购？这其中会涉及哪些问题？

根据《政府采购法》的规定，政府采购是指各级国家机关、事业单位和团体组织使用财政性资金采购依法制定的集中采购目录以内的或者采购限额标准以上的货物、工程和服务的行为。

【知识拓展】

需要说明的是，对于政府采购的概念，有广义和狭义两种不同的理解。从广义的角度看，所有由政府使用的财政性资金进行的采购，不管采购的内容是什么，都应该属于政府采购的范畴。而《政府采购法》中有关政府采购的定义是一种相对狭义的概念，按照《政府采购法》的解释，虽然同是由政府性资金进行采购，但限制了范围——集中采购目录以内的或者采购限额标准以上货物、工程和服务。应该说，广义的政府采购含义更加符合政府采购的本质。

政府采购与一般民事采购相比，具有非营利性、资金来源的财政性和公开性，管理上的规范性和公开性的特征。因为政府采购的有关法律和程序都是公开的，采购的过程也是在完全公开的情况下进行的，一切采购活动都要做出公开记录，所有的采购信息都是公开的，所以政府采购也被称为"阳光下的交易"。要比较完整、准确地理解政府采购的概念，应重点理解以下几个方面的内容。

（一）政府采购的主体范围

政府采购是以政府为主体的采购活动。政府采购的主体即采购人，其范围是特定的。根据《政府采购法》的规定，政府采购的主体范围主要包括使用财政性资金采购依法制定的集中采购目录以内的或者采购限制标准以上的货物、工程和服务的各级国家机关、事业单位和团体组织。

以政府为主体，是政府采购区别于个人采购、企业采购的根本点之一。所有个人、私人企业和公司均不能成为政府采购的采购主体。需要注意的是，虽然国有企业或国家控股公司的资产也是政府应该管理的国有资产，但因其经营和运用具有较强的市场性和特殊性，所以，除少数国家和地区外，一般都不纳入政府采购的范围。同时，下列四种情况也不受《政府采购法》的约束：

(1) 军事采购。

(2) 采购人使用国际组织和外国政府贷款进行的政府采购。

(3) 采购人对因严重自然灾害和其他不可抗力事件所实施的紧急采购和涉及国家安全和秘密的采购。

(4) 香港和澳门两个特别行政区的政府采购。

（二）政府采购的资金范围

政府采购运用的主要是财政性资金。采购资金的性质是确定采购行为是否属于《政府采购法》规范范围的重要依据。按照国际惯例和我国相关法律，法规的要求，运用财政性资金进行的采购，都应该属于政府采购。

2001年2月，财政部和中国人民银行制定发布的《政府采购资金财政直接拨付管理办法》中明确定义："政府采购资金是指采购机关获取货物、工程和服务时支付的资金，包括财政性资金（预算内资金和预算外资金），以及与财政资金相配套的单位自筹资金。"根据《政府采购法》的规定，政府采购全部使用或部分使用的资金必须是财政性资金。以财政性资金作为还款来源的借贷资金、以事业单位和团体组织占有或使用的国有资产作担保的借贷资金视同财政性资金。

财政性资金的最终来源为纳税人的税收和政府公共服务的收费。在财政支出中具体表现为采购支出，即财政支出减去转移支出的余额。

（三）政府集中采购目录和政府采购限额标准

集中采购目录，是指应当实行集中采购的货物、工程和服务品目类别目录。采购限额标准，是指集中采购目录以外应实行政府采购的货物、工程和服务品目类别的最低金额标准。

《政府采购法》规定，政府集中采购目录和政府采购限额标准的制定，实行分级管理。政府集中采购目录和政府采购限额标准由省级以上人民政府确定并公布。其中，属于中央预算的政府采购项目，由国务院确定并公布，属于地方预算的政府采购项目由省、自治区、直辖市人民政府或者其授权的机构确定并公布。

政府采购限额标准的制定实行分级管理，是考虑到在我国目前的情况下，全国各地情况差别较大，对不同省份和地区强求集中采购目录和采购限额标准一致是不现实的。采用这种分级管理的分权方法与当前我国国情是相适应的。

（四）政府采购的对象范围

政府采购的对象范围比较广泛，分类归纳起来主要包括三大类：货物、工程和服务。

其中，关于货物、工程和服务的定义如下：

（1）货物是指各种形态和种类的物品，包括有形物和无形物。有形物包括原材料、燃料、设备、产品等，无形物包括商标专用权、著作权、专利权等知识产权视同货物。

（2）工程是指建设建筑物和建筑的工程，包括新建、改建、扩建、装修、拆除、修缮，以及与建设工程相关的勘察、设计、施工、监理等。

（3）服务是指货物和工程以外的政府采购对象，包括各类专业服务、信息网络开放服务、金融保险服务、运输服务，以及维修与维护服务等。

政府采购应当采购本国货物、工程和服务。但有下列情况之一的除外：

①需要采购的货物工程或者服务在中国境内无法获取或者无法以合理的商业条件获取的；

②为在中国境外使用而进行采购的；

③其他法律、行政法规另有规定的。

【深入思考】

国家为什么要颁布实施《政府采购法》？

【例4—10】中央预算的政府采购项目，其集中采购目录由（　　）确定并公布。

A. 国务院　　　　　　　　　　　B. 全国人民代表大会

C. 财政部　　　　　　　　　　　D. 全国人民代表大会常务委员会

【解析】A。属于中央预算的政府采购项目，其集中采购目录由国务院确定并公布。

子任务三　政府采购的原则

情境11：某地政府部门欲采购一批办公室墙壁维修用耗材，实施公开招标采购方式。采购信息在政府采购信息网站公布之后，有8家单位竞标，其中有2家是外地区的供应商，后被通知不能参加这次竞标，这两家单位认为这违反了政府采购的原则，是什么原则？

政府采购的原则是建立政府采购制度、制定政府采购法律法规、实施政府采购活动以及管理政府采购事务所追寻的基本指导思想。《政府采购法》规定，政府采购应当遵循公开透明原则、公平竞争原则、公正原则和诚实信用原则。

（一）公开透明原则

公开透明原则又称公开性原则，是指政府采购的资金来源于纳税人上缴的收入，只有坚持公开透明，才能为供应商参加政府采购提供公平竞争的环境，为公众对政府采购资金的使用情况进行有效的监督创造条件。公开透明要求政府采购的各类信息必须公开，凡是涉及采购的法规、规章、政策、方式、程序、采购标准、开标活动、中标或成交结果、投诉和司法处理决定等，都要向社会公众或相关供应商公开，绝对不允许搞暗箱操作和幕后交易。公开透明原则贯彻于政府采购的整个程序，具体体现在以下3个方面。

1. 公开内容

应该公开的政府采购信息包括：政府采购法规政策，省级以上人民政府公布的集中采购目录、政府采购限额标准和公开招标数额标准，政府采购招标业务代理机构名录，招标投标信息，财政部门受理政府采购投诉的联系方式和投诉处理决定，财政部门集中采购的考核结构，采购代理机构、供应商不良行为记录名单等。

2. 公开的开标

政府采购公开的信息应当符合内容真实、准确可靠、发布及时、便于获得查找等标准。

3. 公开途径

《政府采购法》的第十一条规定，除涉及商业秘密的以外，政府采购信息应当在省级以上财政部门指定的政府采购信息发布媒体上向社会发布。

（二）公平竞争原则

公平是市场竞争机制的内在因子。公平竞争原则要求政府采购活动在确保公平的前提下充分引入竞争机制。只有在公平的基础上进行竞争，有实力和能力提供质优价廉的产品和服务的投标商才能赢得投标的成功，从而促进政府采购经济有效目标的实现。因此，《政府采购法》第五条规定，任何单位或个人不得采用任何方式，阻挠和限制供应商自由进入本地区和本行业的政府采购市场；第二十五条规定，政府采购当事人不得以任何手段排斥其他供应商参加竞争；第六十四条规定，任何单位和个人不得违反该法规定，要求采购人或者采购工作人员向其指定的供应商采购。

（三）公正原则

公正原则主要指采购人、采购代理机构相对于作为投标人、潜在投标人的多个供应商而言，政府采购主管部门相对于作为被监督人的多个当事人而言，应站在中立、公允、超然的立场上，对于每个相对人都要一碗水端平、不偏不倚、平等对待、一视同仁，而不厚此薄彼，不因身份不同而施行差别对待。

要实现政府采购的公正，不仅要有供应商之间的公平竞争，还要有其他的相关安排在程序上和制度上做出保证。在这方面，较为重要的制度是回避制度，以及采购代理机构独立于政府的制度。

为了实现政府采购的公正，《政府采购法》做了一些具体规定：采购人不得对供应商实行差别待遇和歧视待遇；任何单位和个人不得要求采购人向指定的供应商采购；邀请招标是通过随机方式选择3家以上符合条件的供应商向其发出邀请；严格按照采购标准和采购程序确定中标、成交供应商；对竞争性谈判采购的谈判小组、询价采购的询价小组人员组成、人数等问题提出了要求；采购人员及相关人员与供应商有利害关系的必须回避。供应商认为采购人员及相关人员与其他供应商有利害关系的,可以申请其回避;政府采购监督管理部门不得设置集中采购机构,不得参与政府采购项目的采购活动;等等。

(四)诚实信用原则

政府采购既然涉及采购,当然就会涉及基本的买方和卖方的利益。只要涉及不同利益主体,涉及在不同利益主体之间的信息传递,就会涉及诚信原则的使用问题。

诚实信用原则要求政府采购当事人在政府采购活动中,本着诚实、守信的态度履行各自的权利和义务,讲究信誉,兑现承诺,不得散布虚假信息,不得有欺骗、串通、隐瞒、滥用权力等违法违纪行为,不得伪造、变造、隐匿、销毁需要依法保存的采购文件,不得规避法律、法规,增强公众对采购过程的信任。

【例4-11】政府采购要按照事先约定的条件和程序进行,对供应商应一视同仁,不得有歧视条件和行为,这体现了政府采购的(　　)。

A. 公开透明原则　　　　　　　　B. 公正原则
C. 公平竞争原则　　　　　　　　D. 诚实信用原则

【解析】B。公正原则主要指政府采购要按照事先约定的条件和程序进行,对供应商应一视同仁不得有歧视条件和行为。

子任务四　政府采购的功能

(一)节约财政支出,提高采购资金的使用效益

政府采购资金来源于财政预算,是纳税人的钱,法律和政府部门有义务合理使用这部分资金,提高资金的使用效益。

推行政府采购制度,就是使财政管理不仅重预算,也要重视支出分配及其使用,将财政监督管理延伸到使用环节,从货币形态延伸到实物形态,增强财政履行分配职能的力度和水平,保证政府采购资金按预算目标使用,特别是政府采购通过公开、公平、公正、透明、科学的制度设计,是政府采购主体能够做到少花钱,多办事,办好事,从而降低采购成本,节约财政支出,提高财政资金的使用效益。

在实行政府集中采购的情况下,既可以节约采购成本,又可以在保证产品性能与质量的前提下,压低产品与劳务的价格。另外政府采购实行国库支付,将采购资金直接拨付给供应商,减少资金流通环节,所以通过政府采购以尽量少的财政投入获得最大的产出。因而实行政府采购可以达到"少花钱、多办事",提高财政资金的使用效益。

(二)强化宏观调控

我国市场经济的健康发展离不开政府合理、适度的宏观调控与科学的财力分配管理。

消费是经济稳定和发展的重要因素，政府采购指数直接构成社会总需求的一部分，采购规模的扩大与缩小可以对经济起到扩张和收缩的政策效果。

政府采购的一个重要特征，就是它既不同于一般商业采购活动，也不同于企业和个人采购，是政府行为，要体现国家利益和政策要求；同时，一个国家和政府可以通过政府采购制度的实施，发挥宏观调控作用。比如，政府可以通过调整采购总量来调控社会总需求，进而促进社会总供给和总需求的平衡；可以通过调整采购品种、数量来影响国民经济产业结构和产品结构；可以通过对采购地区的选择以平衡地区间的经济发展等。

根据《政府采购法实施细则》草案的规定，国务院财政部门应当围绕国家经济和社会发展目标，会同国务院有关部门制定政府采购政策和政府采购产品清单，通过优化或强制采购等措施，支持保护节能环保、自主创新产品，以及扶持中小企业、不发达地区和少数民族地区企业等。

（三）活跃市场经济

政府采购必须遵循公开透明、公平竞争、公正和诚实信用原则，在竞标过程中实行公平、公正、客观、择优机制，所有这些，都会调动供应商参与政府采购的积极性，并促使供应商不断提高产品质量，降低生产成本，改善售后服务，以使自己能够获得政府订单。供应商竞争能力的提高，不仅可以促进国内市场经济的繁荣，为我国市场经济注入生机与活力，而且有助于供应商走向国际市场，增强我国产品在国际市场的竞争力。

（四）推进反腐倡廉

由于政府采购项目多，规模大，其采购合同成为各供应商的竞争目标，所以，在具体采购活动中，经常出现采购人将政府行为与商业行为混淆的现象。如果缺乏完善的监督机制，就极容易出现索贿、行贿、钱权交易等贪污腐败问题。

统一的政府采购，特别是公开招标方式，使政府的各项采购活动在公开、公正、公平的环境中运作，财政、审计、供应商和社会公众等全方位地参与监督，从而有效地抑制各种腐败。

政府采购作为一项制度，从两个方面推进政府反腐倡廉工作：

(1) 政府采购中的采购人、供应商和采购代理机构三者之间在各自内在利益驱动下所形成的内在相互监督机制，可以促进反腐倡廉。如《政府采购法》规定，在政府采购活动中，采购人员及相关人员与供应商有利害关系的，必须回避。供应商认为采购人员以及相关人员与其他供应商有利害关系的，可以申请其回避。

(2) 政府采购制度同时建立了一套外在的监督制度。如《政府采购法》规定，各级人民政府财政部门是负责政府采购监督管理的部门，依法履行对政府采购活动的监督管理职责。这些监督制度强化了对采购行为的约束力，有效抑制政府采购中各种腐败现象滋生，净化交易环境，使政府采购成为名副其实的"阳光下交易"，促进廉政建设。

（五）保护民族产业

在众多的非关税贸易堡垒中，政府采购是世界各国为保护民族产业而普遍采用的一种有效手段。例如美国1933年的《美国产品法》的宗旨即保护美国工业、工人及美国资本。根据我国《政府采购法》的规定，除有少数法定情形外，政府采购应当采购本国货物、工程和服务。这一规定体现了"国货优先原则"，即政府采购保护民族产业的功能。我国加入世界贸易组织之后，面临大量进口产品对民族产业的冲击和压力，尤其是汽车、信息等高技术产业，但我国仍保留政府采购市场不对外开放。即便今后我国加入了《政府采购协议》，仍然会有大量在协议条款之外的政府采购项目。对于这部分采购，同样需要实施保护本国产品的政策措施。

【深入思考】

企业采购能否参加到政府采购中来？

【例4-12】在实行政府集中采购的情况下，一是节约采购成本，二可以在保证产品性能与质量的前提下，压低产品与劳务的价格，这体现的政府采购的功能是（　　）。

A.活跃市场经济　　　　　　　　　　B.强化宏观调控
C.节约财政支出、提高采购资金的使用效益　　D.保护民族产业

【解析】C。政府采购使采购规模得到扩大，有助于形成买方市场，可以使得采购主体能够以较低廉的价格购买到高质量的货物、工程和服务，从而起到节约财政支出、提高采购资金的使用效益的作用。

子任务五　政府采购的执行模式

> 情境12：某国办大学准备采购一批教学实验设备，责成负责的部门拟定采购方案。这批设备不在当地省政府规定的集中采购目录范围内，但是达到限额标准以上了，因此学校准备委托政府集中采购机构统一采购，这一做法正确吗？

我国《政府采购法》明确规定：政府采购实行集中采购和分散采购相结合，集中采购的范围由省级人民政府公布的集中采购目录确定。采购人采购纳入集中采购目录的政府采购项目，应当实行集中采购。

（一）集中采购

集中采购是指由政府设立的职能机构统一为其他政府机构提供采购服务的一种采购组织实施形式。

采购机构：按照《政府采购法》的规定，集中采购必须委托集中采购机构代理采购。

设区的市、自治州以上人民政府根据本级政府采购项目组织集中采购的需要设立集中采购机构。

集中采购的范围由省级以上人民政府公布的集中采购目录确定。属于中央预算的政府采购项目，集中采购目录由国务院确定并公布；属于地方预算的政府采购项目，其集中采购目录由省、自治区、直辖市人民政府确定并公布。采购人采购纳入集中采购目录的政府采购项目，应当实行集中采购。

优缺点：实行集中采购有利于取得规模效益、降低采购成本、保证采购质量、贯彻落实政府采购有关政策导向，便于实施统一的管理和监督等。但是实行集中采购的周期较长、程序复杂、难以满足用户多样化的需求，尤其是满足紧急情况下采购需要。

（二）分散采购

分散采购，是指各预算单位自行开展采购活动的一种采购组织实施形式。这是一种由各支出单位自行采购的模式。

采购机构：根据《政府采购法》的规定，分散采购所采购的对象是集中采购目录以外、采购限额标准以上的货物、工程和服务。分散采购，可以由各预算单位自行实施采购，也可以委托政府采购代理机构采购。

优缺点：相对于集中采购来说，分散采购有利于满足采购及时性和多样性的需求，手续简单。不足之处是失去了规模效益，也不便于实施统一的管理和监督。

子任务六　政府采购当事人

> 情境13：某事业单位2014年初准备使用财政性资金修缮和装修一幢办公楼，预算金额为800万元，采用公开招标方式，审计部门审查发现，此次采购项目已经达到公开招标的标准。该单位委托A招标公司代理进行公开招标的事宜，已知A公司取得的政府采购代理机构资格的中介机构。A公司于2014年2月1日在财政部指定的媒体上公开发布招标文件，招标文件中确认的投标截止时间为2014年2月17日。招标活动中，A公司确定的符合专业条件的供应商为5家，最终确定中标的供应商为B建筑公司。工程于当年2014年10月1日完工验收，实际结算金额与预算相同。由于施工质量极佳，事业单位准备再将其另外一幢楼房按照同样的标准进行外墙修缮，但不再进行内部装修，并与B建筑公司签订补充合同，该合同的预算金额为100万元。请以本案例回答政府采购代理机构、政府采购方式、采购当事人、采购询价问题、监督部门等都符合规定吗？该公司与B建筑公司签订补充合同，该合同的预算金额为100万元，属于财政授权支付程序吗？

政府采购当事人，是指在政府采购活动中享有权利和承担义务的各类主体。包括采购人、供应商、采购代理机构。

（一）采购人

采购人是指依法进行政府采购的国家机关、事业单位、社会团体。

1. 采购人享有的权利

根据《政府采购法》的规定，政府采购中采购人依法享有的权利包括：

（1）采购需求申请权。采购人有权根据自身工作需要向政府提出项目采购需求申请。

（2）自行采购权。采购人采购未纳入集中采购目录的政府采购项目，可以自行采购，也可以委托集中采购机构采购。

（3）自主委托权。采购人有权自行选择采购代理机构，任何单位和个人不得以任何方式为采购人指定采购代理机构。

（4）对供应商资格限制权。采购人有权根据采购项目特殊性对投标供应商资格做出限制要求。

（5）合同签订权。采购人有权根据确定的评审结果与中标或成交供应商签订采购合同，也可以委托采购代理机构代表其与供应商签订合同。

（6）验收权。采购人有权对供应商的履约情况组织验收，也可以将验收权委托给采购代理机构。验收不合格的采购人有权拒绝付款或扣留部分贷款。

（7）监督权、投诉权、检举权。采购人有权对采购代理机构的整个采购活动进行监督。采购人认为自己的权益受到损害时有权向政府采购监督部门投诉。任何采购人都有权向政府有关部门检举政府采购过程中的违法违规行为。

（8）其他合法权利。

2. 采购人应承担的义务

政府采购中采购人依法应当承担的义务包括：

（1）维护国家利益和社会公共利益以及促进经济社会发展。自觉规范采购行为，提高采购资金使用效益，维护国家利益和社会公共利益；市政府采购有助于实现国家经济和社会发展政策目标；除法律特殊情形外，应当优先采购本国货物、工程和服务。

（2）依法实行政府采购制度和遵循政府采购原则。法律规定应当实行政府采购的项目都要实行政府采购；凡纳入由省级以上政府（或授权机构）确定公布的集中采购目录（含限额标准）的政府采购项目，必须委托集中采购机构实行集中采购；遵循公开透明、公平竞争、公正诚信的政府采购原则。

（3）维护政府采购市场秩序和确保供应商公平竞争。不得阻挠和限制供应商自由进入本地区（行业）政府采购市场，不得对供应商实行差别待遇或者歧视待遇，不得排斥其他供应商参与竞争；不得与采购当事人相互串通损害国家、社会和其他当事人的合法权益，不得接受政府采购相关当事人的贿赂或其他利益。

（4）认真编报和严格执行政府采购预算。将财政年度政府采购项目及资金预算编入部门（单位）预算，报本级财政部门汇总和审批；严格按照批准的预算执行政府采购。

（5）按照法定方式进行采购。把公开招标作为政府采购的主要采购方式。因特殊情况需采用非公开招标的,应事先获得市州以上政府采购监督管理部门审查批准;不得将公开招标的项目化整为零,或以其他方式规避公开招标;在采用邀请招标、竞争性谈判、单一来源、询价等方式时,应当分别符合其法定的具体采购条件。

(6) 按照法定程序进行采购。无论采取何种采购方式,都应遵循法定程序。邀请招标时,采购人员、采购代理机构应从符合相应资格条件的供应商中随机选择三家以上的供应商,并向其发出招标邀请书;招标采购自招标文件发出之日起至投标人提交投标文件截止日止不得少于20日;出现法定废标后,采购人与采购代理机构应当将废标理由通知所有投标人。采购人应当组织对供应商履约的验收。凡大型复杂项目应邀请国家认可的质量检测机构参加验收工作。验收方成员应当在验收书上签字负责。

(7) 严格执行政府采购合同有关规定。按照《合同法》、政府采购合同必备条款、平等自愿原则以及采购文件确定的事项,在中标、成交通知书发出之日起30日内,与供应商签订书面的政府采购合同。

(8) 严格遵守政府采购回避和文件保存的有关规定。采购人员与供应商有利益关系的必须自行回避,或接受供应商的申请进行回避;采购活动所有法定必备的采购文件应妥善保存至少15年,不得伪造、变造、隐匿或销毁。

(9) 正确对待政府采购质疑与投诉事项。及时就供应商对采购活动的质疑依法做出答复;应在收到供应商提出的书面质疑后7个工作日内做出书面答复,并书面通知质疑者和其他有关供应商;采购投诉处理期间,如果政府采购监督管理部门书面通知要求暂停采购活动的,采购人应当暂停采购活动(不得超过30日)。

(10) 自觉依法接受有关部门的监管。应接受采购监督管理部门和其他有关部门对其政府采购活动情况、执行政府采购法律法规规章情况以及执行采购范围方式程序等情况的监督检查,如实反映情况和提供有关资料;采购人的有关政府采购活动,应当依法接受国家审计机关的审计监督。

(二)供应商

供应商是指向采购人提供货物、工程或者服务的法人、其他组织或者自然人。

1. 供应商应具备的条件

(1) 具有独立承担民事责任的能力。

(2) 具有良好的商业信誉和健全的财务会计制度。

(3) 具有履行合同所必需的设备和专业技术能力。

(4) 有依法缴纳税收和社会保障资金的良好记录。

(5) 参加政府采购活动前3年内,在经营活动中没有重大违法记录。

(6) 法律、行政法规规定的其他条件。

2. 政府采购中供应商的权力

(1) 平等取得供应商资格。只要符合《政府采购法》规定的政府采购供应商资格要求,都有权参与政府采购竞争。政府在进行供应商资格审查时，必须平等地对待供应商，不能设置特定的歧视性条件阻止供应商平等的取得合格供应商的资格。

（2）平等的获得政府采购信息。按照《政府采购法》的要求采购人进行公开招标采购，必须在国务院政府采购监督管理部门指定的全国媒体上公开发布采购信息。供应商可以方便地获取相关的采购消息。

（3）自主、平等的参加政府采购的竞争。政府采购供应商，只要拥有合法的资格，便有权自主决定是否参加政府采购项目竞争，任何单位或个人都不得干扰和阻止，不得通过与国家法律法规相违背的地方保护性条款和行政干扰的方式，歧视和排挤供应商参与投标竞争。供应商有权根据采购人的要求，自主的决定投标报价和编制投标书，政府部门和其他社会组织及个人都无权干涉或阻挠。此外，按照我国现行政府采购法律法规，供应商还可以与其他供应商、自然人联合组成供应商联合体，共同参与投标竞争。

（4）招标采购中提出质询的权力。如果招标采购，供应商有权在正式投标前，就招标文件的有关问题提出询问和质疑，特别是有权就招标文件中一些有歧视性或模棱两可出现误导的内容提出问题。采购人或集中采购机构应该及时做出答复。招标文件发出后，如果内容有修改，供应商有权要求采购机构及时将修改后的内容通知供应商。

（5）自主、平等签订政府采购合同。供应商中标后，有权根据招标文件的要求，自主的签订政府采购合同，并要求政府采购机关或采购人遵守承诺，严格履行合同。在政府采购机关变更或修改合同时，有权要求就合同变更进行协商，并维护自身正当的利益。采购人或者集中采购机构不得以管理身份凌驾于供应商之上，并以此侵犯供应商的正当合法权益。

（6）有权要求采购人或集中采购机构保守自身的商业机密。首先，供应商参与政府采购市场竞争过程，需要接受采购人或集中采购机构的资格审查，投标过程中需要对一些内容作特殊的说明，可能有一些内容涉及供应商的秘密，如果是采购人必须了解的内容，供应商有义务按照规定提供，但作为采购方，应该遵循供应商的正当要求，保守供应商的商业机密。其次，在谈判采购中，采购人针对不同的供应商进行谈判。在这个过程中，采购人对于供应商的谈判内容、谈判条件等，同样负有保密的义务和责任。

（7）有权监督政府采购依法公开、公正进行。供应商是政府采购工作最有力的监督者，供应商应有权了解政府采购机构采购的方式、程序、步骤，有权了解招标、评标的内容、方法和过程，有权知道中标单位的名称、中标条件和签约内容，有权关注中标企业的合同履行情况，有权监督政府采购的采购工作是否符合国家或地方政府采购的法规政策的要求。

（8）运用行政、法律等手段维护自身合法权益。政府采购供应商如果认为政府采购程序、结果或其他方面失之公正，或自身正当合法的权益受到损害，有权按规定的途径向政府采购代理机构、管理机关或司法机构提出质疑、投诉或提起诉讼，有权提出索赔要求。

（9）其他应享有的合法权益。如可以拒绝政府采购代理机构的各种滥收费行为，拒绝各种不正当利益要求等。

3. 政府采购中供应商应该承担的义务

政府采购中供应商应该承担的义务如下：

（1）必须遵守政府采购的各项法律、法规和规章。

（2）按规定接受供应商资格审查，在资格审查中客观真实的反映企业情况。

（3）在政府采购活动中，满足采购人或采购代理机构的正当要求并提供合格的采购对象。供应商在政府采购活动最终目的是希望中标、成交，获取经济利益。为了达到这一目的，有的供应商就可能采取各种非正当的方式和手段，甚至会出现犯罪行为。供应商如果滥用权力或者不履行义务，应当承担相应的责任。包括：处以处罚；禁止一定时期参加政府采购活动；没收违法所得，情节严重的，吊销营业执照；构成犯罪的，依法追究刑事责任。如果取得了中标、成交资格，则中标、成交无效。如果给他人造成损失的，还应当依照有关民事法律规范承担民事责任。

（三）采购代理机构

采购代理机构，是指具备一定条件，经政府有关部门批准而依法拥有政府采购代理资格的社会中介机构。采购代理机构分为政府设立的集中采购机构和经认定资格的一般采购代理机构两种。

1. 集中采购机构

集中采购机构，是进行政府集中采购的法定代理机构。由设区的市、自治州以上人民政府根据本级政府采购项目组织集中采购的需要设立。《政府采购法》中所称的集中采购机构是采购代理机构。集中采购机构是非营利事业法人，根据采购人的委托办理采购事宜。集中采购机构不实行政府采购代理机构资格认定制度。集中采购机构进行政府采购活动，应当符合采购价格低于市场平均价格、采购效率更高、采购质量优良和服务良好的要求。

2. 一般采购代理机构

一般采购代理机构，是指经国务院有关部门或者省级人民政府有关部门认定，主要负责分散采购的代理业务。采购代理机构资格认定由省、自治区、直辖市以上人民政府及其财政部门依据《政府采购代理机构资格认定方法规定》的权限和程序实施。

政府采购代理机构作为一种特殊的利益主体。应当对包括自身在内的政府采购当事人负责，自觉履行政府采购法律规定的义务，依法开展代理采购活动，维护国家利益和社会公众利益。就具体操作而言其业务和主要责任包括：①依法开展代理采购活动并提供良好服务；②依法发布采购信息；③依法接受监督管理；④不得向采购人行贿或者其他不正当手段谋取非法利益；⑤其他法定义务和责任。

【知识拓展】

政府采购代理机构资格分为甲等资格和乙等资格。甲级政府采购代理机构资格由财政部门负责审批。乙级政府采购代理机构资格由申请人住所所在地的省级人民政府财政部门负责审批。

乙级政府采购代理机构应当具备下列条件：

（1）具有法人资格且注册资本为人民币50万元以上。

(2) 与行政机关没有隶属关系或者其他利益关系。

(3) 具有健全的组织机构和内部管理制度。

(4) 拥有固定的营业场所和开展政府采购代理业务所需设备、设施等办公条件。

(5) 具有良好的商业信誉以及依法缴纳税收和社会保障资金的良好记录。

(6) 申请政府采购代理机构资格前三年内，在经营活动中没有重大违法记录。

(7) 有参加过规定的政府采购培训，熟悉政府采购法律、法规、规章制度和采购代理业务的法律、经济和技术方面的专业人员。其中技术方面的专业人员，具有中专以上学历的不少于职工总数的50%，具有高级职称的不少于法规、规章制度和采购代理业务的法律、经济和技术方面的专业人员职工总数的10%。

乙级政府采购代理机构只能代理单项政府采购预算金额人民币1 000万元以下的政府采购项目。

甲级政府采购代理机构除乙级政府采购代理机构应当具备以上条件中的第（2）至第（6）项条件外，还应当具备下列条件：

①具有法人资格，且注册资本为人民币400万元以上。

②有参加过规定的政府采购培训，熟悉政府采购法律、法规、规章制度和采购代理业务的法律、经济和技术方面的专业人员。其中技术方面的专业人员，具有中专以上学历的不少于职工总数的70%，具有高级职称的不少于职工总数的20%。甲级政府采购代理机构可以代理单项政府采购预算金额人民币1 000万元以上的政府采购项目。

3. 采购人对采购代理机构的委托

采购人采购纳入集中采购目录的政府项目，必须委托集中采购机构代理采购；采购未纳入集中采购目录的政府采购项目，可以自行采购，也可以委托集中采购机构在委托的范围内代理采购。

纳入集中采购目录属于通用的政府采购项目的，应当委托集中采购；属于本部门、本系统有特殊要求的项目，应当实行部门集中采购；属于本单位有特殊要求的项目，经省级以上人民政府批准，可以自行采购。采购人可以委托经国务院有关部门或省级人民政府有关部门认定资格的采购代理机构，在委托的范围内办理政府采购事宜。

采购人有权自行选择采购代理机构，任何单位和个人不得以任何方式为采购人指定采购代理机构。

采购人依法委托采购代理机构办理采购事宜的，应当由采购人与采购代理机构签订委托代理协议，依法确定委托代理的事项，约定双方的权利和义务。

【例4—13】《政府采购法》规定，采购未纳入集中采购目录的政府采购项目，应当自行采购，不得委托集中采购机构代理采购。（   ）

【解析】×。采购未纳入集中采购目录的政府采购项目，可以自行采购，可以委托集中采购机构在委托的范围内代理采购。

【例4—14】某省属医院需要采购医疗器具，依照法律规定以下不能成为本次政府采购当事人的是（   ）。

A. 某省属的医院　　　　　　　　B. 某医疗器具的生产厂家
C. 某招标代理有限公司　　　　　D. 某省属医院的院长

【解析】D。选项A是采购人，选项B是供应商，选项C是采购代理机构。

子任务七　政府采购方式

> 情境14：某事业单位现有已维修项目，符合省政府规定的集中采购规定，该单位在其网站公布了采用竞争性谈判招标采购方式，该单位为什么会采用这种采购方式？

政府采购的采购方式有公开招标、邀请招标、竞争性谈判、单一来源采购、询价和国务院政府采购监督管理部门认定的其他采购方式。其中，公开招标应作为政府采购的主要采购方式。

（一）公开招标采购

1. 含义

公开招标，是指采购人或者其委托的采购代理机构按照法定程序，通过发布招标公告的方式，邀请所有潜在的不特定供应商参加招标，采购人通过事先确定的标准从所有投票中择优评选出中标供应商，并与之签订政府采购合同的一种采购方式。公开招标是一种透明度最高、竞争性的缔约方式，是招标者之间充分竞争、优胜劣汰的过程。

2. 适应情况

依据《政府采购法》规定，政府采购达到规定限额的，应采取公开招标的方式。采购人采购货物或者服务应当采用公开招标方式的，其具体数额标准，属于中央预算的政府采购项目由国务院规定；属于地方预算的采购项目由省、自治区、直辖市人民政府规定。因特殊情况需要采用公开招标以外的采购方式的，应当在采购活动开始前获得设区的市、自治州以上人民政府采购监督管理部门的批准。采购人不得将应当以公开招标采购的货物或者服务化整为零或者以其他任何方式规避公开招标采购；采用公开招标方式采购的，自招标文件开始发出之日起至投标人提交投标文件截止之日止，不得少于20日。特别注意的是，采购工程必须依法适用公开招标，《政府采购法》排除了采购工程使用其他方式。

（二）邀请招标采购

1. 含义

邀请招标，是指采购人和集中采购机构向三家或三家以上的相对特定的供应商投标者发出的招标邀请，从中择优订立合同进行交易的方式。

2. 适应情况

符合下列情形之一的货物或者服务，可以采用邀请招标方式采购：

(1) 具有特殊性,只有从有限范围的供应商处采购的。
(2) 采用公开招标方式的费用占政府采购项目总价值的比例过大的。

(三) 竞争性谈判采购

1. 含义

竞争性谈判,是指采购人或集中采购机构从符合相应资格条件的供应商名单中确定不少于三家的供应商参与谈判,经分析比较后,根据符合采购需求质量和服务相等且报价最低的原则确定成交供应商的采购方式。

2. 适应情况

符合下列情形之一的货物或者服务,可以采用竞争性谈判方式采购:
(1) 招标后没有供应商投标或者没有合格标的或者重新招标未能成立的。
(2) 技术复杂或者性质特殊不能确定详细规格或者具体要求的。
(3) 采用招标所需时间不能满足用户紧急需要的。
(4) 不能事先计算出价格总额的。

(四) 单一来源采购

1. 含义

单一来源采购也称直接采购,就是没有竞争的采购,是指采购人在法定情况下采用不具备这种条件的物品,只能从唯一的供应商之间购买的采购方式。

2. 适应情况

符合下列情形之一的货物或者服务,可以依照《政府采购法》采用单一来源方式采购:
(1) 只能从唯一供应商处采购的。
(2) 发生了不可预见的紧急情况不能从其他供应商处采购的。
(3) 必须保证原有采购项目一致性或者服务配套的要求,需要继续从原供应商处添购,且添购资金总额不超过原合同采购金额 10% 的。

采取单一来源采购方式进行采购的,采购人或采购机构应当事先取得采购人同级财政部门的批准。

(五) 询价采购

1. 含义

询价采购也称货比三家,是指采购人从符合相应资格条件的供应商名单中确定不少于三家的供应商,并向其发出询价通知书让其报价,对供应商一次性报出的价格进行分析比较,根据符合采购需求、质量和服务相等且报价最低的原则确定成交供应商的采购方式。

2. 适应情况

采购的货物规格、标准统一、现货货源充足且价格变化幅度小的政府采购项目,可以采用询价方式采购。

【例4-15】 下列选项中，可以采用邀请招标方式采购的有（　　）。

A. 有特殊性，只能从有限范围的供应商处采购的

B. 技术复杂或者性质特殊，不能确定详细规格或者具体要求的

C. 发生了不可预见的紧急情况不能从其他供应商处采购的

D. 采用公开招标方式的费用占政府采购项目总价值的比例过大的

【解析】 AD。可以采用邀请招标方式采购的有：①具有特殊性，只能从有限范围的供应商处采购的；②采用公开招标方式的费用占政府采购项目总价值的比例过大的。

子任务八　政府采购的监督检查

政府采购活动必须有专门的监管，这是政府采购与私人采购的一个重要的区别。由于政府采购活动主要涉及财政支出或财政资金的使用问题，涉及纳税人的钱怎么花的问题，因此，其监管主体为财政部门。此外，涉及其他政府部门的，其他政府部门也应进行监管。

（一）政府采购监督管理部门的监督

《政府采购法》规定，各级人民政府财政部门是负责政府采购监督管理的部门，依法履行对政府采购活动的监督管理职责。政府采购监督管理部门应当加强对政府采购活动及集中采购机构的监督检查。其主要内容有：有关政府采购的法律、行政法规和规章的执行情况；采购范围、采购方式和采购程序的执行情况；政府采购人员的职业素质和专业技能。

为了保证政府采购监督管理的公正有效，政府采购监督部门不得设置集中采购机构，不得参与政府采购项目的采购活动。采购代理机构与行政机关不得存在隶属关系或者其他利益关系。政府采购监督管理部门应当对政府采购项目的采购活动进行检查，政府采购当事人应当如实反映情况，提供有关材料。

政府采购监督管理部门应当对集中采购机构的采购价格、节约资金效果、服务质量、信誉状况、有无违规行为等事项进行考核，并定期如实公布考核结果。

（二）集中采购机构的内部监督

集中采购机构应当建立健全内部监督管理制度。采购活动的决策和执行程序应当明确，并相互监督、相互制约。

（三）采购人的内部监督

采购人必须按照《政府采购法》规定的采购方式和采购程序进行采购。政府采购项目的采购标准和采购结果应当公开。

（四）政府其他有关部门的监督

政府有关部门对政府采购的监督检查依照法律、行政法规的规定，对政府采购负有行政监督职责的政府有关部门，应当按照其职责分工，加强对政府采购活动的监督。

(1) 审计机关应当对政府采购进行审计监督。政府采购监督管理部门、政府采购各当事人有关政府采购活动，应当接受审计机关的审计监督。

(2) 监察机关应当加强对参与政府采购活动的国家机关、国家公务员和国家行政机关任命的其他人员实施监察。

（五）政府采购活动的社会监督

任何单位和个人对政府采购活动中的违法行为，有权控告和检举，有关部门、机关依照各自职责及时处理。

【课后思考】

1. 政府采购的主体范围包括哪些？
2. 政府采购的对象包括哪些？
3. 简述集中采购机构与一般采购代理机构之间的区别。
4. 政府采购的方式及使用条件包括哪些？

任务三　国库集中收付制度

> 情境15：甲单位是实行国库集中支付的事业单位，经批准，甲单位的工资支出和设备购置实行财政直接支付，日常办公及零星支出实行财政授权支付。2014年2月，审计机构对该单位财政资金使用进行检查，发现：
>
> （1）2013年4月，该单位通过零余额账户向上级单位基本户划转资金15万元，用于为上级单位员工购买个人商业保险；
>
> （2）8月，该单位通过零余额账户向下级单位基本户划拨资金50万元，用于为下级单位支付设备采购款；
>
> （3）11月，该单位购买办公用品，通过零余额账户向本单位在商业银行开设的基本户转账17万元，再通过基本户支付采购款项；
>
> （4）12月，该单位使用财政性资金购买了一台大型专用设备，该单位通过零余额账户向本单位其他户转账80万元，再通过单位基本户向供应商支付设备款。
>
> 根据上述资料确认该单位的财政资金使用有无问题。

子任务一　国库集中收付制度

（一）国库集中收付制度的概念

国库集中收付制度一般也称国库单一账户制度，包括国库集中支付制度和收入收缴管理制度，是指由财政部门代表政府设置国库单一账户体系，所有的财政性资金均纳入国库单一账户体系收缴、支付和管理的制度。

国库集中收付是政府预算执行的重要环节，建立国库集中收付制度也是国库制度改革的核心内容。国库集中收付制度，包括国库集中支付制度和收入收缴管理制度。财政收入通过国库单一账户体系，直接缴入国库；财政支出通过国库单一账户体系，以财政直接支付和财政授权支付的方式，将资金支付到商品和劳务供应者或者用款单位，即预算单位使用资金但见不到资金；未支用的资金均保留在国库单一账户里，由财政部门代表政府进行管理运作，降低政府筹资成本，为实施宏观调控政策提供可选择的手段。

（二）国库集中收付制度的意义

实行国库集中收付制度，改革以往财政性资金主要通过征收机关和预算单位设立多重账户分散进行缴库和拨付的方式，对于政府财政性资金的管理具有以下积极作用：

（1）有利于提高资金的快速运转，提高资金的使用效益。

（2）对资金实行有效控制，提高资金支付的透明度，防止截留、挤占、挪用问题。

（3）能够及时、准确、系统地提供预算执行信息，有利于国家对宏观经济进行正确决策。

子任务二　国库单一账户体系

（一）国库单一账户体系的概念

国库单一账户体系是以财政国库存款账户为核心的各种类财政性金融账户的集合，所有财政性资金的收入、支付、存储及资金清算活动均在该账户体系运行的统一整体。

（二）国库单一账户体系的构成

借鉴国际成功经验，并结合我国国情，我国建立的财政国库单一账户体系主要包括四类账户：国库单一账户、财政部门和预算单位的零余额账户、预算外资金财政专户、特设专户。财政部门是持有和管理国库单一账户体系的职能部门，任何单位不得擅自设立、变更或撤销国库单一账户体系中的各类银行账户。中国人民银行按照有关规定，对国库单一账户和代理银行进行管理和监督。这里所指的代理银行，是指由财政部门确定的，具体办理财政性资金支付业务的商业银行。

1. 国库单一账户

国库单一账户，即财政部门在中国人民银行开设的国库存款账户。

国库单一账户用途是：用于记录、核算和反映纳入预算管理的财政收入和财政支出活动，并用于与财政部门在商业银行开设的零余额账户进行清算，实现支付。所有财政性资金在支付行为发生前均保存在国库单一账户内。

代理银行应当按日将支付的财政预算内资金和纳入预算管理的政府性基金与国库单一账户进行清算。国库单一账户在财政总预算会计中使用，行政事业单位会计中不设该账户。

2. 零余额账户

（1）财政零余额账户，即财政部门按资金使用性质在商业银行开设零余额账户。财政零余额账户用途是：用于财政直接支付和与国库单一账户支出清算。该账户每日发生的支付，先由代理银行（商业银行）将实际应支付的款项垫付给收款人，于当日营业终了前与国库单一账户清算；营业中单笔支付额 5 000 万元人民币以上的（含 5 000 万元人民币），应当及时与国库单一账户清算。财政部门零余额账户在国库会计中使用，行政事业单位会计中不设置该账户。

（2）预算单位零余额账户，即在商业银行为预算单位开设零余额账户。预算单位零余额账户用途是：①用于财政授权支付和清算；该账户每日发生的支付，于当日营业终了前由代理银行（商业银行）在财政部门批准的用款额度内与国库单一账户清算；营业中单笔支付额 5 000 万元人民币以上的（含 5 000 万元人民币），应及时与国库单一账户清算。预算单位零余额账户只能用于财政部门授权预算单位支付额度内的支付和国库单一账户的资金清算；②预算单位零余额账户可以办理转账、提取现金等结算业务；③可以向本单位按账户管理规定保留的相应账户划拨工会经费、住房公积金及提租补贴，以及经财政部门批准的特殊款项，不得违反规定向本单位其他账户和上级主管单位、所属下级单位账户划拨资金。预算单位零余额账户在行政单位和事业单位会计中使用。

3. 预算外资金财政专户

预算外资金财政专户，即财政部门在代理银行（商业银行）开设的预算外资金财政专户，简称预算外专户。预算外资金专户用途是：用于记录、核算和反映预算外资金的收入和支出活动，并用于预算外资金日常收支清算。

财政部负责管理中央预算外资金专户。代理银行根据财政部的要求和支付指令，办理预算外资金专户的收入和支付业务。

特别指出：预算内资金不得违反规定进入预算外资金专户。

在国库单一账户体系内专门设置预算外资金专户，主要考虑目前预算外资金来源较复杂，还有相当规模的财政性资金未纳入预算管理，难以一下子全部纳入国库单一账户，仍需要设置财政专户进行管理。但是，随着改革的不断深入化，预算外资金也将逐步纳入国库单一账户管理。

4. 特设专户

特设专户，即经国务院和省级人民政府批准或授权财政部门为预算单位在商业银行开设的特设专户。

特设专户用途是：用于记录、核算和反映预算单位的特殊专项支出活动，并用于与国库单一账户清算。

由于现阶段政策性支出项目较多，对于某些需要通过政策性银行封闭运行的资金支出，需要设置特殊专户管理，如住房基金、粮食风险基金、社会保障基金等特设专户在按规定申请设置了特设专户的预算单位使用。预算单位不得将特设专户资金与本单位其他银行账户资金相互划转。代理银行按照财政部要求和账户管理等规定，具体办理特设专户支付业务。

国库单一账户体系如表 4-4 所示。

表 4-4　国库单一账户体系

账户名称		开户银行	适用范围
国库单一账户		中国人民银行	用于记录、核算和反映纳入预算管理的财政收入和财政支出活动，并与财政部门零余额账户进行清算，实现支付
预算外资金专户		商业银行	用于记录、核算和反映预算外资金的收入和支出，并对预算外资金的日常收支进行清算
零余额账户	财政零余额账户	商业银行	用于财政直接支付和与国库单一账户清算。在国库会计中使用
	预算单位零余额账户	商业银行	用于财政授权支付和清算。该账户可以办理转账、提取现金等结算业务，可以向本单位按账户管理规定保留的相应账户划拨工会经费、住房公积金及提租补贴以及财政部门批准的特殊款项，不得违反规定向本单位其他账户和上级主管单位、所属下级单位账户划拨资金
特设专户		商业银行	用于记录核算预算单位特殊专项支出活动，并用于与国库单一账户清算

【例 4-16】根据国库首付制度的规定，预算单位零余额账户在（　　）中使用。
A. 行政单位会计　　　　　　　　B. 事业单位会计
C. 国库会计　　　　　　　　　　D. 财政总预算会计

【解析】 AB。根据国库首付制度的规定,预算单位零余额账户在行政事业单位会计中使用。

子任务三 财政收支方式

（一）财政收入收缴方式

为适应我国国库集中收付制度改革的要求,将财政收入的收缴分为直接缴库和集中汇缴两种方式。

1. 直接缴库

直接缴库是指由缴款单位或缴款人按有关法律、法规的规定,直接将应缴收入缴入国库。单一账户或预算外资金财政专户,不设立各类过渡性账户。

2. 集中汇缴

集中汇缴,是指由征收机关（有关法定单位）按有关法律、法规的规定,将所收的应缴收入汇总缴入国库单一账户或预算外资金财政专户。不设立过渡性账户收缴。

（二）财政支出支付方式

财政支出按是否对资源和生产要素形成直接需求的标准分类,可以分为购买性支出和转移性支出两大类。根据支付管理的实际需要,将购买性支出和转移性支出又具体分为工资支出、购买支出、零星支出和转移支出。

（三）支付方式

按支付管理实际需要进行分类后,按发出支出令的不同主体、划分为财政直接支付和财政授权支付两种支付方式。

1. 财政直接支付

财政直接支付,由财政部门向中国人民银行和代理银行签发支付指令,代理银行根据支付指令通过国库单一账户体系,直接将财政资金支付到收款人（即商品或劳务的供应商等,下同）或用款单位账户（即具体申请和使用财政性资金的预算单位,下同）。实行财政直接支付的支出包括：

（1）工资支出、购买支出以及中央对地方的专项转移支付,拨付企业大型工程项目或大型设备采购的资金等,直接支付到收款人。

（2）转移支出（中央对地方专项转移支出除外）包括中央对地方的一般性转移支付中的税收返还、原体制补助、过渡期转移支付、结算补助等支出以及对企业的补贴和未指明购买内容的某些专项支出等,支付到用款单位。

2. 财政授权支付

财政授权支付,是指预算单位按照财政部门的授权,自行向代理银行签发支付指令,代理银行根据支付指令，在财政部门批准的预算单位的用款额度内，通过国库单一账户体系将资金支付到收款人账户。实行财政授权支付的支出包括未实行财政直接支付的购买支出和零星支出。

未实行财政直接支付的购买支出，是指单件物品或单项服务购买额不足 10 万元人民币的购买支出，年度财政投资总额不足 50 万元人民币的工程采购支出，特别紧急的支出和经财政部门批准的其他支出。

国库单一账户体系及收支方式（图 4-1）：

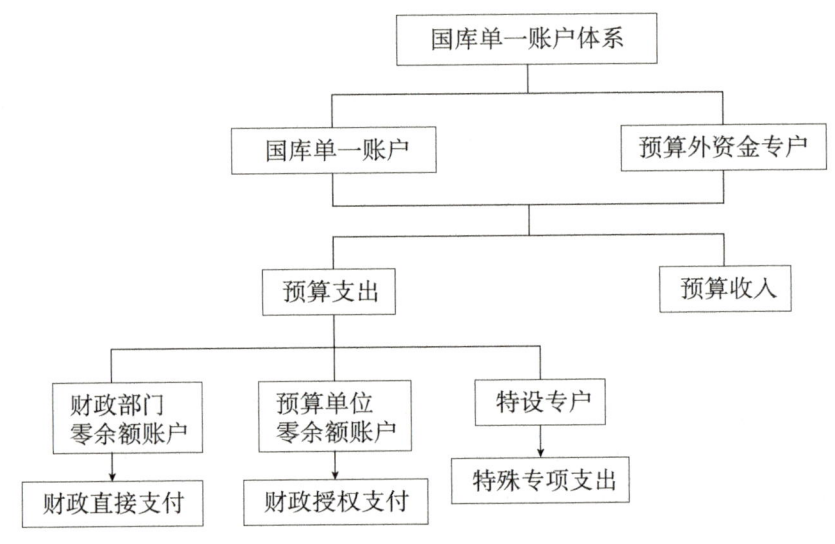

图 4-1　国库单一账户体系及收支方式

【例 4-17】财政支出支付方式按不同主题分为（　　）。
A. 财政直接支付　　　　　　　　B. 财政工资支付
C. 财政授权支付　　　　　　　　D. 财政集中支付

【解析】AC。《政府采购法》规定，财政指出支付方式按不同主题分为财政直接支付和财政授权支付。

【课后思考】
1. 国库单一账户体系的概念及构成是什么？
2. 政府采购的执行模式是什么？
3. 财政收入的收缴方式有哪些？
4. 财政收支方式有哪些？

强化练习

一、单项选择题

1. 在财政法规体系中，属于核心法、骨干法的是（　　）。
   A.《政府采购法》　　　　　　　B.《预算法》
   C.《国库集中收付法》　　　　　D.《税法》

2. 政府必须按照法定预算年度编制国家预算，这一预算要反映全年的财政收支活动，同时不允许将不属于本年度财政收支的内容列入本年度的国家预算中，这体现了国家预算的（　　）原则。
   A. 完整性　　　　　　　　　　　B. 统一性
   C. 年度性　　　　　　　　　　　D. 可靠性

3. 下列属于县级以上地方各级政府预算管理职权的是（　　）。
   A. 编制本级预算、决算草案
   B. 向本级人民代表大会作关于本级总预算草案的报告
   C. 组织本级总预算的执行
   D. 批准本级预算和本级预算的执行情况的报告

4. 构成国家预算收入最主要的组成部分是（　　）。
   A. 专项收入　　　　　　　　　　B. 其他收入
   C. 依照规定应当上缴的国有资产收益　D. 税收收入

5. 下列各项中，属于专项收入的是（　　）。
   A. 规费收入　　　　　　　　　　B. 国有资产的有偿转让收益
   C. 征收排污收入　　　　　　　　D. 罚没收入

6. 下列有关预算调整方案表述错误的是（　　）。
   A. 县级以上地方各级政府预算的调整方案必须提请本级人民代表大会常务委员会的审查和批准
   B. 中央预算的调整方案必须提请全国人民代表大会常务委员会审查和批准
   C. 乡、民族乡、镇政府预算的调整方案必须提请本级人民代表大会常务委员会审查和批准
   D. 乡、民族乡、镇政府预算的调整方案必须提请本级人民代表大会的审查和批准

7. 编制中央决算草案的机关是（　　）。
   A. 国务院　　　　　　　　　　　B. 国务院财政部
   C. 全国人民代表大会　　　　　　D. 全国人民代表大会常务委员会

8. 政府集中采购目录和采购限额标准由（　　）确定并公布。
   A. 全国人民代表大会　　　　　　B. 国务院
   C. 省级以上人民政府　　　　　　D. 县级以上人民政府

9. 使用财政性资金采购依法制定的集中采购目录以内或者限额标准以上的货物、工程服务的单位中，不是《政府采购法》主体的是（　　）。

　　A. 国家机关　　　　　　　　　　　B. 事业单位
　　C. 社会团体　　　　　　　　　　　D. 国有企业

10. 根据政府采购法规，省级以上人民政府公布集中采购目录、政府采购限额标准和公开招标数额标准及政府采购招标业务代理机构名录，这些招标信息应当公开，体现了政府采购的（　　）。

　　A. 公开竞争原则　　　　　　　　　B. 公正原则
　　C. 公开透明原则　　　　　　　　　D. 诚实守信原则

11. 政府采购主管部门相对于作为被监督人的多个当事人而言，应当站在中立、公允、超然的立场上对于每位相对人都要一视同仁，而不厚此薄彼，因其身份不同而实行差别对待，这体现了政府采购的（　　）原则。

　　A. 公开透明　　　　　　　　　　　B. 公平竞争
　　C. 诚实守信　　　　　　　　　　　D. 公正

12. 除了少数法定情形外，政府采购应当采购本国货物、工程和服务，这一规定体现了政府采购的（　　）功能。

　　A. 活跃市场经济　　　　　　　　　B. 反腐倡廉
　　C. 保护民族产业　　　　　　　　　D. 强化宏观调控

13. 下列不属于分散采购缺点的是（　　）。

　　A. 手续复杂　　　　　　　　　　　B. 加大了采购成本
　　C. 失去了规模效益　　　　　　　　D. 容易滋生腐败

14. 采购人向三家以上潜在的供应商发出的询价单，对各供应商一次性报出的价格进行分析比较，按照符合采购需求质量和服务相等且报价最低的原则确定中标供应商的采购方式是（　　）。

　　A. 单一来源　　　　　　　　　　　B. 竞争性谈判
　　C. 邀请招标　　　　　　　　　　　D. 询价

15. 供应商参加政府采购活动应当具备的条件之一是参加政府采购活动前（　　）年内，在经营活动中没有重大的违纪。

　　A. 1　　　　　　　　　　　　　　　B. 2
　　C. 3　　　　　　　　　　　　　　　D. 5

16. 根据《政府采购法》的规定，对于技术复杂或者性质特殊，不能确定详细规格或者具体要求的货物，其适用的政府采购方式是（　　）。

　　A. 公开招标　　　　　　　　　　　B. 竞争性谈判
　　C. 邀请招标　　　　　　　　　　　D. 单一来源

17. 根据国库集中收入制度的规定，用于财政直接支付的账户是（　　）。

　　A. 预算单位的零余额账户　　　　　B. 财政部门的零余额账户

C. 预算外财政资金专户 D. 特设账户

18. 财政收入收缴方式中，由征收机关（有关法定单位）按有关法律法规规定，将所有收入汇总缴入国库单一账户或预算外资金财政专户的方式是（   ）。

A. 直接汇缴 B. 分次汇缴
C. 汇总缴纳 D. 集中汇缴

19. 财政部门在中国人民银行开设的用于记录、核算和反映纳入预算管理的财政收入和支出活动，并用于与财政部门在商业银行开设的零余额账户进行清算，实际支付的账户是（   ）。

A. 特设专户 B. 国库单一账户
C. 预算外资金专户 D. 财政部门零余额账户

20. 根据《预算法》的规定，下列各项中，负责具体组织执行各级预算工作的是（   ）。

A. 预算收入征收部门 B. 本级政府财政部门
C. 国家金库 D. 本级政府

二、多项选择题

1. 下列关于预算的审批，说法正确的有（   ）。

A. 中央预算由全国人民代表大会审查和批准
B. 中央预算和地方各级政府预算均由全国人民代表大会审查和批准
C. 地方各级政府预算由本级人民代表大会审查和批准
D. 中央预算和地方各级政府预算均由本级人民代表大会审查和批准

2. 下列对中央预算表述正确的是（   ）。

A. 由中央各部门（含直属单位）的预算组成
B. 中央预算包括地方向中央上缴的收入数额
C. 中央预算包括中央对地方返还或者给予补助的数额
D. 中央预算不包括军队和政党组织预算

3. 中央预算由中央各部门（含直属单位）的预算组成。上述"直属单位"，是指与财政部直接发生预算缴款、拨款关系的（   ）。

A. 国家机关 B. 政党组织
C. 企业 D. 事业单位

4. 下列属于全国人民代表大会常务委员会预算管理职权的是（   ）。

A. 监督中央预算和地方预算的执行
B. 审查和批准中央预算的调整方案
C. 审查和批准中央的决算
D. 撤销国务院制定的同宪法法律相抵触的关于预算、决算的行政法规、决算和命令

5. 对预决算的监督按照时间先后，可以分为（　　）。
   A. 事前监督　　　　　　　　　　　B. 事中监督
   C. 事后监督　　　　　　　　　　　D. 审计监督

6. 对预决算的监督按监督内容可以分为（　　）。
   A. 对预算编制的监督　　　　　　　B. 对预算执行的监督
   C. 对预算调整的监督　　　　　　　D. 对决算的监督

7. 政府采购的功能除具有节约财政支出，提高采购资金的使用效益外，还包括的功能有（　　）。
   A. 强化宏观调控　　　　　　　　　B. 活跃市场经济
   C. 推进反腐倡廉　　　　　　　　　D. 保护民族产业

8. 下列属于集中采购优点的是（　　）。
   A. 取得规模效益　　　　　　　　　B. 满足了用户多样性需求
   C. 降低采购成本　　　　　　　　　D. 便于实施统一的监督和管理

9. 下列各项关于预算单位使用零余额账户的情形中，不正确的为（　　）。
   A. 通过零余额账户向下级单位划转资金，为下级单位职工购买个人商业保险
   B. 通过零余额账户向上级单位划转资金，为本单位职工购买个人商业保险
   C. 通过零余额账户向下级单位划转资金，为本单位职工购买个人商业保险
   D. 通过零余额账户向上级单位划转资金，为上级单位职工购买个人商业保险

10. 下列各项中，属于政府采购可以采用的采购方式的为（　　）。
    A. 公开招标　　　　　　　　　　　B. 邀请招标
    C. 单一来源采购　　　　　　　　　D. 询价

11. 《政府采购法》规定，集中采购机构是进行政府集中采购的法定代理机构，由（　　）以上人民政府根据本级政府采购项目组织集中采购的需要设立。
    A. 乡镇　　　　　　　　　　　　　B. 设区的市
    C. 县　　　　　　　　　　　　　　D. 自治州

12. 国库单一账户体系由（　　）组成。
    A. 国库单一账户　　　　　　　　　B. 特设专户
    C. 预算外资金专户　　　　　　　　D. 零余额账户

13. 根据国库收付制度的规定，预算单位零余额账户在（　　）中使用。
    A. 国库会计　　　　　　　　　　　B. 财政总预算会计
    C. 行政单位会计　　　　　　　　　D. 事业单位会计

14. 财政资金支出按照不同的支付主体分别实行财政直接支付和财政授权支付。实行财政直接支付的支出包括（　　）。
    A. 物品采购支出　　　　　　　　　B. 服务采购支出
    C. 工资　　　　　　　　　　　　　D. 工程采购支出

15. 财政支付按照发出支付令的不同主体分为（　　）。
    A. 财政直接支付　　　　　　B. 财政工资支付
    C. 财政授权支付　　　　　　D. 财政转移支付

三、判断题

1. 中央预算与地方预算有关收入和支出项目的划分、地方向中央上缴收入、中央对地方返还或者给予补助的具体办法，由国务院规定，报全国人民代表大会常务委员会批准。（　　）

2. 中央预算和地方各级政府预算，应当参考上一年预算草案的编制内容和本年度收支预测进行编制。（　　）

3. 决算，是指对年度预算收支执行结果的会计报表，是预算执行的总结。（　　）

4. 我国政府采购法律制度有《政府采购法》、国务院各部门特别是财政部颁布的一系列部门规章及地方性法规和政府规章构成。（　　）

5. 目前，我国国有企业不属于政府采购的主体范围。（　　）

6. 《政府采购法》规定，采购未纳入集中采购目录的政府采购项目，应当自行采购，不得委托集中采购机构代理采购。（　　）

7. 技术复杂或者性质特殊，不能确定详细规格或者具体要求的货物或者服务，可以采用竞争性谈判方式采购。（　　）

8. 财政授权支付程序适用于年度财政资金不足50万元人民币的工程采购支出。（　　）

9. 国债利息收入属于企业所得税法规定的不征税收入。（　　）

10. 政府采购资金为财政性资金。财政性资金包括预算内资金、预算外资金及与财政资金相配套的单位自筹资金。（　　）

四、案例分析题

1. 甲单位是实行国库集中支付的行政单位。2015年3月，审计机构对甲单位2014年度预算执行情况进行检查，了解到以下情况：

（1）2014年3月，甲单位通过零余额账户向下属单位转账，为下属单位支付设备采购款100万元；

（2）2014年4月，甲单位通过零余额账户向本单位相应账户划拨工会经费1万元；

（3）2014年8月，甲单位为采购一台精密仪器A设备以邀请招标的方式向2家设备供应商发出投标邀请书。甲单位未认真审核供应商资质，直接选择了报价低的供应商B企业，但B企业不具备生产该类精密仪器的资质而且财务情况混乱，未中标供应商C企业向甲单位提出质疑，但甲单位不予以答复。政府采购监管部门接到C企业投诉后对甲单位进行调查，发现甲单位未按照规定保管该项采购活动的采购文件。

根据以上情况，请回答如下问题。

(1) 下列各项关于预算单位使用零余额账户的情形中,正确的为（　　）。

A. 通过零余额账户向所属下级单位账户划拨资金,为下属单位支付设备采购款

B. 通过零余额账户向本单位按账户管理规定保留的相应账户划拨住房公积金及提租补贴

C. 通过零余额账户向本单位按账户管理规定保留的相应账户划拨工会经费

D. 通过零余额账户向所属下级单位账户划拨资金,为本单位支付设备采购款

(2) 下列各项中,属于政府采购可以采用的采购方式的为（　　）。

A. 邀请招标　　　　　　　　　　B. 单一来源采购

C. 询价　　　　　　　　　　　　D. 公开招标

(3) 下列各项中,属于甲企业作为政府采购供应商原本应具备的条件的为（　　）。

A. 具有履行合同所必需的设备和专业技术能力

B. 具有良好的商业信誉和健全的财务会计制度

C. 具有依法缴纳税收和社会保障资金的良好记录

D. 具有独立承担民事责任的能力

(4) 下列各项中,属于邀请招标方式中受邀参与投标的供应商数量不得少于的数量的为（　　）。

A. 2家　　　　　　　　　　　　B. 3家

C. 4家　　　　　　　　　　　　D. 1家

(5) 下列各项中,属于甲单位作为政府采购采购人应承担的义务的为（　　）。

A. 妥善保存反映每项采购活动的采购文件

B. 在指定媒体及时向社会发布政府采购信息、招标结果

C. 依法答复供应商的询问和质疑

D. 接受和配合政府采购监督管理部门的监督检查

2. 甲单位是某市水利局下属的事业单位,甲单位已实行国库集中支付。2014年5月,市政府审计部门对甲单位的2013年度预算执行情况进行审计后了解到以下情况:

(1) 2013年,甲单位按照批复的预算支付本单位职工的薪级工资、岗位工资和津贴补贴,但在2月至10月,甲单位超出预算规定的支出范围,使用零余额账户发放职工过节费,涉及金额30万元;

(2) 2013年4月,甲单位通过零余额账户使用财政拨款为本单位职工购买个人商业保险;

(3) 2013年8月,甲单位超出预算规定的支出范围,从本单位零余额账户借款给A宾馆和下属乙事业单位,涉及金额50万元,并通过本单位零余额账户为本单位下属事业单位支付设备采购款,涉及金额25万元;

(4) 2013年12月,甲单位未经批准,在本单位的专项调查项目中列支不属于项目范围的薪级工资和津贴补贴,涉及金额20万元。

根据以上情况,请回答如下问题。

(1) 下列各项中，纳入本案例中该市级政府审计部门审计监督范围的为（　　）。
A. 本级各部门的预算执行和决算执行　　B. 下级政府的预算执行和决算执行
C. 上级政府的预算执行和决算执行　　D. 本级各单位的预算执行和决算执行
(2) 下列各项中，属于甲单位预算职权的为（　　）。
A. 安排本单位预算支出　　B. 按照国家规定上缴预算收入
C. 接受国家有关部门的监督　　D. 编制本单位预算、决算草案
(3) 甲单位下列做法中，正确的为（　　）。
A. 超出预算规定的支出范围，使用财政拨款为本单位职工购买个人商业保险
B. 按照批复的预算支付本单位职工的岗位工资
C. 超出预算规定的支出范围，使用财政拨款发放职工过节费
D. 按照批复的预算支付本单位职工的薪级工资
(4) 甲单位下列做法中，不正确的为（　　）。
A. 超出预算规定的支出范围，将财政拨款借给 A 宾馆
B. 超出预算规定的支出范围，使用财政拨款为丁单位购买设备
C. 超出预算规定的支出范围，使用财政拨款借给乙单位
D. 超出预算规定的支出范围，使用财政拨款为丙单位购买设备
(5) 甲单位下列做法中，不正确的为（　　）。
A. 经上级主管部门水利局批准，在本单位的专项调查项目中列支不属于项目范围的津贴补贴
B. 经上级主管部门水利局批准，在本单位的专项调查项目中列支不属于项目范围的薪级工资
C. 未经批准，在本单位的专项调查项目中列支不属于项目范围的薪级工资
D. 未经批准，在本单位的专项调查项目中列支不属于项目范围的津贴补贴

模块五

会计职业道德

> **模块学习目标**
>
> 了解会计职业道德的概念和特征。
>
> 理解会计职业道德与会计法律制度的关系；会计职业道德建设的组织与实施。
>
> 掌握会计职业道德规范的主要内容及基本要求；会计职业道德教育的内容、途径及环节与方法。

▶▶ 任务一 会计职业道德概述

> 情境1：2014年2月，《人民日报》头版刊登24字"社会主义核心价值观"：富强、民主、文明、和谐、自由、平等、公正、法治、爱国、敬业、诚信、友善。

十八大以来，中央坚持"老虎""苍蝇"一起打，形成了对腐败的高压态势。透视波澜壮阔的反腐2014：超过50位省部级高官被查处，副国级以上官员4人，范围涉及党政军、人大、政协、国企等多领域。2014年以来，从徐才厚、周永康到河北"藏金小官"，不论官位高低，有腐必反，有贪必肃。"打虎上无禁区，拍蝇下无死角"，让百姓备受鼓舞、充满期待。

落马高官无一不违反职业道德，收受礼金，腐化堕落，最终受到党和人民的严厉制裁。

【深入思考】

反腐败是社会共识的凝聚，是老百姓关注的焦点，作为当代大学生，我们应如何弘扬社会主义核心价值观，杜绝经济犯罪现象？

子任务一 职业道德的概念、特征与作用

（一）职业道德的概念

职业道德是指在一定职业活动中应遵循的、体现一定职业特征的、调整一定职业关系

的职业行为准则和规范。

（二）职业道德的特征

职业道德具有职业性（行业性）、实践性、继承性和多样性等特征。

1. 职业性

即行业性。职业道德的内容与职业紧密相连，不同行业有不同的职业道德要求，反映着特定职业活动对从业人员行为的道德要求。所以，职业道德的行业性很强，不具有全社会普遍的适用性。一定的职业道德规范只适用一定的职业活动领域。有些具体的行业道德规范，只适用本行业，对其他行业则不适应或不完全适应。

2. 实践性

由于职业活动都是具体的实践活动，因此根据职业实践概括出来的职业道德规范具有较强的针对性、实践性，容易形成条文。它一般用行业公约、工作守则、行为须知、操作规程等具体的规章制度形式，来教育、约束本行业的从业人员，并且公之于众，让行业内外人员（包括服务对象）检查、监督，有的甚至被纳入法律规范，如《中国注册会计师职业道德基本准则》就是以财政部门规范性文件的形式颁布的，可以直接指导、规范注册会计师的实践活动。

3. 继承性

职业道德作为社会意识形态的一种特殊形式，是由社会经济关系决定的，随着社会经济关系的变化而改变。但是，由于职业道德是与职业活动紧密结合的，所以即使在不同的社会经济发展阶段，同样一种职业的服务对象、服务手段、职业利益、职业责任和义务是相对稳定，职业行为的道德要求的核心内容就被继承和发扬，并且得到不断丰富和发展。因此，具有较强的历史继承性的特点。例如，教师"诲人不倦"、医生"救死扶伤"、商人"买卖公平"等道德要求，就在这些行业中世代相传。

4. 多样性

职业道德是依据本职业的业务内容、活动条件、交往范围以及从业人员的承受能力而制定的行为规范和道德准则，所以职业道德就是多种多样的，有多少种职业就有多少样职业道德。但是，每种职业道德又必须具有具体、灵活、多样、明确的特点，以便职工记忆、接受和执行，并逐渐形成为习惯。

（三）职业道德的作用

职业道德是社会道德体系的重要组成部分，其作用主要有：促进职业活动的有序进行、对社会道德风尚会产生积极的影响。

1. 促进职业活动的有序进行

职业道德一方面可以调节从业人员内部的关系，即运用职业道德规范约束职业内部人员的行为，促进职业内部人员的团结与合作。如职业道德规范要求各行各业的从业人员，都要团结、互助、爱岗、敬业、齐心协力地为发展本行业、本职业服务。另一方面，职业道德又可以调节从业人员和服务对象之间的关系。如职业道德规定了制造产品的工人要怎样对用户负责；营销人员怎样对顾客负责；医生怎样对患者负责；教师怎样对学生负责等。

2. 对社会道德风尚会产生积极的影响

职业道德一方面涉及每个从业者如何对待职业，如何对待工作，同时也是一个从业人员的生活态度、价值观念的表现。另一方面，职业道德也是一个职业集体，甚至一个行业全体人员的行为表现，如果每个行业，每个职业集体都具备优良的道德，对整个社会道德水平的提高肯定会发挥重要作用。

子任务二　会计职业道德的概念与特征

（一）会计职业道德的概念

会计职业道德，是指在会计职业活动中应当遵循的、体现会计职业特征的、调整会计职业关系的行为准则和规范。会计职业道德作为社会道德体系的重要组成部分，既吸纳社会道德规范的一般要求，如爱岗敬业、诚实守信，又突出会计职业特征，如客观公平、坚持准则等。会计职业道德规范的对象，既有单位会计人员，也有注册会计师，两者都是以会计信息为载体从事活动，从广义上说，两者都是会计人员的一部分。

（二）会计职业道德的特征

会计作为社会经济活动中的一种特殊职业，除具有职业道德的一般特征外，还具有一定的强制性和较多关注公众利益的特征。

1. 具有一定的强制性

我国的《会计法》《会计工作基础规范》等都规定了会计职业道德的内容和要求，是会计从业人员执业活动必须遵循的，因而体现了会计职业道德的强制性。

2. 较多关注公共利益

会计职业活动的涉及面较为广泛，服务较多涉及社会公众利益，要求会计人员客观公正，诚实信用，在会计职业活动中，发生道德冲突时要把国家和社会公众利益放在首位。

【例 5-1】当单位利益与社会公共利益发生冲突时，会计人员应首先考虑单位利益，然后再考虑社会公众利益。（　　）

【解析】×。当单位利益与社会公共利益发生冲突时，会计人员应首先考虑社会公众利益，而不是单位利益。

【例 5-2】下列关于会计职业道德的表述中，正确的有（　　）。

A. 会计职业道德是指在会计职业活动中应当遵循的、体现会计职业特征的、调整会计职业关系的职业行为准则和规范

B. 会计职业道德不允许通过损害国家和社会公众利益而获取违法利益，但允许个人和各经济主体获取合法的自身利益

C. 在会计职业活动中，发生道德冲突时要坚持准则，把社会公众利益放在第一位
D. 会计职业道德不具有强制性

【解析】ABC。D 项表述错误，会计职业道德具有一定的强制性。

(三) 会计职业道德的功能与作用

1. 会计职业道德的功能

会计职业道德功能是指会计职业道德在会计职业活动中发挥的功能。会计职业道德对于会计工作和会计人员具有指导功能、评价功能和教化功能等基本功能。

(1) 指导功能，是指会计职业道德指导会计人员行为的职能作用。会计职业道德的指导作用，是会计职业道德的首要功能。它从内容上表达了社会对会计人员行为的期望和要求，如爱岗敬业、诚实守信、廉洁自律等。这种期望和要求指导着会计人员树立正确的职业观念，自觉遵守职业道德行为规范，在会计职业道德行为规范限定的范围内活动。同时，它还会对违反会计职业道德规范的行为进行纠正、规劝，通过纠正、规劝引导会计人员及时、自觉地调整行为方向，从而达到规范会计行为的目的。

(2) 评价功能，是指对会计人员的行为，根据一定的职业道德标准进行评价，显示出一种巨大的社会力量。会计职业道德规范一般都是已经公布的、具体的、明确的条文性规定，这使得会计职业道德规范具备了判断、衡量人们行为是否合乎行为标准的特性。从某种意义上讲，会计职业道德规范是人们包括会计人员自己衡量会计行为的尺度，人们通过它来判断、评价会计行为是否应当，通过对行为的赞赏性评价，去激励、推动一种会计职业道德行为贯彻实施，通过对某一不道德行为的批评、谴责，告诫会计人员严格要求并约束自己的行为，不去做违反会计职业道德规范的事。

(3) 教化功能，是指会计职业道德对会计人员具有教育和感化的功能，即职业道德内化为会计人员行为的自觉要求，使会计人员在会计工作中自觉遵守职业道德行为规范。道德具有引导人们行为的功能，可以概括为劝善戒恶，并辅之以社会舆论的赞扬或谴责，进而作用于人的道德良心和道德情感。道德教化是通过表彰和批评、扬善抑恶等评价手段，通过理想人格、树立榜样等方式，提高人们的道德信念、道德理想和道德境界，引导会计人员自觉地加强自我修养，调节自己的行为，从而形成一定的道德品质和社会道德风尚。

会计职业道德通过评价、教育、指导、激励、示范等方式，告诉会计人员什么是善，什么是恶，告诫会计人员应当做什么，不应当做什么，这就为会计人员明确了一名称职的会计人员应当具备的道德品质，教育会计人员树立正确的人生观、价值观，培养会计人员形成良好的会计职业道德意识，从而提高会计人员的精神境界和道德水平。

2. 会计职业道德的作用

会计职业道德的作用，主要体现在以下几个方面：

(1) 是规范会计行为的基础。动机是行为的先导，有什么样的动机就有什么样的行为。会计行为是由内心信念来支配的，信念的善与恶将导致行为的是与非。会计职业道德对会计的行为动机提出了相应的要求，如诚实守信、客观公正等，引导、规劝、约束会

计人员树立正确的职业观念，遵循职业道德要求，从而达到规范会计行为的目的。

（2）是实现会计目标的重要保证。从会计职业关系角度讲，会计目标就是为会计职业关系中的各个服务对象提供有用的会计信息。能否为这些服务对象及时提供相关的、可靠的会计信息，取决于会计职业者能否严格履行职业行为准则。如果会计职业者故意或非故意地提供了不充分、不可靠的会计信息，会严重背离会计目标，造成会计信息严重失真，使服务对象的决策失误，甚至导致社会经济秩序混乱。因此，会计职业道德规范约束着会计人员的执业行为，是实现会计目标的重要保证。

（3）是对会计法律制度的重要补充。会计法律制度是会计职业道德的最低要求，会计职业道德是对会计法律规范的重要补充，其作用是其他会计法律制度所不能替代的。如果会计人员缺乏爱岗敬业的热情和态度，没有必要的职业技能和服务意识，则很难保证会计信息达到真实、完整的法定要求。很显然，会计职业道德起很重要的辅助和补充作用。

（4）是提高会计人员职业素养的内在要求。社会的进步和发展，对会计职业者的素质要求越来越高。会计职业道德是会计人员素质的重要体现。一个高素质的会计人员应当做到爱岗敬业、提高专业胜任能力，这不仅是会计职业道德的主要内容，也是会计职业者遵循会计职业道德的可靠保证。倡导会计职业道德，加强会计职业者进一步加强自我修养，提高专业胜任能力，有利于促进会计职业者整体素质的不断提高。

子任务三　会计职业道德与会计法律制度

会计职业道德是会计法律制度正常运行的社会和思想基础，会计法律制度是促进会计职业道德规范形成和遵守的制度保障，它们作为社会规范的一部分，都属于会计人员行为规范的范畴，两者既有联系，又有区别。

（一）会计职业道德与会计法律制度的联系

会计职业道德和会计法律制度有着共同的目标、相同的调整对象，承担着同样的职责，两者的联系主要表现在以下几个方面。

1. 两者作用上相互补充、协调

会计法律制度具有强制功能，但在会计工作过程中不排斥会计职业道德的教化功能。基本的会计行为必须运用会计法律制度进行规范，但不需要或不宜由会计法律制度进行规范的行为，可通过会计职业道德规范来实现。

2. 两者内容上相互借鉴、吸收

会计法律制度中含有会计职业道德规范的内容，会计职业道德规范中也包含会计法律制度的某些条款。两者在内容上相互渗透、相互重叠。如会计法律制度中会计人员的岗位责任制，本身就体现了会计职业道德的责任感、义务感和使命感；会计制度中的账实相符规定体现了诚实、客观的会计职业道德规范的要求。会计法律制度是会计职业道德的最低要求，会计职业道德是对会计法律制度的重要补充。

（二）会计职业道德与会计法律制度的区别

会计职业道德与会计法律制度既有相互联系的一面，又有存在差异的一面。二者的差异主要体现在性质、作用范围、实现形式及实施保障等方面。

1. 二者的性质不同

会计法律制度是由国家立法部门或行政管理部门颁布的对会计人员的工作行为进行约束的具体规定，反映会计工作的客观规律性，具有稳定会计工作秩序、保证经济管理工作顺利进行的作用。因此，会计法律制度通过国家机器强制执行，具有很强的他律性。

会计职业道德作为行为规范主要是从品行角度对会计人员的会计行为做出规范，因此，会计职业道德依靠会计从业人员的自觉性，自愿地执行，并依靠社会舆论和良心来实现，基本上是非强制性执行的，具有很强的自律性。

2. 两者的作用范围不同

会计法律制度侧重于调整会计人员的外在行为和结果的合法化，具有较强的客观性。会计职业道德不仅要求调整会计人员的外在行为，还要调整会计人员内在的精神世界，其调节的范围远比法律广泛。可以这么说，受到会计职业道德谴责的，不一定受到会计法律的制裁；而受到会计法律制裁的，一般都会受到会计职业道德的谴责（某些过失犯罪除外）。如会计人员不钻研业务，不加强新知识的学习，造成工作上的差错，缺乏胜任工作的能力，对于这种情况我们可以说会计人员没有很好地遵守会计职业道德，但不能说其违反了会计法律制度。

3. 两者的表现形式不同

会计法律制度是通过一定的程序由国家立法部门或行政管理部门制定和颁布的，其表现形式是具体的、明确的、成文的条款。会计法律制度要求的是"必须"，评价使用的范畴是对和错。通常，对违反会计法律制度的行为，应对其后果进行禁止性追究，并视情节轻重予以不同程度的惩罚。

会计职业道德源自会计人员的职业生活和职业实践，日积月累，约定俗成。其表现形式既有明确成文的规定，也有不成文的规范，尤其是那些较高层次的会计职业道德，存在于人们的意识和信念之中，并无具体的表现形式，它依靠社会舆论、道德教育、传统习俗和道德评价来实现。

4. 两者实施的保障机制不同

会计法律制度由国家强制力保障实施。这种保障机制不仅体现在其法律规范的内容中具有明确的制裁和处罚条款，而且体现在设有与之相配合的权威的制裁和审判机关。会计职业道德既有国家法律的相应要求，又需要会计人员自觉的遵守。

5. 评价标准不同

会计法律是以会计人员享有的权利和义务为标准来判定其行为是否违法。会计职业道德则以善恶为标准来判定人们的行为是否违背道德规范。

【例5-3】以下关于会计职业道德的描述中，不正确的有（　　）。

A．会计职业道德涵盖了人与人、人与社会、人与自然之间的关系

B．会计职业道德与会计法律制度两者在性质上一样

C．会计职业道德规范的全部内容归纳起来就是廉洁自律与强化服务

D．会计职业道德不调整会计人员的外在行为

【解析】ABCD。A选项指道德的涵盖内容；B选项两者的性质是不同的，一个是自律性，一个是他律性；C选项会计职业道德规范的内容有八条；D选项道德既注重外在行为又注重内在世界。

【例5-4】下列关于会计职业道德和会计法律制度二者关系的观点中，正确的有（　　）。

A．两者在实施过程中相互作用

B．会计法律制度是会计职业道德的最低要求

C．违反会计法律制度一定违反会计职业道德

D．违反会计职业道德也一定违反会计法律制度

【解析】ABC。会计法律制度是会计职业道德的最低要求，违反会计法律制度一定违反会计职业道德，违反会计职业道德不一定违反会计法律制度。

（三）会计行为的法治与德治

法律和道德都是社会上层建筑的重要组成部分，都是规范人们行为的重要手段，虽然两者具有各自不同的特点和作用，但它们相互联系，相互补充。在建设有中国特色的社会主义、发展社会主义市场经济的过程中，要坚持不懈地加强社会主义法制建设，依法治国。对一个国家的治理来说，法治与德治，从来都是相辅相成、相互促进的。两者缺一不可，不可偏废。

在市场经济条件下，会计职业道德规范之所以存在，其主要有两方面原因：一是与会计法律及其他规范性形式相比，会计道德规范具有天然的优势。会计法律法规只限定了会计行为应遵守的下限，而道德规范却能从信念、品行、能力等更为本质和深刻的层次来影响并提高会计工作的质量。二是良好的会计职业道德规范有利于塑造从业人员的优良品格。

【深入思考】

遵守会计职业道德与遵守会计法律制度是一回事吗？

【课后思考】

1．会计职业道德的概念和功能是什么？

2．会计职业道德与会计法律制度的联系与区别是什么？

任务二　会计职业道德规范的主要内容

会计职业道德规范，是指一定社会经济条件下，对会计职业行为及职业活动的具体要求或明文规定。我国会计职业道德规范主要包括以下八个方面：爱岗敬业、诚实守信、廉洁自律、客观公正、坚持准则、提高技能、参与管理和强化服务。

子任务一　爱岗敬业

> 情境2：在荷兰，一个初中刚毕业的青年农民在一个小镇找到了门卫工作，他在这个岗位上一干就是60年。在这个清闲的岗位上，他没有悠闲，而是选择了打磨镜片，一磨就是60年。他是那样的专注和细致，技艺超过了专业水平，磨出的复合镜片的放大倍数比专业人士都高，借助他磨的镜片，他终于发现了当时世界还不知晓的另一个广阔的世界——微生物世界。
>
> 他获得了巴黎学院院士的头衔，英国女王亲临小镇去看望他。他老老实实地把手中的镜片磨好，不仅成了科学家，而且，因为专注和劳动，也确保了健康，他活了90岁。这人的名字叫万·列文虎克。

（一）爱岗敬业的含义

爱岗敬业是"爱岗"与"敬业"的总称。爱岗敬业指的是忠于职守的事业精神，这是会计职业道德的"基础"。

爱岗就是要求会计人员热爱自己的本职工作，安心于本职岗位，并为做好本职工作尽心尽力、尽职尽责。具体表现为会计人员对自己应承担责任和义务所表现出的一种责任感和义务感。

敬业是指人们对其所从事的会计职业或行业的正确认识和恭敬态度，并用这种严肃恭敬的态度，认真地对待本职工作，将身心与本职工作融为一体。会计人员应该充分认识本职工作在社会经济活动中的地位和作用，认识本职工作的社会意义和道德价值，具有会计职业的荣誉感和自豪感，用一种严肃的态度对待自己的工作，勤勤恳恳、兢兢业业。

【深入思考】

许多平凡的人由于爱岗敬业，在自己平凡的岗位上做出了不平凡的成绩，获得了大家的认可和尊重。时下在许多年轻人的职业生涯中流行跳槽，尤其是中小企业的会计人员，流动性非常高。请根据这一现象谈谈你的看法，如果就业后，你会因为另一家公司给出的薪资待遇高而选择跳槽吗？

（二）爱岗敬业的基本要求

1. 正确认识会计职业，树立职业荣誉感

爱岗敬业精神，自始至终都是以人们对职业的认识程度及所采取的态度作为行动的指导并体现在实际工作中的。如果会计人员对所从事的会计职业缺乏正确的认识，认为会计不过是简单的"写写算算""收收支支"的琐碎工作，或者有"会计难当，职权难用，成绩难见，违纪难免"的想法，就必然会自觉不自觉地把这些意识反映到其工作行动之中，就会表现出"懒""惰""拖"的不良行为，给会计职业及其声誉造成不良影响。

会计人员只有正确地认识会计本质，明确会计在经济管理工作中的地位和重要性，树立职业荣誉感，才有可能去爱岗敬业。这是做到爱岗敬业的前提，也是首要要求。

2. 热爱会计工作，敬重会计职业

热爱一项工作，首先就意味着对这项工作有一种职业的荣誉感，有自信心和自尊心；其次是对这项工作抱有浓厚的兴趣，把职业生活看成是一种乐趣。于是平凡的、甚至是琐碎的日常工作，就成为生活中不可缺少的内容，并且能在工作中时时感受到它的乐趣。会计人员只要树立了"干一行爱一行"的思想，就会发现会计职业中的乐趣；只有树立"干一行爱一行"的思想，才会刻苦钻研会计业务技能，才会努力学习会计业务知识，才会发现在会计核算、企业理财领域有许多值得人们去研究探索的东西。因而，在所从事的职业与自己的兴趣、爱好不一致时，要求人们对其所从事的职业有一个正确的认识态度。如果做了会计，就应该热爱会计工作，敬重会计职业，即使对会计职业并不感兴趣。

3. 严肃认真，一丝不苟

会计工作是一项严肃细致的工作，这就要求会计人员具备严肃认真的工作态度和一丝不苟的工作作风，对技术精益求精。严肃认真、一丝不苟的职业作风贯穿于会计工作的始终，不仅要求数字计算准确，手续清楚完备，而且绝不能有"都是熟人不会错"的麻痹思想和"马马虎虎"的工作作风。例如，会计凭证、账簿的填制、登记，报表编制都必须认真仔细，字迹清楚，内容完整。绝不允许原始凭证不经审核就做账、填制凭证只有"制单"人而无"复核"人，制单人只签姓而不签名，会计档案乱堆放等行为产生。对一些损失浪费、违法乱纪的行为和一切不合法、不合理的业务开支，要严肃认真地对待，把好费用支出关。

4. 忠于职守，尽职尽责

忠于职守就是忠实地履行自身的岗位职责，主要表现在三个方面，即忠实于服务主体、忠实于社会公众、忠实于国家。尽职尽责表现为会计人员对自己承担的责任和义务所表现出的一种责任感和义务感，即两方面内容：一是社会或他人对会计人员规定的责任；二是会计人员对社会或他人所负的道义责任。

首先，单位会计人员应该忠实于服务主体，不仅要尽职尽责地履行会计职能，客观真实地记录反映服务主体的经济活动状况，负责其资金的有效运作，积极参与经营和决策，而且还应当抵制不正当的开支，保护财产安全。其次，单位会计人员应该忠实于社会公众，正确真实地对外提供有关服务主体的会计信息，以便让投资者、债权人及其他社会公众获取客观真实的财务信息，进行正确判断和经济决策。最后，单位会计人员应该忠实于社会公众，承担起维护国家利益的责任。能否对社会整体利益负责，是衡量会计人员是否称职的基本标准。

【例5—5】会计人员在工作中"懒""拖"的不良习惯，违背了会计职业道德规范中的（　　）的具体内容。

A. 爱岗敬业　　　　　　　　B. 诚实守信
C. 坚持准则　　　　　　　　D. 客观公正

【解析】A。会计人员在工作中"懒""拖"的不良习惯，违背了爱岗敬业的具体内容。爱岗敬业指的是忠于职守的事业精神，这是会计职业道德的基础。

【例5-6】下列各项中，体现会计职业道德关于"爱岗敬业"要求的有（　　）。

A. 工作一丝不苟　　　　　　B. 工作尽职尽责
C. 工作精益求精　　　　　　D. 工作兢兢业业

【解析】ABCD。

【例5-7】爱岗敬业是会计职业道德的精髓。（　　）

【解析】×。爱岗敬业是会计职业道德的基础。

子任务二　诚实守信

情境3：18世纪英国的一位有钱的绅士，一天深夜他走在回家的路上，被一个蓬头垢面衣衫褴褛的小男孩儿拦住了。"先生，请您买一包火柴吧！"小男孩儿说道。"我不买。"绅士回答说。说着绅士躲开男孩儿继续走，"先生，请您买一包吧，我今天还什么东西也没有吃呢！"小男孩儿追上来说。绅士看到躲不开男孩儿，便说："可是我没有零钱呀！""先生，你先拿上火柴，我去给你换零钱。"说完男孩儿拿着绅士给的一个英镑快步跑走了，绅士等了很久，男孩儿仍然没有回来，绅士无奈地回家了。

第二天，绅士正在自己的办公室工作，仆人说来了一个男孩儿要求面见绅士。于是男孩儿被叫了进来，这个男孩儿比卖火柴的男孩儿矮了一些，穿得更破烂。"先生，对不起了，我的哥哥让我给您把零钱送来了。""你的哥哥呢？"绅士道。"我的哥哥在换完零钱回来找你的路上被马车撞成重伤了，在家躺着呢。"绅士深深地被小男孩儿的诚信所感动。"走！我们去看你的哥哥！"去了男孩儿的家一看，家里只要两个男孩的继母在招呼受到重伤的男孩儿。一见绅士，男孩连忙说："对不起，我没有给您按时把零钱送回去，失信了！"绅士却被男孩的诚信深深打动了。当他了解到两个男孩儿的亲生父母都双亡时，毅然决定把他们生活所需要的一切都承担起来。

由此可见，诚实，是这个世界上最宝贵的品质。

诚实守信，要求会计人员做老实人，说老实话，办老实事，职业谨慎，信誉至上，不为利益所诱惑，不弄虚作假，不泄露私密。

（一）诚实守信的含义

诚实：言行跟内心思想一致，不弄虚作假、不欺上瞒下，做老实人、说老实话、办老实事。

守信：遵守自己所做出的承诺，讲信用，重信用，信守诺言，保守秘密。

诚实守信是做人的基本准则，是最"根本"的道德规范，也是会计职业道德的"精髓"。中国现代会计学之父潘序伦先生认为，"诚信"是会计职业道德的重要内容。他终身倡导："信以立志，信以守身，信以处事，信以待人，毋忘'立信'，当必有成。"

诚实和守信两者的意思是相通的，是互相联系在一起的。一般来说，诚实即为守信；守信就是诚实。诚实是守信的基础，守信是诚实的具体表现，不诚实，很难做到守信，不守信，也很难说是真正的诚实。市场经济是"信用经济""契约经济"，注重的就是守信。守信，可以说是维护市场经济步入良性发展轨道的前提和基石，是市场经济社会赖以生存的基石。

【深入思考】

现实生活中，你在对待父母、老师、同学及朋友时是否做到了诚实守信，言出必行？你在进行期末考试时是否做到了诚实应考、不弄虚作假？结合日常生活谈谈你对诚实守信的理解。

（二）诚实守信的基本要求

> 情境4：A上市公司由于经营管理和市场方面的原因，经营业绩滑坡，为了获得配股资格，A公司主要领导人钱多多要求财务总监邓凯对该年度的财务数据进行调整，以保证公司的净资产收益率符合配股条件，否则财务部门人员全部换岗。邓凯组织公司财务人员以虚假营业额、隐瞒费用和成本开支等方法调整了公司财务数据。A公司根据调整后的财务资料于第二年的10月申请配股并获得批准发行。

1. 做老实人，说老实话，办老实事，不搞虚假

做老实人，要求会计人员言行一致，表里如一，光明正大；说老实话，要求会计人员说话诚实，是一说一，是二说二，不夸大、不缩小、不隐瞒，如实反映和披露单位经济业务事项。办老实事，不搞虚假，要求会计人员工作踏踏实实，不弄虚作假，不欺上瞒下。总之，会计人员应言行一致，实事求是，如实反映单位经济业务活动情况，不为个人和小集团利益伪造账目，弄虚作假，损害国家和社会公众利益。

会计人员只有根据实际发生的经济业务事项，真是正确地记录，如实反映单位经济业务活动情况，才能实现会计核算和会计监督的真正内涵。在处理会计业务时，从原始凭证的取得或填制、账簿的登记、报表的编制，到经济活动的分析，都要做到实事求是，严格按照会计准则、会计制度进行记账、算账、结账、报账，做到手续完备、账目清楚、数字准确。在市场经济信息越来越受到人们重视的情况下，会计人员及时提供合法、真实、准确、完整的会计信息，是会计人员的基本道德准则。

2. 保守秘密，不为利益所诱惑

保守秘密，是指会计人员在履行自己的职责时，应树立保密观念，做到保守商业秘密，对机密资料不外传、不外泄，守口如瓶。

泄密，不仅是一种不道德的行为，也是违法行为，是会计职业的大忌。会计人员在没有得到法律规定或经单位规定程序批准外，不能以任何借口或方式把单位商业秘密泄露出去。我国有关法律制度对会计人员保守秘密作了相关的规定。如《注册会计师法》第十九条规定："注册会计师对执行业务中知悉的商业秘密，负有保密义务。"《会计基础工作规范》第二十三条规定："会计人员应当保守本单位的商业秘密。除法律规定和单位领导人同意外，不能私自向外界提供或者泄露单位的会计信息。"

会计人员要做到保密守信，就要注意不在工作岗位以外的场所谈论、评价企业的经营状况和财务数据，此外，在日常生活中会计人员也应保持必要的警惕，防止无意泄密。俗话说，说者无意，听者有心。人们在日常交流中经常会对熟知的事情脱口而出，而没有想到后果。为了防止这种情况的发生，会计人员要了解自己所知的信息中，哪些是商业秘密，哪些是无关紧要的事项，以防止无意泄密的情况发生。而且要抵制住各种各样的利益诱惑，绝对不能用商业秘密作为谋利的手段。

3. 执业谨慎，信誉至上

诚实守信，要求企业会计人员谨慎地从事会计工作，维护会计职业荣誉；要求注册会计师在执业中始终保持应有的谨慎态度，维护职业信誉及客户和社会公众的合法权益。

对于企业会计人员来说，应当按照谨慎性原则选择会计处理方法，进行会计核算，并在日常工作中保持必需的谨慎。

对于注册会计师来说，注册会计师在选择客户时首先应谨慎，不要片面地追求营业收入，迎合客户不正当的要求，接受违背职业道德的附加条件。其次，注意评估自身的业务能力，正确判断自身的知识、经验和专业能力能否胜任所承担的委托业务。再次，要严格按照独立审计准则和职业规范、程序实施审计。对审计中发现的违反国家统一的会计制度及国家相关法律制度的经济业务事项，应当按照规定在审计报告中予以充分反映。最后，在接受委托后要认真履行合同，积极完成所委托的业务，维护委托人的合法权益，不得擅自终止合同、解除委托，不得超出委托人委托范围从事活动，以免当事人的利益受到损害。

【例5-8】中国现代会计学之父潘序伦先生倡导："信以立志，信以守身，信以处事，信以待人，毋忘'立信'，当必有成。"这句话体现的会计职业道德内容是（　　）。

A. 坚持准则　　　　　　　　B. 客观公正

C. 诚实守信　　　　　　　　D. 廉洁自律

【解析】C。"信以立志，信以守身，信以处事，信以待人，毋忘'立信'，当必有成。"这句话体现了诚实守信。

【例5-9】会计人员不能私自向外界提供或者泄露单位的会计信息，但可以与家人讨论。（　　）

【解析】×。会计人员不能私自向外界提供或者泄露单位的会计信息，也不能与家人讨论。

【例5-10】除法律规定和单位负责人同意外，会计人员不能私自向外界提供或者泄露

单位的会计信息。（　　）

【解析】 √。保密守信，不为利益所诱惑是诚实守信的基本要求之一。这里的秘密主要有国家秘密、商业秘密和个人隐私等，所以这句话说法是正确的。

子任务三　廉洁自律

> 情境5：王华经营一家小型的五金批发店。最近接到一个10多万元的订单，但因时间紧，一时凑不齐10万元货款，无法进货。于是王华想到了在一大型企业做会计的弟弟。王华的弟弟王强了解到情况之后，于是挪用单位账户的存款10万元，解决了王华的燃眉之急，半个月之后，王强又将哥哥返还的10万元存入单位银行账户。王强做的这些，单位毫无察觉。他暗自窃喜，自己既帮助了哥哥，又没损害公司的利益，真是一举两得！

（一）廉洁自律的含义

廉洁就是"不受曰廉，不污曰洁"，不收受贿赂，不贪污钱财。自律，是指自律主体按照一定的标准，自己约束自己、自己控制自己的言行和思想的过程。其主要特征在于"律"，即将一定的具体标准作为具体行为或言行的参照物，进行自我约束、自我控制，是具体的行为或言论达到至善至美。自律的核心就是用道德观念自觉地抵制自己的不良欲望。

廉洁自律是会计职业道德的"前提"，是会计职业道德的"内在要求"，是会计职业声誉的"试金石"。会计职业自律包括两层含义：会计人员自律和会计行业自律。会计人员自律也即会计人员的自我约束，是一个个体概念；会计行业自律是会计职业组织对整个会计职业的会计行为进行自我约束，自我控制的过程，是一个群体概念。

（二）廉洁自律的基本要求

1. 树立正确的人生观和价值观

廉洁自律，首先要求会计人员必须随时加强世界观的改造，树立正确的人生观和价值观。人生观是人们对人生的目的和意义的总的观点和看法。人生观主要回答什么是人生，人生的意义，怎样实现人生的价值等问题，包括幸福观、苦乐观、生死观、荣辱观、恋爱观等。价值观是人们关于价值的根本观点和看法，它是世界观的一个重要组成部分，包括对价值的本质、功能、创造、认识和实现等有关价值的一系列问题的基本观点和看法。价值观通过对人们的行为取向及事物的评价、态度反映出来，是驱使人们行为的内部动力。

会计人员处于财务工作的第一线，需要处理各方面的利益关系，特别是经济利益方面的关系，其工作性质决定会计人员必须树立正确的人生观和价值观。会计人员应树立正确的人生观和价值观，自觉抵制享乐主义、个人主义、拜金主义等错误的思想，这是在会计工作中做到廉洁自律的思想基础。

2. 公私分明，不贪不占

公私分明，是指会计人员在会计工作中要严格划分公与私的界线，公是公，私是私。

如果公私分明，就能够廉洁奉公，一尘不染，做到"常在河边走，就是不湿鞋"。如果公私不分，就会出现以权谋私的现象，甚至出现违法违纪的行为。不贪不占，是指会计人员不贪污，不化公为私，在工作中不损公肥私，不贪单位的便宜，不占国家或单位的资金或财产。

廉洁自律的天敌就是"贪""欲"。在会计工作中，由于大量的钱财要经过会计人员之手，因此，很容易诱发会计人员的"贪""欲"。一些会计人员贪图金钱和物质上的享受，利用职务之便，自觉或不自觉地行"贪"。有的被动受贿，有的主动索贿，有的贪污、挪用公款，有的监守自盗，有的集体贪污。究其根本原因是这些会计人员忽视了世界观的自我改造，放松了道德的自我修养，弱化了职业道德的自律。

3. 遵纪守法，一身正气

会计人员应重视世界观的自我改造，加强职业道德的自我修养，在执业活动中严格自律，自我约束，时刻把握好自己，自觉地抵制"贪欲"，不为金钱所动，不做金钱的奴隶，秉公办事，公私分明，不徇私情，不捞油水，不占便宜，不贪污盗窃，不收受贿赂，不以权谋私，不损公肥私，不挪用公款。在任何情况下，都要保持清醒的头脑，做到清正廉洁。

【例5-11】"理万金分文不沾""常在河边走，就是不湿鞋"，这两句话体现的会计职业道德是（　　）。

A. 参与管理　　　　　　　　B. 廉洁自律
C. 提高技能　　　　　　　　D. 强化服务

【解析】B。廉洁是指不收受贿赂，不贪污钱财，保持清白。自律是指自我约束、自我控制、自觉地抵制自己的不良欲望。本题中的两句话都体现了廉洁自律。

子任务四　客观公正

> 情境6：2005年某国有低压电器厂的财会机构负责人于某由于工作调动，该厂厂长刘某任命他的好友刚刚取得会计从业资格证书的行政科李某为新的财会机构负责人，按照规定办理交接后于某调离该厂。李某为报答厂长刘某的知遇之恩，将刘某刚刚中专财会毕业没有会计从业资格证书的女儿招聘到厂里担任出纳工作，并负责往来款项账簿的登记工作。

（一）客观公正的含义

客观，是指按事物的本来面目去反映，不掺杂个人的主观意愿，也不为他人的意见所左右。对于会计职业活动而言，客观主要包括两层含义：一是真实性，即以实际发生的经济活动为依据，对会计事项进行确认、计量、记录和报告；二是可靠性，即会计核算要准确，记录要可靠，凭证要合法。

公正，是指会计人员应该具备正直、诚实的品质，不偏不倚地对待有关利益各方。在会计职业活动中，由于涉及对多方利益的处理，因此，公正就是要求会计人员应公正地开展会计核算和会计监督工作,即在履行会计职能时,公平公正,不偏不倚地对待相关利益各方,以保证会计的公正性。

客观是公正的基础,公正是客观的反映。客观公正是会计人员必须具备的行为品德,是会计职业道德规范的灵魂,是会计职业道德所追求的理想目标。

(二)客观公正的基本要求

1. 依法办事

依法办事,严格遵守法律、法规和国家统一的会计制度,是会计工作保证客观公正的前提。当会计人员有了端正的态度和知识技能之后,他们在工作过程中还必须遵守各种法律、法规、准则和制度,依照法律规定进行核算,开展会计工作。

会计人员对填制凭证、登记账簿、编制财务会计报表等各项会计工作,必须遵守《会计法》《企业会计准则》《企业会计制度》等法律、法规和制度,依照法律规定进行处理,做出客观的会计职业判断。会计人员只有熟练掌握并严格遵守会计法律、法规,才能客观公正地处理会计业务。

在实际中,客观公正要求会计人员在工作中必须做到坚持原则,照章办事,不能因关系亲疏而异,要把好"贪欲"关、"人情"关,做到"经手万贯、一尘不染"。

2. 实事求是

客观公正应贯穿于会计活动的整个过程:一是在处理会计业务的过程中或进行职业判断时,应保持客观公正的态度,实事求是,不偏不倚。二是指会计人员对经济业务的处理结果是公正的。例如,作为注册会计师在进行审计鉴证时,应始终在第三者的独立立场上,不偏不倚地对待有关利益各方,不以牺牲一方利益为条件而使另一方受益,应以超然独立的姿态,对企业遵守会计准则、制度的具体情况进行公平公正的判断和评价,出具客观、适当的审计意见。

3. 如实反映

会计核算过程的客观公正和最终结果的客观公正都是十分重要的,没有客观公正的会计核算过程作为保证结果的客观公正性就难以保证;没有客观公正的结果,业务操作过程的客观公正就没有意义。

保持独立性是客观公正的基础,要求会计人员以会计法律制度为准绳,对会计业务的处理及对财务会计报告的编制、披露和评价,独立进行职业判断,做到客观、公正、理智、诚实。

保持独立性,对于注册会计师行业尤为重要。独立是客观公正的基础,也是注册会计师行业存在和发现的基础。根据《中国注册会计师道德规范指导意见》规定,注册会计师保持其独立性,做到以下两点:一是注册会计师应当回避可能影响其独立性的审计事项,实现形式上的独立;二是注册会计师应当恪守职业良心,保持实质上的独立。形式上的独立是实质上独立的必要条件,形式上不独立,就不能保证实质上的独立,但形式上独立也不一定能够保持实质上独立。注册会计师更重要的是保持实质上的独立。

【例5-12】下列有关会计职业道德"客观公正"的表述中，正确的有（　　）。
A. 依法律办事是会计工作保证客观公正的前提
B. 扎实的理论功底和较高的专业技能是做到客观公正的重要条件
C. 在会计工作中客观是公正的基础，公正是客观的反映
D. 会计活动的整个过程保持独立
【解析】ABCD。

子任务五　坚持准则

情境7：《中国青年报》曾报道，山西"卖官书记"武保安敛财有方，趋炎附势者送礼方式五花八门。某局局长从2000年开始，每逢中秋节和春节都用公款给武保安送礼，为了避免自己私吞的嫌疑，去送钱的时候还把会计带上。带会计去行贿，除了告诉受贿方此款安全，可以放心受之外，就是告诉会计这批款项应该通过技术手段将账面做得不留蛛丝马迹。要想人不知，除非己莫为。近些年来，这样的事情层出不穷。东窗事发后，涉事的会计人员，也表现得很无奈，他们认为：会计人员是"站得住的顶不住，顶得住的站不住"，领导怎么说就怎么做，只要领导高兴，"原则"可以变成"圆则"。会计人员整天与钱物打交道，"常在河边走，哪有不湿鞋"，只要坚守"不犯罪"这根底线就行了。

（一）坚持准则的含义

坚持准则，是指会计人员在处理业务过程中，要严格按照会计法律制度办事，不为主观或他人意志所左右。这几所说的"准则"，不仅指会计准则，而且包括会计法律、法规、国家统一的会计制度及与会计工作相关的法律制度。坚持准则是会计职业道德的核心。坚持准则是会计人员胜任本职工作的基础。

会计人员在进行会计核算、实施会计监督的过程中，要以准则作为自己的行动指南，在发生道德冲突时，应坚持准则，以维护国家利益、社会公众利益和正常的经济秩序。注册会计师在进行审计业务时，应严格按照独立审计准则的有关要求和国家统一会计制度的规定，出具客观公正的审计报告。

现实生活中经常会出现单位、社会公众和国家利益发生冲突的情况。面对不同的情况会计人员应如何处理，国际会计师联合会发布的《职业会计师道德守则》提出了如下建议：

（1）如遇到严重的职业道德问题时，职业会计师首先应遵循所在组织的已有政策加以解决。如果这些政策不能解决道德冲突，则可私下向独立的咨询师和会计职业团体寻求建议以便采取可能的行动步骤。

（2）若自己无法独立解决，可与最直接的上级一起研究解决这种冲突的办法。

（3）若仍无法解决，则在通知直接上级的情况下，可请教更高一级的管理层。若有迹象表明，上级卷入这种冲突，职业会计师必须和更高一级的管理当局商讨该问题。

（4）如果在经过内部所有各级审议之后道德冲突仍然存在，那么对于一些重大问题，如舞弊，职业会计师可能没有其他选择。作为最后手段他只能诉诸辞职，并向该组织的适当代表提交一份信息备忘录。

国际会计师联合发布的《职业会计师道德守则》中提出的发生道德冲突时的解决途径值得借鉴。我国会计人员如果遇到道德冲突时，首先要对发生的事件做出是与非的判断，如涉及严重的道德冲突时，应维护国家和社会公众利益。

（二）坚持准则的基本要求

1. 熟悉准则

熟悉准则是指会计人员应熟悉《会计法》和国家统一的会计制度及与会计相关法律制度，不为主观或他人意志所左右。这是遵循准则、坚持准则的前提。只有熟悉准则，才能按准则办事，才能遵纪守法，才能保证会计信息的真实性、完整性。

2. 遵循准则

遵循准则即执行准则。会计人员在会计核算和监督时要自觉的严格遵守各项准则，将单位具体的经济业务事项与准则相对照，优先做出是否合法合规的判断，对不合法的经济业务不予受理。

在实际工作中，随着经济的发展变化情况，会计业务日趋复杂，会计人员要经常学习掌握准则的最新变化，针对本部门、本单位的实际情况及经济活动中出现的新情况、新问题，通过运用所掌握的会计专业理论和技能，做出正确的职业判断准确的理解和执行准则。

3. 敢于同违法行为作斗争

市场经济是利益经济。在企业的经营活动中，国家利益、集体利益与单位、部门及个人利益时常发生冲突。在会计工作中，常常由于各种利益的交织，引起会计人员道德上的冲突。如果会计人员为了自己的个人利益不受影响放弃原则做"老好人"，就会使会计工作严重偏离准则，会计信息的真实性、完整性就无法保证，作为会计人员，要敢于同违法行为作斗争。

会计人员在履行职责中，要认真执行国家统一的会计制度，依法履行会计监督坚决按国家法律、规章严格审查各项财务收支，维护国家和投资者的利益，绝不能为个人和小团体的利益弄虚作假、营私舞弊，发生道德冲突时应坚持准则对法律负责，对国家和社会公众负责敢于抵制和纠正违反会计法律制度的现象，确保会计信息的真实性和完整性。

【例5-13】坚持依法办理会计事项，体现（　　）方面的会计职业道德。

A. 坚持准则　　　　　　　　　　B. 提高技能

C. 参与管理　　　　　　　　　　D. 廉洁自律

【解析】A。

【例5-14】会计职业道德的内容中有"坚持准则"一项，这里的"准则"是指（　　）。

A. 会计准则　　　　　　　　　　B. 会计法律

C. 会计行政法规　　　　　　　　D. 与会计相关的法律制度

【解析】 ABCD。这里所说的"准则"不仅指会计准则，而且包括会计法律、国家统一的会计制度及与会计工作相关的法律制度。

子任务六 提高技能

（一）提高技能的含义

职业技能，也称为职业能力，是人们进行职业活动、承担职业责任的能力和手段。就会计职业而言，职业技能包括会计理论水平、会计实务操作能力、职业判断能力、自动更新知识能力、提供会计信息的能力、沟通交流能力及职业经验等。提高技能就是指会计人员通过学习、培训和实践等途径，持续提高上述职业技能，以达到和维持足够的专业胜任能力的活动。遵守会计职业道德客观上需要不断提高会计职业技能。

就会计职业而言，职业技能包括会计理论水平、会计实务操作能力、职业判断能力、自动更新能力、提供会计信息能力、沟通交流能力及职业经验等。会计工作质量的好坏，一方面受会计职业技能水平的影响；另一方面受会计人员道德品行的影响。会计人员道德品行是会计职业道德的根本和核心，会计人员的职业技能水平是会计人员职业道德水平的保证。没有娴熟的专业技能，是无法开展会计工作、履行会计职责的。提高技能要求会计人员增强提高专业技能的自觉性和紧迫性，勤学苦练，刻苦钻研，不断进取，提高业务水平，以适应会计工作的需要。

（二）提高技能的基本要求

1. 要有不断提高会计专业技能的意识和愿望

随着市场经济的发展、全球经济一体化的加快及科学技术的日新月异，会计在经济发展中的作用越来越明显，对会计的基本要求也越来越高，会计人才的竞争也越来越激烈。会计人员要想生存和发展，要适应时代发展的步伐，就要有危机感、紧迫感，就必须具有不断提高会计专业技能的意识和愿望。不断进取，才会主动地求知、求学，刻苦钻研，使自身的专业技能不断提高，使自己的知识不断更新，从而掌握过硬的本领，在会计人才的竞争中立于不败之地。

2. 要有勤学苦练的精神和科学的学习方法

专业技能的提高和学习不可能一劳永逸，必须持之以恒，不间断地学习、充实和提高。"活到老学到老"，要做一名业务娴熟、技术精湛的会计人员，需要付出终身的努力。只有向书本学、向社会学、向实际工作学，并且具有锲而不舍的"勤学"精神，刻苦钻研，才能不断提高自己的业务水平、理论水平、操作技能和职业判断能力，才能适应不断变化的新形势和新情况的需要。同时要掌握科学的学习方法，用科学的会计理论、高超的会计操作技术武装自己，在实践中不断锤炼，不断提高业务技能，以适应会计发展的需要。

【例5-15】根据会计职业道德要求，下列各项中，有利于会计人员提高技能的有（   ）。
A.参加财政部门组织的会计法规制度培训　　B.参加会计国际研讨会
C.参加单位组织的业务比赛和经验交流　　D.参加会计专业技术资格考试
【解析】ABCD。会计人员通过学习、培训和实践等途径，持续提高会计职业技能，以达到和维持足够的专业胜任能力的活动。

【例5-16】下列各项中，属于会计技能的有（   ）。
A.提供会计信息能力　　B.会计实务操作能力
C.职业判断能力　　D.沟通交流能力
【解析】ABCD。会计职业技能包括：会计理论水平、会计实务能力、职业判断能力、自动更新知识能力、提供会计信息的能力、沟通交流能力及职业经验等。

【例5-17】"活到老学到老"是会计职业道德（   ）的要求。
A.坚持准则　　B.提高技能
C.参与管理　　D.廉洁自律
【解析】B。只有不断提高会计专业技能的意识和愿望，才能不断进取，主动求知。

子任务七　参与管理

> 情境8：赵丽在晓东电子有限公司担任会计，她工作努力，钻研业务，积极提出财务工作的合理化建议，因此多次被公司评为先进会计工作者。赵丽的丈夫在一家私有电子企业任产品研发部经理，赵丽在其丈夫的多次请求下，将在工作中接触到的公司新产品研发计划及相关会计资料复印件提供给其丈夫，给公司带来一定的损失。公司认为赵丽不宜继续担任会计工作。

（一）参与管理的含义

参与管理简单地讲就是参加管理活动，为管理者当参谋，为管理活动服务。会计管理是企业管理的重要组成部分，在企业管理中具有十分重要的作用。但会计工作的性质决定了会计在企业管理活动中，更多的是从事间接管理活动。如果没有会计人员的积极参与，企业的经营管理就会出现问题，决策就可能出现失误。

参与管理就是要求会计人员在做好本职工作的同时，努力钻研相关业务，全面熟悉本单位经营活动和业务流程，积极主动的向单位领导反映本单位的财务、经营状况及存在的问题，主动提出合理化建议，积极地参加市场调研和预测，参与决策方案的制订和选择，参与决策的执行、检查和监督，协助领导的经营管理和决策活动，积极参与管理，当好助手和参谋。

会计人员尤其是会计部门负责人，必须强化自己参与管理、当好参谋的角色意识和责任意识。

（二）参与管理的基本要求

1. 努力钻研业务，熟悉财经法规和相关的制度，提高业务技能，为参与管理打下基础

娴熟的业务，精湛的技能，是会计人员参与管理的基础。会计人员只有努力钻研业务，掌握科技的基本理论、基本方法和基本技能，深刻领会财经法规和相关的制度，不断提高业务技能，才能有效地参与管理，为改善经营管理、提高经济效益服务。

2. 熟悉服务对象的经营管理和业务流程，使参与管理的决策更具针对性和有效性

会计人员应当熟悉本单位的生产经营、业务流程和管理等情况，掌握单位的生产经营能力、技术设备条件、产品市场及资源状况等情况。只有如此，才能在参与管理的活动中运用专门的财务会计方法，对生产、销售、成本、利润等方面有针对性的拟定可行性方案，参与优化决策，从而提高经营决策的合理性和科学性，更有效地服务于单位的总体发展目标。

【例5-18】下列各项中，符合会计职业道德"参与管理"的行为有（　　　）。
A. 对公司财务会计报告进行综合分析并提交风险预警报告
B. 参加公司重大投资项目的可行性研究和投资效益论证
C. 分析坏账形成原因，提出加强授信管理、加快货款回收的建议
D. 分析现企业盈利能力，查找存在的问题，提出多记费用减少纳税的措施

【解析】ABC。减少纳税是不合法的，不是参与管理的内容。

子任务八　强化服务

（一）强化服务的含义

强化服务就是会计人员要具有文明的服务态度、强烈的服务意识和优良的服务质量。会计人员要做到礼貌服务、以礼待人；要以高度负责的态度树立起强烈的服务意识；要以优良的服务质量为社会公众即会计信息使用者服务。

会计工作涉及面广，政策性强，服务态度的好坏直接影响到会计人员的社会形象，会计人员要做到"文明服务，以礼待人"，以高度负责的态度树立强烈的服务意识，以优良的服务质量为社会公众即会计信息使用者服务。强化服务的结果，就是奉献社会。如果说爱岗敬业是职业道德的出发点，那么，强化服务、奉献社会就是职业道德的归宿点。

（二）强化服务的基本要求

强化服务，是要求会计人员具有文明的服务态度，强烈的服务意识和优良的服务质量。强化服务的关键是提高服务质量。

1. 强化服务意识

"良言一句三冬暖，恶语伤人六月寒。"强化服务意识要求会计人员做到谦虚谨慎，时刻将自己放在与普通群众平等的位置上充分尊重别人的意见；做到态度和蔼，语言文明；

做到以诚相待，尊重事实；做到团队协作，以和为贵。

会计人员要树立强烈的服务意识，为管理者服务，为所有者服务，为社会公众服务。不论服务对象的地位高低，都要摆正自己的工作位置，管钱、管账是自己的工作职责，参与管理是自己的义务，只有树立了强烈的服务意识，才能做好会计工作，履行会计职能。为单位和社会经济的发展做出应有的贡献。

2. 提高服务质量

强化服务的关键是提高服务质量，这就需要会计人员真实的记录单位的经济活动，积极主动地向单位领导反映经营活动情况和存在的问题，提出合理化建议，协助领导决策，参与经营管理，同时，应充分运用会计理论、会计方法、会计数据，为单位决策层、政府部门、投资人、债权人及社会公众提供真实、可靠的会计信息。

提供优良的服务，并非是无原则地满足服务主体的需要，而是在坚持原则、坚持准则的基础上尽量满足用户或服务主体的需要。比如注册会计师应坚持独立、客观、公正的原则，接受委托人的委托，提供会计鉴证等服务。

会计职业强化服务的结果就是奉献社会，如果说敬业是前提，爱岗是基础，那么强化服务就是表现。如果说"忠于职守"是爱岗敬业的内在品质，那么强化服务就是爱岗敬业的外在表现。如果说将爱岗敬业看作是会计职业道德出发点，奉献社会作为职业的崇高责任就是职业道德的基本要求和最终归宿。

【例 5-19】刘某系某代理记账公司提供专业服务的会计人员，为了遵循会计职业道德强化服务的要求，李某为客户提供的下列服务中，正确的有（　　　　）。

A. 向委托单位提出改进内部控制的建议和意见
B. 利用专业知识和委托单位提出税收筹划的建议
C. 在委托单位举办财会知识培训班，宣讲会计法律制度，帮助树立依法理财观念
D. 为帮助委托单位负责人完成业绩考核任务，提出将银行借款利息挂账处理建议

【解析】ABC。本题考核强化服务。D 项是不合法的。质量上乘，并非是无原则地满足服务主体的需要，而是在坚持原则、坚持会计准则的基础上尽量满足用户或服务主体的需要。

【课后思考】

1. 简述我国会计职业道德规范的主要内容及基本要求。
2. 简述会计职业道德教育的内容。

任务三　会计职业道德教育

实现以"诚信"为核心的会计职业道德目标，必须要多管齐下，开展全方位、多形式、多渠道的会计职业道德教育，从而有利于逐步培养会计人员的会计职业道德情感，树立会计职业道德观念，提高会计职业道德水平，使会计职业健康发展。

会计职业道德的提高必须从他律灌输开始,他律灌输是职业道德教育不可逾越的阶段。从他律走向自律,是职业道德教育的最高境界。

子任务一 会计职业道德教育

(一)会计职业道德教育的含义

会计职业道德教育,是指为了促使会计人员正确履行会计职能,而对其进行有目的、有计划、有组织、有系统的道德教育活动。提高会计人员的道德素质,教育是基础。通过会计职业道德教育,把会计职业道德观念灌输到会计人员的头脑中,培养其职业道德情感,树立会计职业道德信念,遵守会计职业道德规范,引导会计人员自我教育、自我修养、自我提高,从而将会计职业道德的原则和规范逐步转化为会计人员的内在品质,从总体上提高会计人员职业道德水平。

会计职业道德教育包括接受教育和自我教育两种形式。接受教育即外在教育,是指通过学校或培训单位对会计人员进行以职业责任、职业义务为核心内容的正面灌输,从而规范其执业行为,维护国家和社会公众利益的教育。自我教育是相对于接受教育而言的,是会计人员自我学习、提高自身道德修养的行为活动。把外在的会计职业道德的内容要求逐步转变为会计人员内在的职业道德认识、情感、意志和信念,要通过内在的自我教育才能实现。

(二)会计职业道德教育的内容

会计职业道德教育的任务主要是帮助和引导会计人员培养会计职业道德情感,树立会计职业道德观念,遵守会计职业道德规范,使会计人员懂得什么是对的,什么是错的;什么是必须提倡的,什么是坚决反对的。

1.职业道德观念教育

职业道德观念教育是指以普及会计职业道德基础知识为内容的教育,是会计职业道德教育的基础。职业道德观念教育就是在社会上广泛宣传会计职业道德基本常识、使广大会计人员懂得什么是会计职业道德,了解会计职业道德对社会经济秩序、会计信息质量的影响,以及违反会计职业道德将受到的惩戒和处罚。并利用广播电视、报纸杂志等媒介,表彰坚持原则、德才兼备的会计人员,鞭笞违法违纪的会计行为。形成遵守会计职业道德光荣、违反职业道德可耻的社会氛围。

2.职业道德规范教育

职业道德规范教育是指对会计人员开展以会计职业道德规范为内容的教育。会计职业道德规范的主要内容包括爱岗敬业、诚实守信、廉洁自律、客观公正、坚持准则、提高技能、参与管理和强化服务等。只是会计职业道德教育的核心内容,应贯穿于会计职业道德教育的始终。

3. 职业道德警示教育

职业道德警示教育是指通过开展对违反会计职业道德行为和对违法会计行为典型案例的讨论和剖析，给会计人员以启发和警示。在会计职业道德警示教育中，对会计人员做到警钟长鸣；通过对警示案件的反思，提高会计人员自身的法律意识，更新和提升自己的职业道德观念，增强会计人员在会计工作中及其他经济活动中辨别是非的能力。

4. 其他教育

其他与会计职业道德相关的教育包括：形势教育、品德教育、法制教育等。

【例5-20】 下列关于会计职业道德教育内容说法错误的有（　　）。

A. 职业道德观念教育是会计职业道德教育的核心

B. 会计职业道德规范教育是指对会计人员开展以会计法律制度、会计职业规范为主要内容的教育

C. 会计职业道德规范教育应贯穿于会计职业道德教育的始终

D. 会计职业道德警示教育是为了提高会计人员的法律意识和会计职业道德观念

【解析】 AB。职业道德规范教育是指对会计人员开展以会计职业道德规范为内容的教育，是会计职业道德教育的核心。

（三）会计职业道德教育的途径

1. 岗前职业道德教育

岗前职业道德教育，是指对将要从事会计职业的人员进行的道德教育，包括会计专业学历教育及获取会计从业资格中的职业道德教育。教育的侧重点应放在职业观念、职业情感及职业规范等方面。

（1）会计学历教育中的职业道德教育。即对大、中专院校会计类专业的在校学生进行会计职业道德教育。《公民道德建设实施纲要》中指出："学校是进行系统道德教育的重要阵地。各级各类学校必须认真贯彻党的教育方针，全面推进素质教育。"在我国大专院校会计类专业就读的学生，是会计队伍的预备人员，他们当中大部分将走入会计队伍，从事会计工作。为保证进入会计队伍的新鲜血液具有良好的职业道德观念，会计职业道德教育必须从会计学历教育抓起。会计学历教育的阶段，是他们的会计职业情感、道德观念和是非善恶判断标准初步形成的时期，在学历教育中开展会计职业道德教育，培养会计职业道德情感，树立会计职业道德信念，将会计职业道德逐步转化为会计队伍预备人员的内在品质，把会计职业道德规范变成未来职业活动中遵循的信念和标准，从而对会计队伍预备人员的会计职业道德教育起到基础性作用。所以，会计专业类大专院校是会计职业道德教育的重要阵地，是会计人员岗前道德教育的主要场所，在会计职业道德教育中具有基础性地位。

会计学历教育的具体目标包括以下三个方面：一是使学生在学习会计理论和技能的同时，了解会计职业道德规范的主要内容，树立职业道德观念；二是使学生了解会计职业面临的道德风险，为今后从事会计工作，并在职业活动中保持正确的价值观与行为模式奠定基础；三是培养学生树立起会计的职业情感和观念，提高运用道德标准判断是非的能力。

(2) 获取会计从业资格中的职业道德教育。即对从事会计职业的人员进入会计职业岗位前进行的职业道德教育。在我国，根据财政部门的有关规定，从事会计工作必须持会计从业资格证上岗。而会计从业资格证的取得，必须通过会计从业资格的考试。为了使希望从事会计职业的人员在进入会计岗位时具备一定的会计职业道德知识，财政部在会计从业资格考试科目中设置了《财经法规与会计职业道德》这一科目，其目的是强化会计人员职业道德教育。

目前，我国大专、中专院校的毕业生即使是已接受过会计专业学历教育中的会计职业道德教育，也要接受取得会计从业资格中的会计职业道德教育，这是由我国会计从业资格的考试制度所决定的。这是通过行政、法律的力量，强化会计人员职业道德教育的重要手段。

2. 岗位职业道德继续教育

岗位职业道德继续教育，是指利用开展继续教育的形式对已取得会计从业资格证书或取得注册会计师资格的人员进行职业道德教育。

(1) 意义。岗位职业道德继续教育是岗前会计职业道德教育的延续，是强化会计职业道德教育的有效形式。岗位职业道德继续教育与会计人员继续教育结合在一起，属于会计人员继续教育的一部分。《会计法》第三十九条规定："会计人员应当遵守职业道德，提高业务素质。对会计人员的教育和培训工作应当加强。"2006年财政部印发的《会计人员继续教育暂行规定》，进一步规定了有关会计人员继续教育的任务、内容、方式、学时、基地、师资、组织管理和实施要求等。中国注册会计师协会也印发了《注册会计师职业后续教育基本准则》，该准则为注册会计师继续教育创造了条件。这些法律、法规为会计人员继续教育提供了法律保障。

相对于学历教育而言，继续教育具有很强的针对性，针对不同的对象，确定不同的教育内容，采取不同的教育方式。继续教育的目的是根据专业或本职岗位的需要，使受教育者带着问题来学习，力求在较短的时间内，把所学的新知识、掌握的新技能，运用到会计职业和财务管理工作中去。

(2) 岗位职业道德教育的内容。会计人员继续教育根据不同对象确定不同的教育内容，采取不同的教育方式，解决实际问题。即继续教育培训内容、方法、形式等方面具有灵活性。培训内容丰富多彩，不同层面的持证人员可以结合本职工作和知识结构的需要选择相应的继续教育培训内容。岗位职业道德教育的内容包括形势教育、专业理论教育、品德教育和法制教育四个方面。

继续教育培训的方法有面授、函授、录像和网络教学。培训形式包括：财政部门直接组织培训；省级以上主管部门根据行业管理需要自行组织的培训；财政部门认同的继续教育单位组织的培训；单位自行组织的业务培训、岗位培训；参加上一级别的会计专业技术资格考试、注册会计师考试；等等。

(3) 会计人员继续教育的特点。会计人员继续教育的特点表现在适应性、针对性和灵活性三大方面。

岗位职业道德继续教育应贯穿于整个会计人员继续教育的始终。就现阶段而言，会计人员继续教育中的会计职业道德教育目标是适应新的市场经济形势的发展变化，在不断更新、补充、拓展会计人员业务能力的同时，通过职业道德的信念教育、会计职业义务教育、会计职业荣誉教育、会计职业尊严教育和会计职业节操教育，引导会计人员自觉地用会计职业道德规范指导和约束自身的行为，提高职业道德自律能力，最终形成良好的、稳定的会计职业道德品行。

会计职业道德教育应贯穿于整个会计人员继续教育的始终。

【例5-21】会计职业道德教育的途径（　　）。

A. 在学历教育中进行职业道德教育　　B. 在会计继续教育中进行职业道德教育

C. 利用国家强制力实施会计职业道德教育　　D. 参加会计师职称与考试

【解析】AB。我国会计职业道德教育途径包括：（1）岗前职业道德教育：①会计学历教育中的职业道德教育；②获取会计从业资格证中的职业道德教育。（2）岗位职业道德继续教育。

子任务二　会计职业道德修养

（一）会计职业道德修养的含义

会计职业道德修养，是指会计人员在会计职业活动中，按照会计职业道德的基本要求，在自身道德品质方面进行的自我教育、自我改造、自我锻炼、自我提高，从而达到一定的职业道德境界。会计职业道德品质的形成过程，最终是在会计人员自我修养中得到升华。自我修养是会计职业道德的职能和作用得以实现的重要环节。

会计职业道德修养要求会计人员学习职业道德的知识，培养自己的职业情感，在履行义务时，克服困难障碍，磨炼职业道德意志，树立坚定的职业道德信念。职业道德修养的最终目的，在于把职业道德原则和规范逐步地转化为自己的职业道德品质，从而将职业实践中对职业道德的意识情感和信念上升为职业道德习惯，使其贯穿于职业活动的始终。

（二）自我修养的途径

1. 慎独慎欲

"慎独"是一种传统的道德修养和高尚的道德境界。会计职业道德修养所说的"慎独"是指在独自一个人工作、无人监督的情况下，仍能坚持自己的道德信念。不管财经法规、制度是否有漏洞，也不管是否有人监督，领导管理是否严格，都按照职业道德的要求去办。

会计职业道德修养的最高境界在于做到"慎独"。慎独是衡量一个人道德觉悟和思想品质的试金石，慎独的前提是坚定的职业信念和职业良心，它是道德内在约束力作用的结果，突出地表现了道德的自律作用。慎独既是一种道德修养方法，又是一种很高的道德境界。

"慎欲"是用正当的手段获得物质利益。一是要把国家、社会公众和集体利益放在首位,在追求自身利益的时候,不损害国家和他人利益。二是做到节欲,对利益的追求要适度适当,要合理合法,反对不正当手段达成利己的目的。

2. 慎省慎微

会计职业道德教育修养的方法上,尤其应提倡"慎省"。所谓"慎省"就是反省自己言行是否有不对的地方。会计人员在处理每一笔会计业务时,对是否真实、准确,是否符合国家法律、法规和国家统一会计制度,是否符合国家、集体利益等,都需要认真自省,通过自我反思、自我解剖、自我总结、扬长避短,不断地自我升华、自我超越,逐步树立起正确的道德观念,培养高尚的道德品质,提高自己的精神境界。

"慎微"是在微处、小处自律,从微处小处着眼,积小善成大德。

3. 自警自励

"自警"是随时警醒、告诫自己,要警钟长鸣,防止各种不良思想对自己的侵袭。"自励"是以崇高的会计职业道德理想、信念激励自己、教育自己。榜样的力量是无穷的,优秀的榜样和高尚的行为,能给人以巨大的感染力和推动力,对人们的思想行为起着潜移默化的作用,虚心向先进人物学习是提升会计职业道德修养的一个重要手段。

【例5-22】会计职业道德修养的前提和首要环节是（　　）。
A. 树立坚定的会计职业道德信念　　　　B. 培养高尚的会计职业道德情感
C. 形成正确的会计职业道德认知　　　　D. 养成良好的会计职业道德行为
【解析】C。形成正确的会计职业道德认识是会计职业道德修养的前提和首要环节。

【课后思考】
1. 会计职业道德教育的内容有哪些?
2. 提升会计职业道德修养的方法有哪些?

任务四　会计职业道德建设组织与实施

会计职业道德决定会计职能作用的发挥和会计工作的质量。因此,全面加强会计职业道德建设,提高会计人员道德素质,是一项重大而紧迫的任务。会计职业道德建设是一项复杂的系统工程,要抓好会计职业道德建设,关键要加强和改善对会计职业道德的组织和领导,并得到切实贯彻和实施。各部门、行业、会计职业组织和社会各界应积极行动起来,共同把会计职业道德建设搞好。在依法治国与以德治国相结合的思想指导下,有政府部门的组织推动、会计职业组织的自律约束、社会各界的齐抓共管,使我国会计职业道德水平迈上一个新台阶,为全面建设小康社会、建设中国特色社会主义事业做出新的贡献。

子任务一 财政部门的组织推动

财政部门作为会计工作的主管部门,在会计职业道德建设中发挥了重要作用,是会计职业道德建设的主要推动者和组织者。会计职业道德建设是会计管理工作的重要组成部分,是实现《会计法》立法宗旨的德治建设的重要组成部分,必须发挥财政部门的政府主导作用,使我国的会计职业道德建设朝着正确的方向前进,财政部门可以从以下方面组织实施会计职业道德建设。

(一)采用多种形式开展会计职业道德宣传教育

《会计法》规定,县级以上财政部门管理本行政区域内的会计工作。《注册会计师法》规定,财政部门对注册会计师、会计师事务所和注册会计师协会进行监督指导。加强会计职业道德建设,在全社会营造会计诚信的氛围,应当列入财政部门管理会计工作的重要议事日程。

各级财政部门应有计划、有步骤地开展会计职业道德的宣传教育工作,要结合本地区的实际情况,制订可行的宣传教育方案,采取灵活多样的宣传形式,如举办会计职业道德演讲会、知识竞赛、有奖征文、论坛、专题研讨等多种形式的活动,引导广大会计人员积极参与会计职业道德教育活动,要充分利用广播、电视、网络、报纸、杂志等媒体,广泛宣传遵守会计职业道德的先进典范,弘扬正气,树立诚实守信等会计新风尚,发挥思想文化阵地在职业道德建设中的作用,在全社会营造会计职业道德建设的良好氛围。

同时,要使会计人员充分认识到会计职业道德在会计工作中的重要性和重大意义。要总结和推广会计职业道德建设的新经验,积极创新,与时俱进,探索新的有效途径和实践形式,把本地区会计职业道德建设不断提高到新的水平。

(二)会计职业道德建设与会计从业资格证书注册登记管理相结合

会计从业资格证书注册登记制度,是指持有会计从业资格证书的人员,被单位聘用从事会计工作时,应由本人或本人所在单位提出申请,按照从业资格管理部门规定的时间到会计从业资格管理部门进行注册的一种管理制度。根据《会计从业资格管理办法》的规定,会计从业资格证书实行定期年检制度。年检时审查的内容其中包括持证人员遵守财经纪律、法规和会计职业纪律情况,依法履行会计职责情况。不符合有关规定的不予通过年检。

《会计基础工作规范》规定:"财政部门、业务主管部门和各单位应当定期检查会计人员遵守职业道德情况,并作为会计人员晋升、晋级、聘任专业职务、表彰奖励的重要考核依据。会计人员违反职业道德的,由所在单位进行处罚;情节严重的,由会计证(会计从业资格证书)发证机关吊销其会计证(会计从业资格证书)。"由此可见,将会计从业资格证书注册登记制度与会计职业道德检查结合起来有着制度基础,对于建立健全会计职业道德检查与奖惩机制,起着十分重要的作用。

目前,财政部门对会计从业资格证书档案实行电子计算机管理,为建立会计人员诚信档案创造了有利条件。将会计从业资格证书管理和持证人员的从业档案信息结合,建立会计人员诚信档案既可作为财政部门监督管理的依据,也可以向用人单位开放,从而督促、约束、激励会计人员严格自律,认真执行会计职业道德规范。

（三）会计职业道德建设与会计专业技术资格考评、聘用相结合

我国会计专业职务分为高级会计师、会计师、助理会计师和会计员,其中高级会计师为高级资格,会计师为中级资格,助理会计师、会计员为初级资格。

初级资格、中级资格通过全国专业技术资格考试取得,根据财政部、人事部联合印发的《会计专业技术资格考试暂行规定》及其实施办法规定,报考初级资格、中级资格的人员,应"坚持原则,具备良好的职业道德品质"等,对报考人员的遵守会计职业道德情况提出了要求。会计专业技术资格考试管理机构对参加考试报名的会计人员的职业道德情况进行检查,经审查发现有不遵循会计职业道德记录的报考人员,应取消其报名资格。

高级会计师资格的取得实行考试与评审相结合的制度,高级会计师资格的考评不仅对申报人员的学历条件、工作成绩及专业水平等方面进行考评,而且对会计职业道德的考评也是一个重要的内容。如果申报人存在曾因违法行为而受到刑事处罚,或在财务、会计、审计、企业管理或其他经济管理工作中犯有严重错误而受过党纪、政纪处分的情形,则不能参与高级会计师资格的评审。

同时,各单位在聘任会计人员专业技术职务时,除必须具备同级专业技术资格外,也应考察其遵守职业道德情况。对于有违法犯罪行为而受过刑事处罚,因在财务会计工作中犯有严重错误受到行政处分,或者参与所在单位偷税、逃税、通同舞弊等活动,或者组织会计作假等其他违反会计职业道德行为的,可以不予聘用。

将会计职业道德奖惩与会计专业技术资格的考评、聘用联系起来,必将促使广大会计人员遵守职业道德,不断提高自身的职业道德修养。

（四）会计职业道德建设与《会计法》执法检查相结合

财政部门作为《会计法》的执法主体,可以依法对单位执行会计法律、法规、国家统一会计制度情况及会计信息质量情况进行检查。在开展《会计法》执法检查的同时,也对会计人员是否遵守职业道德情况进行了检查。对于检查中发现的违反会计法律的行为,按照法律规定进行依法处理,构成犯罪的,依法追究刑事责任;违反会计法律的行为,一般也是违反会计职业道德要求的。会计从业人员若存在违法行为,不但要承担相应的行政处罚或刑事处罚,同时还必须接受相应的职业道德惩戒,包括会计行业内通报批评、指令参加一定学时的继续教育课程、暂停从业资格、在行业内部的公开刊物上予以曝光等。法律惩罚和道德惩戒两者并行不悖、不可替代,应同时并举。

（五）会计职业道德建设与会计人员表彰奖励制度相结合

《会计法》规定："对认真执行本法，忠于职守，坚持原则，做出显著成绩的会计人员，给予精神的或者物质的奖励。"通过对自觉遵守会计职业道德的优秀会计工作者进行表彰、宣传，可以使受奖者感到对遵守道德规范的回报和社会肯定，增强了会计人员的职业荣誉感，调动了会计人员的工作积极性和开拓创新的精神，从而促使其强化职业道德行为。

这种奖惩机制需要各种规章制度作为保证，为此，我国相应建立了一系列的有关会计人员职业道德的奖惩规章，如《会计人员职权试行条例》《会计人员荣誉证书试行规定》等。此外，对会计职业道德检查中涌现出来的先进人物和事迹进行表彰奖励时，应注意物质奖励与精神奖励相结合。对成绩显著的会计人员奖励方式有：晋升工资、发放奖金、授予荣誉称号、颁发荣誉证书等。

【例5-23】 建立会计人员诚信档案是开展会计职业道德教育的有效方式。下列各项中，可以记入诚信档案的有（　　）。

A. 会计人员执行会计法规制度情况　　B. 会计人员遵循职业道德情况
C. 会计人员受到奖励的情况　　　　　D. 会计人员受到惩处的情况

【解析】 ABCD。以上选项均可以记入会计人员诚信档案。

子任务二　会计职业组织的行业自律

会计行业自律是一个群体概念，是会计职业组织对整个会计职业的会计行为进行自我约束、自我控制的过程。在会计职业较发达的市场经济国家，会计职业道德准则一般由会计职业组织制定、颁布与督导实施的。有些做法和经验值得我们借鉴。

会计职业组织起着联系会员与政府的桥梁作用，应充分发挥协会等会计职业组织的作用，改革和完善会计职业组织自律机制，有效发挥自律机制在会计职业道德建设中的促进作用。应当借鉴国外通过会计职业组织实施职业道德约束的做法和经验，除注册会计师协会外，应在会计学会、总会计师协会等职业组织中设立职业道德委员会，专司职业道德规范的制度、解释、修订和实施之职，建立健全行业自律制度。

目前，我国通过会计行业组织对会计职业道德进行自律管理与行业惩戒已取得一定进展。中国注册会计师协会作为注册会计师行业的组织，为加强行业自律建设，先后发布了《中国注册会计师职业道德基本准则》《中国注册会计师职业道德规范指导意见》以及《注册会计师、注册资产评估师行业诚信建设实施纲要》等，提出了大力加强职业道德和专业素质教育，提升执业人员的职业道德水平和专业胜任能力等行业诚信建设的任务，要求建立惩戒委员会等行业自律性组织，对违反执业规则和职业道德规范的注册会计师，依照行规行律进行道德谴责和惩戒，将有关执业机构或执业人员的不良行为记入诚信档案，逐步使行业自律和惩戒规范化、制度化。

会计职业组织在促进会计职业道德建设中可采取的措施有：①制定会计职业道德规

范；②开展会计职业道德典型人物宣传；③对违反会计职业道德的会员实施惩戒；④对严格遵守会计职业道德的会员予以表彰。

子任务三 企事业单位的内部监督

各企事业单位要建立健全内部监督制度，形成内部约束机制，防范舞弊和经营风险，支持并督促会计人员遵循会计职业道德，依法开展会计工作。

作为会计主体的单位，是做好会计职业道德建设的最基础环节。因此，单位特别是单位负责人要切实抓好会计职业道德建设。属于单位负责人重视和加强会计职业道德建设的内容有：①在任用会计人员时，必须任用具备会计从业资格的人员从事会计工作，在任用重要会计岗位的人员时，应审查其职业记录和诚信档案，选择业务素质高、职业道德好、无不良记录的人员从事会计工作；②在日常工作中，应注意开展对会计人员的道德和纪律教育，并加强检查，督促会计人员坚持原则，诚实守信；③在制度建设上，要重视内部控制制度建设，完善内部约束机制，为会计人员遵守职业道德提供良好的执业环境，从而可以有效地防范舞弊和经营风险，规避道德失范；④单位负责人要做遵纪守法的表率，支持并督促会计人员遵循会计职业道德，依法开展工作。

子任务四 社会各界的监督与配合

我国《公民道德建设实施纲要》指出，"推进公民道德建设，需要社会各方面的共同努力"，会计职业道德建设也是如此。加强会计职业道德建设，既是提高会计人员素质的一项基础性工作，又是一项复杂的社会系统工程，不仅是某一个单位、某一个部门的任务，也是各地区、各部门、各单位的共同责任。只有齐抓共管，形成合力，才能抓出成效。

（一）发挥社会舆论的监督作用

良好会计职业道德风尚的树立，离不开社会舆论的支持和监督。"银广夏""蓝田"等会计造假案被发现，媒体的追踪报道功不可没。要以新闻媒体为阵地，广泛开展会计职业道德的宣传教育，让社会各界了解会计职业道德规范的内容，促进良好的会计职业道德的建立与健全。要在全社会会计人员中倡导诚信为荣、失信为耻的职业道德意识，引导会计人员加强职业修养。通过会计职业道德建设中正、反典型的宣传，弘扬正气，打击歪风。通过强化舆论监督，形成良好的诚实守信的社会环境和社会氛围，有效地搞好会计职业道德建设，更好地提高广大会计人员的思想道德素质。

（二）各有关部门和机构要重视会计职业道德建设

各有关部门和机构要重视会计职业道德建设，各尽其责，相互配合，把道德建设与业务工作紧密结合起来，纳入目标管理责任制，制定规划，完善措施，根据会计职业道德规范的要求，结合本系统、本行业（单位）的特点，有针对性地制定具体的会计职业道德规范，积极探索会计职业道德建设组织与实施的制度和机制，齐抓共管，保证会计职业道德建设的各项任务和要求落到实处。

【例5-24】关于会计职业道德建设组织与实施，下列说法中，不正确的有（　　）。

A. 社会各界各尽其责，相互配合，齐抓共管

B. 社会舆论监督，形成良好的社会氛围

C. 企业职业组织建立行业自律机制和会计职业道德惩戒制度

D. 财政、税务、工商和审计等部门组织和推动会计职业道德建设

【解析】D。会计职业道德建设的组织和推动主要是靠各级财政部门

【课后思考】

1. 如何进行会计职业道德建设？
2. 会计职业道德建设如何做到社会各界齐抓共管？

任务五　会计职业道德的检查与奖惩

子任务一　会计职业道德检查与奖惩的意义

（1）促使会计人员遵守职业道德规范。奖惩机制利用人类趋利避害的特点，以利益的给予或剥夺为砝码，对会计人员起着引导或威慑的作用，使会计行为主体不论出于什么样的动机，都必须遵循会计职业道德规范，否则就会遭受利益上的损失。奖惩机制把会计职业道德要求与个人利益结合起来，体现了义利统一的原则。

（2）对会计人员具有深刻的教育作用，使广大会计人员生动而直接地感受到道德的价值分量。

（3）有利于形成抑恶扬善的社会环境。就道德规范自身特点而言，它主要是依靠传统习俗、社会舆论和内心信念来维系的。这种非刚性的特征也就决定了它的落实、实施还必须同时借助政府部门的行政监管、职业团体自律性监管和企事业单位内部纪律等外在的硬性他律机制。只有这样才能有效地发挥道德规范潜在的裁判和激励效力。

子任务二　会计职业道德检查与奖惩机制

（一）财政部门的监督检查

《中华人民共和国会计法》规定，国务院财政部门主管全国的会计工作，县级以上财政部门管理本行政区域内的会计工作。会计职业道德建设是会计管理工作的重要组成部分，

因此，各级财政部门应负起组织和推动本地区会计职业道德建设的责任。

1. 执法检查与会计职业道德检查相结合

财政部门作为《中华人民共和国会计法》的执法主体，一方面督促各单位严格执行会计法律法规；另一方面也是对各单位会计人员执行会计职业道德情况的检查和检验。

2. 会计从业资格证书注册登记和年检与会计职业道德检查相结合

根据《会计从业资格管理办法》的规定，会计从业资格证书实行定期年检制度。年检时审查的内容其中包括持证人员遵守财经纪律、法规和会计职业纪律情况，依法履行会计职责情况。不符合有关规定的不予通过年检。

3. 会计专业技术资格考评、聘用与会计职业道德检查相结合

根据财政部、人事部联合印发的《会计专业技术资格考试暂行规定》及其实施办法规定，报考初级资格、中级资格的会计人员，应"坚持原则，具备良好的职业道德品质"等。会计专业技术资格考试管理机构在组织报名时，应对参加报名的会计人员职业道德情况进行检查。对有不遵循会计职业道德记录的，应取消其报名资格。

（二）会计行业组织对会计职业道德进行自律管理与约束

对会计职业道德情况的检查，除了依靠政府监管外，行业自律也是一种重要手段。会计行业自律是一个群体概念，是会计职业组织对整个会计职业的会计行为进行自我约束、自我控制的过程。

（三）依据《会计法》等法律法规，建立激励机制，对会计人员遵守职业道德情况进行考核和奖惩

《会计法》规定："对认真执行本法，忠于职守，坚持原则，做出显著成绩的会计人员，给予精神的或者物质的奖励。"

▶ 强化练习

一、单项选择题

1. 在坚持准则的基础上尽量满足用户或服务主体的需要，侧重体现的是会计（　　）的职业道德。

  A. 参与管理   B. 爱岗敬业
  C. 诚实守信   D. 强化服务

2. 会计工作是一门专业性和技术性很强的工作，因而（　　）是做到客观公正、坚持准则的基础和保证。

  A. 廉洁自律   B. 参与管理
  C. 提高技能   D. 爱岗敬业

3. "不贪污钱财，不收受贿赂，保持清白"提现了会计职业道德中的（　　）。
  A. 爱岗敬业　　　　　　　　　B. 廉洁自律
  C. 诚实守信　　　　　　　　　D. 客观公正

4. "言行跟内心思想一致，遵守自己所做出的承诺，保守秘密"体现了会计职业道德中的（　　）。
  A. 坚持准则　　　　　　　　　B. 强化服务
  C. 廉洁自律　　　　　　　　　D. 诚实守信

5. 不弄虚作假，（　　）是人们最基本的道德规范，也是会计职业道德的精髓。
  A. 爱岗敬业　　　　　　　　　B. 诚实守信
  C. 廉洁自律　　　　　　　　　D. 客观公正

6. 下面关于会计职业道德和会计法律的说法中不正确的是（　　）。
  A. 会计法律侧重调整会计人员的外在行为和结果的合法化
  B. 会计职业道德调整会计人员内心世界，不管会计人员的外在行为
  C. 会计法律具有较强的客观性
  D. 受到会计职业道德谴责的，不一定受到会计法律制裁

7. 下列各项中，（　　）是保障会计法律制度实施的机构。
  A. 财政部门　　　　　　　　　B. 会计行业组织
  C. 国家执法机关　　　　　　　D. 金融机构

8. 会计职业组织对发现违反会计职业道德规范的行为进行惩戒的方式中不包括（　　）。
  A. 通报批评　　　　　　　　　B. 参加继续教育
  C. 取消会员资格　　　　　　　D. 处以罚金

9. （　　）是会计人员对会计职业的道德义务的强烈的责任感和对会计职业的理想目标的坚定信仰。
  A. 会计职业道德信念　　　　　B. 会计职业道德情感
  C. 会计职业道德认知　　　　　D. 会计职业道德情操

10. 会计职业道德规范是指在一定社会经济条件下，对会计职业行为及（　　）的系统要求或明文规定。
  A. 职业活动　　　　　　　　　B. 会计从业
  C. 会计活动　　　　　　　　　D. 会计行业

11. 努力钻研业务，熟悉财经法规和相关制度，提高业务技能，是（　　）坚实的基础。
  A. 提高技能　　　　　　　　　B. 廉洁自律
  C. 参与管理　　　　　　　　　D. 强化服务

12. 随着市场经济的发展和经济全球化进程的加快，会计专业性和技术性日趋复杂，对会计人员所应具备的职业技能要求也越来越高，这需要会计人员加强的会计职业道德主要是（　　）。

A. 廉洁自律 B. 客观公正
C. 提高技能 D. 坚持准则

13. 某公司资金紧张，需向银行贷款500万元。公司经理请返聘的张会计对公司提供给银行的会计报表进行技术处理。张会计很清楚公司目前的财务状况和偿债能力，但在张经理的反复开导下，张会计出于经理平时对自己的照顾，于是按照贷款所要求的指标编造了一份经过技术处理后漂亮的会计报表，公司获得了银行的贷款。下列对张会计行为认定中正确的是（　　）。
   A. 张会计违反了爱岗敬业、客观公正的会计职业道德要求
   B. 张会计违反了参与管理、坚持准则的会计职业道德要求
   C. 张会计违反了客观公正、坚持准则的会计职业道德要求
   D. 张会计违反了强化服务、客观公正的会计职业道德要求

14. 下列关于坚持准则的说法中，正确的是（　　）。
   A. 坚持准则中的"准则"仅指会计准则
   B. 熟悉准则是遵循准则、坚持准则的前提
   C. 坚持准则即执行准则
   D. 会计人员只需对所在单位负责，对国家和社会公众的不必多事

15. 下列各项中，体现了"客观公正"要求的是（　　）。
   A. 公私分明 B. 不贪不占
   C. 依法办事 D. 坚持准则

16. 会计职业道德"爱岗敬业"的"岗"是指（　　）。
   A. 税务工作岗位 B. 会计工作岗位
   C. 审计工作岗位 D. 管理工作岗位

17. 会计人员的下列行为中，属于违反会计法律制度的有（　　）。
   A. 会计人员小王上班经常迟到早退
   B. 会计人员李某沉溺于赌博，不爱钻研业务
   C. 会计人员张某挪用公款炒股
   D. 会计机构负责人赵某满足于记账算账，不利用大量而丰富的会计信息参与本单位经营管理

18. 下列各项中，属于职业道德最高境界的是（　　）。
   A. 爱岗敬业 B. 诚实守信
   C. 办事公道 D. 奉献社会

19. 某单位出纳员在报销差旅费时，对于同样是领导批准、主管会计审核无误的差旅费报销单，对和自己私人关系不错的人是随来随报，但对和自己有矛盾、私人关系较为疏远的人则以账面无款、库存无现金、整理账务等理由无故拖欠。这违反了（　　）。
   A. 诚实守信 B. 提高技能
   C. 参与管理 D. 客观公正

20. "做老实人,说老实话,办老实事",这句话体现的会计职业道德规范内容是(　　)。
　　A. 参与管理　　　　　　　　　　　B. 诚实守信
　　C. 爱岗敬业　　　　　　　　　　　D. 提高技能

二、多项选择题

1. 财政部门对会计职业道德情况实施检查的途径主要有(　　)。
　　A. 会计职业道德建设与会计法执法检查相结合
　　B. 会计职业道德建设与会计人员表彰奖励制度相结合
　　C. 采用多种形式开展会计职业道德宣传教育
　　D. 会计职业道德建设与会计专业技术资格考评、聘用相结合

2. 会计职业道德教育的内容是(　　)。
　　A. 会计职业道德观念教育　　　　　B. 会计职业道德规范教育
　　C. 会计职业道德运用教育　　　　　D. 会计职业道德警示教育

3. 会计职业道德"坚持准则"的基本要求包括(　　)。
　　A. 遵循准则,提高会计人员执行准则能力
　　B. 熟悉准则,提高会计人员遵守准则能力
　　C. 宣传准则,提高会计人员推广准则能力
　　D. 坚持准则,提高会计人员依法理财能力

4. 会计职业道德中诚实守信的基本要求包括(　　)。
　　A. 做老实人,说老实话　　　　　　B. 办老实事,不搞虚假
　　C. 保密守信　　　　　　　　　　　D. 不为利益所诱惑

5. 会计职业道德规范的主要内容包括(　　)。
　　A. 坚持准则　　　　　　　　　　　B. 提高技能
　　C. 参与管理　　　　　　　　　　　D. 强化服务

6. 下列关于会计职业道德的说法正确的是(　　)。
　　A. 会计职业道德是调整会计职业活动中各种利益关系的手段
　　B. 会计职业道德具有相对稳定性
　　C. 会计职业道德具有广泛的社会性
　　D. 会计职业道德具有一定的强制性

7. 会计人员岗前职业道德教育的内容具体包括(　　)。
　　A. 会计职业道德信念教育　　　　　B. 会计专业学历教育
　　C. 获取会计从业资格中的职业道德教育　　D. 会计职业道德规范教育

8. 坚持准则是会计职业道德的一项重要内容。"坚持准则"的具体要求有(　　)。
　　A. 熟悉准则　　　　　　　　　　　B. 掌握准则
　　C. 遵循准则　　　　　　　　　　　D. 坚持准则

9. 下列各项中,符合会计职业道德"廉洁自律"要求的有(　　)。

A. 树立正确的人生观和价值观
B. 严格划分公私界限，公私分明，不贪不占
C. 遵纪守法，不收受贿赂、不贪污钱财，保持清白
D. 自觉抵制拜金主义、个人主义

10. 下列各项中，（　　）体现会计职业道德"爱岗敬业"的要求。
    A. 工作一丝不苟　　　　　　B. 工作尽职尽责
    C. 工作精益求精　　　　　　D. 工作兢兢业业

11. 会计职业道德与会计法律制度的主要区别有（　　）。
    A. 性质不同　　　　　　　　B. 作用范围不同
    C. 表现形式不同　　　　　　D. 实施保障机制不同

12. 会计职业道德具有的基本功能主要有（　　）。
    A. 指导功能　　　　　　　　B. 评价功能
    C. 教化功能　　　　　　　　D. 处罚功能

13. 道德作为一种社会意识形态，（　　）是其特征。
    A. 继承性　　　　　　　　　B. 强制性
    C. 社会性　　　　　　　　　D. 自律性

14. 廉洁自律要求会计人员（　　）。
    A. 公私分明　　　　　　　　B. 不贪不占
    C. 遵纪守法　　　　　　　　D. 清正廉洁

15. 提高技能是会计职业道德的基本要求，也是会计人员胜任本职工作的重要条件。下列各项中，（　　）属于会计技能的内容。
    A. 会计理论水平　　　　　　B. 会计实务能力
    C. 职业道德判断力　　　　　D. 自动更新知识能力

三、判断题

1. 会计职业道德建设需要财政部门的推动，会计职业组织的行业自律及社会各界齐抓共管。　　　　　　　　　　　　　　　　　　　　　　　　　　　　　（　　）

2. 会计职业道德情感、会计职业道德意志和会计职业道德信念，要通过内在的自我教育才能实现。因此有效开展会计职业道德教育的唯一途径就是依靠自我教育。（　　）

3. 自我教育即外在教育，是指通过学校或培训单位对会计从业人员进行以职业责任、职业义务为核心内容的正面灌输。　　　　　　　　　　　　　　　　（　　）

4. 会计人员在工作中应主动就单位经营管理中存在的问题提出合理化建议，协助领导决策，这是会计职业道德中的爱岗敬业所要求的。　　　　　　　　　（　　）

5. 会计职业道德中廉洁自律的要求是会计人员清正廉洁、遵纪守法、公私分明、不弄虚作假。　　　　　　　　　　　　　　　　　　　　　　　　　　　（　　）

6. 会计人员在任何情况下都不能向外界提供或者泄露本单位的会计信息。　（　　）

7. 会计职业道德是依靠社会舆论、道德教育、传统习俗和道德评价来实现的。
（　　）

8. 会计职业道德是调整会计职业活动中的各种利益关系的手段。　　（　　）

9. 会计职业道德教育是指为了促使会计人员正确履行会计职能，而对其施行的有目的、有计划、有组织、有系统的道德教育。（　　）

10. 岗前职业教育是强化会计职业道德教育的有效形式。（　　）

四、案例分析题

1. 2012年3月，某商业银行按照财政部要求，决定在全行系统展开《会计法》执行情况检查。在检查中发现该银行下属支行行长李某、副行长胡某、财会科长罗某利用联行清算系统存在的漏洞，将C支行的资金划转到有李某等人控制的D企业名下，再从D企业的银行账户划转到境外由李某等人控制的公司账户。经查实C支行负责清算业务的会计张某早就知道C支行几年来在联行系统中存在很不正常的巨额汇差，怀疑与李某等人有关，但考虑到李某是自己的直接领导，摄于李某的地位和权威，认为多一事不如少一事，便没有声张，听之任之，直至案发。

根据上述材料，回答下列问题。

(1) 下列关于会计职业道德作用的表述中，正确的有（　　）。

A. 会计职业道德是实现会计目标的重要保证

B. 会计职业道德是规范会计行为的基础

C. 会计职业道德是对会计法律制度的重要补充

D. 会计职业道德是提高会计人员素质的外在要求

(2) 会计张某的行为违反下列会计职业道德要求的有（　　）。

A. 张某的行为违背了廉洁自律的会计职业道德要求

B. 张某的行为违背了强化服务的会计职业道德要求

C. 张某的行为违背了坚持准则的会计职业道德要求

D. 张某的行为违背了客观公正的会计职业道德要求

(3) 公私分明、不贪不占体现的是（　　）的会计职业道德规范。

A. 客观公正　　　　　　　　B. 坚持准则

C. 廉洁自律　　　　　　　　D. 诚实守信

(4) 会计人员运用会计知识理论为单位决策层、政府部门、投资人等提供真实、可靠的会计信息，体现的是（　　）的会计职业道德规范。

A. 参与管理　　　　　　　　B. 诚实守信

C. 提高技能　　　　　　　　D. 强化服务

(5) 下列关于会计职业道德规范的表述中不正确的是（　　）。

A. 爱岗敬业是会计职业道德的基础　　B. 诚实守信是会计职业道德的内在要求

C. 廉洁自律是会计职业道德的精髓　　D. 客观公正是会计职业道德的理想目标

2. 某公司因技术改造,资金周转困难,需要向银行贷款 3 000 万元。公司总经理找来财务主管李某,说:"现在公司资金紧张,急需向银行贷款,提供给银行的会计报表一定要漂亮一点,请你负责技术处理一下。"李某开始感到很为难,心想,自己是公司财务总主管,对公司的财务状况和偿债能力十分清楚,做这种"技术"处理是很危险的。在总经理的反复"开导"下,李某认为,公司领导对他十分照顾,自己目前的职位就是总经理提拔的,并加了薪,现在公司有难处,应该知恩图报,况且自己身为会计师,做一些"技术"处理应该不会有太多的难点。于是编制了一份漂亮的会计报告,获得银行汇票贷款 3 000 万元。

根据上述材料,回答下列问题。

(1) 会计职业道德观念教育,应包括的内容有(　　)。
A. 普及会计职业道德基础知识,是会计职业道德教育的基础
B. 通过宣传教育,使广大会计人员了解会计职业道德知识,树立会计职业道德观念
C. 违反会计职业道德,将受到惩戒和处罚
D. 爱岗敬业、诚实守信、廉洁自律、客观公正、坚持准则、提供技能、参与管强化服务

(2) 会计行为的规范化不仅要以会计法律规范作保障,还要依赖会计人员的(　　)来实现。

A. 会计法掌握的程度　　　　B. 会计知识的更新能力
C. 会计实务操作能力　　　　D. 道德信念和道德品质

(3) 作为会计主管李某,违背了(　　)要求。

A. 坚持准则　　　　　　　　B. 参与领导
C. 爱岗敬业　　　　　　　　D. 诚实守信

(4) 诚实守信的基本要求是(　　)。

A. 做老实人,说老实话,办老实事　　B. 执业谨慎,信誉至上
C. 保密守信,不为利益所诱惑　　　　D. 不偏不倚,保持应有的独立性

(5) 坚持准则的基本要求有(　　)。

A. 熟悉准则　　　　　　　　B. 掌握准则
C. 遵循准则　　　　　　　　D. 坚持准则

强化练习参考答案及解析

模块一 会计法律制度

一、单项选择题

1.【答案】B

【解析】出纳人员不得兼任稽核、会计档案保管和收入、支出、费用、债权债务账目的登记等工作，所以只有B项是对的。

2.【答案】D

【解析】发现会计账簿记录与实物、款项及有关资料不相符的，按照规定有权自行处理的，应当及时处理；无权处理的，应当立即向单位负责人报告，请求查明原因，做出处理。

3.【答案】B

【解析】担任单位会计机构负责人（会计主管人员）的，除取得会计从业资格外还应当具备会计师以上专业技术职务资格或者从事会计工作3年以上经历。

4.【答案】A

【解析】根据要求，所有记账凭证都必须附原始凭证，只有两种情况例外：结账的记账凭证和更正错误的记账凭证。

5.【答案】D

【解析】根据《会计法》的规定，单位内部的会计工作管理，应由单位负责人负责。

6.【答案】A

【解析】《会计法》规定，单位负责人对本单位的会计工作和会计资料的真实性、完整性负责（说明单位负责人是单位的会计责任主体）。

7.【答案】A

【解析】我国目前有两部会计法律，即《会计法》和《注册会计师法》。

8.【答案】C

【解析】《会计从业资格管理办法》属于会计部门规章。

9.【答案】D

【解析】会计档案需经本单位负责人批准可以提供查阅或者复制。

10.【答案】C

【解析】单位负责人对报送的财务报告的合法性、真实性负首要法律责任。

11.【答案】B

【解析】根据《会计法》的规定，凡是法律、行政法规规定的财务报表应当经注册会计师审计的单位，在提供报告时，应将审计报告随同会计报告一并提供。

12.【答案】C

【解析】企业年度财务报告的保管期限是永久。

13.【答案】A

【解析】根据《会计档案管理办法》的规定，当年形成的会计档案在年度终了后，可暂由会计部门保管1年。

14.【答案】C

【解析】根据《会计档案管理办法》的规定，企业的原始凭证和总账这类会计档案的保管期限是15年。

15.【答案】D

【解析】出纳不得监管会计档案的保管。

16.【答案】D

【解析】年度财务计划不属于会计档案。

17.【答案】D

【解析】会计档案的保管期限分为3年、5年、10年、15年和25年五类。

18.【答案】A

【解析】根据我国相关会计法律制度的规定，县级以上人民政府财政部门是本行政区域内各单位会计工作的监督检查部门，对各单位会计工作行使监督权，并依法对违法会计行为实施行政处罚。而审计、税务、人民银行等部门虽然也可以对有关单位的会计资料实施监督检查，但监督检查的范围和权限不能超越相关法律的规定。

19.【答案】C

【解析】因有提供虚假财务会计报告，做假账，隐匿或者故意销毁会计凭证、会计账簿、财务会计报告，贪污、挪用公款、职务侵占等"与会计职务有关的违法行为"，被依法追究"刑事责任"的人员，"不得"参加会计从业资格考试，不得取得或者重新取得会计从业资格证书。

20.【答案】B

【解析】对随意变更会计处理方法的单位，县级以上人民政府财政部门责令限期改正，并可以处3 000元以上50 000元以下的罚款。

21.【答案】C

【解析】各单位应依据会计业务设置会计机构，或者在有关机构中设置会计人员并指定会计主管人员。

22.【答案】C

【解析】从事会计工作的人员，必须具有会计从业资格证书。

23.【答案】C

【解析】根据《会计从业资格管理办法》规定，持证人员从事会计工作，应当自从事会计工作之日起60日内，向会计从业资格管理部门办理注册登记。

24.【答案】B

【解析】根据《会计法》的有关规定，对受到打击报复的会计人员，应恢复其名誉，恢复原有职务、级别。

25.【答案】B

【解析】按照《会计从业资格管理办法》规定，持有会计从业资格证书的人员应当接受继续教育，每年参加继续教育不得少于24小时。

26.【答案】C

【解析】本题考核会计工作管理体制。我国会计工作管理体制遵循的是"统一领导，分级管理"的原则，由国务院财政部门主管全国的会计工作，县级以上地方各级人民政府财政部门管理本行政区域内的会计工作。

27.【答案】C

【解析】本题考核会计移交清册的填制份数。根据规定，会计移交清册应填制一式三份，交接双方各执一份，存档一份。

28.【答案】C

【解析】本题考核单位会计工作岗位的设置。根据规定，出纳人员不得兼管审核、会计档案保管和收入、费用、债权债务账目的登记工作。

29.【答案】A

【解析】本题考核会计专业职务。会计专业职务是区别会计人员业务技能的技术等级。会计专业职务分为高级会计师、会计师、助理会计师、会计员。其中助理会计师和会计员属于初级职务。

30.【答案】C

【解析】本题考核会计人员回避制度。根据规定，单位负责人的直系亲属不得担任本单位的会计机构负责人、会计主管人员；会计机构负责人、会计主管人员的直系亲属不得在本单位会计机构中担任出纳工作。

二、多项选择题

1.【答案】ABCD

【解析】会计法律制度按法律构架分为会计法律、会计行政法规和国家统一的会计制度。

2.【答案】AD

【解析】会计行政法规包括《企业财务会计报告条例》《总会计师条例》。

3.【答案】ABD

【解析】会计部门规章包括国家统一的"会计核算制度""会计监督制度""会计机

构和会计人员管理制度"及"会计工作管理制度"等。

4. 【答案】BC

【解析】选项A，单位负责人是本单位会计行为的责任主体，但不要求单位负责人事必躬亲办理具体会计事项。选项D，属于会计人员的职责。

5. 【答案】ACD

【解析】以虚假的经济业务事项为前提编造不真实的会计凭证、会计账簿和其他会计资料，属于伪造会计凭证、会计账簿和其他会计资料行为。通过编造虚假的会计凭证、会计账簿及其他会计资料或直接篡改财务会计报告上数据，是财务会计报告不真实、不完整地反映财务状况和经营成果，借以误导、欺骗财务报告使用者的行为，属于提供虚假的财务会计报告行为。

6. 【答案】ABD

【解析】选项A，会计账簿登记必须以经过审核的会计凭证为依据；选项B，各单位应当依法设置的会计账簿包括总账、明细账、日记账和其他辅助账簿；选项D，各单位应当定期将会计账簿的记录与实物、款项实有数相互核对，以保证账实相符。

7. 【答案】ABC

【解析】经济合同不属于会计资料。

8. 【答案】ABC

【解析】企业财务报表包括四表一注，而凭证、账簿、计划、审计报告都不属于财务报表组成部分。

9. 【答案】ABCD

【解析】本题考核会计档案的范围和种类。根据《会计档案管理办法》的规定，会计档案包括会计凭证类、会计账簿类、财务报告类及其他类。购货发票属于原始凭证，应收账款明细账属于会计账簿，资产负债表属于会计报表，而银行存款余额调节表属于其他类会计档案。

10. 【答案】ABCD

【解析】本题考核会计违法行为的法律责任。

11. 【答案】CD

【解析】工商营业执照属于营业执照，年度工作计划属于文书档案，二者均不属于会计档案。

12. 【答案】ABCD

【解析】会计档案一般分为会计凭证类、会计账簿类、财务报表类、其他会计资料类。

13. 【答案】ABD

【解析】本题考核会计工作自律管理组织的构成。我国目前会计工作的自律管理组织主要有中国注册会计师协会、中国会计学会和中国总会计师协会。

14.【答案】ABC

【解析】内部审计在单位内部会计监督制度中的重要作用有：预防保护作用、服务促进作用、评价鉴证作用。

15.【答案】ABCD

【解析】本题考核内部控制的原则。

16.【答案】AC

【解析】选项A，内部审计包括内部财务审计，还包括经营效率、效果等；选项C，内部审计并不是不具有独立性，而是独立性相对性较弱。

17.【答案】ABC

【解析】出纳、稽核、会计属于会计岗位必须取得从业资格证书。

18.【答案】ABCD

【解析】国家机关、国有企业、事业单位、集体企业任用会计人员应当实行回避制度。

19.【答案】ABCD

【解析】本题考核会计档案的分类。根据规定，会计档案包括会计凭证类、会计账簿类、财务报告类和其他类。

20.【答案】ABCD

【解析】本题考核会计岗位的设置。以上说法均正确。

三、判断题

1.【答案】×

【解析】本题考核记账凭证的填制。并非所有记账凭证后面都要附原始凭证，结账和更正错误的记账凭证可以不附原始凭证。

2.【答案】×

【解析】以虚假的经济业务为前提，编造虚假的会计凭证的行为属于伪造会计凭证的行为。

3.【答案】×

【解析】会计工作的社会监督，主要是指由注册会计师及其所在的会计师事务所依法对委托单位的经济活动进行的审计、鉴证的一种监督制度。

4.【答案】√

【解析】省、自治区、直辖市人民政府财政部门组织实施本行政区域内的会计师事务所执业质量检查。县级以上财政部门组织实施本行政区域内的会计信息质量检查。

5.【答案】√

【解析】本题考核会计档案的保管期限。会计档案的保管期限分为永久和定期两类，保管期限从会计年度终了后第一天算起。

6.【答案】√

【解析】本题考核会计报表的种类。

7.【答案】×

【解析】单位规模小的可以不设会计机构。

8.【答案】×

【解析】本题考核会计人员回避制度。会计机构负责人、会计主管人员的直系亲属不得在本单位会计机构中担任出纳工作,而非会计工作。

9.【答案】×

【解析】本题考核会计信息质量的要求。向不同的会计资料使用者提供企业财务报告的,其财务会计报告的编制依据、编制原则必须一致。

10.【答案】×

【解析】一般会计人员办理交接手续,由单位的会计机构负责人或会计主管人员负责监交即可;会计机构负责人、会计主管人员办理交接手续时,由单位领导人负责监交,必要时,主管单位可以派人会同监交。

四、案例分析题

1.【答案】A

【解析】本题考核原始分割单的相关内容。根据规定,一张原始凭证所列的支出需要由两个以上的单位共同负担时,应当由保存该原始凭证的单位开具"原始凭证分割单"给其他应负担的单位,而不是给复制件。

2.【答案】AD

【解析】本题考核内部牵制制度的要求。会计机构内会计档案管理岗位,是会计工作岗位。出纳员不得兼管稽核、会计档案保管和收入、费用、债权债务账目的登记工作。

3.【答案】ABCD

【解析】本题考核内部牵制制度的要求。出纳员不得兼管稽核、会计档案保管和收入、费用、债权债务账目的登记工作。

4.【答案】CD

【解析】本题考核会计人员的工作交接。一般会计人员办理会计工作交接手续时,由会计机构负责人(会计主管人员)负责监交。

5.【答案】ABCD

【解析】本题考核会计档案的销毁。根据我国法律制度的规定,会计档案保管期满需要销毁的,要由本单位档案部门提出意见,会同本单位会计部门共同进行审查和鉴定,编制会计档案销毁清单,并经单位负责人在会计档案销毁册上签字,销毁时要由单位档案部门和会计部门共同派人监销。

模块二　支付结算法律制度

一、单项选择题

1.【答案】D

【解析】选项A，托收承付结算每笔的金额起点为1万元；选项B，新华书店系统每笔的金额起点为1 000元；选项C，验单承付期为3天，从购货单位开户银行发出通知的次日算起（承付期内遇法定节假日顺延）。

2.【答案】B

【解析】国内信用证是适用于国内贸易的一种支付结算方式。

3.【答案】B

【解析】选项B，提示付款期限自出票日起最长不得超过2个月。

4.【答案】A

【解析】委托收款以银行以外的单位为付款人的，委托收款凭证必须记载付款人开户银行名称。

5.【答案】D

【解析】银行卡按照账户币种不同分为人民币卡、外币卡、双币种卡。

6.【答案】B

【解析】背书是在票据背面或者粘单上记载有关事项并签章的票据行为。

7.【答案】C

【解析】本题考核票据保证不得记载的内容。《票据法》规定："保证不得附有条件；附有条件的，不影响对汇票的保证责任。"

8.【答案】A

【解析】本题考核支票的规定。单位和个人在同一票据交换区域的各种款项结算，均可以使用支票，选项A错误。

9.【答案】C

【解析】票据丧失后可以采取挂失止付、公示催告、普通诉讼三种形式进行补救。

10.【答案】C

【解析】票据和结算凭证的金额、出票或签发日期、收款人名称不得更改，更改的票据无效；更改的结算凭证，银行不予受理。对票据和结算凭证上的其他记载事项，原记载人可以更改，更改时应当由原记载人在更改处签章证明。

11.【答案】A

【解析】本题考核异地银行结算账户。存款人因附属的非独立核算单位或派出机构发生的收入汇缴或业务支出，可以根据需要开立专用存款账户。

12.【答案】D

【解析】本题考核个人银行结算账户。储蓄账户仅限于办理现金存取业务，不得办理转账结算。

13. 【答案】A

【解析】本题考核临时存款账户。注册验资的临时存款账户在验资期间只收不付，注册验资资金的汇缴人应与出资人的名称一致。

14. 【答案】C

【解析】本题考核专用存款账户的设置与开户条件。专用存款账户是存款人按照法律、行政法规的规章，对其特定用途资金进行专项管理和使用而开立的银行结算账户。

15. 【答案】C

【解析】本题考核一般存款账户。存款人因借款和其他结算需要，如为享受不同银行的特色服务或分散在一家银行开立账户可能出现的资金风险，可以在基本存款账户开户银行以外的银行营业机构开立一般存款账户。

16. 【答案】C

【解析】本题考核基本存款账户的相关规定。基本存款账户是存款人的主办账户；存款人可以没有一般存款账户，但一定要有基本存款账户；基本存款账户可以支取现金。

17. 【答案】D

【解析】《人民币银行结算账户管理办法》规定，单位银行结算账户支付给个人银行结算账户款项的，银行应按规定认真审查付款依据或收款依据的原件，并留存复印件，按会计档案保管。未提供相关依据或相关依据不符合规定的，银行应拒绝办理。

18. 【答案】A

【解析】本题考核基本存款账户。单位银行结算账户的存款人只能在银行开立一个基本存款账户。

19. 【答案】C

【解析】本题考核支付结算的基本原则。支付结算的基本原则包括：恪守信用，履约付款；谁的钱进谁的账、由谁支配；银行不垫款。

20. 【答案】B

【解析】汇兑没有金额起点的限制。

二、多项选择题

1. 【答案】ABCD

【解析】本题考核按照规定程序办理货币资金支付业务。

2. 【答案】ACD

【解析】中文大写金额数字到"角"为止的，在"角"之后可以写也可以不写"整"（或"正"）字。所以¥1409.50，应写成"人民币壹仟肆佰零玖元伍角"或"人民币壹仟肆佰零玖元伍角正"或"人民币壹仟肆佰零玖元伍角整"。

3. 【答案】ABCD

【解析】本题考核银行汇票。

4. 【答案】ABCD

【解析】发卡银行通过下列途径追偿透支款项和诈骗款项：扣减持卡人保证金、依法处理抵押物和质押物；向保证人追索透支款项；通过司法机关的诉讼程序进行追偿。

5. 【答案】ACD

【解析】选项B，只审核单据而未付出对价的，不构成议付。

6. 【答案】ABCD

【解析】本题考核票据丧失的补救措施。

7. 【答案】ABCD

【解析】本题考核银行本票的退款和丧失的相关规定。

8. 【答案】ABCD

【解析】本题考核支付结算的主要法律依据。

9. 【答案】ABCD

【解析】单位和个人凭已承兑的商业汇票、债券、存单等付款人债务证明办理款项的结算，均可以使用委托收款结算方式。商业汇票包括商业承兑汇票和银行承兑汇票。

10. 【答案】AC

【解析】银行卡按照发行主体是否在境内分为境内卡、境外卡。

11. 【答案】ABCD

【解析】汇票保证必须记载的事项包括：表明"保证"的字样；保证人名称和住所；被保证人的名称；保证日期；保证人签章。

12. 【答案】CD

【解析】本题考核商业汇票的分类。商业汇票按照承兑人的不同分为商业承兑汇票和银行承兑汇票。

13. 【答案】ABD

【解析】本题考核支票的种类。

14. 【答案】ABCD

【解析】本题考核票据的签章。

15. 【答案】ABCD

【解析】本题考核异地银行结算账户的适用范围。存款人有下列情形的，可以申请开立异地银行结算账户：（1）营业执照注册地与经营地不在同一行政区域需要开立基本存款账户的；（2）办理异地借款需要开立一般存款账户的；（3）存款人因附属的非独立核算单位发生的收入汇缴或业务支出需要开立专用存款账户的；（4）异地临时经营活动需要开立临时存款账户的；（5）自然人根据需要在异地开立个人银行结算账户的。

16. 【答案】ABCD

【解析】本题考核个人银行结算账户的实际功能。选项ABCD均为个人银行结算账户的实际功能。

17. 【答案】ABD

【解析】本题考核临时存款账户的开立范围。选项C，基本建设资金应开立专用存款账户。

18.【答案】ABCD

【解析】本题考核专用存款账户的开立。根据规定，本题四个选项都可以申请开立专用存款账户。

19.【答案】ACD

【解析】选项B为个人，不得开立基本存款账户。

20.【答案】BCD

【解析】一般存款账户可以办理现金缴存但不得办理现金支取。

三、判断题

1.【答案】√

【解析】本题考核支付结算凭证填写的要求。票据出票日期使用小写填写的，银行不予受理。大写日期未按要求规范填写的，银行可予受理，但由此造成损失的，由出票人自行承担。

2.【答案】√

【解析】本题考核汇入处理。

3.【答案】√

【解析】本题考核托收承付的概念。

4.【答案】√

【解析】本题考核银行卡的概念。

5.【答案】×

【解析】未在银行开立存款账户的个人为收款人的，委托收款凭证必须记载被委托银行名称。

6.【答案】√

【解析】本题考核支付结算的主要法律依据。

7.【答案】√

【解析】本题考核票据记载事项。

8.【答案】√

【解析】本题考核本票的付款人。

9.【答案】×

【解析】本题考核商业汇票的保证。保证人对合法取得票据的持票人所享有的票据权利，承担保证责任。

10.【答案】×

【解析】本题考查商业汇票的概念，商业汇票是指出票人签发的，委托付款人在指定日期无条件支付确定的金额给收款人或者持票人的票据。

11.【答案】×

【解析】本题考核划线支票的用途。根据规定，在普通支票左上角划两条平行线的，为划线支票，划线支票只能用于转账，不能用于支取现金。

12.【答案】√

【解析】本题考核票据的出票。

13.【答案】×

【解析】本题考核异地银行结算账户。自然人根据需要在异地开立的个人银行结算账户，也属于异地银行结算账户。

14.【答案】×

【解析】本题考核个人银行结算账户的业务范围。个人银行结算账户可用于办理个人转账收付和现金支取。

15.【答案】×

【解析】本题考核临时存款账户。临时存款账户有效期最长不得超过2年。

四、案例分析题

1.（1）【答案】A

【解析】一个单位只能开立一个基本存款账户，不得在多家银行机构开立基本存款账户。

（2）【答案】AC

【解析】按《会计法》的规定，企业报送财务会计报告应当由单位负责人和主管会计工作的负责人、会计机构负责人（会计主管人员）签名并盖章，该企业没有会计机构负责人（会计主管人员）的签名并盖章，并且已签名人也没有盖章。按有关法律、行政法规规定，中外合资企业的财务会计报告须经注册会计师审计，审计报告应当随同财务会计报告一并提供，而该企业未提供审计报告。

（3）【答案】BD

【解析】出纳人员不得兼任债权债务账目的登记工作，因此不能向出纳人员移交；同时，一般会计人员办理交接手续，应由会计机构负责人（会计主管人员）监交，不能互相直接移交。

（4）【答案】C

【解析】按《支付结算办法》办法的规定，支票的出票人签发的支票金额不得超过付款时在付款人处实有的存款金额。禁止签发空头支票。银行应予以退票，并按票面金额处以5%但不低于1 000元的罚款。该企业应交罚款：18 000元×5%＝900元＜1 000元，应交罚款为1 000元。

（5）【答案】C

【解析】会计职业道德规范中"诚实守信"要求，会计人员要不为利益所诱惑，应当保守本单位的国家秘密和商业秘密，除法律规定和单位负责人同意外，不能私自向外界提供或者泄露。黄某将本企业开发的新产品的成本资料和相关技术资料复制后转交给了好友，违反了"诚实守信"会计职业道德规范要求。

2.（1）【答案】A

【解析】签发空头支票或者签发与其预留的签章不符的支票，不以骗取财物为目的的，由中国人民银行处以票面金额5%但不低于1 000元的罚款；持票人有权要求出票人赔偿支票金额2%的赔偿金。因此，中国人民银行应处B公司150 000×5%=7 500（元）的罚款，B公司应赔偿A公司150 000×2%=3 000（元）。

（2）【答案】AD

【解析】C银行的做法是正确的。根据《支付结算办法》第六十一条的规定，银行汇票的实际结算金额超过出票金额的，银行不予受理。

（3）【答案】AB

【解析】开户银行拒绝挂失止付是正确的。挂失止付是指失票人将丧失票据的情况通知付款人或代理付款人，由接受通知的付款人或代理付款人审查后暂停支付的一种方式。只有确定付款人或代理付款人的票据丧失时，才可以进行挂失止付，具体包括已承兑的商业汇票、支票、填明"现金"字样和代理付款人的银行汇票及填明"现金"字样的银行本票四种。A公司不能用于支取现金的银行本票丢失不适用挂失止付。挂失止付并不是票据丧失后采取的必经措施。

（4）【答案】BCD

【解析】A公司无权要求银行停止支付该汇票。因为付款银行的责任只限于按照汇票记载事项支付汇票金额，对汇票当事人之间的纠纷不承担责任。根据票据法律制度相关规定，票据债务人不得以其与持票人前手之间的抗辩理由对抗持票人。

（5）【答案】BD

【解析】A公司从现金收入中直接支取6万元用于职工福利的做法不符合规定。开户单位支付现金，可以从本单位库存现金限额中支付或者从开户银行提取，不得从本单位的现金收入中直接支付（即坐支）。

模块三　税收法律制度

一、单项选择题

1.【答案】D

【解析】税收是为国家取得财政收入的主要形式；国家征税凭借的是公共（政治）权力；税收的固定性是相对于某一时期而言，国家可以根据经济和社会发展的需要适时地修订税法。

2.【答案】D

【解析】本题考核地方税包括的税种。选项A、B、C均属于中央和地方共享税。

3.【答案】D

【解析】税率的高低直接体现国家的政策要求，直接关系到国家财政收入的多少和纳税人的负担程度，是税收法律制度中的核心要素。

4.【答案】C

【解析】本题考核税法的分类。按照主权国家行使税收管辖权的不同，可以将税法分为国内税法、国际税法和外国税法。

5.【答案】C

【解析】选项ABD属于外购货物，其用途不符合税法规定的视同销售项目；选项C为销售代销货物，属于视同销售货物，应征收增值税。

6.【答案】B

【解析】向购买方收取运输费、包装费属于价外费用，应计入销售额，并且价外费用是含增值税的销售额。该公司3月的增值税销项税额为：100 000×17%+3 510÷（1+17%）×17%=17 510（元）。

7.【答案】B

【解析】酒类包装物押金属于价外费用，并入收入当期销售额计算销项税额。酒厂应计算的销项税额＝（9 360+200）÷（1+17%）×17%=1 389.06（元）。

8.【答案】B

【解析】采取预收货款方式销售货物，纳税义务发生时间为货物发出的当天。

9.【答案】C

【解析】现行消费税的征税范围中，只有卷烟、白酒采用复合计征方法。选项A、B、D均是从价计征消费税的。

10.【答案】A

【解析】应税消费品若是用外购已缴纳消费税的应税消费品连续生产出来的，在对这些连续生产出来的应税消费品征税时，按当期生产领用数量计算准予扣除的外购应税消费品已缴纳的消费税税款。其应纳消费税税额为：2 340÷（1+17%）×800×30%－600 000×30%=300 000（元）。

11.【答案】B

【解析】该企业8月应纳消费税额为：234÷（1+17%）×10%=20（万元）。

12.【答案】B

【解析】符合条件的小型微利企业减按20%的税率征收企业所得税，应纳企业所得税＝（30－12）×20%=3.6（万元）。

13.【答案】B

【解析】2014年度应缴纳的企业所得税税额＝（640－600）×25%=10（万元）。

14.【答案】A

【解析】本题考核个人所得税居民纳税人的认定。根据规定，居民纳税人的判定标准有两个：一是在中国境内有住所；二是无住所，但在中国境内居住满一个纳税年度，两个标准只要符合其中之一，即为居民纳税人。

15.【答案】D

【解析】根据规定，劳务报酬所得是指个人独立从事非雇佣的各种劳务所取得的所得。包括翻译、审稿、书画、咨询、讲学等29项具体项目。

16.【答案】A

【解析】国债利息收入属于个人所得税免税项目。

17.【答案】C

【解析】应缴纳的个人所得税为：（3 600－800）×20%×（1－30%）＝392（元）。

18.【答案】C

【解析】应缴纳的个人所得税为：6 000×（1－20%）×20%＝960（元）。

19.【答案】C

【解析】本题考核设立税务登记的有关规定。境外企业在中国境内承包建筑、安装、装配、勘察工程和提供劳务的，应当自项目合同签订之日起30日内，向项目所在地税务机关申报办理税务登记。

20.【答案】C

【解析】税收保全措施有：（1）书面通知纳税人开户银行或者其他金融机构冻结纳税人的金额相当于应纳税款的存款；（2）扣押、查封纳税人的价值相当于应纳税款的商品、货物或者其他财产。

二、多项选择题

1.【答案】ABCD

【解析】本题考核税收的作用。

2.【答案】BC

【解析】本题考核行为税包括的税种。选项A消费税属于流转税，选项D城镇土地使用税属于资源税。

3.【答案】ABCD

【解析】本题考核税法的分类。按照税法法律级次划分，可将税法分为税收法律、税收行政法规、税收规章和税收规范性文件。

4.【答案】AC

【解析】从事货物生产或提供应税劳务的纳税人，年应税销售额在50万元以下的；从事货物批发或零售的纳税人，年应纳税销售额在80万元以下的，这两项属于增值税小规模纳税人。

5.【答案】BCD

【解析】本题考核税务代理的法定业务范围。选项A不属于税务代理的法定业务范围。

6.【答案】AC

【解析】本题考核增值税的计算。甲应当缴纳增值税＝8 000×17%－5 000×17%－

1 000×17% =340（元）；乙应当缴纳增值税 =1 000×17% =170（元）。

7.【答案】ABCD

【解析】本题考核消费税纳税义务发生时间。

8.【答案】ABC

【解析】居民企业是指依法在中国境内成立，或者依照外国（地区）法律成立但实际管理机构在中国境内的企业。在日本注册的企业设在北京的办事处属于非居民企业。

9.【答案】BCD

【解析】企业实际发生的与取得收入有关的、合理的支出，包括成本、费用、税金、损失和其他支出（即准予扣除的项目），准予在计算应纳税所得额时扣除。赞助支出属于不得扣除项目。

10.【答案】ABCD

【解析】本题考核个人所得税的税目。

11.【答案】BCD

【解析】工资、薪金所得，以每月收入额减除费用3 500或4 800元后的余额，为应纳税所得额。

12.【答案】ABCD

【解析】纳税义务人有下列情形之一的，应当按照规定到主管税务机关办理纳税申报：（1）年所得12万元以上的；（2）从中国境内两处或者两处以上取得工资、薪金所得的；（3）从中国境外取得所得的；（4）取得应纳税所得，没有扣缴义务人的；（5）国务院规定的其他情形。

13.【答案】BCD

【解析】本题考核税务登记的相关规定。根据规定，开业税务登记的纳税人可分为以下两类：领取营业执照从事生产、经营的纳税人；其他纳税人。

14.【答案】ABC

【解析】根据规定，已办理税务登记的扣缴义务人应当自扣缴义务发生之日起30日内，向税务登记地税务机关申报办理扣缴税款登记，税务机关不再核发扣缴税款登记证件。因此选项D的说法错误。

15.【答案】ABD

【解析】需办理注销税务登记的情形包括：纳税人解散、破产、撤销，终止纳税义务的；被撤掉营业执照或被撤销；因住所、经营地点变动，涉及改变税务机关的。选项C属于办理变更税务登记的情形。

三、判断题

1.【答案】×

【解析】税收是国家为实现国家职能，凭借政治权力，按照法律规定的标准，无偿取得财政收入的一种特定分配方式。

2. 【答案】×

【解析】起征点是指对征税对象达到一定数额才开始征税的界限。征税对象的数额达到规定数额的，按全部数额征税。

3. 【答案】×

【解析】增值税专用发票只限于增值税"一般纳税人"领购使用，增值税小规模纳税人和非增值税纳税人不得领购使用增值税专用发票。

4. 【答案】×

【解析】销售额为纳税人销售货物或应税劳务向购买方收取的全部价款和价外费用。

5. 【答案】√

【解析】表述正确。

6. 【答案】×

【解析】对于个人所得税的居民纳税人，就来源于中国境内和境外的全部所得部分征税；对于非居民纳税人就来源于中国境内的所得部分征税。

7. 【答案】×

【解析】本题考核个人所得税中劳务报酬所得的处理。劳务报酬的加成征收是对一次取得劳务收入扣除费用后的所得额超过20 000元时适用，21 000×（1−20%）=16 800（元），故不适用加成征收。

8. 【答案】√

【解析】表述正确。

9. 【答案】√

【解析】表述正确。

10. 【答案】×

【解析】本题考核税收检查的相关规定。税务机关可以按照批准的权限采取税收保全措施或强制执行措施，这里的批准权限是指县级以上税务局（分局）局长批准。

四、案例分析题

1.（1）【答案】A

【解析】进项税额=20×17%=3.4（万元）。

（2）【答案】BD

【解析】向供销公司购进棉花可抵扣进项税额=60×1.5×17%=15.3（万元）；向农民生产者购进棉花可抵扣进项税额=28×13%=3.64（万元）。

（3）【答案】D

【解析】（12 000×80+23 400×100/1.17）×17%=503 200（元）。

（4）【答案】D

【解析】应纳税额=50.32−3.4−15.3−3.64=27.98（万元）。

2.（1）【答案】B

【解析】企业的收入总额包括以货币形式和非货币形式从各种来源取得的收入。

（2）【答案】AD

【解析】企业发生的与生产经营活动有关的业务招待费支出，按照发生额的60%扣除，但最高不得超过当年销售（营业）收入的5‰。业务招待费的扣除：实际发生180万元，180×60%=108（万元），3 200×5‰=16（万元），所以税前只能扣除16万元。

（3）【答案】BC

【解析】除国务院财政、税务主管部门另有规定外，企业发生的职工教育经费支出，不超过工资薪金总额2.5%的部分准予扣除，超过部分准予结转以后纳税年度扣除；企业拨缴的工会经费，不超过工资薪金总额的2%的部分准予扣除。职工教育经费6万元，工会经费18万元，扣除限额为：350×2.5%=8.75（万元），350×2%=7（万元）。

（4）【答案】BD

【解析】企业交纳的税收滞纳金和未经核定的准备金支出（指不符合国务院财政、税务主管部门规定的各项资产减值准备、风险准备等准备金支出）是不得扣除的项目。

（5）【答案】BC

【解析】企业所得税的所得额=3 200-［2 500-（180-16）（业务招待费不得扣除的部分）-（90-49）（职工福利费不得扣除的部分）-（18-7）-30（税收滞纳金不得扣除）-200（未经批准的准备金支出）］=1 146（万元）；企业应纳所得税=1 146×25%=286.5（万元）。

模块四　财政法律制度

一、单项选择题

1.【答案】B

【解析】在财政法规体系中，《预算法》是核心法、骨干法。

2.【答案】C

【解析】政府必须按照法定预算年度编制国家预算，这一预算要反映全国的财政收支活动，同时不允许将不属于本年度财政收支的内容列入本年度的国家预算中，这体现了国家预算的年度性原则。

3.【答案】D

【解析】县级以上地方各级政府预算管理职权包括：审查本级总预算草案及本级总预算执行情况的报告，批准本级预算和本级预算执行情况的报告，改变或者撤销本级人民代表大会及常务委员会关于预算、决算不适当决议，撤销本级政府关于预算决算的不适当决定和命令。

4. 【答案】D

【解析】税收收入是国家预算收入的最主要部分，在许多国家都占预算收入90%以上，我国亦然。

5. 【答案】C

【解析】专项收入包括铁道专项收入、征收排污费收入、电力建设基金收入等。

6. 【答案】C

【解析】乡、民族乡、镇政府预算的调整方案必须提请本级人民代表大会的审查和批准。

7. 【答案】B

【解析】国务院财政部门编制中央决算草案，国务院审定后，提请全国人民代表大会常务委员会审查和批准。

8. 【答案】C

【解析】政府集中采购目录和采购限额标准由省级以上人民政府确定并公布。

9. 【答案】D

【解析】目前，我国国有企业不属于政府采购的主体范围。

10. 【答案】C

【解析】公开透明原则，是指有关采购的法律、政策、程序和采购活动对社会公开，所有相关信息都必须公之于众。

11. 【答案】D

【解析】公正原则主要指政府采购要按照事先约定的条件和程序进行，对所有供应商一视同仁，不得因其身份不同而差别对待，任何单位和个人无权干预采购活动的正常开展。

12. 【答案】C

【解析】根据我国《政府采购法》的规定，除了少数法定情形外，政府采购应当采购本国货物、工程和服务。这体现了政府采购保护民族产业的功能。

13. 【答案】A

【解析】分散采购的缺点：失去了规模效益、加大了采购成本、会导致资产闲置及资产浪费、不利于国家宏观调控、容易滋生腐败。优点：有灵活性、自主性强、手续简单、满足采购及时性和多样性的需求。

14. 【答案】D

【解析】本题考查询价方式。

15. 【答案】D

【解析】供应商参加政府采购活动应当具备的条件之一是参加政府采购活动前5年内，在经营活动中没有重大的违纪。

16. 【答案】B

【解析】根据《政府采购法》的规定，竞争性谈判的适用情况有：招标后没有供应商投标或者没有合格标志的或者重新招标未能成立的；技术复杂或者性质特殊，不能确定详细规格或者具体要求的；采购招标所需时间不能满足用户紧急需要的；不能事先计算出价格总额的。

17.【答案】B

【解析】财政部门的零余额账户用于财政直接支付和与国库单一账户清算。

18.【答案】D

【解析】集中汇缴，是指由征收机关（有关法定单位）按有关法律法规规定，将所收的应缴收入汇总缴入国库单一账户或预算外资金财政专户。

19.【答案】B

【解析】财政部门在中国人民银行开设的国库单一账户，用于记录、核算和反映纳入预算管理的财政收入和支出活动，并用于与财政部门在商业银行开设的零余额账户进行清算，实际支付。

20.【答案】B

【解析】根据《预算法》的规定，负责具体组织执行各级预算工作的是政府财政部门。

二、多项选择题

1.【答案】AC

【解析】本题考核预算的审批。根据规定，中央预算由全国人民代表大会审查和批准，地方各级政府预算由本级人民代表大会审查和批准。

2.【答案】ABC

【解析】中央预算包括地方向中央上缴的收入数额和中央对地方返还或者给予补助的数额。中央预算由中央各部门（含直属单位）的预算组成。其中，中央各部门，是指与财政部直接发生预算缴款、拨款关系的国家机关、军队、政党组织和社会团体。

3.【答案】CD

【解析】中央预算由中央各部门（含直属单位）的预算组成。上述"直属单位"，是指与财政部直接发生预算缴款、拨款关系的企业和事业单位。

4.【答案】ABCD

【解析】全国人民代表大会常务委员会预算管理职权包括：①监督中央和地方预算的执行；②审查和批准中央预算的调整方案；③审查和批准中央的决算；④撤销国务院制定的同宪法法律相抵触的关于预算、决算的行政法规和命令；⑤撤销省、自治区、直辖市人民代表大会及常务委员会制定的同宪法、法律和行政法规相抵触的关于预算、决算的地方性法规和决议。

5.【答案】ABC

【解析】对预决算的监督按照时间先后，可以分为事前监督、事中监督和事后监督。

6.【答案】ABCD

【解析】对预决算的监督按监督内容，可以分为对预算编制的监督、对预算执行的监督、对预算调整的监督和对决算的监督。

7. 【答案】ABCD

【解析】政府采购的功能包括：①节约财政支出，提高采购资金的使用效益；②强化宏观调控；③活跃市场经济；④推进反腐倡廉；⑤保护民族产业。

8. 【答案】ACD

【解析】集中采购的优点是：取得规模效益、降低采购成本、保证采购质量、贯彻政府有关政策取向，便于实施统一的监督和管理。缺点：难以适应紧急采购情况，难以满足用户多样性需求、采购程序复杂、采购周期较长。

9. 【答案】ABCD

【解析】预算单位的零余额账户使用不准通过该账户向上级单位和下级单位划拨资金。

10. 【答案】ABCD

【解析】公开招标为政府采购的主要采购方式；因特殊情况需采用邀请招标、竞争性谈判、单一来源采购、询价等方式时，应当分别符合其法定的具体采购条件。

11. 【答案】BD

【解析】《政府采购法》规定，集中采购机构是进行政府集中采购的法定代理机构，由设区的市、自治州以上人民政府根据本级政府采购项目组织集中采购的需要设立。

12. 【答案】ABCD

【解析】国库单一账户体系由国库单一账户、财政部门零余额账户、预算单位零余额账户、预算外资金专户、特设专户等账户组成。

13. 【答案】CD

【解析】预算单位零余额账户在行政单位和事业单位会计中使用。

14. 【答案】ABCD

【解析】实行财政直接支付包括工资支出、工程采购支出、转移支付以及物品和服务采购支出。

15. 【答案】AC

【解析】财政支付按照发出支付令的不同主体分为财政直接支付和财政授权支付。

三、判断题

1. 【答案】×

【解析】中央预算与地方预算有关收入和支出项目的划分、地方向中央上缴收入、中央对地方返还或者给予补助的具体办法，由国务院规定，报全国人民代表大会常务委员会备案。

2. 【答案】×

【解析】中央预算和地方各级政府预算，应当参考上一年预算执行情况和本年度收支预测进行编制。

3. 【答案】×

【解析】决算，是指对年度预算收支执行结果的会计报告，是预算执行的总结，是国家管理预算活动的最后一道程序。

4. 【答案】√

【解析】表述正确。

5. 【答案】√

【解析】表述正确。

6. 【答案】×

【解析】《政府采购法》规定，采购未纳入集中采购目录的政府采购项目，可以自行采购，也可以委托集中采购机构在委托的范围内代理采购。

7. 【答案】√

【解析】符合下列情形之一的货物或者服务，可以采用竞争性谈判方式采购：招标后没有供应商投标或者没有合格标志的或者重新招标未能成立的；技术复杂或者性质特殊，不能确定详细规格或者具体要求的；采购招标所需时间不能满足用户紧急需要的；不能事先计算出价格总额的。

8. 【答案】√

【解析】表述正确。

9. 【答案】×

【解析】本题考核免税收入的规定。国债利息收入属于免税收入。

10. 【答案】√

【解析】本题考查政府采购的资金范围。

四、案例分析题

1.（1）【答案】BC

【解析】本题考核预算单位零余额账户的使用范围。

（2）【答案】ABCD

【解析】本题考核政府采购方式。

（3）【答案】ABCD

【解析】本题考核政府采购中供应商的资格。

（4）【答案】B

【解析】考核邀请招标供应商的数量。

（5）【答案】ABCD

【解析】本题考核政府采购采购人应承担的义务。

2.（1）【答案】AB

【解析】各级审计机关按照《审计法》及有关法律、行政法规的规定，对本级预算执行情况，对本级各部门和下级政府预算的执行情况和决算进行审计监督。

(2)【答案】ABCD

【解析】本题考核预算法律行政法规的要求。下级政府不得挤占或者截留属于上级政府预算的资金。

(3)【答案】BD

【解析】本题考核预算单位预算支出的范围。

(4)【答案】ABCD

【解析】本题考核预算单位预算支出的范围。

(5)【答案】ABCD

【解析】本题考核预算单位预算支出的范围。

模块五　会计职业道德

一、单项选择题

1.【答案】D

【解析】本题考核强化服务。

2.【答案】C

【解析】本题考核提高技能。

3.【答案】B

【解析】本题考核廉洁自律。

4.【答案】D

【解析】本题考核诚实守信的体现。

5.【答案】B

【解析】本题考核诚实守信。

6.【答案】B

【解析】会计职业道德不仅要求调整会计人员的外在行为，还要调整会计人员内在的精神世界，其调节的范围远比法律广泛。

7.【答案】C

【解析】本题考核会计法律制度的保障。

8.【答案】D

【解析】会计职业组织对发现违反会计职业道德规范的行为进行惩戒的方式包括：根据情节轻重程度采取通报批评、罚款、支付费用、取消其会员资格、警告、退回向客户收取的费用、参加继续教育等。处以罚金属于刑罚措施。

9.【答案】A

【解析】本题考核会计职业道德修养环节。

10.【答案】A

【解析】本题考核会计职业道德规范的概念。

11.【答案】C

【解析】本题考核参与管理的基本要求。努力钻研业务，熟悉财经法规和相关制度，提高业务技能，为参与管理打下了坚实的基础。

12.【答案】C

【解析】本题考核提高技能的内容。

13.【答案】C

【解析】本题考核客观公正、坚持准则的会计职业道德要求。

14.【答案】B

【解析】本题考核坚持准则的要求。选项A，坚持准则中的"准则"不仅指会计准则，还包括会计法律、会计行政法规、国家统一的会计制度及与会计工作相关的法律制度；选项C，遵循准则即执行准则；选项D，会计人员应认真执行国家统一的会计制度，依法履行会计监督职责，发生道德冲突时，应坚持准则，对国家和社会公众负责。

15.【答案】C

【解析】本题考核客观公正的要求。选项A、B属于"廉洁自律"，选项D属于"坚持准则"。

16.【答案】B

【解析】本题考核会计职业道德"爱岗敬业"的范围。

17.【答案】C

【解析】选项ABD属于违反会计职业道德的行为但是没有违反会计法律制度。

18.【答案】D

【解析】奉献社会是职业道德的出发点和归宿，是职业道德中的最高境界。

19.【答案】D

【解析】本题考核客观公正的基本要求。客观公正要求会计人员依法办事；实事求是，不偏不倚；保持应有的独立性。

20.【答案】B

【解析】本题考核诚实守信的要求。诚实守信的基本要求包括"做老实人，说老实话，办老实事"。

二、多项选择题

1.【答案】AD

【解析】财政部门对会计职业道德进行监督检查。检查的途径主要有：将会计法执法检查与会计职业道德检查相结合；将会计从业资格证书注册登记管理与会计职业道德检查相结合；将会计专业技术资格考评、聘用与会计职业道德检查相结合。

强化练习参考答案及解析

2. 【答案】ABD

【解析】会计职业道德教育的内容是：会计职业道德观念教育，会计职业道德规范教育，会计职业道德警示教育。

3. 【答案】ABD

【解析】坚持准则的基本要求：熟悉准则、遵循准则、坚持准则。

4. 【答案】ABCD

【解析】诚实守信的基本要求：做老实人，说老实话，办老实事，不搞虚假；实事求是，如实反映；保密守信，不为利益所诱惑；执业谨慎，信誉至上。

5. 【答案】ABCD

【解析】会计职业道德规范的主要内容包括：爱岗敬业、诚实守信、廉洁自律、客观公正、坚持准则、提高技能、参与管理、强化服务。

6. 【答案】ABCD

【解析】本题考核会计职业道德的特征。

7. 【答案】BC

【解析】本题考核会计职业道德教育的途径。会计人员岗前职业道德教育包括会计专业学历教育及获取会计从业资格中的职业道德教育。

8. 【答案】ACD

【解析】本题考核坚持准则的基本要求。坚持准则的基本要求包括：熟悉准则；遵守准则；坚持准则。

9. 【答案】ABCD

【解析】本题考核廉洁自律的要求。

10. 【答案】ABCD

【解析】本题考核爱岗敬业的要求。

11. 【答案】ABCD

【解析】本题考核会计职业道德与会计法律制度的主要区别。

12. 【答案】ABC

【解析】本题考核会计职业道德具有的基本功能。会计职业道德的功能包括指导功能、评价功能和教化功能。

13. 【答案】ACD

【解析】选项B，法律才具有强制性。

14. 【答案】ABCD

【解析】本题考核廉洁自律的要求。

15. 【答案】ABCD

【解析】会计职业包括会计理论水平、会计实务能力、职业判断能力、自动更新知识能力、提供会计信息的能力、沟通交流能力及职业经验等。

三、判断题

1. 【答案】✓

【解析】本题考核社会各界齐抓共管内容。

2. 【答案】✕

【解析】会计职业道德教育的途径应该包括三种：岗前职业道德教育，岗位职业道德继续教育和会计职业道德教育的自我教育和修养。

3. 【答案】✕

【解析】接受教育即外在教育，是指通过学校或培训单位对会计人员进行以职业责任、职业义务为核心内容的正面灌输，以规范其职业行为，维护国家和社会公众利益的教育。自我教育是相对于接受教育而言的，是一种自我学习、自身道德修养的行为活动。

4. 【答案】✕

【解析】会计人员在工作中应主动就单位经营管理中存在的问题提出合理化建议，协助领导决策，这是会计职业道德中的参与管理所要求的。

5. 【答案】✕

【解析】不弄虚作假是诚实守信的内容。

6. 【答案】✕

【解析】会计人员应当保守本单位的商业秘密，除法律规定和单位领导人同意外，不能私自向外界提供或者泄露单位的会计信息。

7. 【答案】✓

【解析】会计职业道德依靠社会舆论、道德教育、传统习俗和道德评价来实现。

8. 【答案】✓

【解析】本题考核会计职业道德的功能。

9. 【答案】✓

【解析】本题考核会计职业道德的作用。

10. 【答案】✕

【解析】继续教育是强化会计职业道德教育的有效形式。

四、案例分析题

1.（1）【答案】ABC

【解析】本题考核会计职业道德的作用。会计职业道德的作用有：是实现会计目标的重要保证；是规范会计行为的基础；是对会计法律制度的重要补充；是会计人员提高素质的内在要求。

（2）【答案】CD

【解析】本题考核会计职业道德规范的主要内容。张某没有实事求是，依法办事，违背了客观公正、坚持准则的原则。

（3）【答案】C

【解析】本题考核廉洁自律。

（4）【答案】D

【解析】本题考核强化服务。

（5）【答案】BC

【解析】本题考核会计职业道德。诚实守信是会计职业道德的精髓，廉洁自律是会计职业道德的内在要求。

2.（1）【答案】ABC

【解析】本题考核会计职业道德观念教育。

（2）【答案】D

【解析】本题考核会计职业道德。

（3）【答案】AD

【解析】本题考核会计职业道德规范的主要内容。会计主管李某听从公司领导的要求，编制虚假财务会计报表，违反了会计职业道德规范中坚持准则和诚实守信的要求。

（4）【答案】ABC

【解析】本题考核诚实守信的基本要求。除了A、B、C三项的基本要求外，还包括实事求是，如实反映。

（5）【答案】ACD

【解析】本题考核坚持准则。

参考文献

[1] 会计从业资格无纸化考试教研组. 财经法规与会计职业道德应试指导 [M]. 上海：立信会计出版社，2012.

[2] 会计从业资格学习与应试指南编委会. 财经法规与职业道德应试指南 [M]. 北京：中国财政经济出版社，2012.

[3] 全国会计从业资格考试辅导教材编写组. 财经法规与会计职业道德 [M]. 北京：经济科学出版社，2014.